高等职业教育"十二五"规划教材

Shuiyun Gongcheng Shigong Jishu yu Zuzhi
水运工程施工技术与组织

施 斌 主编
[中交第四航务工程局有限公司] 傅立容 主审

人民交通出版社

内 容 提 要

本教材从初学者角度出发,根据工程实例,由浅入深,理论联系实际,介绍水运工程常见的建筑物施工技术和施工组织,并尽量采用新规范、新技术、新材料。主要内容包括:水运工程结构形式及施工流程,常用工程机械与工程船舶,土方工程及软土地基加固,航道疏浚工程,钢筋混凝土工程,重力式码头施工,桩式码头工程,防波堤施工,水运工程施工组织,水运工程施工阶段的施工组织设计。

本书为高等职业院校港口与航道工程专业教材,也可供相关专业师生和从事水运及其他相关专业的工程技术人员参考。

图书在版编目(CIP)数据

水运工程施工技术与组织/施斌主编. —北京:
人民交通出版社,2013.6(2025.5 重印)
高等职业教育"十二五"规划教材
ISBN 978-7-114-10476-3

Ⅰ.①水… Ⅱ.①施… Ⅲ.①航道工程—工程施工—高等职业教育—教材②航道工程—施工组织—高等职业教育—教材 Ⅳ.①U615

中国版本图书馆 CIP 数据核字(2013)第 055206 号

高等职业教育"十二五"规划教材

书　　名:	水运工程施工技术与组织
著 作 者:	施　斌
责任编辑:	任雪莲　贾秀珍
出版发行:	人民交通出版社股份有限公司
地　　址:	(100011)北京市朝阳区安定门外外馆斜街 3 号
网　　址:	http://www.ccpcl.com.cn
销售电话:	(010) 85285911
总 经 销:	人民交通出版社股份有限公司发行部
经　　销:	各地新华书店
印　　刷:	北京虎彩文化传播有限公司
开　　本:	787×1092　1/16
印　　张:	22.75
字　　数:	580 千
版　　次:	2013 年 6 月　第 1 版
印　　次:	2025 年 5 月　第 4 次印刷
书　　号:	ISBN 978-7-114-10476-3
定　　价:	56.00 元

(有印刷、装订质量问题的图书由本社负责调换)

编委会名单

主　任：施　斌

成　员：余景良　叶　灵　郭继康　骆　毅　彭卫东

　　　　赵广伦　黄夏幸　张卫东　徐利民　沈维芬

　　　　黄鹄翔　黄维章　赵园春　郭定林　张海波

　　　　吴永明　刘艳红

前　言

　　进入 21 世纪,我国水路运输业迅猛发展,沿海、沿江的港口码头建设进入了快速发展时期,水运工程的建筑材料、施工技术和施工管理都有了很大的创新和发展。随着施工技术水平的不断提高,一些施工企业已经走出国门,在国际水运工程市场上承揽工程业务。新材料、新技术、新工艺的推广和应用,不仅影响工程项目的造价,而且对企业在水运工程市场上的竞争力产生重大影响;计算机辅助项目管理使水运工程项目管理实现了现代化。

　　为适应当前水运工程建设,培养实用型建设人才,我们在调查水运工程施工企业,听取专家、技术能手和历届校友意见,总结多年教学经验的基础上,编写了本教材。本教材从初学者角度出发,根据工程实例,由浅入深,理论联系实际,介绍水运工程常见的建筑物施工技术和施工组织,并尽量采用新规范、新技术、新材料。

　　本教材由广州航海学院施斌教授主编,中交第四航务工程局有限公司的傅立容(享受国务院政府特殊津贴)高级工程师主审。

　　全书的编写分工如下:第一、二、七、八章由施斌教授编写;第三章由一级建造师赵广伦高级工程师编写;第四章由一级建造师叶灵副教授编写;第五、六、九、十章由一级建造师彭卫东讲师编写。全书由施斌教授统稿。

　　感谢中交第四航务工程局有限公司傅立容高级工程师对本教材进行审阅,其提出了大量具体的修改意见,对保证本书质量起了十分重要的作用。

　　本书在编写过程中得到了中交四航局第二工程有限公司、广东航达工程有限公司的大力支持,在此一并表示衷心的谢意。

　　由于主编和其他编写人员水平有限,本教材肯定存在不少问题,希望使用和参考本教材的广大师生及工程技术人员批评指正。

编　者

2013 年 2 月于广州航海学院

目 录

第一章 水运工程结构形式及施工流程 …………………………………………… 1
- 第一节 水运工程结构形式 ………………………………………………………… 1
- 第二节 水运工程项目基本建设程序及建筑施工程序 …………………………… 16
- 第三节 工程项目施工流程 ………………………………………………………… 22
- 复习题 ………………………………………………………………………………… 25

第二章 常用工程机械与工程船舶 …………………………………………………… 26
- 第一节 常用工程机械 ……………………………………………………………… 26
- 第二节 主要工程船舶的工作原理及其工作特性 ………………………………… 44
- 第三节 船舶施工对水文、气象要求的基本知识 ………………………………… 49
- 第四节 船舶机械设备管理 ………………………………………………………… 49
- 复习题 ………………………………………………………………………………… 52

第三章 土方工程及软土地基加固 …………………………………………………… 53
- 第一节 水运工程地质勘察成果及应用 …………………………………………… 53
- 第二节 土方工程 …………………………………………………………………… 56
- 第三节 水运工程软土地基加固方法 ……………………………………………… 66
- 复习题 ………………………………………………………………………………… 86

第四章 航道疏浚工程 ………………………………………………………………… 88
- 第一节 浚前准备工作 ……………………………………………………………… 88
- 第二节 疏浚方式 …………………………………………………………………… 91
- 第三节 挖泥船及其施工方法 ……………………………………………………… 92
- 第四节 作业船选择和数量确定 …………………………………………………… 101
- 第五节 疏浚土的处理及吹填工程 ………………………………………………… 103
- 第六节 航道疏浚工程的环境保护 ………………………………………………… 106
- 复习题 ………………………………………………………………………………… 107

第五章 混凝土和钢筋混凝土工程施工 ……………………………………………… 108
- 第一节 钢筋工程 …………………………………………………………………… 108
- 第二节 模板工程 …………………………………………………………………… 119
- 第三节 混凝土工程 ………………………………………………………………… 127
- 第四节 混凝土的特殊施工方法 …………………………………………………… 145
- 第五节 钢筋混凝土构件预制厂 …………………………………………………… 149
- 复习题 ………………………………………………………………………………… 163

第六章 重力式码头施工 ……………………………………………………………… 164
- 第一节 概述 ………………………………………………………………………… 164

  第二节 水下抛石基床施工 …………………………………………… 165
  第三节 墙体构件的预制及安装 ………………………………………… 178
  第四节 墙后回填及胸墙施工 …………………………………………… 195
  复习题 ……………………………………………………………………… 197

第七章 桩式码头施工 ……………………………………………………… 198
  第一节 概述 ……………………………………………………………… 198
  第二节 桩基施工 ………………………………………………………… 200
  第三节 上部结构施工 …………………………………………………… 217
  第四节 板桩码头施工 …………………………………………………… 226
  复习题 ……………………………………………………………………… 234

第八章 防波堤施工 …………………………………………………………… 235
  第一节 概述 ……………………………………………………………… 235
  第二节 施工顺序 ………………………………………………………… 237
  第三节 防波堤堤身施工 ………………………………………………… 239
  复习题 ……………………………………………………………………… 244

第九章 水运工程施工组织 …………………………………………………… 245
  第一节 工程项目施工作业组织方式 …………………………………… 245
  第二节 网络法编制施工进度计划 ……………………………………… 255
  复习题 ……………………………………………………………………… 271

第十章 水运工程施工阶段的施工组织设计 ………………………………… 273
  第一节 水运工程施工组织概述 ………………………………………… 273
  第二节 施工进度计划 …………………………………………………… 282
  第三节 施工方案的设计 ………………………………………………… 292
  第四节 施工总体布置 …………………………………………………… 297
  复习题 ……………………………………………………………………… 308

附录 港口工程施工组织设计参考格式文本 ………………………………… 310
参考文献 ………………………………………………………………………… 354

第一章 水运工程结构形式及施工流程

第一节 水运工程结构形式

水运工程包括码头工程、防波堤工程、护岸工程、航道工程、修造船建筑物工程、通航建筑物工程等。水运工程通常在海上或河流中施工,受风浪、潮流的影响,施工条件复杂,施工质量控制困难,施工进度受自然条件影响大。由于水运工程建筑物及构筑物处于非常复杂的环境条件中,其结构形式多种多样。不同的结构体,施工所需的船机不同,且多而复杂,在某些特定条件下,还需自行设计、加工施工机械。

一、码头

码头位于港口水域与陆域交界处,是提供船舶系靠、装卸货物、上下旅客及各种辅助作业的港口基本设施,是主要港口水工建筑物之一。

停靠船舶、卸船装船、连接水域陆域的基本功能,决定了码头的工作条件:

(1)要求码头前方与后方有适度的高度差,以实现水域陆域的连接和陆域排水。

(2)码头前沿水深应满足设计水深,码头面高程应保证高水位下码头不被淹没。

(3)为了实现水域陆域的连接,码头岸壁可以采用直立岸壁或者斜坡接岸。前者需要承受岸壁后方的侧向荷载作用,后者要求保证岸坡稳定。

(4)码头上部结构应有足够的空间与承载能力,以布置前方装卸设备,承受装卸机械、货物和船舶作用的竖向和水平向荷载。

码头按结构形式分类,有重力式码头、高桩码头、板桩码头、斜坡式码头和浮码头五种,其中,重力式码头、高桩码头、板桩码头是沿海和河流中下游地区通常采用的码头结构形式。

1. 重力式码头

重力式码头依靠结构自重及其填料重力来阻止滑动、倾覆,由抛石基床、墙身、墙后回填体或抛石棱体、胸墙等部分构成适用于地基较好,有大量砂、石等建筑材料的地方。

按墙身结构的不同,重力式码头可分为方块码头、扶壁码头、沉箱码头、大直径圆筒码头等多种形式。

(1)方块码头。方块码头以预制混凝土方块作为墙身,又可分为实心方块码头、空心方块码头两大类。前者坚固耐用、维修工作量少,但地基应力大,混凝土用量多,水上安装及潜水工作量大,施工速度慢。后者较前者可节约混凝土用量25%以上,并可减轻墙体自重,但其构件断面强度相对较差,采用错缝安装的多层空心块体常因出现点接触应力过大而导致工程事故。

实心方块码头有阶梯式、衡重式和卸荷板式三种,如图1-1-1所示。

阶梯式断面是一种早期采用的重力式断面形式,其断面和底宽较大,方块数量、种类和层数均较多,横断面方向的整体性差,基底应力不均匀。衡重式实心方块码头通过改变方块码放方式,调整断面重心,克服阶梯式方块码头底宽过大的缺点,减少混凝土用量。卸荷板式实心方块码头利用卸荷板遮帘作用,减少墙后土压力,增加稳定力矩,显著减小码头断面,使地基应力趋于均匀。

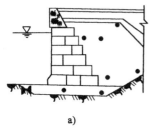 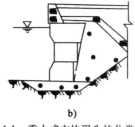 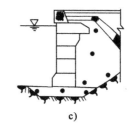

图 1-1-1 重力式方块码头的分类
a)阶梯式；b)衡重式；c)卸荷板式

空心方块码头的块体有工字形、双工字形、口字形及双口字形等形式,一般带有卸荷板。

墙身采用多层方块的方块码头是以往常用的结构形式,现在使用较少,而采用一层空心方块的方块码头较多。

(2)扶壁码头。扶壁是由立板、底板和肋板整体连接而成的钢筋混凝土结构(图 1-1-2)。其优点是结构简单,水上安装及潜水工作量较方块码头大为减少,可一次出水,施工速度快。码头建筑物一般采用预制安装的扶壁,在有干地施工条件时,也可采用现浇的连续结构。扶壁结构可按肋板数分为单肋、双肋和多肋三种。由于受起重船能力的限制,扶壁式码头过去只用于中、小型码头,随着起重船能力的增大,也开始用于大型深水码头。

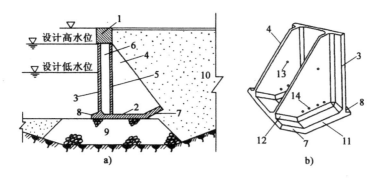

图 1-1-2 扶壁式码头断面图及扶壁结构图
1-胸墙；2-底板；3-立板；4-肋板；5-隔砂板；6-反滤井；7-尾板；8-趾板；9-抛石基床；10-填土；
11-外底板；12-加强角；13-吊孔；14-进水孔

(3)沉箱码头。沉箱为巨型有底空箱,箱内用纵横隔墙隔成若干舱格。沉箱码头整体性好,地基应力小,水上安装工作量小,可以一次出水,施工速度快,箱中填充砂石,水泥用量较方块码头少,但用钢量大。按照平面形状,沉箱可分为矩形沉箱和圆形沉箱两种。矩形沉箱断面一般为对称式,也可采用非对称式,后者可节省混凝土,但制作和浮运较麻烦。当建造在波浪掩护条件较差的港口时,沉箱结构需采取适当的消浪措施,如图 1-1-3 所示,箱体外侧上部开设孔洞。圆形沉箱的受力情况与矩形沉箱有所不同,由于沉箱后侧为圆弧形,改变了墙后土压力强度分布,其总压力较矩形沉箱小。圆形沉箱内部填料压力按照储仓压力计算,墙体受力为环向应力。圆形沉箱适合于用作外海引桥的桥墩或开敞式码头的系船或靠船墩,亦可用作顺岸码头的岸壁,如图 1-1-4 所示。

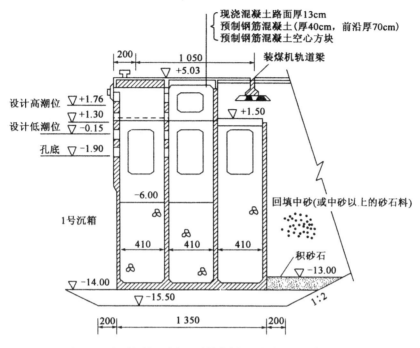

图 1-1-3　矩形沉箱码头断面结构实例(尺寸单位:cm;高程单位:m)

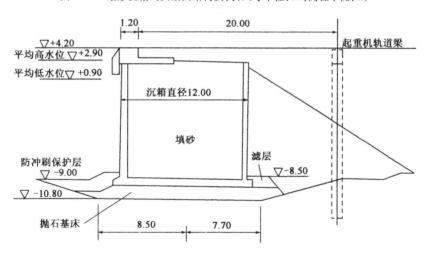

图 1-1-4　圆形沉箱码头断面结构实例(尺寸单位:m;高程单位:m)

沉箱的预制和下水需要专门的预制场地和特殊的施工工艺。随着起重船起重能力的增大,沉箱在岸边预制后,用起重船吊运安装的吊运式沉箱被广泛采用;也有利用专用浮坞制作沉箱,起浮拖运到深水区下沉的施工工艺;近二十年来,大型沉箱在岸上预制,采用气囊出运、半潜驳运输或浮运、起重船安装的沉箱施工工艺正在广泛推广,沉箱自身质量可达 6 000 t 以上。

(4)大直径圆筒码头。大直径圆筒码头由预制薄壁钢筋混凝土无底圆筒组成(图 1-1-5),筒内填块石、砂或土,主要靠圆筒与其中填料整体形成的重力来抵抗作用在码头上的水平力。圆筒可放置于抛石基床上,也可直接沉入地基中。为了不使墙后填土流失,圆筒之间需采取堵缝措施。在抛填棱体顶面、坡面、胸墙变形缝和卸荷板顶面接缝处均应设置倒滤层。

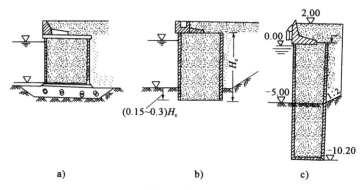

图 1-1-5 大直径圆筒码头的基本类型
a)基床式；b)浅埋式；c)深埋（插入）式

2. 高桩码头

高桩码头由上部结构（桩台或承台）、桩基、接岸结构、岸坡和码头设备等部分组成，如图 1-1-6所示。上部结构构成码头面并与桩基连成整体，直接承受作用在码头面的垂直向及水平向荷载，并将其传递给桩基。桩基用来支承上部结构，并将上部结构及码头面的荷载传递到地基深处，同时也有利于稳固岸坡。接岸结构的主要功用是将桩台与港区陆域相连。高桩码头常用于浅层地基强度较低的软土情况。

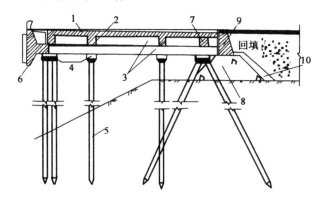

图 1-1-6 高桩码头的结构组成
1-面板；2-纵梁；3-横梁；4-桩帽；5-桩；6-靠船构件；7-轨道梁；8-抛石棱体；
9-挡土墙；10-倒滤层

按照岸坡稳定的条件，可将高桩码头分为岸坡自身稳定型和岸坡依靠码头结构稳定型。前者指码头结构基本不承受侧向土压力，岸坡自身维持稳定，这一形式的高桩码头均为透空结构，一般高桩码头都是这种形式；后者指码头结构兼有挡土作用，承受相应的侧向土压力，岸坡依靠码头结构保持稳定，挡土结构一般采用板桩墙，板桩设在码头前缘的称为前板桩高桩码头（图 1-1-7），设在码头后侧的称为后板桩高桩码头。

按照上部结构的形式，高桩码头可分为梁板式、无梁大板式及框架式三种。梁板式高桩码头的上部结构由钢筋混凝土横梁、纵梁、面板及靠船构件等组成，受力方式明确，跨度较大，能充分发挥桩基的承载力。无梁大板式高桩码头的上部结构由无梁大板及靠船构件组成，优点是结构简单，上部结构底面轮廓线少，不易腐蚀，施工速度快；缺点是对连续性集中荷载的适应性差,适用于以均布荷载为主的码头。框架式高桩码头的上部结构采用框架结构,桩台刚度大,但构造复杂,节点多,施工麻烦,在河流中上游地区水位差较大时采用。

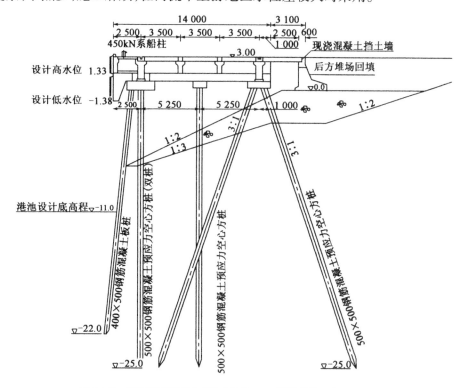

图1-1-7 前板桩高桩码头(尺寸单位:mm;高程单位:m)

高桩码头结构简单,能承受较大的荷载,用料省,施工速度快。透空式高桩码头对波浪的反射率小,有利于改善码头前的泊稳条件。高桩码头的缺点是耐久性较差,透空式上部结构的底部易受盐雾腐蚀而破坏,土体侧向变形易造成桩体开裂,码头抗震性能较差。随着船舶大型化,船舶吃水加大及靠船力增加,大型深水码头采用普通钢筋混凝土桩已不能满足承载要求,往往采用大直径预应力钢筋混凝土管桩或钢管桩。

3. 板桩码头

板桩码头是由连续地打入地基一定深度的板型桩构成连续墙面,并由拉杆、帽梁(或胸墙)、导梁和锚碇结构等组成的直立式码头。板桩码头依靠板桩入土部分的侧向土抗力和安设在其上部的锚碇结构(对有锚板桩而言)的支承作用来维持稳定。钢板桩码头断面图见图1-1-8。

板桩码头的主要优点有结构简单、用料省、工程造价低、施工简便等。挖入式港池采用板桩式码头时,可以先打板桩后挖墙前港池,能大量减少挖填土方量。板桩结构对复杂的地质条件适应性强,其缺点是耐久性较差。

按照材质分类,板桩码头可分为钢板桩、木板桩及钢筋混凝土板桩三种。钢板桩施工方便,可打入较硬的地基。钢板桩的断面形式主要有槽形、Z形和平板形三种。前两种钢板桩的断面系数大,抗弯能力强,适用于建板桩壁岸;平面型钢板桩的断面系数小,但其横向抗拉能力大,适用于格形结构。木板桩由于材料强度低、耐久性差,且要耗用大量木材,目前已不采用。钢筋混凝土板桩用钢量少,材料易解决,过去常采用预制桩打入式施工,近年来发展了地下连续墙形式,有现场灌注式及插板式两种施工方法。有关软黏土地基上码头结构破坏实例的调查表明,各种码头结构中以钢板桩破坏的实例最少。

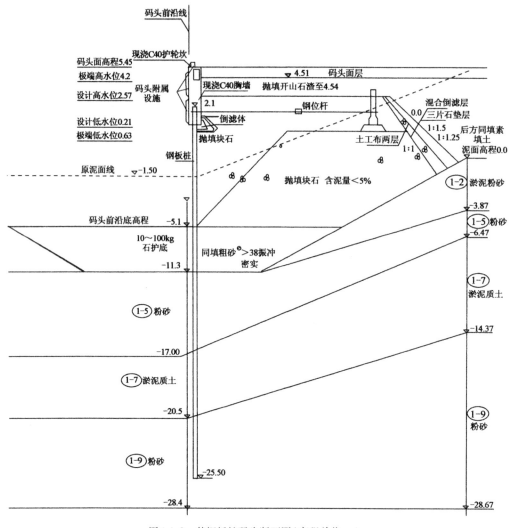

图1-1-8 某钢板桩码头断面图(高程单位:m)

按照锚碇结构分类,板桩码头可分为无锚及有锚板桩两种(图1-1-9)。无锚板桩呈自由悬臂工作状态,承受外荷载小,仅适用于小型工程和荷载不大的情况。高度较大的码头,板桩

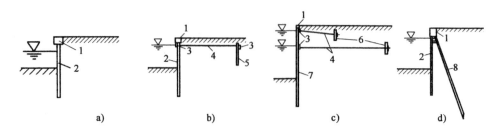

图1-1-9 板桩码头及驳岸
a)无锚板桩驳岸;b)单锚板桩码头;c)双锚板桩;d)斜拉桩板桩驳岸
1-帽梁;2-板桩;3-导梁;4-拉杆;5-锚桩;6-锚碇板;7-钢板桩;8-斜拉桩

墙后的土压力较大,为了减少板桩的跨中弯矩和墙体上端部向水侧方向的倾斜,通常在板桩墙体上部加设拉杆予以锚碇,成为有锚板桩墙。有锚板桩用拉杆或斜桩在板桩上部锚碇,以减少板桩的弯矩及位移。拉杆由墙体后面一定距离的锚碇结构锚碇,锚碇结构有锚碇板式及叉桩式两类。采用锚碇板作为锚碇结构时,应将锚碇板设于码头后方的土体破裂面之外。

为了使各单根板桩连成整体,共同工作,通常在板桩墙顶端加上帽梁。在拉杆与板桩墙连接处的外侧要设置水平导梁,使得每根板桩都能被拉杆拉住。当潮差不太大时,可将导梁与帽梁合并成胸墙。

近10年来,我国板桩码头建设技术又取得新进展,在板桩码头大型化、深水化方面取得了突破性的发展,相继出现了遮帘式(半遮帘式、全遮帘式)、卸荷式(整体卸荷式、分离卸荷式)等新结构形式,使得板桩码头由主要建设中小型码头的状况发展到建设10万吨级深水码头。地下连续墙结构、钻孔排桩结构及大型组合钢板桩结构(HZ型组合钢板桩、BOX型组合钢板桩等)得到了广泛应用,T形断面地下连续墙结构等新形式也得到了应用。

半遮帘式板桩码头结构系在前墙后面做一排间隔布置的遮帘桩,遮帘桩的顶和底比前墙低,横向刚度比较大,利用其在深层土体中的嵌固和本身的巨大刚度,以及其后土体的拱效应,大大减少了前墙的土压力,从而创造了加大水深的条件。图1-1-10为某板桩码头改造采用半遮帘式结构方案,即在前地下连续墙后2.45m处打设一排半遮帘桩,其断面根据拉杆间距分别为1.0m×2.7m(宽×高)、0.7m×2.7m(系船柱位置)、1.4m×2.7m(轨道梁灌注桩位置),半遮帘桩底高程-26.0m,顶高程-7.6m,其上有厚60cm的中粗砂垫层,再以上的槽段内灌注C10混凝土。

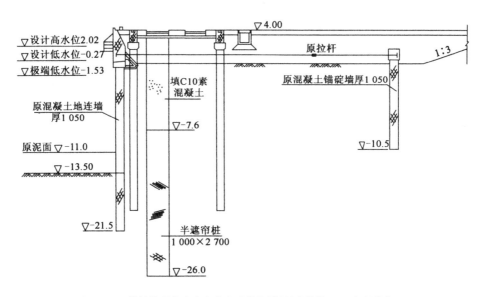

图1-1-10 某板桩码头改造半遮帘式结构图(尺寸单位:mm;高程单位:m)

全遮帘式板桩码头结构系在前墙后面做遮帘桩,遮帘桩用拉杆与锚碇结构相连,遮帘桩与前墙之间采取两种连接方式:①用钢拉杆相连方案;②用钢筋混凝土将上部结构连成整体。图1-1-11为用钢拉杆相连的全遮帘式板桩码头结构图。

为了减少作用于前墙上的土压力,采用在前墙的后面建造由桩基支撑卸荷平台的方法,卸荷平台放在较低的位置,以便起到卸荷板的作用,承受其上的土重和荷载,从而减少作用于前墙上的土压力。这种形式称为卸荷式板桩码头结构。卸荷式板桩码头结构又分整体卸荷式和分离卸荷式两种结构。整体卸荷式是将前墙帽梁（或胸墙）和卸荷承台整体连接，这种形式不容许结构有较大的水平位移，为了承受水平力，需设置斜拉桩；分离卸荷式结构的前墙帽梁（或胸墙）和卸荷承台分离。图 1-1-12 为分离卸荷式板桩码头结构图。

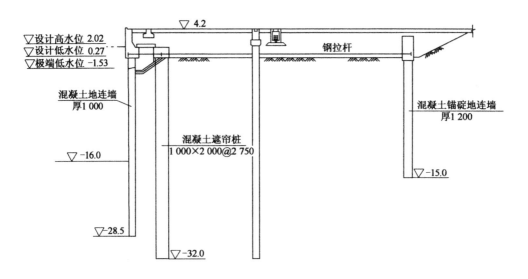

图 1-1-11　用钢拉杆相连的全遮帘式板桩码头结构图（尺寸单位：mm；高程单位：m）

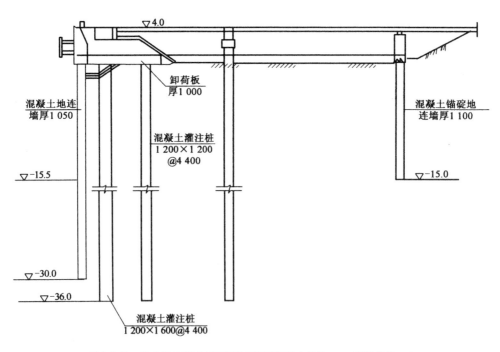

图 1-1-12　为分离卸荷式板桩码头结构图（尺寸单位：mm；高程单位：m）

二、防波堤

防波堤的主要作用是防御波浪对港口水域的侵袭，为船舶提供平稳、安全的停泊条件和作业水域。在砂质或泥质海岸，防波堤也起到减少或阻止泥沙进港的作用。对有冰冻的港口，防波堤也可减少港外流冰进入港内。另外，建造在河口或泻湖潮汐汊道口用于引导水流的导流堤，用于拦截沿岸泥沙的防砂堤，以及用于岸滩防护的离岸堤、潜堤、突堤(丁坝)等海岸堤坝，其设计与防波堤基本相同。

防波堤按其断面形式和消波特性可分为斜坡式防波堤、直立式防波堤、混合式防波堤、透空式防波堤、浮式防波堤以及压气式和喷水式消波设备，见图1-1-13。

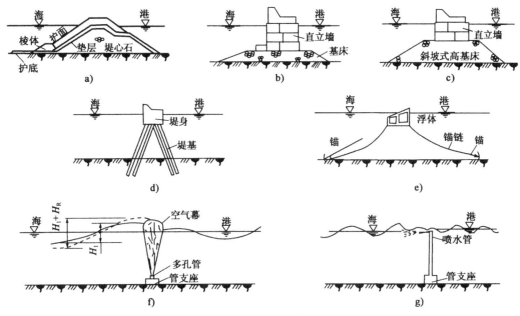

图1-1-13 防波堤类型
a)斜坡式；b)直立式；c)混合式；d)透空式；e)浮式；f)气压式消波设备；g)喷水式消波设备

斜坡式防波堤的断面为梯形，通常由堤心石、垫层和护面块石或护面块体组成。其优点是：大部分入射波浪在斜坡上破碎，波能消散，堤前反射波小；地基承载力要求较低，对地基不均匀沉降不敏感；结构简单，施工方便，易于修复。主要缺点是：材料用量大，材料用量大致与水深平方成正比，堤内侧不能直接兼作码头。

直立式防波堤断面在临海和临港两侧均为直立或接近直立的墙面。直立式防波堤的基础多采用抛石基床，根据基床的高矮又可分为低、中、高基床。墙身采用混凝土方块或钢筋混凝土沉箱结构，上部多采用现浇混凝土胸墙。其优点主要是：水深较大时所需材料比斜坡堤省，维修工作量小，堤内侧可兼供靠船用，漂砂不易由堤身透过。主要缺点是：地基应力较大，不适用于软弱地基；波浪在墙面反射，影响水面平稳。直立堤较适用于海底土质坚实、地基承载力较高和水深大于波浪破碎水深的情况。

混合式防波堤把斜坡堤与直立堤两种形式结合在一起，下部用斜坡堆石作为基础，上部用各种结构形式的直立式堤体抗御波浪。

这七种形式的防护建筑，前三种在港口工程中广泛采用，后四种应用尚未普遍，多见于防波性能要求较低或临时性、试验性工程。

1．斜坡式防波堤

护面块体是斜坡式防波堤抵御波浪作用的主要构件，其水力特性和强度与形状密切相关。迄今为止出现的护面块体不下200种，其中异型混凝土块体由于相互啮合好、空隙率大，具有良好的透水性和水力糙度,可使大部分波能消耗在护面层内,减小波浪爬高和反射,提高堤体稳定性。在我国广泛应用的块体,对于波高较大的情况主要有四脚锥体、扭工字块体、扭王字块体,波高较小时主要有四脚方块和栅栏板。这几种块体的形状见图1-1-14。

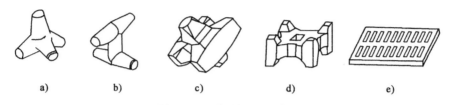

图1-1-14 常用的人工块体
a)四脚锥体;b)扭工字块;c)扭王字块;d)四脚空心方块;e)栅栏板

2. 直立式防波堤

直立式防波堤按结构形式可分为重力式和桩式两种。

重力式直立堤以自重维持稳定,主要由墙身、上部结构和基床组成,其功能和构造与重力式码头类似。常用的重力式直立堤包括钢筋混凝土沉箱、混凝土方块和大直径圆筒等(图1-1-15)。

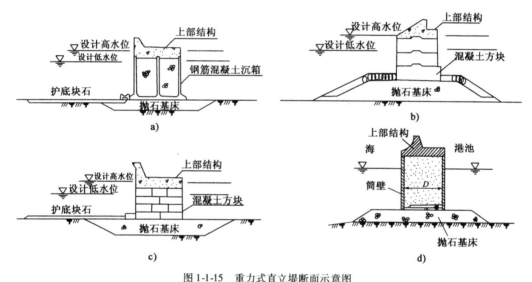

图1-1-15 重力式直立堤断面示意图
a)沉箱直立堤;b)堤顶削角方块直立堤;c)胸墙挑浪的方块直立堤;d)大直径圆筒直立堤

沉箱式防波堤整体性好,陆上预制好后在水上现场安放,是直立式防波堤的常用结构。方块防波堤分为普通方块堤和大型方块堤两种。普通方块堤不需要起重能力大的施工船舶,但堤身整体性差,个别方块的沉陷或损坏会影响其他部分的稳定。大型方块堤的方块长度等于堤身的宽度,避免了横断面的错缝问题,由于自重较大,能承受很大波浪的作用。大直径圆筒防波堤外形为曲面,作用于圆筒不同部位上的波压力存在相位差,使得作用于圆筒堤上的总波压力比平面直墙减少5%～15%。由于圆筒不能浮运,需要大起重能力的施工船舶,空筒安装后应及时填料,以保证其稳定。

桩式防波堤是用桩构成墙身的直立式防波堤。桩可采用钢板桩、钢管桩、钢筋混凝土板桩和钢筋混凝土管桩等。桩式防波堤具有施工迅速简便,整体稳定性好的优点,但所需钢材较多,要有水上打桩机具,施工期抗风浪能力较差,耐久性不如重力式防波堤。桩式防波堤由墙身和上部结构组成,其上部结构与重力式防波堤无明显差异。为防止波浪对地基的淘刷,在临海一侧堤脚仍需抛填块石加以保护。设计时应验算桩式防波堤的整体稳定性和桩的强度。

三、船厂水工建筑物

船厂水工建筑物是供船舶建造和修理用的水工建筑物,包括船舶下水上墩建筑物(船台、滑道、升船平台和船坞等)、船舶停泊建筑物(码头、停泊场和沉坞坑等)、防护建筑物(防波堤、防沙堤和驳岸等)三类。造船或修船时将船体移到水中的过程称下水;修船时为使船体露出水面,支承于支墩上以进行船体水下部分修理的过程称为上墩。下水、上墩建筑物是船厂最基本的水工建筑物。

1. 船台与滑道

船台是专供修造船用的岸边陆上构筑物,配置有下水及上墩设施,是船厂的主要生产设施之一。船台两侧设有修造船用的装焊设备、起重设备和各种动力供应管道。船台按地坪特点分为倾斜船台和水平船台。水平船台多与机械化滑道、注水式船坞、浮坞等结合使用,以满足移船下水或上墩的需要。倾斜船台常与木滑道配合使用,滑道直接铺在船台上面,坡度可以比船台大一些,但工作条件没有水平船台方便。船台按遮盖形式分为室内船台、露天船台和敞开船台。室内船台工作条件好,但基建投资大,且受厂房高度限制,难以建造大型船舶。露天船台空间宽敞,便于使用大型起重设备,建造的船舶不受高度限制,宜于建造大型船舶,但易受气候影响。敞开船台设有活动式风雨棚或固定的柱架,可以临时遮蔽,船舶修造条件介于前两者之间。

滑道是专供船舶下水或上墩用的构筑物,其上设有木质或金属滑轨。木质滑轨用于油脂滑道和钢珠滑道,金属滑轨则用于牵引式滑道。为承受下水船舶的重力,滑道需具有坚固的基础。图1-1-16为纵向船排滑道。

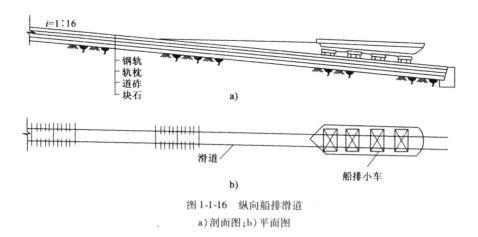

图1-1-16 纵向船排滑道
a)剖面图;b)平面图

2. 升船平台

升船平台是直接承载船舶上墩的可升降平台。上墩船舶牵引到平台后升起平台使船舶出水,平台达到可水平移动到修船平台的高度,再将船舶送至修船平台。升船平台也可用于新造船舶下水。升船平台需设置船舶牵引、平台升降装置与之配套。平台提升高度应使平台面与陆域齐平,平台面轨道与船台轨道水平连接,以利于船舶移动。升船平台完全靠绞车作上下升降,需多绞车同步运行,机电设施相对复杂。升船平台两侧应为直立式岸壁,便于安放绞车,并与陆上轨道连接。升船平台适用于修造中、小型船舶和船台附近下水区岸坡较陡,水域、陆域狭窄的情况,其水工建筑物造价相对较高。图1-1-17为万吨轮升船平台断面。

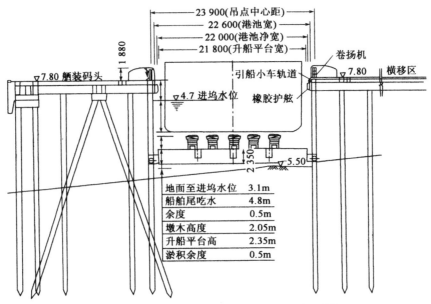

图1-1-17　万吨轮升船平台断面(尺寸单位:mm;高程单位:m)

3.船坞

船坞是修造船用的坞式建筑物,灌水后可容船舶进出,排水后能在干底上修造船舶。船坞可分为干船坞、注水船坞和浮船坞三类。干船坞应用较多,一般所称的船坞即为干船坞。船坞由最初的"船坑"发展演变而来,在有潮海岸,人们利用水位的涨落来升降船舶,即在涨潮时将船舶引入一个三面围以土堤的"船坑"里,落潮时船舶即坐落在预置的支墩上,然后用围堰封闭缺口以进行修理工作,船舶出坑时将围堰拆去,趁涨潮时出坑;后来逐渐将土堤改为坞墙,围堰改为坞门,利用水泵控制坞内水面的涨落,逐渐演变发展成为现在的干船坞。随着海上运输事业的发展,船舶尺度尤其是油船尺度趋向于大型化,船坞尺度也相应增大。世界上已有可修理或建造排水量为30万吨、50万吨甚至100万吨巨型油船的船坞。

(1)干船坞

干船坞建在岸边陆地上,由坞室、坞首、坞门及灌排水系统等组成,一般用混凝土或钢筋混凝土建造,如图1-1-18所示。

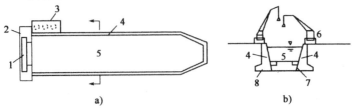

图1-1-18　干船坞示意图
1-坞门;2-坞口;3-水泵站;4-坞墙;5-坞室;6-起重机;7-排水沟;8-坞室底板

干船坞按用途可分为造船坞和修船坞两种。造船坞是用于建造新船的干船坞，又称浅坞。造船坞的特点是坞的深度较浅，只要能浮起新建成的船体即可。为连续进行生产，提高船坞设备利用率，加快造船进度，大型造船坞除一般常用的单坞室形式外，有的在坞室中加设一道或两道隔门，形成双坞室或多坞室的串联式造船坞。多坞室船坞各段均可单独使用，也可串联使用，同时建造几条船或尺度较大的船，提高船坞使用效率。修船坞用于修理或改装船舶，待修船舶的自重和吃水均比新造的船体要大，因此深度大于造船坞。

干船坞的坞室由坞墙和坞底板组成，要求具有足够的面积、深度和承载能力，能容纳所修造的船体。坞室内一般设置有船坞灌排水系统、坐船龙骨墩、防冲装置、人行梯道等。坞室的顶面高程一般与船厂地坪齐平。坞室结构形式有整体式和分离式两种。坞墙和底板连成整体的称为整体式坞室，坞墙和底板不连成整体的称为分离式坞室。坞墙墙面一般为直立或近于垂直，坞室尾部的坞墙设有下坞通道，以便于车辆进入坞内，运送中小型设备器材、工具和清除工业垃圾等。

坞口为干船坞的头部，构成船坞入口口门，设有坞门挡水设施，由门墩、水平底门槛、门槽等组成。坞口构造根据地质条件及所选用的坞门形式而定，应具有足够的强度和刚度，使之不易产生不均匀沉陷和变形，保证坞门关闭紧密不漏水。

船坞设有排水系统、灌水系统。现代大型船坞，多将排水泵房、灌水的工作阀门和修理阀门等设在坞口的侧墙内，灌水廊道设在门槛内。

（2）注水船坞

注水船坞实际上也是干船坞的一种，与干船坞不同之处在于坞底分为上下阶，上阶高出水面作为搁置船舶之用。船舶入坞关闭坞门后，用水泵向坞室灌水，使坞室内水位上升，船舶漂升横移到上阶，然后将坞室内的水排出，船即可坐落在上阶的龙骨墩上进行修理。注水船坞的结构复杂，造价及营运费用高，生产效率低，一般很少采用。

（3）浮船坞

浮船坞是两端开敞，可以在水上沉浮和移动的特殊船体，由坞墙和坞底组成，如图1-1-19所示，坞墙和坞底都是由若干纵向、横向构件和面板、隔板构成的浮箱，沿纵横向分隔成若干个水密舱。待修船舶进坞的过程为：先向水密舱内灌水，以增加浮船坞中压载水的水量，使船坞下沉，然后将待修船舶牵引入坞室中就位，用水泵将水密舱内的水排出，使浮船坞上浮，将船舶

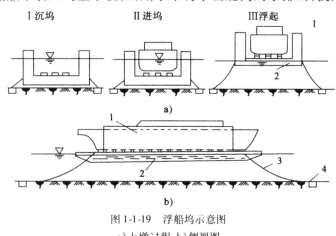

图1-1-19 浮船坞示意图
a）上墩过程；b）侧视图
1-坞墙；2-坞底；3-锚链；4-锚碇块

举出水面进行检修。船舶修好后下水出坞的操作程序则相反。由于浮船坞具有灵活机动、适应性强、建造工期短、不占陆地面积、造价比干船坞低、可作移动的修船基地等特点,使之得到较广泛的应用。

四、通航建筑物

通航建筑物建在河流上,使河道渠化或改善河流通航条件。通航建筑物常与挡水建筑物、泄水建筑物、坝岸连接及护岸建筑物、其他专门水工建筑物组成通航水利枢纽。图 1-1-20 为航运与发电结合的渠化枢纽示意图。

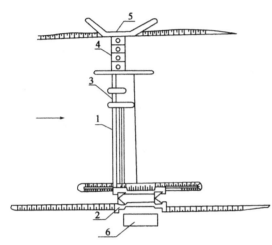

图 1-1-20 航运与发电结合的渠化枢纽
1-溢流坝;2-船闸;3-泄水闸;4-水电站厂房;5-翼墙;6-管理楼

挡水建筑物用于拦截水流以抬高水位,使上游河段达到设计的通航水深,并为其他用水部门提供一定的水头和水量。属于这类建筑物的有各种类型的水闸和拦河坝(如土坝、堆石坝、重力坝等)。

泄水建筑物的作用在于宣泄洪水期的洪水流量或用来降低枢纽上游水位进行检修和清淤,或利用它进行施工导流等。属于这类建筑物的有溢流坝、溢洪道、泄水渠道或隧洞、泄水闸等。

通航建筑物用以克服挡水建筑物所造成的集中落差,使船舶能安全顺利过坝,属于这类建筑物的有船闸和升船机等。

坝岸连接及护岸建筑物用以保证坝岸牢固连接,并保护枢纽上下游岸坡免受绕坝渗流和水流的冲刷破坏。属于这类建筑物有翼墙及护岸建筑物。

其他专门水工建筑物,根据赋予枢纽综合利用的任务而定,一般包括水电站、过鱼建筑物、过木建筑物、灌溉渠首以及城市供水的取水建筑物等。

1. 船闸

船闸由闸室、闸首、输水系统和引航道等组成。通过输水系统调整闸室内的水位,使其与上游水位或下游水位齐平,船舶便能从上(下)游驶往下(上)游,如图 1-1-21 所示。船舶的过闸程序是:船舶过闸上行时,通过输水系统的调节,使闸室水面与下游水位齐平,开启下闸首的工作闸门,船舶由下游引航道驶入闸室,随即关闭下闸首的工作闸门,由输水系统从上游向闸室灌水,待闸室中的水面上升到与上游水位齐平时,开启上闸首的工作闸门,船舶即由闸室驶出。船舶下驶的过闸程序则相反。

船闸闸首设有工作闸门、检修闸门、船闸阀门、启闭机械以及信号、通信等设备。闸首边墩的中心控制室设有一系列自动化设备及计算机信息处理系统,以实现船舶过闸操作自动化和船舶过闸管理自动化。闸室由闸室墙与闸室底板构成。为便利船舶过闸和靠泊,闸室内设有系船设备、照明设备和爬梯、壁灯、信号标志等辅助设施。输水系统由进水口、输水廊道、输水阀门、出水口、消能设施组成。采用集中输水系统的船闸,输水系统各组成部分集中于闸首;采用分散输水系统的船闸,在闸室内设有输水廊道系统。引航道内设有导航建筑物和靠船建筑物。

船闸按照所处的地理位置和通过船舶的类型,可分为海船闸、河船闸和运河船闸;按照闸室的纵向排列数目,可分为单级船闸和多级船闸;按照闸室横向平行排列数目,可分为单线船闸、双线船闸和多线船闸;按照所在地区的特殊条件或特殊使用要求,可分为具有中间闸首的船闸、井式船闸、省水船闸和防咸船闸等。

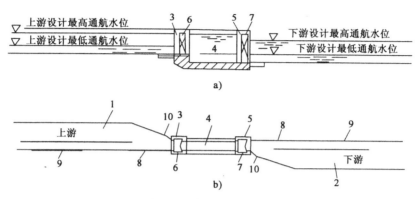

图 1-1-21 船闸组成示意图
a)纵断面图;b)平面图
1-上游引航道;2-下游引航道;3-上闸首;4-闸室;5-下闸首;6-上闸门;7-下闸门;8-导航建筑物;
9-靠船建筑物;10-辅导航建筑物

2. 升船机

升船机采用水力或机械装置升降船舶以通过航道上水位集中落差河段。升船机的基本组成包括承船厢(车)、支承导向结构、驱动机构、事故装置、闸首、电气控制系统、拉紧密封装置等。承船厢(车)用于装载船舶;支承导向结构用于支承承船厢(车),并对承船厢(车)升降起导向作用;驱动机构用于驱动承船厢(车)升降;事故装置用于发生事故时,制动并固定承船厢;闸首是将承船厢(车)、支承导向结构等与上下游航道隔开的挡水建筑物,在承船厢(车)升降过程中,以及承船厢(车)停靠时,闸首在承船厢(车)与上下游航道之间起衔接作用。

按装载船舶的承船厢或承船车的运行路线,升船机可分为垂直升船机和斜面升船机两大类。垂直升船机需要设置平衡系统以平衡其升降过程需克服的重力,根据平衡系统的工作原理,又可分为均衡重式垂直升船机(图 1-1-22)、浮筒式垂直升船机(图 1-1-23)和水压式垂直升船机。斜面升船机又可分为纵向斜面升船机和横向斜面升船机;此外,还有水坡式升船机。

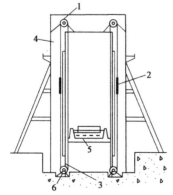 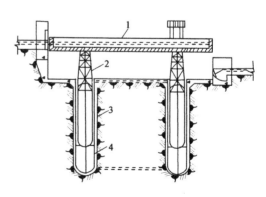

图 1-1-22 均衡重式垂直升船机示意图
1-滑轮;2-平衡重;3-平衡链;4-垂直支架;
5-承船箱;6-锟轮

图 1-1-23 浮筒式垂直升船机示意图
1-承船箱;2-支撑;3-浮筒;4-浮筒井

15

承船厢(车)载运船舶的方式可分为湿运与干运两大类。湿运升船机是指承船厢(车)内盛水,船舶浮载在有水的承船厢内。干运升船机是将船舶置于无水的承船厢内设有弹性支承的承台上。

湿运升船机载运船舶由下游航道驶往上游航道的过程是:通过控制系统启动驱动机构,使承船厢(车)停靠在厢内水面与下游水位齐平的位置;进行承船厢(车)与升船机闸首间的拉紧、密封、充灌缝隙水等操作;开启承船厢(车)的厢头门和闸首的工作闸门,船舶驶入承船厢(车);关闭承船厢(车)的厢头门和闸首的工作闸门,泄去缝隙水,松开拉紧和密封装置;启动驱动机构,将承船厢提升至厢内水面与上游水位齐平的位置;进行承船厢(车)与升船机闸首间的拉紧、密封、充灌缝隙水等操作,开启厢头门和工作闸门,船舶自承船厢(车)驶入上游航道。船舶自上游航道下降至下游航道,按上述程序反向进行。

斜面升船机以承船车运载船舶沿斜坡道通过水位集中落差河段。水坡式升船机是斜面升船机的一种特殊形式,利用上、下游航道间水槽内可移动的挡水闸门所形成的楔形水体供船舶升降。

与船闸相比,升船机具有以下特点:

(1)基本上不耗水,适宜建造在少水和需咸淡、清浊分离的河流和运河上。

(2)垂直升船机和横向斜面升船机的承船厢(车)的升降速度远较船闸闸室灌泄水速度快,船舶通过升船机所需的时间较短。

(3)在一定范围内升船机的造价不因提升高度的增加而增大很多。

(4)升船机难以承担大型船队一次通过,提升船舶的吨位不能太大。

(5)升船机的造价随提升船舶吨位的增加而增加很快,而且技术更加复杂。

(6)升船机的机械设备和电气控制系统是升船机的重要组成部分,其制造、安装、运行及维护技术要求高。

世界各国的建设实践和科研设计经验表明,当水头在70~80m以上时,宜采用升船机;当水头在40~70m之间时,应进行升船机与船闸的比选;当水头在40m以下时,船闸通常比升船机优越。

第二节 水运工程项目基本建设程序及建筑施工程序

一、建设项目基本建设程序

建设项目基本建设程序是指一个建设项目从酝酿提出到该项目建成投产或使用的整个建设过程中,各项工作必须遵循的先后次序。它是工程建设活动客观规律(包括自然规律和经济规律)的反映,也是人们在长期的工程建设实践过程中技术和管理活动经验的理性总结,是工程项目科学决策和顺利进行的重要保证。

按现行规定,我国一般大中型及限额以上的项目基本建设程序通常有提出项目建议书、可行性研究及决策、勘察设计、组织施工、竣工验收及后评价等阶段。各阶段关系如图1-2-1所示。

下面就各个主要环节的工作内容及其作用作简要说明。

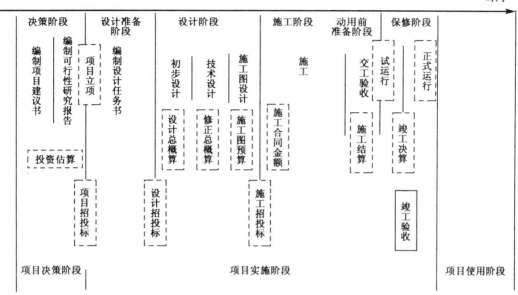

图 1-2-1　水运工程建设项目基本建设程序

1. 项目建议书

项目建议书是业主单位向国家提出的要求建设某一建设项目的建议文件,是对建设项目的轮廓设想,是从拟建项目的必要性及建设条件的可行性和获利的可能性加以考虑的。在客观上,建设项目要符合国民经济长远规划,符合部门、行业和地区规划的要求,使国家发展的长远规划落实到具体的建设项目上来。

项目建议书经批准后,并不说明该项目非上不可,只是表明项目可以进行详细的可行性研究工作,它不是该项目的最终决策。

项目建议书的内容,视项目的不同情况而有繁有简。项目建议书按要求编制完成后,按照建设的总规模和限额划分审批权限,报批项目建议书。

根据《国务院关于投融资体制改革的决定》(国发[2004]20号),对于企业不使用政府资金投资建设的项目,政府不再进行投资决策性质的审批,项目实行核准或登记备案制,企业不需编制项目建议书而可直接编制可行性研究报告。

2. 建设项目可行性研究

项目建议书经批准后,应紧接着进行可行性研究。可行性研究是对建设项目在技术上和经济上(包括微观效益和宏观效益)是否可行进行科学分析和论证,是技术经济的深入论证阶段,为项目决策提供依据。

(1) 可行性研究的主要任务

通过多方案比较,提出评价意见,推荐最佳方案。

(2) 可行性研究的内容

可概括为市场(供需)研究、技术研究和经济研究三项。具体说来,工业项目的可行性研究的内容有:

①项目提出的背景、必要性、经济意义、工作依据与范围。

②需要预测和拟建规模,资源材料和公用设施情况。
③建厂条件和厂址方案。
④环境保护,企业组织定员及培训。
⑤实际进度建议,投资估算数和资金筹措。
⑥社会效益及经济效益。
(3)编制可行性研究报告
在可行性研究的基础上,编制可行性研究报告。
(4)可行性研究报告的审批、核准和备案

根据《国务院关于投融资体制改革的决定》,政府投资项目和非政府投资项目分别实行审批制、核准制或备案制。

①政府投资项目

对于采用直接投资和资本金注入方式的政府投资项目,政府需要从投资决策的角度审批项目建议书和可行性研究报告,除特殊情况外不再审批开工报告,同时还要严格审批其初步设计和概算;对于采用投资补助、转贷和贷款贴息方式的政府投资项目,则只审批资金申请报告。

政府投资项目一般都要经过符合资质要求的咨询中介机构的评估论证,特别重大的项目还应进行专家评议。

②非政府投资项目

对于企业不使用政府资金投资建设的项目,一律不再实行审批制,区别不同情况实行核准制或登记备案制。

a. 核准制

企业投资建设《政府核准的投资项目目录》(以下简称《目录》)中的项目时,只需向政府提交项目申请报告,政府对企业提交的项目申请报告,主要从维护经济安全、合理开发利用资源、保护生态环境、优化重大布局、保障公共利益、防止出现垄断等方面进行核准。对于外商投资项目,政府还要从市场准入、资本项目管理等方面进行核准。

b. 备案制

对于《目录》以外的企业投资项目,实行备案制,除国家另有规定外,由企业按照属地原则向地方政府投资主管部门备案。备案制的具体实施办法由省级人民政府自行制定。

可行性研究报告是确定建设项目、编制设计文件的重要依据。

可行性报告经批准后,建设项目才正式"立项"。经批准后的可行性研究报告,是初步设计的依据,不得随意修改和变更。如果在建设规模、产品方案、建设地区、主要协作关系等方面有变动,以及突破投资控制数时,应经原批准机关同意,并正式办理变更手续。

按照现行规定,大中型和限额以上项目可行性研究报告经批准之后,项目可根据实际需要组成筹建机构,即组织建设单位。但一般改、扩建项目不单独设筹建机构,仍由原企业负责建设。

3. 建设项目设计工作

建设项目的可行性研究报告经批准立项后,就可通过设计招投标,委托中标设计单位编制设计文件。设计文件是从技术上和经济上对建设项目的全面规划,是组织施工的重要依据。

设计和勘察是分不开的,设计之前,必须先进行勘察调查工作(自然条件资料和技术经济条件资料),以取得足够的基础资料。

一般项目进行两阶段设计,即初步设计和施工图设计。技术上比较复杂而又缺乏设计经验的项目,可分为三阶段设计,即初步设计、技术设计、施工图设计。

(1)初步设计。初步设计是根据可行性研究报告的要求所做的概略计算,做出初步的规划实施方案,目的是为了阐明在指定的地点、时间和投资控制数额内,拟建项目在技术上的可能性和经济上的合理性;同时通过对工程项目所作出的基本技术经济规定,编制项目总概算。

初步设计不得随意改变被批准的可行性研究报告所确定的建设规模、产品方案、工程标准、建设地址和总投资等控制指标。如果初步设计提出的总概算超过可行性研究报告总投资的10%以上或其他主要指标需要变更时,应说明原因和计算依据,并报可行性研究报告原审批单位同意。

(2)技术设计。根据初步设计和更详细的调查研究资料编制,其目的是进一步解决初步设计中的重大技术问题,如工艺流程、建筑结构、设备选型及数量确定等,以使建设项目的设计更具体,更完善,技术经济指标更好;同时编制修正总概算。

(3)施工图设计。施工图设计是在初步设计或技术设计的基础上,将设计的工程形象化,并编制施工图预算。施工图设计是工程招投标和现场施工作业技术活动的直接依据,如编制工程招标文件、工程造价、施工合同、施工组织设计、工程项目管理实施规划等。

设计文件是工程建设的主要依据,经批准后不得擅自更动。设计文件包括:设计说明书、工程设计图,材料机具和人员数、概、预算表,质量要求等。

4. 建设项目前期准备

(1)预备项目

初步设计已经批准的项目,可列为预备项目。国家的预备项目计划,是对列入部门、地方编报的年度建设预备项目计划中的大中型和限额以上项目,经过从建设总规模、生产力总布局、资源优化配置及外部协作条件等方面进行综合平衡后安排和下达的。预备项目在进行建设准备过程中的投资活动,不计算建设工期,统计上单独反映。

(2)建设项目前期准备的内容

建设准备的主要工作内容包括:

①组建项目法人。

②征地、拆迁和场地平整。

③完成施工用水、电、路等工程。

④准备必要的施工图纸。

⑤组织设备、材料订货。

⑥建设工程报建。

⑦委托工程监理。

⑧组织施工招标投标,择优选定施工单位。

⑨办理施工许可证等。

(3)报批开工报告

按规定进行了建设准备和具备了开工条件以后,施工单位申请开工。经批准,项目进入下一阶段。

5. 建设项目施工

建设项目经批准开工建设,项目便进入了建设实施阶段。这是项目决策的实施、建成投产、发挥投资效益的关键环节。

新开工建设的时间确定是指建设项目设计文件中规定的任何一项永久性工程第一个破土开槽开始施工的日期。不需要开槽的,正式开始打桩日期就是开工日期;铁道、公路、水库等需要进行大量土、石方工程的,以开始进行土、石方工程日期作为正式开工日期。分期建设的项目,分别按各期工程开工的日期计算。

工程地质勘察、平整场地、旧建筑物的拆除、临时建筑、施工用临时道路和水、电等工程开始施工的日期不能算作正式开工日期。

施工活动应按设计要求、合同条款、预算投资、施工程序和顺序、施工组织设计,在保证质量、工期、成本计划等目标的前提下进行。

整个工程项目建设完成后,由建设单位组织交工验收,工程监督单位、设计单位、施工单位、监理单位等单位参加。经过交工验收后,移交给建设单位投入试运行。试运行期满后,组织竣工验收。

施工单位在工程施工前可以根据施工的具体需要和要求,认真做好技术、物资、劳动力组织、施工现场及不同季节施工的准备工作,编制施工准备工作计划(表1-2-1)。其主要项目内容如下。

施工准备工作计划表　　　　　　　　　　　　　　　　表 1-2-1

序号	施工准备工作项目	工程量		施工部门及负责人	准备工作进度							
		单位	数量		月	月	月	月	月	月	月	月

(1)技术准备

熟悉与会审图纸及有关资料,使施工人员明确设计者的设计意图,熟悉所要施工的内容和内部结构物的细部构造,掌握各种原始资料,核对各控制点的坐标和高程。如发现设计不合理或错误之处,应向监理工程师和业主汇报,并请设计核定。

编制和报批施工组织设计;编制施工预算;需在外加工的各种预制构件的技术资料准备和计划申请;新技术项目的试验和试制;各项临时设施的设计和布置。

组织先遣人员和机械设备进场,落实后续进场人员在生产、生活方面的问题。

(2)现场准备

主要包括:拆除障碍物;场地平整;测量放线,施工放样;临时道路和临时供水、供电、供热等管线的敷设;大型临时设施及临时设施的建造(如施工便道、预制场、混凝土搅拌站、临时住房、堆料场、仓库等);建立工地试验室;建立施工组织机构,安全技术教育和岗前培训等。

(3)劳动力、船机设备、材料和预制构件加工的准备

主要包括:调整劳动组织,向员工进行工期要求和施工技术的交底;组织船机设备、各种原材料的进场;落实各种预制构件的加工单位等。

(4)其他

到工程所在地的政府有关部门办理施工执照;到海事部门联系发布航行公告。

根据工程特点,选择一些专业施工分包单位来承担如挖泥、吊装、运输和设备安装等专项工作;提出开工报告等。

只有施工准备工作完成,并书写书面报告,经监理工程师批准,才可正式施工。

6. 生产准备

生产准备是项目投产前由建设单位进行的一项重要工作。它是衔接建设和生产的桥梁，是建设阶段转入生产经营的必要条件。建设单位应适时组成专门班子或机构做好生产准备工作。

生产准备工作的内容根据企业的不同而异，总的来说，一般包括下列内容：

(1)组织管理机构，制订管理制度和有关规定。

(2)招收并培训生产人员，组织生产人员参加设备的安装、调试和工程验收。

(3)签订原料、材料、协作产品、燃料、水、电等供应及运输的协议。

(4)进行工具、器具、备品、备件等的制造或订货。

(5)其他必需的生产准备。

7. 竣工验收交付使用

当建设项目按设计文件的规定内容全部施工完成以后，便可组织验收。它是建设全过程的最后一道程序，是投资成果转入生产或使用的标志，是建设单位、设计单位和施工单位向国家汇报建设项目的生产能力或效益、质量、成本、收益等全面情况及交付新增固定资产的过程。经交工验收合格后的建设项目，即可交付生产，投入生产试运行。

交工验收交付投入试运行使用后，施工单位退场，转移到其他工程项目。根据规定，试运行期满后，进行工程竣工验收。

竣工验收对促进建设项目及时投产，发挥投资效益及总结建设经验，都有重要作用。通过竣工验收，可以检查建设项目实际形成的生产能力或效益，也可避免项目建成后继续消耗建设费用。

上述基本建设程序并非一成不变，在实践中，还要结合具体项目的特点和条件，有效地去贯彻执行基本建设程序。

二、建筑施工程序

建筑施工程序是拟建工程项目在整个施工阶段中必须遵循的先后顺序。这个顺序反映了整个施工阶段必须遵循的客观规律，它一般包括以下几个阶段。

1. 承接施工任务

施工单位承接任务的方式一般有两种，一般通过投标或议标承接，还有一些国家重点建设项目由国家或主管部门直接下达给施工企业。不论哪种方式，施工单位都要检查施工项目是否有批准的正式文件，是否列入基本建设年度计划，是否落实投资等。

2. 签订施工合同

建设单位与施工单位应根据《中华人民共和国合同法》和有关规定签订施工合同。要规定承包的内容、要求、工期、质量、造价以及材料供应等，明确合同双方应承担的义务和职责。施工合同经双方法人代表签字后具有法律效力，必须共同遵守。

3. 做好施工准备，提出开工报告

签订施工合同后，施工单位应全面展开施工准备工作。如会审图纸，编制单位工程施工组织设计，落实劳动力、材料、机具，以及督促建设单位做好拆迁征地、现场"三通一平"并申领施工许可证等。具备开工条件后,提交开工报告,经审查批准后,即可正式开工。

4. 组织施工

施工过程应按照施工组织设计精心施工。加强各部门合作和管理,落实施工单位内部承包的经济责任制,做好经济核算和管理,严格执行各项技术、质量检验制度,抓紧工程收尾和竣工。

5. 竣工验收,交付使用

竣工验收是施工的最后阶段,应先进行施工内部预验收,签订保修责任书,整理交工验收的技术资料。然后由建设单位的上级主管部门组织竣工验收,验收合格后,交付使用。

第三节 工程项目施工流程

施工流程是一个工程项目中各分项目的先后施工顺序,它是一个工程项目的施工主线,反映了施工过程中各分项目间的逻辑关系和组织关系,是施工企业长期施工实践经验的总结。施工流程的确定,为各分项目的施工方案制订、整个工程项目进度计划的编制提供了科学依据。

确定施工流程,主要依据工程项目设计图纸、工程地点自然条件、企业施工技术和设备、工程技术规范和企业施工管理水平等。下面以某高桩码头工程为例,说明该项目的施工流程。

【例1-3-1】 珠三角某河口段水道上,建设一座500t级散货码头,采用高桩梁板结构,码头总长度66m,宽10m,由两座引桥与岸相接,引桥长度均为24.48m,宽8m。码头设计代表船型为500DWT散货船,吃水为49.9m×10.6m×2.5m(总长×型宽×满载),码头和引桥结构主要由管桩、桩帽、横梁、靠船构件、纵梁、面板、吊机座等组成,见码头平面布置图(图1-3-1)、码头平面图(图1-3-2)、码头立面图(图1-3-3)、码头断面图(图1-3-4)。试制定该高桩梁板式码头施工流程。

分析:

根据设计图纸,如何把图纸上的码头水工建筑物变成为实体,先从什么项目施工、从什么地方开始施工,必须先确定码头施工主线,即施工流程。确定施工流程,首先要熟悉设计图纸,特别是熟悉码头平面布置图、码头平面图、码头立面图、码头断面图,掌握码头的平面位置、结构形式、结构组成;再根据码头所在地的自然条件(潮位、水流、工程地质等)、施工技术水平、施工船机、施工平面布置等确定施工流程。

建筑物的施工通常从基础开始,由下部结构逐步向上部结构施工,本码头施工也是如此,通常从桩基施工到桩帽施工,再横梁和靠船构件施工、纵梁施工、面板和码头磨耗层等施工。

根据码头平面布置图,码头港池、回旋水域设计底高程为-4.70m,码头港池、回旋水域区域原水道水深在2.0~16m,即底高程在-2.0~-16m(水深基准面和高程基准面相同);由码头断面图可见,码头下原泥面线也高于设计泥面线。因此,码头施工中需进行港池挖泥。港池挖泥施工项目在码头施工流程中排在什么位置合适?水上挖泥一般用挖泥船施工,如果先打桩再挖泥,桩间土的挖深有困难,而且先挖泥后打桩,水深增大,对打桩船靠岸打桩有利。因此,考虑先进行码头基础、港池挖泥施工。特殊情况下也可先打桩后挖泥,桩间土可用小型抓扬式挖泥船挖泥或吸泥机(船)挖泥。

码头结构部分和部分引桥只能在水上施工,部分引桥可在陆上和利用低潮位陆上施工。

因此施工可考虑水上和陆上同时进行,并考虑到码头结构施工工程量不大,施工条件较好,紧靠陆地,不受风浪影响,除桩基采用预制打入桩外,其他钢筋混凝土构件采用现浇施工。

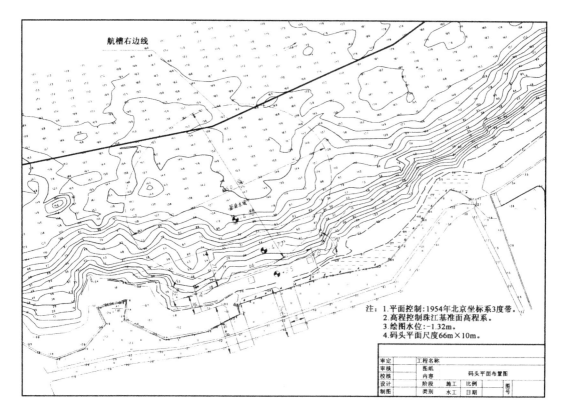

图 1-3-1 码头平面布置图

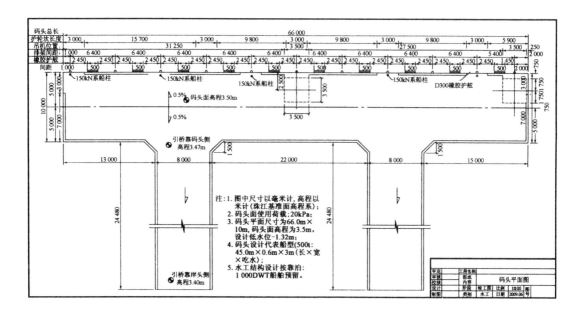

图 1-3-2 码头平面图

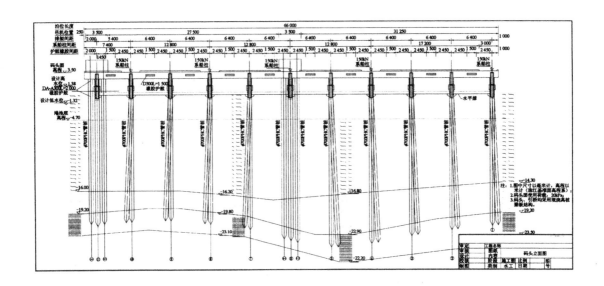

图 1-3-3　码头立面图

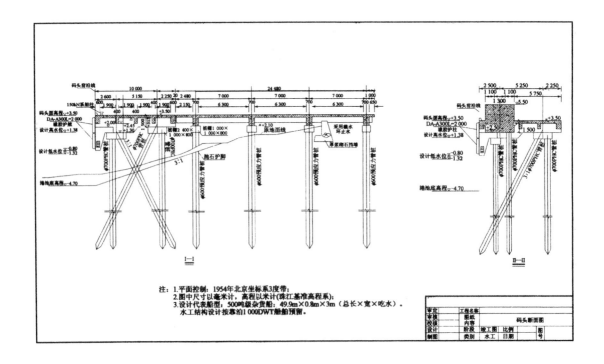

图 1-3-4　码头断面图

综合上述多方面因素,码头施工流程如图 1-3-5 所示。

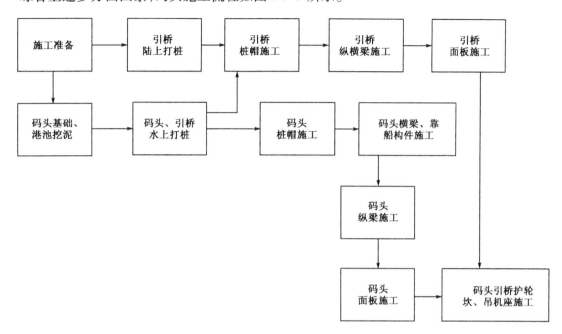

图 1-3-5　某高桩码头施工流程

复 习 题

1. 熟悉水运工程结构形式。
2. 试述建设项目基本建设程序。
3. 一个新项目的开工建设时间是怎样确定的?
4. 试述建筑施工程序。
5. 确定工程项目施工流程的主要依据有哪些?
6. 熟练阅读【例 1-3-1】高桩码头图纸。

第二章 常用工程机械与工程船舶

第一节 常用工程机械

水运工程常用的工程机械主要有土方机械、起重机械、桩工机械、混凝土机械、钢筋机械、运输机械等。本章主要介绍起重机械、混凝土机械、桩工机械,其他机械在相关章节中结合施工技术介绍。

一、起重机械

1. 类型

起重机械是一种循环、间歇运动的机械,主要是能将某重物(构件、材料、设备等)同时完成垂直升降和水平移动(吊运、安装)的机械设备,它是工程建设中最主要的施工机械。起重机械的种类很多,以适应不同的工作条件和要求。根据机械本身的构造和性能大致分为如下几大类。

(1)轻小型起重设备

其构造简单,主要用于物品单纯的升降作业和搬运,一般只有一个升降机构,如千斤顶、链滑车(又称手动葫芦)(图2-1-1)、卷扬机等(图2-1-2)。

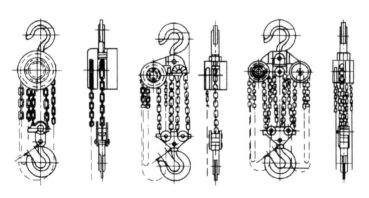

图 2-1-1 WA型链滑车简图

(2)起重机

一般来讲,起重机主要用来起重货物,因此,起重机的取物装置(吊钩或抓斗)必须在卸货地点取物,然后,移动到装货地点,将物卸下,空钩重新回到卸货地点,实现第二次取物。这样周而复始,不断循环。起重机的特点是周期性的,即以重复的、短时间的工作循环来起升和移动货物。每一个工作循环中,它的主要机构都做一次正向和反向运动。一个工作循环所需时间叫做工作周期。为了使取物装置从卸货地点移动到装货地点,即实现货物垂直和水平运输,起重机一般有起升、变幅、旋转机构。起升机构用来将货物提升、下降或停止在某一位置上;旋转机构使起重机旋转;起升和旋转机构的运动,使起重机在某一圆周范围内作业;变幅机构用来改变幅度(吊钩至起重机旋转中心的距离)。三个机构的运动使起重机在圆环形面积内作业,从而扩大了起重机的工作范围。

起重机除了有起升、变幅、旋转机构外,有的还具有水平运动机构。按工作特性可分为下列三类。

①运行式回转起重机。具有行走装置,能沿地面或轨道运行,如塔式起重机、汽车式起重机、轮胎式起重机、履带式起重机、桥式起重机等。

②固定式回转起重机。能在圆形或扇形面积范围内进行作业,如扒杆、桅杆起重机。

③缆索式起重机、架桥梁起重机。

(3)升降机

升降机虽也只有一个主要升降机构,但在许多升降机(如电梯、升船机)中,有完善的安全装置及其他附属装置,故单列为一类。

2.起重机械主要性能和基本组成

(1)基本参数和性能特性曲线

起重机械基本参数如下。

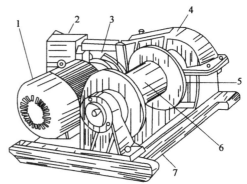

图 2-1-2　JJKD1 型卷扬机
1-电动机;2-制动器;3-弹性联轴器;4-圆柱齿轮减速器;
5-十字联轴器;6-光面卷筒;7-机座

额定起吊质量(Q)——允许起吊物品的质量和起重机上取物装置质量的总和。所谓额定起吊质量是指在各种工况下安全作业所允许起吊重物的最大质量(它要随幅度的加大而减少)。

起升高度(H)——起重机运行轨道顶面或地面到取物装置上极限的高度(吊钩中心)。当取物装置可以放到地面或轨道顶面以下时,其下放距离称为下放深度,这二者之和称为总起升高度。

幅度(R)——指起重机旋转中心或臂架根部的中心与取物装置铅垂线之间的距离。

跨度(L)和轨距(l)——桥式起重机两轨道中心之间的距离称为该起重机的跨度;而小车运行轨道中心间的距离称为小车的轨距。

额定起升速度:指起升机构电动机在额定转速下取物装置的上升速度。

额定运行速度:指运行机构电动机在额定转速下起重机大车或小车的运行速度。

变幅速度:指起重机的取物装置从最大幅度到最小幅度的平均线速度。

额定旋转速度:指旋转机构电动机在额定转速下起重机绕其旋转中心的旋转速度。

额定生产率——表明起重机装卸能力的综合指标,其常用单位为吨/小时。

起重机性能特性曲线,综合显示了起重机各主要性能参数之间的相互关系,主要有起吊质量 Q 与幅度 R 曲线、起升高度 H 与幅度 R 曲线。

①起吊质量 Q 与幅度 R 的关系

起重机作业时,不但要求有一定的起吊质量,并要求有一定的幅度。而起重机由于受强度和稳定性的限制,其起吊质量 Q 必随着幅度 R 的增大而下降,以保证不发生折断起重臂或起重机倾翻的恶性事故。

起重力矩 $M = Q \times R$，它综合了起吊质量和幅度两个因素的影响，较为全面和正确地反映了起重机的起重能力。各种起重机的起吊质量特性曲线或起重能力表可在产品说明书或起重手册中查得，操作时务必掌握。

②起升高度 H 与幅度 R 的关系

起重机的起升高度 H 与起重机吊臂长度 L 和幅度 R 有关。在同一吊臂长度下，H 随 R 的增加而减少，但要注意，一般性能资料上的标准起升高度为空载情况，在吊重时，应考虑吊臂变形而引起的变化。吊臂越长，其重心距回转中心越远，对起重机稳定性越不利，故起重机的额定起吊质量 Q 随吊臂长度 L 的增加而减少。

起重机的起升高度与幅度的关系，在建筑安装工程上十分重要，必须综合考虑 Q-H-R 这三个因素。作为一名施工技术人员要明确这些性能和彼此之间的关系，在施工组织设计中对起重设备的使用有一个正确的选择。

图 2-1-3 为履带式起重机。

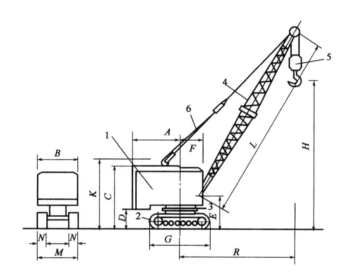

图 2-1-3 履带式起重机
1-机身；2-行走机构；3-回转机构；4-起吊臂；5-起吊滑轮组；6-变幅滑轮组

履带式起重机的类型较多，现仅就 W_1-50 型、W_1-100 型和 W_1-200 型履带式起重机的外形、技术性能和参数间的关系简述如下。

a. W_1-50 型起重机

最大起吊质量为 10t，吊臂杆可接长到 18m。该机机身小，自重轻，运转灵活，可在较狭窄的场地工作，适用于安装跨度 18m 以内、高度 10m 左右的小型车间或做一些辅助工作，如装卸构件等。

b. W_1-100 型起重机

最大起吊质量为 15t，机身较大，行驶速度较慢，但它有较大的起吊质量和可接长的吊臂。

c. W_1-200 型起重机

最大起吊质量为 50t，吊臂可接长至 40m，适于结构安装工程。

履带式起重机的外形尺寸见表 2-1-1，主要技术性能见表 2-1-2。起重机的技术性能还可以用性能曲线表示，如图 2-1-4 所示为 W_1-200 型起重机的性能曲线。

履带式起重机外形尺寸（mm） 表 2-1-1

符 号	名 称	型 号		
		W₁-50	W₁-100	W₁-200
A	机身尾部到回转中心距离	2 900	3 300	4 500
B	机身宽度	2 700	3 120	3 200
C	机身顶部到地面的距离	3 220	3 675	4 125
D	机身底部到地面的距离	1 000	1 045	1 190
E	吊臂下铰中心距地面的高度	1 555	1 700	2 100
F	吊臂下铰中心至回转中心距离	1 000	1 300	1 600
G	履带长度	3 420	4 005	4 950
M	履带架宽度	2 850	3 200	4 050
N	履带板宽度	550	675	800
J	行走底架距地面高度	300	275	390
K	机身上部支架距地面高度	3 480	4 170	6 300

履带式起重机技术性能表 表 2-1-2

参 数		单位	型 号						
			W₁-50			W₁-100		W₁-200		
吊臂长度		m	10	18	18m 带鸟嘴	13	23	15	30	40
最大起吊半径		m	10.0	17.0	10.0	12.5	17.0	15.5	22.5	30.0
最小起吊半径		m	3.7	4.5	6.0	4.23	6.5	4.5	8.0	10.0
起吊质量	最小起吊半径时	t	10.0	7.5	2.0	15	8.0	50.0	20.0	8.0
	最大起吊半径时	t	2.6	1.0	1.0	3.5	1.7	8.2	4.3	1.5
起吊高度	最小起吊半径时	m	9.2	17.2	17.2	11.0	19.0	12.0	26.8	36.0
	最大起吊半径时	m	3.7	7.6	14.0	5.8	16.0	3.0	19.0	25.0

从起重机性能表和性能曲线中可看出，起吊质量、起吊半径和起升高度的大小取决于起吊臂长度及其仰角大小。即当吊臂长度一定时，随着仰角的增加，起吊质量和起升高度增加，而起吊半径减小；当吊臂仰角不变时，随着吊臂长度增加，则起吊半径和起升高度增加，而起吊质量减小。

通常，履带式起重机技术性能包括三个主要参数：起吊质量 Q、起吊半径 R、起升高度 H。起吊质量不包括吊钩、滑轮组的质量。起吊半径 R 指起重机回转中心至吊钩的水平距离，起升高度 H 是指起重吊钩中心至停机面的垂直距离。

为了保证履带式起重机安全工作，在使用上要注意以下要求：在安装时需保证起重吊钩中心与臂架顶部定滑轮之间有一定的最小安全距离，一般为 2.5~3.5m；起重机工作时的地面允许最大坡度不应超过3°，臂杆的最大仰角一般不得超过78°；起重机不宜同时进行起重和旋转操作，也不宜边起重边改变臂架的幅度；起重机如必须负载行驶，荷载

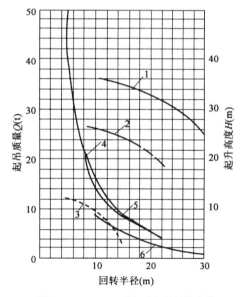

图 2-1-4 W₁-200 型起重机的性能曲线
1-L=40m 时 R-H 曲线；2-L=30m 时 R-H 曲线；3-L=15m 时 R-H 曲线；4-L=15m 时 Q-R 曲线；5-L=30m 时 Q-R 曲线；6-L=40m 时 Q-R 曲线

不得超过允许起吊质量的70%,且道路应坚实平整,施工场地应满足履带对地面的压强要求,当空车停置时为80~100kPa,空车行驶时为100~190kPa,起重时为170~300kPa;若起重机在松软土地上面工作,宜采用枕木或钢板焊成的路基箱垫好道路,以加快施工速度;起重机负载行驶时重物应在行走的正前方,离地面不得超过50cm,并拴好拉绳。

图2-1-5为装配式钢桁架龙门架。图2-1-6为汽车起重机。

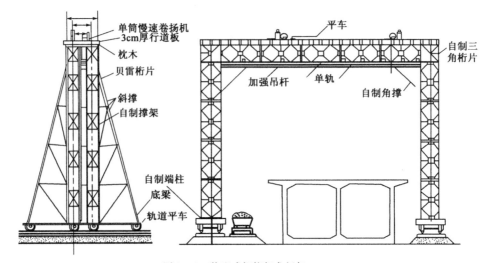

图2-1-5 装配式钢桁架龙门架

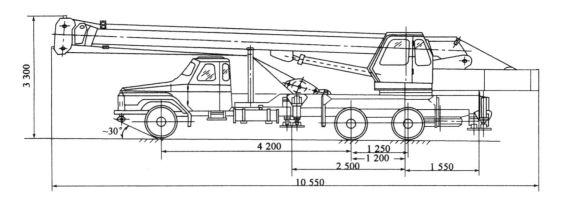

图2-1-6 QY12型全液压汽车起重机(尺寸单位:mm)

(2)起重机械的基本组成

一般起重机械是由起升、变幅、旋转、运行四种机构,以及挠性装置(钢丝绳、滑轮、卷筒等)、取物装置(吊钩、抓斗等)、传动装置、驱动装置、制动装置、安全装置等组成。其主要功能是对重物进行装卸,对一些大型设备进行吊装。下面重点介绍起重机械的一些机构、部件。

①钢丝绳

钢丝绳是起重机重要零件之一,它由许多高强度碳素钢丝(单股或多股)按螺旋方向(顺绕或交绕)编结而成,为增加其挠性和弹性,在中间再圈绕数股绳芯(常用油浸的剑麻、棉纱等纤维)。如6×19+1钢丝绳,即表示钢丝绳由6股、每股19丝加1股纤维绳芯组成。钢丝绳的强度,按国家标准分为五级,即:1 400MPa、1 550MPa、1 700MPa、1 850MPa和2 000MPa。

在起重吊运工作中,常用的钢丝绳有:

6×19——钢丝粗、硬而耐磨,不易弯曲,用作缆风绳及拉索。

6×37——钢丝细,较柔软,用于滑车组,作为穿绕滑车组起重绳。

6×61——钢丝质地软,用于滑车组,作吊索及绑扎吊起构件等。

钢丝绳的使用要点有:

a. 在使用中要保持绳面清洁并定期进行润滑,约4个月涂油一次。

b. 不允许钢丝绳形成扭结,在运行中不与其他物体、地面发生摩擦,不要穿过破损的滑轮。

c. 尽量减少弯折次数,特别是反向弯折。

d. 钢丝绳使用的滑轮及卷筒的直径要足够大,因其直径影响钢丝绳弯曲应力,一般来说,滑轮或卷筒的直径应是钢丝绳直径的20~35倍(起升、变幅用),30~40倍(抓斗用)。

e. 滑轮槽的半径要合适,不能太大或太小,通常取轮槽的半径R为$(0.54 \sim 0.60)d$(d为钢丝绳的直径)。

f. 新钢丝绳在使用过程中产生走油现象是正常的,因其绳芯中的油被挤压。若旧钢丝绳产生走油,则应停止使用,进行检查。

g. 对重要作业,换用新钢丝绳时,应以计算载重的2倍作载重试验,使用中不允许超载,要避免突然受力和承受冲击载荷,要注意避免钢丝绳带电作业。

h. 注意定期检查,当使用一定时间逐渐断裂时,为保证使用的安全性,即应报废;当外层钢丝的磨损达到钢丝直径的40%时,当即报废。

② 滑轮

滑轮的制造材料有灰铸铁、铸钢、钢板、尼龙等,灰铸铁滑轮易加工但寿命较短,铸钢滑轮制造工艺复杂质量大,目前多用钢板挤制滑轮,制造工艺简单质量轻。在特别场合用尼龙制造滑轮,成本虽高,但对钢丝绳的使用寿命和其他有利。滑轮的直径及滑轮槽的半径根据钢丝绳的直径,选取一定的比例,可参照钢丝绳一节的内容。

③ 卷筒

卷筒在起升机构或牵引机构中用来卷绕钢丝绳,将旋转运动转换为所需的直线运动。卷筒通常为圆柱形,有单层卷绕和多层卷绕之分。单层卷筒的表面通常切出螺旋槽,以增加与钢丝绳的接触面积,并使之不易脱槽。卷筒的制造材料为灰铸铁、球墨铸铁,也有用钢板卷制焊接而成。

④ 起重吊钩

吊钩是起重机械中的直接取物装置,有单钩、双钩与吊环三种基本形式,最常用的是单钩。吊钩用整块钢材锻造而成,并经热处理,表面光滑,不得有裂缝或剥裂。吊钩也可用多层钢板组合而成,每个吊钩都应有制造厂的铭牌和载重能力标识,使用时严禁超载。

⑤ 回转机构

具有旋转功能的起重机械通过回转机构来完成回转运动。大多数回转机构的运转是通过小齿轮与大齿圈啮合的传动方式实现的。驱动装置有电动机、机械和液压驱动等,现代汽车式与轮胎式起重机多用液压马达驱动回转机构。

⑥ 变幅机构

起重机通过变幅机构来改变起重幅度,一般来说,桥式起重机是由移动起重小车来完成变幅,臂架式起重机是通过俯仰形式来完成。前者一般多用于塔式或桥式起重机,以及公路、铁路施工中的架桥机,后者用于汽车式、轮胎式和履带式起重机。

⑦ 起升机构

起重机通过起升机构作业,通常用电动机或油马达通过一套齿轮传动机构,驱动钢丝绳卷筒转动,再经滑轮吊索系统提起或放下重物。

⑧行走机构

起重机的行走机构一般采用驱动形式为原动机(柴油机、电动机或油马达)通过传动机构直接驱动汽车轮或履带或在轨道上行驶。

⑨制动装置

制动器是起重机械的关键部件之一,任何起重机的起升、运行、旋转和变幅机构都必须装有制动器。其结构形式有块式、带式、盘式及锥式等。每次检修后,对制动器的调整情况,均应进行检查、试验。当制动器出现裂缝、变形,制动带厚度磨损达原厚度的20%,轴孔磨损量达原直径5%时,应报废。

⑩安全装置

起重机械的安全装置是正常作业的保证,可防止起重机在意外情况下的损坏。安全装置有:超载限制器,力矩限制器,上升、下降极限位置限制器,运行极限位置限制器,起吊质量—幅度指示器,联锁保护装置,缓冲器,锚定装置,质量指示器,报警装置等。

3. 各种起重机的选择

在进行起重作业时,施工人员应根据施工现场的条件、作业要求、生产效率、经济性等因素,结合考虑各种起重机械的不同特点,选择合适的起重机械。如起吊质量不大,作业简单,也可采用简单的起重机械,如千斤顶、卷扬机、绞车等。

4. 起重作业要则

(1)起重吊点的选择

在起重作业之前,应正确选择被起吊重物的吊点。

①掌握重物的重心

任何物体都要受到重力的作用。重力的合力的作用点就是物体的重心。一个物体的重心位置是不变的。形状规则的物体其重心位置比较容易确定,对于不规则物体,可以分解成几个规则的组成部分,分别求出各部分的重心,然后用力矩平衡的方法求出整个物体的重心。

②掌握重物的平衡状态

物体在空间的状态有四种,即稳定状态、稳定平衡、不稳定状态和倾覆状态。

为了平稳地起吊重物,应使重物处于最稳定的状态,其原则是:使重物的重心最低,支承面最大。但如要使重物翻身,则反其道而行之。

③吊点选择方法

a. 对有起吊耳环的重物,应使用原设计的耳环,因其经过强度校核且位置合理。

b. 对长形重物,可采用两吊点方法起吊。两吊点的位置应选在其重心两端的对称点上,最好将重物分为两个部分,吊点选在这两个部分各自的重心位置上。

c. 对圆形重物,可采用三吊点或四吊点方法起吊。对方形重物,一般采用四吊点方法,吊点的位置选在四边对称的地方。

d. 拖拉长形重物。当顺长拖拉时,吊点位置应在重心的稍前端,当横向拖拉时,两吊点应与重心等距离。

e. 重物翻身,最好使用吊环起吊,而且每个吊环的强度都能承受被翻重物的总重力;重物起吊着地时应为不稳定状态,稍加外力,即可使重物反向倾倒,此时要特别注意。

f. 对于大而薄的重物起吊,其吊点要考虑重物的结构强度和刚度,不致使重物产生变形。

g. 对于桩的吊运常有二点吊、三点吊、四点吊、六点吊等,另作专述。

(2)被起吊重物的绑扎方法

起重作业中,除起重吊点的选择外,绑扎技术的好坏,也关系到起重作业能否顺利进行。对重物的绑扎必须因地制宜、灵活运用。

①圆柱形重物的绑扎

a. 平行吊装绑扎。方法有两种,一种是一个吊点,绑扎前要找准重心,并选用适当的钢丝绳和卸扣。钢丝绳在卸扣内穿绕5~6圈(空圈不算在内),可吊起3~5t重物;如绕8~10圈,可吊起10t左右重物;如绕10~12圈,则可吊起10~20t重物。另一种是两个吊点,绑扎在重物两端,常用于重物的移位,有时也作为设备进入狭小场所使用。

b. 垂直斜形吊装绑扎。在重物尺寸较长,而出入口较小时使用,多用一个吊点。绑扎时须放一圈空圈,目的是起吊后,钢丝绳能牢牢卡住重物,使吊点始终不会移动。

②长方形重物的绑扎

绑扎方法较多,要看具体情况,多为两个吊点。每绑扎一圈都要收紧,在快口锐角处有时要加衬垫,放空圈时要放在卸扣销子下面,收头十字结要打牢,绳头至少应在0.2m左右。绑扎用钢丝绳的安全系数一定要达到10倍,绑扎时保证每根钢丝绳都能均匀受力。

(3)起重作业的四要素

①熟悉被起吊重物的形状、体积、结构尺寸、质量及重心位置,以正确地选择起吊点、绑扎方法。

②熟悉施工场地及作业环境。

③熟悉起重机械的性能参数、使用特点及工具、索具的配备。

④编制起重作业方案,包括作业程序、劳动人员组织安排和安全技术措施。

(4)起重机械安全管理规程

①建筑起重机械应当具有特种设备制造许可证、产品合格证、制造监督证明。

②机械设备应按其技术性能的要求正确使用,缺少安全装置或安全装置已失效的机械不得使用。使用前应进行检查或试吊。

③起重作业前必须对作业现场的环境、行驶道路、架空电线、近邻建筑物等情况进行全面了解。作业时,应有足够的工作场地,起重臂杆起落及回转半径内无障碍物。起重机各支腿受力点要能承载最大起吊质量的1.5倍,必要时要放垫物来减轻单位面积压力。

④操作人员在进行起重机回转、变幅、行走和吊钩升降等动作前,应鸣声示意,并与指挥人员密切配合。

⑤起重作业时,重物下方不得有人停留或通过。

⑥严禁用起重机进行斜拉、斜吊和起吊地下埋设或固结在地上的重物。

⑦在起吊额定载荷或接近额定载荷时,应先将重物吊离地面20~50cm即停止提升,进行全面检查确认无误后方可再行提升,并严禁同时进行两个动作的操作。

⑧重物提升和降落要均匀,严禁带载荷自由下降。

⑨两机或多机抬吊时,必须有统一指挥;吊重应分配合理,不得超过单机允许起吊质量的80%。

⑩遇有六级以上大风或大雨、大雾、大雪时,应停止起重机露天作业。

二、混凝土机械

1. 混凝土搅拌机

混凝土搅拌机主要是对按一定配合比的混凝土组成材料进行搅拌的机械。按搅拌工作原理可分为自落式和强制式两大类。自落式搅拌机搅拌筒旋转,筒内壁固定的叶片将物料带到一定高度,然后物料靠自重自由坠落,周而复始,物料得到均匀拌和。自落式搅拌机按搅拌筒的形状和出料方式分为锥形反转出料搅拌机(图 2-1-7)、锥形倾翻出料搅拌机和鼓筒混凝土搅拌机。其中,鼓筒式搅拌机已被国家列为淘汰产品,自 1987 年底起停止生产和销售。强制式搅拌机搅拌筒固定不动,筒内物料由转轴上的搅拌铲和刮铲强制挤压、翻转和抛掷,使物料拌和。强制式搅拌机分卧轴强制式搅拌机和立轴强制式搅拌机,见图 2-1-8。

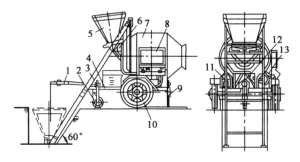

图 2-1-7 JZ350 型锥形反转出料搅拌机
1-牵引架;2-前支轮;3-上料架;4-底盘;5-料斗;6-中间料斗;7-锥形搅拌筒;8-电气箱;9-支腿;
10-行走轮;11-搅拌动力和传动机构;12-供水系统;13-卷扬系统

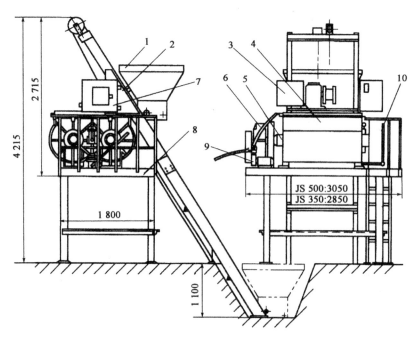

图 2-1-8 双卧轴混凝土搅拌机整机示意图(尺寸单位:mm)
1-进料斗;2-上料架;3-卷扬机构;4-搅拌筒;5-搅拌装置;6-搅拌传动系统;7-电气系统;
8-机架;9-供水系统;10-卸料机构

近年来，卧轴强制式搅拌机以其在技术经济指标方面的优势得到迅速发展，具有搅拌效率高、搅拌质量好、卸料干净等特点，又可搅拌干硬性混凝土。

不同容量混凝土搅拌机其适用范围是根据混凝土搅拌机的主要性能参数即出料容量 L（升）来确定。按不同场合的需求来选用不同容量的搅拌机。下面介绍混凝土搅拌机的使用要点。

目前，建筑市场基本实现了混凝土工厂化生产，施工现场一般不设混凝土搅拌站，现场浇筑的混凝土采用商品混凝土。

2. 混凝土搅拌输送车

混凝土搅拌输送车是一种专用运输车辆，在供应商品混凝土中，搅拌运输车是必备的设备。

根据运距的远近、混凝土的配比及施工现场的不同要求，混凝土搅拌输送车有着不同的使用方法。

(1) 成品混凝土拌和物输送。将混凝土搅拌楼（站）制备的混凝土拌和物，送往工地。在运输过程中，途中拌筒作 1～4r/min 的转动，以防止混凝土拌和物离析。运送的距离控制在拌和物开始初凝之前，一般运距可达 8～12km。

(2) 搅拌运送，有湿料、半干料和干料输送几种方法。

①湿料运送：将混凝土的砂、石、水泥和水等拌和料装入搅拌输送车，在运送途中，拌筒以 8～12r/min 的转速，继续完成搅拌作业，到达施工现场，反转出料。其适用于运距 8～12km。

②半干运送：对尚未配足水的混凝土拌和料，在运送途中，向拌筒内喷水，完成搅拌作业。

③干料运送：仅将称量后的砂、石、水泥等干料，装入拌筒，在到达施工现场前 15～20min，加水进行搅拌，到达使用地点时搅拌完成，再反转出料。其适用于运距 12km 以上的运送。

混凝土搅拌输送车使用要点：

①使用前需对全车进行全面检查和试车，液压系统的油量、油质、油温应达到规定要求；

②装载混凝土的重力不得超载。

③在运送混凝土的途中，拌筒不得停转，连续运转时间一般不超过 8h。

④在拌筒由正转变为反转时，必须先将操纵手柄放至中间位置，待拌筒停转后，才能反向。

3. 混凝土输送泵

混凝土输送泵是将混凝土用专用泵通过水平以及垂直的管道，连续不断地运送到浇筑地点的混凝土机械，具有中间环节少、生产效率高、机械化程度高、机动性好、输送量大、造价低、施工组织简单、工程进度快、混凝土质量高等优点。特别在城市场地狭小地区作业，外海孤立建筑物以及需跨越建筑物浇筑混凝土时，泵送混凝土更有其优越性。

(1) 混凝土输送泵形式

混凝土输送泵按其移动方式可分为：拖式、固定式、臂架式。拖式、固定式常被称为地泵。臂架式称为混凝土泵车，见图 2-1-9。混凝土泵安装在汽车底盘上，用液压折叠式臂架来输送混凝土，臂架能进行变幅、曲折和回转的动作，可任意改变混凝土的浇筑位置，机动性强、效率高、使用广泛。

(2) 泵送混凝土对配合比的要求

泵送混凝土对混凝土的配合比有着严格的要求，不是任何混凝土都可以泵送的，除应按普通混凝土配合比设计外，尚应符合下列规定：

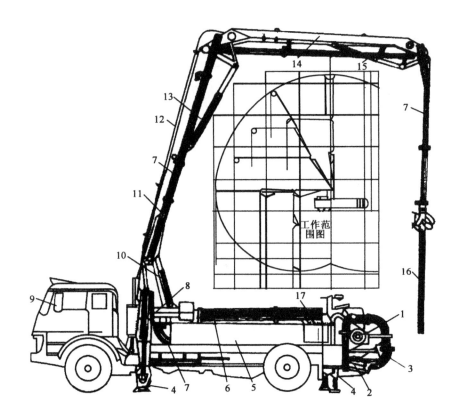

图 2-1-9 混凝土泵车

1-料斗和搅拌器;2-混凝土泵;3-Y形出料口;4-液压外伸支腿;5-水箱;6-备用管段;7-输送管道;8-支承旋转台;9-驾驶室;10、13、15-折叠臂油缸;11、14-臂杆;12-油管;16-橡胶软管;17-操纵柜

①最佳坍落度范围为 100~200cm。

②胶泥材料用量,无抗冻要求的混凝土不少于 300kg/m³,有抗冻要求的混凝土不少于 340kg/m³。

③水胶比不大于 0.60。

④砂率在 38%~45% 为宜。

⑤有抗冻要求的泵送混凝土,含气量控制在 5%~7%。

⑥碎石最大粒径与输送管内径之比不大于 1:3,卵石不宜大于 1:2.5。砂宜采用中砂,通过 0.315mm 筛孔的砂不宜少于 15%。

⑦泵送混凝土对集料的级配要求较高,即各种材料及其粒径大小均有一定比例,满足筛分曲线,否则会影响泵送效果。

⑧混凝土中适量掺泵送剂或减水剂,以提高混凝土的流动性、保水性、可泵性。

(3)混凝土泵(泵车)的使用特点

①混凝土泵必须放置在坚固平整的地面上;如必须停放于倾斜面时,倾斜度不得大于 3°,并用制动器卡住轮胎。

②泵送前应向料斗加入10L清水和0.3m³的水泥砂浆,如果管长超过100m,则相应增加水和砂浆用量。

③水泥砂浆注入料斗后,应使搅拌轴反转几周,让料斗内壁得到润滑,然后再正转。开泵时不要把料斗内的砂浆全部泵出,应保留在料斗搅拌轴轴线以上,待混凝土加入料斗后再一起泵送。

④在泵送作业中,料斗中混凝土的平面应始终保持在搅拌轴轴线以上,避免吸入空气。混凝土供料跟不上时要停止泵送。

⑤搅拌轴被卡住不转时,要暂停泵送,及时排除故障。

⑥料斗的网格上不得堆满混凝土,要控制供混凝土的流量,不得"超载"。及时清除网格上超粒径的集料和异物。

⑦供料中断时间,一般不超过20min,如超过1h,或混凝土出现离析时,必须排空,清洗管道。其间每隔10min,正、反泵运转一次。

⑧垂直向上泵送中断后再次泵送时,要先进行反泵,使分配伐内的混凝土吸回料斗,经搅拌后再正泵送出。

⑨泵送过程中,操作人员要注意输送活塞缸内密封水的水质变化;发现密封水有混浊现象时要抓紧更换活塞皮碗。如果活塞皮碗的使用寿命很短,请注意输送缸的磨损情况,必要时可换加大的活塞皮碗或更换输送缸。

⑩泵送结束时,先将混凝土压送完,再开反泵,将管道内残留混凝土吸回。及时对泵和管道进行清洗,拆去锥管,用海绵球浸满水塞入管道,按说明书要求作"气洗"或"水洗"。

⑪混凝土泵或泵车的位置尽量靠近浇筑点,减少排管长度。管道的走向,变化要小,弯头越少越好,不得已用弯管时,其弯曲半径应尽量大。浇筑作业点按"由远而近"、"由长到短"布置。垂直管与水平管道的长度比值不应超过2.5:1。自混凝土泵出口与第一个垂直弯管长度应超过15m。

⑫对于臂架式泵车要注意臂架上泵管的磨损情况和弯管的密封情况,不允许漏气漏浆,按照输送量要求更换管子,以免在输送过程中管子爆裂,在泵管的连接过程中不可少装或漏装密封圈,在固定泵的泵管连接中要求相同。

三、桩工机械

目前,港口工程建筑物的桩主要有两种,一种是预制打入桩(预应力混凝土方桩、预应力混凝土管桩、钢管桩、钢板桩),另一种是钻孔灌注桩。预制打入桩用锤击打桩机、振动打桩机和静力压桩机施打。一般打桩机用于陆地上打桩工程,当锤击打桩机经过设计计算安装在方驳上,形成了打桩船,用于水上打桩工程。钻孔灌注桩通常用钻孔机成孔,再安放钢筋笼,水下灌注混凝土成桩。

1. 锤击打桩机

锤击打桩机结构由桩架、桩锤、卷扬系统、行走机构等组成。

桩架由立杆、撑杆、底盘等组成,桩架的立杆高度必须大于被沉桩管的长度加上桩锤的高度。桩越长,桩架越高,而且打桩将产生很大的噪声,对周边环境有很大影响。图2-1-10为铺轨式万能桩架,图2-1-11为三点式履带桩架。

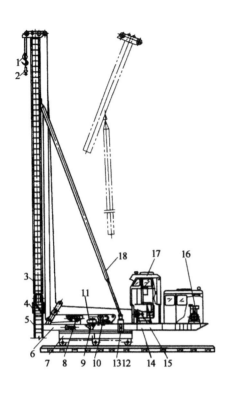

图 2-1-10 铺轨式万能桩架
1-主钩;2-副钩;3-立柱;4-升降梯;5-水平伸缩小车;6-上平台;7-下平台;8-升降梯卷扬机;9-水平伸缩机构;10-副吊桩卷扬机;11-双涡轮变速器;12-行走机构;13-横梁;14-吊锤卷扬机;15-主吊桩卷扬机;16-电气设备;17-操纵室;18-斜撑

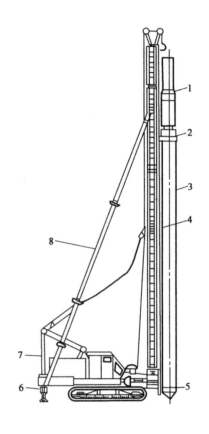

图 2-1-11 三点式履带桩架
1-打桩锤;2-桩帽;3-桩;4-立柱;5-立柱支撑;6-液压支腿;7-车体;8-斜撑

桩锤有柴油锤、液压锤、蒸汽锤。柴油锤按其结构的不同可分为导杆式、筒式两种。导杆式柴油锤是用导杆为往复运动的缸体导向,活塞固定而缸体运动的柴油锤,可用于打钢板桩、小型混凝土桩,也可用于打砂桩与素混凝土桩的沉管,是工程上常用的小型柴油锤。筒式柴油锤的活塞在筒形汽缸内往复运动,汽缸固定,其结构和技术性能较为先进,目前广泛采用。

锤击打桩机的桩架、桩锤要匹配,桩锤的选择要考虑桩锤的技术性能、桩径和桩长、地质条件等因素。表 2-1-3 为建筑桩基技术规范中锤击沉桩锤重选择表。表 2-1-4 为港口工程桩基规范中水上打桩选锤参考资料表,适用于桩径(或桩宽)400~1 200mm,入土深度小于40m的混凝土桩和钢管桩。

锤重选择表 表 2-1-3

项 目	常用锤型	柴 油 锤(t)						
		D25	D35	D45	D60	D72	D80	D100
锤的动力性能	冲击部分质量(t)	2.5	3.5	4.5	6.0	7.2	8.0	D10.0
	总质量(t)	6.5	7.2	9.6	15.0	18.0	17.0	20.0
	冲击力(kN)	2 000~2 500	2 500~4 000	4 000~5 000	5 000~7 000	7 000~10 000	>10 000	>12 000
	常用冲程(m)	1.8~2.3						

续上表

项 目	常用锤型	柴油锤(t)						
		D25	D35	D45	D60	D72	D80	D100
与锤相应的桩截面尺寸(mm)	预制方桩、预应力管桩的边长或直径	350~400	400~450	450~500	500~550	550~600	600以上	600以上
	钢管桩直径	400	400	600	900	900~1000	900以上	900以上
持力层	黏性土、粉土 一般进入深度(m)	1.5~2.5	2.0~3.0	2.5~3.5	3.0~4.0	3.0~5.0		
	黏性土、粉土 静力触探比贯入阻力 P_s 平均值(MPa)	4	5	>5	>5	>5		
	砂土 一般进入深度(m)	0.5~1.5	1.0~2.0	1.5~2.5	2.0~3.0	2.5~3.5	4.0~5.0	5.0~6.0
	砂土 标准贯入击数 $N_{63.5}$(未修正)	20~30	30~40	40~45	45~50	50	>50	>50
锤的常用控制贯入度(cm/10击)		2~3		3~5	4~8		5~10	7~12
设计单桩极限承载力(kN)		800~1600	2500~4000	3000~5000	5000~7000	7000~10000	>10000	>10000

注:1. 本表仅供选锤用。
2. 本表适用于桩端进入硬土层一定深度的、长度为20~60m的钢筋混凝土预制桩及长度为40~60m的钢管桩。

水上打桩选锤参考资料表　　表2-1-4

项 目	常用锤型		柴油锤			
		MB70	MH72B	MH80B	D80	D100
锤型资料	锤芯质量(t)	7.06	7.06	8.0	8.0	10.0
	锤总质量(t)	26.68	18.0	20.74	16.04	19.43
	常用冲程(m)	1.8~2.3	1.8~2.3	1.8~2.2	2.8~3.2	2.8~3.2
	最大锤击能量(kN·m)	191	212	220	272	340
与锤相应的桩截面尺寸(mm)	混凝土方桩		500~600		600	—
	预应力混凝土管桩		$\phi 800$~$\phi 1000$		$\phi 800$~$\phi 1200$	$\geq \phi 1200$
	钢管桩		($\phi 900$~$\phi 1200$)		($\phi 900$~$\phi 1200$)	($\geq \phi 1200$)
锤击沉桩能力	桩身可贯穿硬土层深度(m) 硬黏土		10~15		10~15	10~20
	桩身可贯穿硬土层深度(m) 中密砂土		8~5		8~15	10~15
	桩端可打入硬土层深度(m) 密实砂土或砾砂		0.5~1.5 (1.0~2.0)		0.5~1.5 (1.0~2.0)	0.5~1.5 (1.0~2.0)
	桩端可打入硬土层深度(m) 风化岩($N=50$击左右)		0.5~1.5 (1.5~3.0)		0.5~1.5 (1.5~3.0)	0.5~1.5 (1.5~3.0)
	所用锤可能达到的极限承载力(kN)		4000~7000		6000~9000	≥9000
	最终10击的平均贯入度(mm/击)		5~10 (3~5)		5~10 (3~5)	5~10

注:1. 本表仅供施工单位选锤时参考,不得作为确定桩的极限承载力和控制贯入度的依据。
2. 硬黏土是指老黏性土和强风化残积层,$N=20$~40(N为未经修正数值)。
3. 其他锤型可根据最大锤击能量,参照有关档次选用。
4. 表中括号内数值为钢管桩。
5. 桩打入硬土层的深度不包括桩尖部分的长度。

2. 静力压桩机

静力压桩机分为机械式和液压式两种,机械式静力压桩机压桩力由机械方式传递,液压式静力压桩机用液压缸产生的静压力来压桩和拔桩。因为静力压桩,施工中无噪声、振动和废气污染,适合在城镇建筑工地的桩基施工。图 2-1-12 为液压静力压桩机。图 2-1-13 为其工作原理图。

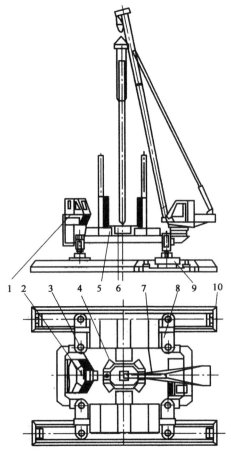

图 2-1-12 液压静力压桩机
1-操纵室;2-电气操纵室;3-液压系统;4-导向架;
5-配重铁;6-夹持机构;7-辅桩工作机;8-支腿平台;
9-短船行走及回转机构;10-长船行走机构

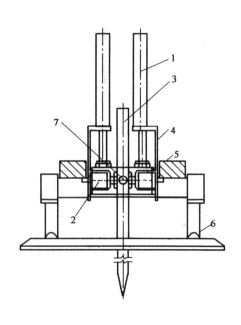

图 2-1-13 液压静力压桩机工作原理
1-压桩液压缸;2-夹持液压缸;3-预制桩;4-导向架;
5-配重铁;6-行走机构;7-夹持槽梁

3. 振动打桩机

振动打桩机是用振动锤和起重机联合作业进行沉(拔)桩。振动锤利用激振器产生垂直定向振动,使桩在重力和附加压力作用下沉入土中,常用于沉(拔)钢板桩、钢管桩、工字钢和槽钢桩。图 2-1-14 为 DZ60 振动桩锤。表 2-1-5 为常用振动锤主要技术性能。

4. 钻孔机

钻孔机的种类较多,目前港口工程中常用的钻孔机有转盘钻孔机、潜水钻机、冲击钻机,以及为嵌岩桩钻孔的嵌岩桩钻机。图 2-1-15 为转盘钻孔机,表 2-1-6 为转盘钻孔机主要技术性能。图 2-1-16 为 KQ 系列潜水钻机。图 2-1-17 为冲击钻机示意图,表 2-1-7 为冲击钻机的主要技术性能。表 2-1-8 为嵌岩桩钻机性能参考表。

常用振动锤的主要技术性能

表2-1-5

性能指标	产品型号						
	DZ22	DZ90	DZJ60	DZJ90	DZJ240	VM2-4000E	VM2-1000E
电动机功率(kW)	22	90	60	90	240	60	394
静偏心力矩(N·m)	13.2	120	0~353	0~403	0~3 528	300、360	600、800、1 000
激振力(kN)	100	350	0~477	0~546	0~1 822	335、402	669、894、1 119
振动频率(Hz)	14	8.5	0~7.8	0~6.6	0~12.2	7.8、9.4	8、10.6、13.3
空载振幅(mm)	6.8	22					
允许拔桩力(kN)	80	240	215	254	686	250	500

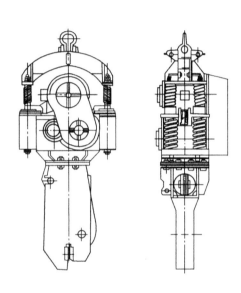

图2-1-14 DZ60振动桩锤

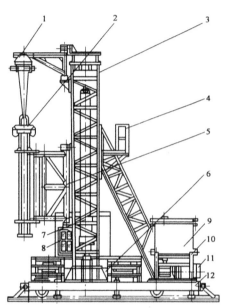

图2-1-15 转盘钻孔机
1-小卷扬机；2-提引器；3-龙门架；4-工作平台；
5-机械手；6-转盘；7-水龙头；8-操纵室；9-油箱；
10-冷却器；11-泵组；12-底盘

转盘钻孔机主要技术性能

表2-1-6

型号	钻孔直径(mm)	钻孔深度(m)	转盘扭矩(kN·m)	转盘转速(r/min)	水龙头提升能力(kN)	钻杆内径(mm)	转盘电动机功率(kW)	卷扬机牵引力(kN)	钻机质量(t)
ZKP1000	1 000	40	10.4	16~114	60	69	22	20	5.5
ZKP1500	1 500	60	12	9~51	150	120	15/24	30	15
ZKP2000	2 000	60	28	5~34	200	195	20/30	30	26
ZKP3000	3 000	80	80	6~35	600	241	75	75	62
JZ1200	1 200	50	10.5	26~196	60	94	30	20	7
JZ1500	1 500	60	14	20~147	60	127	30	20	8.1
KP2000	2 000	100	43.8	10~63			22		11
KP3500	3 500	130	210	0~24	1 200	275	30×4	75	47
QJ250-1	2 500	100	117.6	7.8~26			95	54	13
GPS15	1 500	50	17.65	13~42		150	30	30	8
GPS20	2 000	80	30	8~56			37	30	10

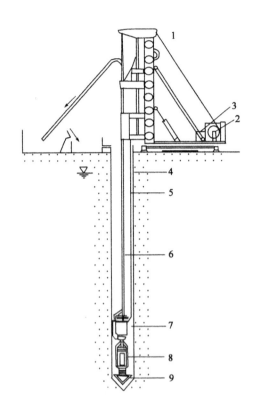

图 2-1-16 KQ 系列潜水钻机
1-桩架;2-卷扬机;3-配电箱;4-护筒;5-防水电缆;
6-钻杆;7-潜水砂泵;8-潜水动力;9-钻头

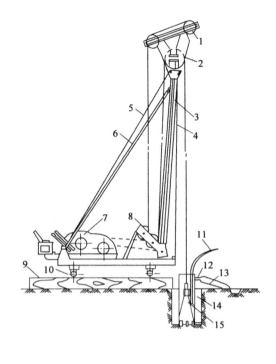

图 2-1-17 冲击钻机示意图
1-副滑轮;2-主滑轮;3-主杆;4-前拉索;5-后拉索;6-斜撑;7-双滚筒卷扬机;8-导向轮;9-垫木;10-钢管;11-供浆管;12-溢流口;13-泥浆渡槽;14-护筒回填土;15-钻头

冲击钻机的主要技术性能　　表 2-1-7

型号	钻孔最大直径 (mm)	钻孔最大深度 (m)	冲击行程 (mm)	冲击频率 (次/min)	冲击钻质量 (kg)	卷筒提升力 (kN)	驱动动力功率(kW)	钻机质量 (kg)
SPC300H	700	80	500、650	25、50、72		30	118	15 000
GJC-40H	700	80	500、650	20~72		30	118	15 000
GJD-1500	2 000(土层) 1 500(岩层)	50	100~1 000	0~30	2 940	39.2	63	20 500
YKC-31	1 500	120	600~1 000	29、30、31		55		60
CZ-22	800	150	350~1 000	40、45、50	1 500	20	22	6 850
CZ-30	1 200	180	500~1 000	40、45、50	2 500	30	40	13 670
KCL-100	1 000	150	350~1 000	40、45、50	1 500	20	30	6 100

嵌岩桩钻机性能参考表 表2-1-8

钻机型号	钻孔直径（m）	钻孔深度（m）	转盘最大扭矩（kN·m）	排渣方法	转盘转速（r/min）	质量(t)/长×宽×高（mm×mm×mm）
QJ250	2.5	100	68.6	正、反循环	8、12、21、40	
BRM-2型机械式传动钻机	1.5	40~100	28	气举反循环	5、10、17、20、34	26/5 230×3 500×8 960
BRM-4型机械式传动钻机	3.0	40~80	80	气举反循环	6、9、13、17、25、35	61/7 945×4 470×13 280
GYQ-100型	0.17 钻锚孔	100 钻孔倾角75°~90°	2.8	风排	27、58、94、200	1/1 950×954×2 070
XY-2B300~600型	0.3 钻锚孔	100			500、99、157、217、470、724、1 024	2 150×900×1 600
GZY-3000全液压回转式钻机	3.0	90	200	气举反循环 供风量≥30m³/min	无级调速（液压马达）0~88~16	55/2 200×9 000×1 380
GMDY-20全液压回转式钻机	回转2.0 冲击1.5	80	26~30	正、反循环	0~15	12/7 533×2 855×6 862
CJF-20型冲击反循环钻机	0.8~2.0	80	冲击行程0.65~3.0（m）	泵吸反循环	击次46（次/min），36（次/min）	18/6 800×2 800×3200
RBB-100	1.0~1.8	50~150	50	泵吸反循环	0~18.5	11/4 000×2 200×6 000
B2P-2.5/100	2.5	100	20	泵吸反循环	正循环5、14、21，反循环6、16	10.5/9 200×2 200×9 100
FCG-FC型潜孔锤	0.6~1.6		单次冲击能1 500~4 000（J）	泵吸、反循环	冲击频率10~13(Hz)	
IHI-23B	2.0	40 可钻斜岩孔	30	泵吸、气举反循环	35	14（日本产）
WIRTH-B6	2.0	50 可钻斜岩孔	95	泵吸、气举反循环	0~100	21（德国产）

四、其他机械

在施工行业中还有许多其他施工机械，如土方工程的推土机、铲运机、装载机、挖掘机、平地机、压实机等，钢筋加工机械中的钢筋冷拉机、拔丝机、镦头机、调直机、切断机、弯曲机、预应力钢筋张拉机，焊接机械中的交流弧焊机、直流弧焊机、硅整流弧焊机，辅助设备中的发电机组等。这些机械将在其他章节中讲述或在今后工程实践中自学掌握。

第二节 主要工程船舶的工作原理及其工作特性

工程船舶包括的范围极为广泛,种类繁多,如起重船、打桩船、挖泥船、整平船、砂桩船、混凝土搅拌船、半潜驳船、工程拖船等。各种工程船舶功能各不相同,但有许多相同之处,下面主要讲述几种常用工程船舶。

一、挖泥船

挖泥船主要用于码头港池、航道的疏浚挖泥,对于围海造田工程,挖泥船用于从海中取土回填造陆。根据不同的土质、水深条件、作业环境,挖泥船种类主要有链斗式挖泥船、抓斗式挖泥船、绞吸式挖泥船、耙吸式挖泥船等(各类挖泥船的工作原理及其工作特性见第四章)。

二、起重船

起重船是工程船舶的一种,又称浮式起重机或浮吊,它广泛用于海、河港口的装卸作业,以及建港建桥工程、船舶修造、海洋钻探和开发、水下救捞等。

起重船种类很多,根据能否自航,分为自航起重船和非自航起重船两类;按照起重机部分相对于平底船能否移动,分为固定式与旋转式两类。

固定式起重船的特点是装在平底船甲板上的起重机部分相对于平底船不能进行转动。这种船一般只有一个起升机构或只有起升和变幅机构,而没有旋转机构,结构比较简单。起重部分通常安装在船艏,它的臂架只能沿着平底船的纵向作业。这种船的平衡问题比较容易解决,船宽可取得较小。但它的工作范围比较狭小,机动性差,生产率不高,往往难于满足装卸作业的要求,只是在起吊质量很大、工作次数不多的情况下才采用。表2-2-1为某变幅式起重船船型尺寸和工作性能。

某500t变幅式起重船船型尺寸和工作性能 表2-2-1

船型尺寸		起重作业性能		系/锚泊设备	
船长	58m	主钩起吊质量	250t×2	备用锚	霍尔锚2×5 000kg
型宽	25m	副钩起吊质量	100t×1	右艏锚	海军锚5 000kg
型深	5.0m	起吊高度	主钩50m	右艉锚	海军锚5 000kg
艏吃水	4.2/2.8m		副钩55m	左艏锚	海军锚5 000kg
艉吃水	1.8/4.2m	起吊跨度	主钩27/500t	左艉锚	海军锚5 000kg
平均吃水	3.2m		副钩53/100t	锚缆	6×37
总吨数	2 340t	起升速度	主钩0~2.5m/min		ϕ43/500m
过桥高度	22m		副钩0~4m/min	系泊缆	6×37
抗风能力	6级	变幅范围	13.8°~70°/40min		ϕ32/500m

旋转式起重船的特点是装在甲板上的起重机部分能够绕垂直中心线相对于平底船进行转动,通常具有起升、旋转、变幅三个机构,虽然结构比较复杂,但工作性能大大改善,能够满足作业要求,被广泛采用,见图2-2-1。

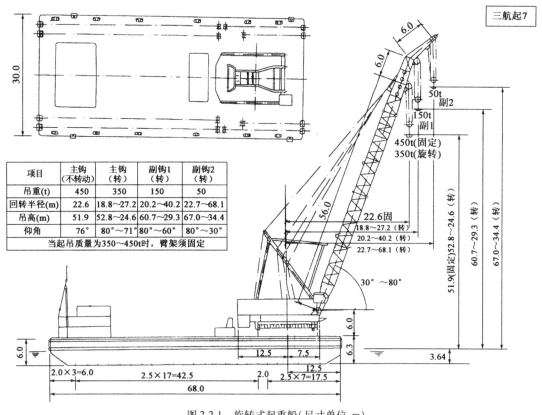

图 2-2-1　旋转式起重船(尺寸单位:m)

三、打桩船

1. 打桩船工作原理

打桩船是进行水上工程沉桩作业的工程船舶,除沉桩作业外,还可以承担适当的起重工作。

打桩船一般都是平底长方形非自航船(图 2-2-2)。打桩船桩架一般位于船艏,桩架的形式可分为固定式、旋转式。桩架的尺寸、结构形式是决定整艘打桩船工作性能、打桩效率和工程适应性的主要因素。打桩船打桩规格主要是由桩架的高度、桩架吊质量等决定。龙口伸出船艏外,称为吊龙口打桩船。有的可利用仰俯式桩架,起到打直、斜桩的作用。桩架上龙口(柴油锤导向部分)又有内龙口和外龙口之分,锤在龙口前面的称外龙口,锤在龙口内的称内龙口。

为了保证沉桩质量和打桩时船体的平衡,在打桩船上设有专用的平衡装置,当船舶倾斜时,能快速地恢复平衡。这种装置有两种形式,一种是轨道小车平衡式,另一种是压载水

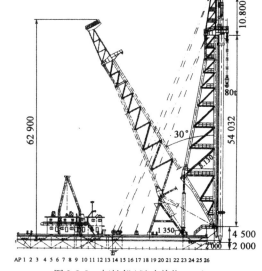

图 2-2-2　打桩船(尺寸单位:mm)

舱平衡式,平衡分左右平衡和艏艉平衡,目前普遍采用的是压载水舱平衡,通过大的平衡水泵加阀门控制,达到平衡目的。

为了使打桩船安全通过桥梁,以及安全拖航,打桩船都有特殊的倒架装置,一般采用两次倒架,放倒桩架降低打桩船高度。内河通航高度一般限制在26m左右,沿海通航高度一般限制在44m左右。

打桩船作业程序复杂,需要有一定技能。沉桩作业的主要程序是:

(1)进施工区域,布置锚位。
(2)从装桩驳吊桩。
(3)立桩,关闭背板或抱桩器。
(4)桩进入桩帽,桩在龙口初定位。
(5)移船定桩位。
(6)放起落架,启动锤击。
(7)锤击至设计高程,停锤、起锤。
(8)移船,循环重复上述作业程序。

在打桩的过程中,由于地质的不同,可能会产生溜桩现象,有关人员要特别注意吊锤绞车的控制和锤的油门控制。对于桩长比较大的混凝土桩和入土较浅的桩,在替打和水面之间的龙口上,加装上背板,以防混凝土桩断裂。

2.打桩船的工作特点及其应用范围

桩基础是水工建筑物的主要基础结构形式。打桩船可进行各种规格、各种形式的沉桩作业,如板桩、钢桩、预应力混凝土方桩、大直径混凝土管桩、PHC桩等。国内先进性能的打桩船,可打长80m、质量80t、直径2m的各种类型桩,以及有平面扭角或俯仰25°等斜桩的沉桩作业。表2-2-2为某打桩船船型尺寸和工作性能。

某打桩船船型尺寸和工作性能 表2-2-2

船型尺寸		打桩作业性能		系/锚泊设备		起重作业性能	
船长	43.8m	桩架高	61.5m	备用锚1	海军锚4 000kg	主钩起吊质量	80t×1
型宽	20.0m	可打桩长	48.0m+水深	备用锚2	海军锚4 000kg	主钩绞车	2×120kN -20m/min
型深	3.6m	可打桩径	方桩600mm×600mm 管桩ϕ1 600mm	右艏锚	海军锚4 000kg	副钩起吊质量	60t×1
艏吃水	2.0m	可打桩质量	最大80t	右艉锚	海军锚4 000kg	吊装高度	主钩48m
艉吃水	2.0m	龙口宽度	890mm	左艉锚	海军锚3 300kg		副钩50m
平均吃水	2.0m	俯仰角度	30°	左艏锚	海军锚3 300kg	吊装跨度	主钩15m
过桥高度	46.0m	配备桩锤	D100、D125、D138、D160				副钩25m

四、混凝土搅拌船

1.混凝土搅拌船工作原理

混凝土搅拌船是水上进行混凝土搅拌和混凝土浇筑的工程船舶,一般为钢质平底方形非自航船(图2-2-3)。它对陆上成套的混凝土制备设备结构进行了必需的改进或改造,以完全满足海上施工的需要。混凝土搅拌船由船舶供电系统、通信系统、船舶吃水调整系统、锚泊操作系统、船员生活系统、料舱系统、起重上料系统及作业系统等组成。混凝土作业系统一般配备有一次上料机械、二次上料机械、计量机械、搅拌机械、出料机械、输送机械、布料机械等。

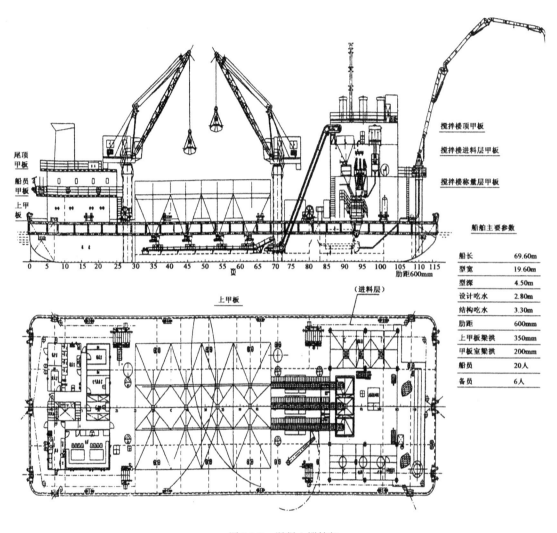

图2-2-3 混凝土搅拌船

混凝土搅拌船是一种依靠自身的动力和机械,将储存的各种砂、石料经料舱闸板门、给料皮带、送带、大倾角皮带、进入搅拌楼顶过渡料舱,再经配料门、计量秤斗计量后进入搅拌机。与此同时,各种粉料、水和外加剂也经各自的输送计量系统经计量后进入搅拌机,搅拌成拌和物后,放入搅拌机下混凝土过渡料斗,并由气动弧门控制按需适量地放入混凝土泵车喂料斗,由混凝土泵车泵送,经输送管道、布料臂,把混凝土浇筑到所需部位。

2. 混凝土搅拌船的工作特点及其应用范围

混凝土搅拌船的工作特点及其应用范围主要体现在以下几个方面:

(1)按船舶的作业航区,分为内河、沿海和近海。

(2)按每小时最大浇筑能力(以单套作业系统)可分为 $20m^3/h$、$50m^3/h$、$60m^3/h$、

80m³/h、100m³/h、120m³/h、180m³/h 等。

（3）船舶满载生料一次的浇筑量，即在满载条件下连续作业，不再补充生料。

（4）布料范围，即半径，目前国内船上最大浇筑半径范围已达52m，但要考虑水深及潮差的影响。

（5）船舶添加油水，搅拌系统补生料等，能否从装有生料的驳船或油水驳上进行补料。

港口水工建筑物的结构中，需要耗用大量的混凝土，方量达到数万方，有的甚至达数十万方。随着水工工程向大型化、深水化、现代化方向发展，混凝土的用量将会不断增加。但是水工工程的施工场地分散，流动性大，同时受到气候、风浪、潮流、潮差的影响，混凝土作业（搅拌、输送、浇筑）将会越来越困难，对船舶以及混凝土设备的要求越来越高，相信在不久的将来，更现代化的混凝土搅拌作业船将会出现。

搅拌船使用注意事项：
（1）在船试验工不到位不能开工。
（2）没有浇灌令，不开工。
（3）风力大于7级不可施工。

五、主要辅助船舶的分类及其用途

1. 拖轮

拖轮主要用于非自航工程船在沿海的短距离转移、长途拖带等。拖轮的大小选择应与所拖带的工程船大小相适应，不能是"大马拉小车"，更不能是"小马拉大车"。拖轮的选择也要充分考虑施工区域的水深条件，必须能够满足拖轮的吃水要求。

2. 半潜驳

半潜驳主要用于为工程项目转运沉箱或其他重型工件，载质量可达3 000t以上，可下潜作业。这种船舶多为非自航式，需要拖轮将其拖带，送至施工地点。

3. 甲板驳

甲板驳主要用于为工程项目转运必需的工件、设备，尤其是混凝土构件和各类桩。这种船舶多为非自航式，需要拖轮将其拖带，送至施工地点。

4. 泥驳

泥驳有自航和非自航两种，按泥舱开启形式又可分为开底泥驳、开体泥驳和满底泥驳三种。泥驳主要用来配合挖泥船作业，当泥舱装满泥后，由拖轮拖至指定地点抛泥。泥驳舱容有500m³、1 000m³、1 200m³、1 500m³、2 000m³等。

5. 油驳

油驳主要给工程船补充油料，起中转作用。在码头上补充油料后，靠自航或拖轮、锚艇拖带至工程船旁，再抽到工程船油舱内。

6. 水驳

水驳主要为工程船补充淡水，起中转作用。在码头上补充淡水后，靠自航或拖轮、锚艇拖带至工程船旁，再抽到工程船淡水舱内。

7. 交通艇

交通艇接送船员及公司管理人员上下工程船舶,起运输作用。

8. 生活船

生活船既可作船员宿舍使用,也可作简单的办公室使用。

第三节　船舶施工对水文、气象要求的基本知识

一、河口、沿海等感潮区域水文资料

(1)潮位资料,包括潮汐的类型,潮位的特征值,潮汐预报表等。潮位的特征值包括:最高潮位、最低潮位,平均大潮高潮位、平均大朝低潮位,平均小潮高潮位、平均小朝低潮位,平均潮位。

(2)流速、流向资料。应调查涨、落潮流的最大流速、平均流速及流向,至少应收集两周以上的包含大潮和小潮的不同深度和时间的流速和流向资料。

(3)波浪资料,对大型工程,应收集长期的波浪记录资料。如无长期资料,应收集恶劣时期的波浪资料。波浪资料应包括波高、周期、波向和持续时间,并统计分析不同方向、不同级别波浪的出现频率和持续时间。

(4)泥沙运动和冲淤资料,应包括整个潮汐循环期内的含砂量、流速、流向以及大风期的含砂量资料。

二、河口、沿海等感潮区域气象资料

气象资料包括风、雨、雾、气温及冻土和冰况。

(1)历年各月或月平均不同风速、风向出现的频率、平均风速、风玫瑰图和各级风频率图资料。

(2)历年6级以上(含6级)大风出现的次数、持续时间和出现季节。

(3)热带低压、热带风暴、强热带风暴、台风和飓风出现的次数、月份、持续时间、最大风速等资料。

(4)雨,包括年平均总降雨量、最大降雨量强度和年平均降雨日数等。

(5)雾。雾资料的调查应收集历年能见度小于1 000m的雾日逐月出现的天数和持续时间,包括最大值、最小值和平均值资料等。

(6)气温,应包括月平均气温、最高气温、最低气温及其出现的时间、持续时间等。

(7)冻土资料。在寒冷地区施工,必须收集历年封冻日期,冰冻厚度、封冻持续时间及冰凌等资料。

第四节　船舶机械设备管理

一、机械设备管理基础知识

1. 设备管理基本知识

(1)设备管理的方针和任务

设备管理的方针是:安全第一,预防为主。

设备管理的任务是:通过技术和经济管理措施,对机械设备进行全过程的综合管理,保持机械设备处于完好的技术状态,不断改善和提高机械设备的技术装备素质,充分发挥机械设备在生产中的效能,使机械设备的寿命、周期费用最佳,取得良好的投资效益。

(2)设备管理的内容

设备管理的主要内容可归结为管(理)、(使)用、(保)养、修(理)、(核)算,教育和培训,奖励和惩罚。

2.机械设备的现场管理

机械设备的现场管理是根据施工进度的要求,做好开工前的设备选用、供应、安装、调试、运转,在施工期间的操作运行、维护保养,以及竣工后的拆卸搬运、清场回收、整修保管等各项工作。具体要做到如下几点。

(1)根据施工组织设计或施工方案及进度要求,选定机械设备的规格、型号和数量。充分选用自有设备,提高自身设备的利用率,组织和落实所需机械设备的进场。

(2)对进场的机械设备组织安装、调试,落实操作人员,组织技术培训,明确操作人员的岗位责任。

(3)在施工期间不断贯彻、检查、落实机械设备安全操作规程,机械维护保养规程。定期和不定期地对机械设备进行检查,使其经常处于完好的运行状态,避免发生事故,延长机械使用寿命。

(4)根据现场机械设备的数量、型号和使用状况,组织人力物力进行定期保养和日常小修,提高设备完好率。

(5)配合做好机械设备的单机核算、班组核算工作,节约燃料、油料、材料和保修费用,降低使用成本。

(6)施工结束,对停用的机械设备组织拆运回收,做好入库整修和保管工作。

3.现场管理的基本要求

(1)机械设备操作人员的配备应根据现场机械设备的数量、机型、日夜施工的班数以及操作人员的技术水平、素质来确定和配备操作人员的数量和技术等级。

(2)机械设备使用中的"三定",即定人、定机、定岗。"三定"工作是将使用中的机械设备落实到操作人员,做到每台(辆、艘)设备由专人使用和保养。这是保持设备运转状况良好和使用安全的重要组织措施,也是使用管理的基础。

(3)落实操作人员的岗位责任制和安全操作规程。

(4)机械设备使用中的维护保养工作。机械设备使用中的日常维护保养工作,可按照机械设备保养规程进行。如果不按规定进行检查和保养,设备使用中就会出现故障或者损坏。设备使用中的维护保养工作,应着重做到清洁、润滑、紧固、调整、防蚀,也称维护保养的"十字"作业法。

清洁:要求设备保持无油泥、污垢、尘土,特别是发动机的空气、燃油和润滑油滤清器,要定期清洗或更换。

润滑:要根据规定的油品、油量要求,定期加注或更换润滑油。熟悉润滑部位和加油作业。

紧固:检查设备的连接件是否紧固,是否有异常振动及漏水、漏油、漏气、漏电的情况发生,紧固的螺栓不能松动。

调整：检查设备各机件配合间隙是否正常，有否异常音响。对规定操作人员自行调整的间隙要及时调整，特别是对制动器、离合器的调整要及时、适当。

防蚀：特别是现场设备在露天作业，要做到防潮、防水、防酸和防腐蚀；还需注意气候条件，如严寒、酷暑、风、雨、雾等对设备使用的影响。

二、机械设备的安全管理

机械设备的安全管理关系到人民的生命财产，是企业乃至社会和谐、繁荣的保证。因此，企业的各级领导、技术人员、设备操作人员都必须树立牢固的安全意识，切实做好机械设备的安全生产管理。

1. 建立健全安全生产责任制

设备安全生产责任制是企业岗位责任制的重要内容之一，对企业各级领导、各职能部门、直到每个施工机械操作岗位，都要根据其工作性质和要求，明确规定对设备安全的责任。

制订机械设备的安全操作规程和各项安全规章制度，建立健全机械设备的操作、使用、维护、保养规程和岗位责任制，贯彻"谁用谁管，管用结合，人机固定，保养保修"的原则。

2. 编制安全施工技术措施

(1) 在编制机械施工方案时，应编制保证机械设备安全的技术措施。

(2) 在设备保养、修理作业中，要制订安全作业技术措施，保障人身和设备的安全，特别是油库和机械库要制订更严格的安全制度和安全标志。

(3) 建立健全安全监督岗，设立安全监督员，遇有违章指挥或作业的情况，有权制止或停止使用设备。

3. 严格执行设备安全技术操作规程

(1) 安全技术操作规程是确保设备安全使用的法规性技术文件，是安全教育的基本教材，也是调查分析设备事故的依据。

(2) 机械设备操作人员应做到"四懂三会"（懂原理、构造、性能和用途；会操作、维修和排除故障）方能上岗独立操作。

(3) 机械设备在使用中如发生严重故障或机损事故，要按照"三不放过"的原则，严肃处理，总结经验，防止事故再次发生。

三、船舶安全管理与船舶调遣

工程船舶是水运工程施工必备的设备，它对工程项目的施工技术方案、进度、成本有直接影响，工程船舶必须按计划进退场，并保持良好的工作状态，为此应建立一整套规章和制度。

1. 安全管理制度

(1) 安全生产责任制度。

(2) 安全技术管理制度。

(3) 安全生产奖罚制度。

(4) 安全例会制度。

(5)安全资金保障制度。
(6)安全教育培训制度。
(7)安全检查制度。
(8)生产安全事故报告处理统计制度。
(9)施工现场消防责任制度。
(10)施工组织设计方案审批及专项施工方案专家论证制度。
(11)安全技术交底制度。
(12)船机设备管理制度。

2. 船舶调遣

在执行任务之前,由船长主持召开、项目部负责安全工作的副经理到会、全体船员参加的安全调遣会议。会议主要内容如下。

(1)调遣前会议。布置调遣任务,研究确定调遣前的准备工作及其分工,制订调遣过程中的安全注意事项及过桥、闸等建筑物的安全措施,确定船员在调遣过程中的分工及岗位要求、注意事项。

(2)调遣后会议。在调遣任务完成后,由船长主持进行调遣总结,除说明任务完成情况、航行安全情况外,要重点总结本次调遣中的经验和教训。

船舶调遣是安全管理的重要内容,上至企业公司领导、下至普通船员都要高度重视。特别是项目经理与船长两级领导,要切实负起责任,切实安排好调遣中的每一个具体环节。

复 习 题

1. 起重机的基本参数有哪些?
2. 试述履带式起重机的主要技术参数及其相互关系。如何使用起重机的特性曲线和性能表?
3. 简述起重吊点的选择方法。
4. 试述起重作业四要素。
5. 泵送混凝土的配合比有什么要求?
6. 熟悉桩工机械和混凝土机械。
7. 熟悉工程船舶的工作性能。
8. 机械设备现场管理有什么要求?

第三章 土方工程及软土地基加固

第一节 水运工程地质勘察成果及应用

地质条件是水工建筑物设计中确定结构形式选型的重要依据之一,而不同的岩土类别决定了施工组织时土石方工程、地基处理不同的施工方法、工艺及其组合。因此,水运工程地质勘察成果对指导土方工程及软土地基加固施工意义重大。

一、土的主要物理力学指标及其含义和用途

地质勘察成果中与土方工程及软土地基加固施工关系密切的土的主要物理力学指标有以下四类,共12个指标。

1. 孔隙特性指标(3个)

(1) 含水率(w):是指土体中水的质量与土颗粒质量之比,用%表示,用于确定淤泥土的分类。

(2) 孔隙比(e):是指土体中孔隙的体积与土颗粒的体积之比,用小数表示,用于确定淤泥土的分类和确定单桩极限承载力。

(3) 孔隙率(n):是指土体中孔隙的体积与土体的体积之比,用%表示。

2. 流塑特性指标(4个)

(1) 流限(w_L):是指黏性土由流动状态变成可塑状态的界限含水率,用于计算塑性指数 I_P 和液性指数 I_L。

(2) 塑限(w_P):是指黏性土由可塑状态转为半固体状态的界限含水率,用于计算塑性指数 I_P 和液性指数 I_L。

(3) 塑性指数(I_P):$I_P = w_L - w_P$,表示土颗粒保持结合水的数量,表征黏性土可塑性大小,用于确定黏性土的名称和确定单桩极限承载力。

(4) 液性指数(I_L):$I_L = (w - w_P)/I_P$,表征黏性土的软硬程度,用于确定黏性土的状态和确定单桩极限承载力。

3. 抗剪强度指标(2个)

(1) 黏聚力(c):用于土坡和地基稳定验算。

(2) 内摩擦角(φ):用于土坡和地基稳定验算。

4. 土工试验与原位勘探指标(3个)

(1) 标准贯入击数(N):N 值系指质量为63.5kg的锤从76cm的高度自由落下,将标准贯入器击入土中30cm时的锤击数。可根据标准贯入击数,结合当地经验确定砂土的密实度、砂

土的工程特性和分数

表 3-1-1

岩土类别	级别	状态	强度及结构特征	判别指标 标贯击数 N	判别指标 天然重力密度 R (kN/m³)	辅助指标 天然含水率 w (%)	辅助指标 液性指数 I_L	辅助指标 孔隙比 e	辅助指标 抗剪强度 τ (kPa)	辅助指标 附着力 F (g/cm²)	辅助指标 相对密实度 D_r	烧灼减量 Q_1 (%)
有机质土及泥炭	0	极软	可能是密实或松软的,强度和结构在水平或垂直方向上可能相差很大,并存在气体		<12.8							≥5
淤泥土类	1	流态				>85						
淤泥土类	2	很软	极易在手指内挤压	<2	<14.9	55~85	>1.0	>2.4	<13	无<50 弱		
黏性土类	3	软	极易用手指捏成形	≤4	<16.6		≤1.0	>1.5	≤25			
黏性土类	4	中等	稍用力捏可成形	≤8	≤17.6		≤0.75		≤50	弱 50~100 中等		
黏性土类	5	硬	手指需用力捏才成形	≤15	≤18.7		≤0.5		≤100	150~250		
黏性土类	6	坚硬	不能用手捏成形,可用大拇指压出凹痕	>15	≤19.5		0.25		>100	强 >250		
砂土类	7	极松	极容易将 12mm 钢筋插入土中	<4	≤18.3						<0.15	
砂土类	8	松散	较容易将 12mm 钢筋插入土中	≤10	≤18.6						≤0.33	
砂土类	9	中密	用 2~3kg 重锤很容易将 12mm 钢筋打入土中	≤30	≤19.6						≤0.67	
砂土类	10	密实	用 2~3kg 重锤可将 12mm 钢筋插入土中 30mm	>30	>19.5						>0.67	
碎石土类	11	松散	骨架颗粒含量等于总质量的 60%,充填物小于总质量 60%,排列混乱,大部分不接触,充填物包裹大部分骨架颗粒,呈疏松状态或可塑状态	$N_{63.5}$ <7	DG <65	满足 $C_u \geq 5$, $C_c = 1$~3 为良好级配的砂(SW),不满足以上条件的为不良级配的砂						
碎石土类	12	中密	骨架颗粒含量等于总质量的 60%~70%,呈交错排列,大部分连续接触,充填物充填骨架颗粒,呈中密状态或硬塑状态	$N_{63.5}$ 7~18	DG 65~70	满足 $C_u \geq 5$, $C_c = 1$~3 为良好级配的砾石(GW),不满足以上条件的为不良级配的砾石(GP)						
碎石土类	13	密实	骨架颗粒含量大于总质量的 70%,呈交错排列,连续接触,骨架颗粒之间无填物,但有部分骨架颗粒接触,呈紧密状态或呈坚硬收缩状	$N_{63.5}$ >18	DG >70							

土的内摩擦角和一般黏性土的无侧限抗压强度,用于评价地基强度、土层液化可能性、单桩极限承载力、沉桩可能性和地基加固效果等。

(2)十字板剪切试验:系指用十字板剪切仪在原位直接测定饱和软黏土的不排水强度和灵敏度的试验。十字板剪切强度值,可用于地基土的稳定分析、检验软基加固效果、测定软弱地基破坏后滑动面位置和残余强度值以及地基土的灵敏度等。

(3)静力触探试验:可根据静力触探试验资料结合当地经验和钻孔资料划分土层,确定土的承载力、压缩模量、单桩承载力,判断沉桩可能性、饱和粉土和砂土的液化趋势等。静力触探试验适用于黏性土、粉土和砂土。

二、土的物理力学指标的应用

上述四类共12个土壤物理力学指标,归纳起来可分为以下五种用途。

1. 土的分类

水运工程中土的类型可分为有机质土及淤泥、淤泥土类、黏性土类、砂土类和碎石土类,其工程特性和分级及土的分类详见表3-1-1、表3-1-2。不同类型土按照其相应物理力学指标的分类如表3-1-3~表3-1-8所示。

土 的 分 类 表　　　　　　　　　　　　　　　　　　　　　　　表3-1-2

土的类别	土质名称	自然湿密度(kg/m³)	外形特征	开挖方法
Ⅰ	1.砂土;2.种植土	1 650~1 750	疏松,黏着力差或易透水,略有黏性	用锹或略加脚踩开挖
Ⅱ	1.壤土;2.干淤泥;3.含草根种植土	1 750~1 850	开挖时能成块,易打碎	用锹需要脚踩开挖
Ⅲ	1.黏土;2.干燥黄土;3.淤泥;4.黏性土混砾石	1 800~1 950	黏手,看不见砂粒或干硬	用镐、三齿耙或用锹开挖
Ⅳ	1.坚硬黏土;2.砾石混黏性土;3.黏性土混碎卵石	1 900~2 100	土的结构坚硬,将土分裂后成块状,或含黏粒、砾石较多	用镐、三齿耙等工具开挖

按照物理力学指标划分土的分类索引表　　　　　　　　　　　　表3-1-3

土 类	物理力学指标	分类指标	分类应用表
砂土	标准贯入击数	密实度	表2-1-3
黏性土	标准贯入击数	天然状态	表2-1-4
	液性指数	黏性土的状态	表2-1-5
	塑性指数	黏性土的分类	表2-1-6
淤泥性土	含水率、孔隙比	淤泥性土的分类	表2-1-7

砂土按密实度分类　　　　　　　　　　　　　　　　　　　　　　表3-1-4

标准贯入击数 N	密实度	标准贯入击数 N	密实度
$N \leqslant 10$	松散	$30 < N \leqslant 50$	密实
$10 < N \leqslant 15$	稍密	$N > 50$	极密实
$15 < N \leqslant 30$	中密		

黏性土的天然状态 表 3-1-5

黏性土状态	坚 硬	硬	中等	软	很 软
N	30~15	15~8	8~4	4~2	2

黏 性 土 的 状 态 表 3-1-6

状态	坚硬	硬塑	可塑	软塑	流塑
液性指数 I_L	$I_L \leq 0$	$0 < I_L \leq 0.25$	$0.25 < I_L \leq 0.75$	$0.75 < I_L \leq 1$	$I_L > 1$

黏 性 土 的 分 类 表 3-1-7

塑性指数 I_P	土的名称	塑性指数 I_P	土的名称
$I_P > 17$	黏土	$10 < I_P \leq 17$	粉质黏土

淤泥性土的分类 表 3-1-8

土的名称 \ 指标	孔隙比 e	含水率 $w(\%)$
淤泥质土	$1.0 < e \leq 1.5$	$36 < w \leq 55$
淤泥	$1.5 < e \leq 2.4$	$55 < w \leq 85$
流泥		$85 < w \leq 150$
浮泥		$w > 150$

2．确定单桩承载力

孔隙比、塑性指数、液性指数、标准贯入击数、静力触探试验等指标或试验均可用于确定单桩承载力。

3．土坡和地基稳定性验算

黏聚力、内摩擦角、十字板剪切强度等指标均可用于土坡和地基稳定性验算。

4．地基加固效果检验

标准贯入击数、十字板剪切强度等指标均可用于地基加固效果检验。

5．评价指标或试验

用于评价地基强度的综合指标、液化可能性的指标或试验有：标准贯入击数、静力触探试验。

第二节 土 方 工 程

土方工程是水运工程的重要组成内容，其包括开挖、运输和填筑三个基本施工过程。在组织工程施工时应按综合机械化原理组织，根据设计和施工验收标准以及工程的具体施工条件，进行全面合理的调配平衡，以达到在满足工程质量要求的前提下提高工效、降低工程成本的目的。

一、土方开挖与运输

土方开挖是土方工程中的一个主要施工过程。土方开挖的方法很多，主要包括土方机械开挖法、水力开挖法、爆破开挖法等。水运工程的土方开挖按照取土施工环境不同，主要包括陆上土方开挖和水下土方开挖两大类。码头基槽与港池和岸坡开挖、航道疏浚和吹填取土等均属于水下土方开挖,有关开挖和运输的施工技术及工艺在相应章节中介绍。本节主要介绍陆上土方开挖方法。

(一)土方开挖方法的选择

在选择土方开挖方法时,应考虑土的物理力学性能、工程量大小、工期长短及开挖层内地下水情况、施工设备条件等因素,有针对性地选用。

(二)常用的土方开挖机械及其施工方法

陆上土方开挖常用的挖掘机械主要有掘土机、铲运机、推土机和装载机等几类。

(1)掘土机械类。用带有齿和刀刃的土斗挖取土料后直接抛置在机械旁或用运输工具运走。常用掘土机械主要有正向铲、反向铲、单斗式掘土机和多斗式掘土机等,其中,单斗式掘土机和反向铲挖土机在水运工程和其他土方工程施工中运用较多。

(2)铲运机械类。其工作过程是将切土刀切入土中,边开行边将土铲入土斗并送到弃土堆或填土区卸土,综合完成挖、运填的工作,如铲运机。

(3)推土机械类。用带有刀刃的推土板切入土中,土随着机械的运行而被切下,并堆积在推土板前,推送一段不远的距离。这类机械除能推土外,还可进行平地的工作,如推土机。

(4)装载机械类。具有既能挖掘、又能运输和抛填土料的能力。这类机械常用的有装载挖掘机、单斗式装载机等。

1.掘土机械及其施工

(1)反向铲挖土机

反向铲挖土机(图3-2-1)挖土时,土斗面向挖土机,卸土时将斗口向下。反向铲掘挖土机可开挖停机面以下以及地下水位以下的Ⅰ~Ⅱ级土,它可减少修筑临时道路的数量,但生产率较低,多用于开挖沟槽、基坑,也可放置在浮驳甲板上用于水深较小的港池挖泥。其斗容量一般为$0.5 \sim 1.0 m^3$,最大挖深为$4 \sim 8m$。

反向铲的开挖方法主要有沟槽开挖法和沟侧开挖法两种(图3-2-2)。

①沟槽开挖法。反向铲停于沟端,后退挖土,同时往沟侧卸土或直接装车运走。此法一次开挖宽度可不受机械最大挖掘半径限制,臂杆回转角度仅45°~90°。对于宽基坑可采用两旁开挖,其最大一次挖掘宽度可达反向铲有效挖掘半径的2倍,但汽车停在机身后装土,回转角度增大,挖掘生产率降低。

②沟侧开挖法。反向铲沿沟侧直线移动,汽车停在机旁装土。此法回转角度小,能将土弃于沟边较远的地方,但挖土宽度限于小于挖掘半径的范围内,且不易控制开挖边坡,同时机身需靠近沟边停放,稳定性较差。

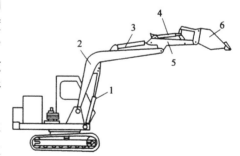

图3-2-1 反向铲挖土机
1-支杆千斤顶;2-支杆;3-动臂千斤顶;4-土斗千斤顶;5-动臂;6-土斗

(2)土方运输

水运工程中的土方开挖取土场往往与土方回填区域距离较远,通常需要配大量的汽车来进行土方运输。水运工程土方运输多使用自卸汽车,其载质量一般为$1.5 \sim 15t$,常用的为3~

8t,施工组织时应根据土方和运距优化选用。

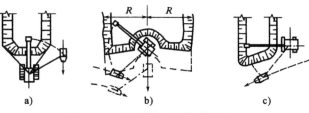

图 3-2-2 反向铲挖土机的开挖方法
a)沟端开挖法；b)两旁开挖法；c)沟侧开挖法

汽车运输必须具备相应的运输道路。道路一般由路基、边沟和储备地组成（图 3-2-3）。行车部分由路面和人工基础组成，水运工程土方运输多使用重型自卸汽车且行车密度较大，常采用碎石路面或混凝土路面，相关的技术指标参照相应等级的运输道路技术指标，并结合工地具体情况确定。

（3）反向铲挖土机数量的确定

① 理论生产率 P_0 计算

反向铲挖土机属于循环式工作机械，每一循环包括挖土、重车回转、卸土和空车回转四个工序，其理论生产率 $P_0(m^3/h)$ 按下式计算：

$$P_0 = 60q \frac{1}{K_s} K_H n \quad (3\text{-}2\text{-}1)$$

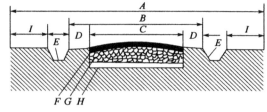

图 3-2-3 公路横断面结构图
A-公路用地；B-路基；C-行车部分；D-路肩；E-边沟；F-路面；G-基础；H-垫底层；I-储备地

式中： q ——土斗的标准几何容积（m^3）；

K_s ——土的可松性系数，为未扰动原状土开挖后体积增大比例（表 3-2-1）；

K_H ——土斗充盈系数，视挖土机械类型而定，一般取 0.8～1.0；

n ——每分钟循环工作次数，按下式计算：

$$n = \frac{60}{t_1 + t_2 + t_3 + t_4} \cdot \frac{1}{0.4K_{sc} + 0.6\beta} \quad (3\text{-}2\text{-}2)$$

t_1、t_2、t_3、t_4 ——分别为挖土、重车回转、卸土和空车回转的时间；

K_{sc} ——土级别修正系数，常取 1.1～1.2；

β ——相对转角系数，随转角增大而增大；转角 90°时，$\beta=1$；转角为 100°～135°时，$\beta=1.08～1.37$。

土的可松性系数表 表 3-2-1

土 的 级 别	土的可松性系数	土 的 级 别	土的可松性系数
Ⅰ	1.08～1.30	Ⅳ	1.26～1.37
Ⅱ	1.14～1.28	Ⅴ、Ⅵ	1.30～1.45
Ⅲ	1.24～1.30	Ⅶ、Ⅷ	1.45～1.50

理论生产率 P_0 为挖土机在理想的工作状态下技术上能达到的最高生产率。而实际挖土时，还有许多难以预测和估计的因素影响其效率的发挥，因此计算实际生产率时，还需要考虑有关因素的可能影响而乘以相应的影响因素（折减系数），见式（3-2-5）。

② 开挖强度 p 计算

根据总土方开挖量 $Q(m^3)$、总工期内的有效工日 $T(d)$ 和每天工作小时数 $t_d(h)$，计算所要求的开挖强度 $p(m^3/h)$：

$$p = \frac{Q}{T_{td}} \tag{3-2-3}$$

③挖土机数量 m 计算

$$m = \frac{p}{P} \tag{3-2-4}$$

实际生产率 P 按下式计算：

$$P = P_0 K_B K_t \tag{3-2-5}$$

式中：P_0——理论生产率（m^3/h）；

K_B——时间利用系数（考虑工作时必需的检修、加油等非生产时间后的有效时间），一般取值 0.7~0.9；

K_t——考虑与运输工具联合作业时，相互配合可能延误所产生的时间系数。有运输工具配合时取 0.9，无运输工具配合时取 1.0。

对土方工程工期有特殊要求的项目，在施工组织中应考虑一定数量的富余挖土机，具体可根据企业自身及工程当地资源情况而定。如果有几种挖土机可选用时，应进行技术经济比选，选择造价低、劳动量消耗小的机械。

(4)运输车辆数量的确定

土方的开挖、运输和填筑是土方工程的三个基本施工过程，必须全面综合考虑组织施工。因此，运输方式、运输工具的容量和数量必须与土方开挖和土方填筑的施工相适应。

采用自卸汽车配合挖土机挖运土方时，应综合考虑自卸汽车的合理装车斗数（一般为 3~5 斗）、车辆等候装车的时间以及运距长短等因素，以运输工具的数量应该满足挖土机正常连续工作需要为原则确定运输车辆数量，即：

$$P_n \geqslant \frac{P_c}{n} \tag{3-2-6}$$

式中：P_n——一辆车的生产率（m^3/h）；

P_c——单台挖土机的生产率（m^3/h）；

n——车辆数。

一辆车的生产率取决于车辆载重量、行驶速度、开行路线和距离、装卸条件等因素，其台班运输生产率 Q' 由下式计算：

$$Q' = \frac{60 q' T K_B}{t} \tag{3-2-7}$$

式中：q'——运输工具一次载运量（m^3 或 t）；

T——台班可利用小时数；

K_B——时间利用系数；

t——运输工具完成一个工作循环所需时间的平均值（min），包括装车、卸车、等候装卸、车辆交会及重车、空车运行所需时间等。

2. 推土机施工

(1)推土机的施工

拖拉机在前缘装上可以装卸土的推土器即成推土机（图 3-2-4）。它机动性大，稍加改造就可改装成翻土机、牵引机、运输机等。推土机利用率高，用途广，如挖土、运土、填筑、清除表土、平整场地、修筑路堤等均可采用。

推土机适用于开挖Ⅰ~Ⅲ类土。其经济运距为 60~100m，效率最高运距为 60m。挖深以

1.5~2.0m、填高 2~3m 为宜。

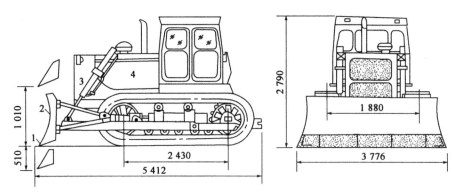

图 3-2-4 国产移山-120(马力)型推土机(尺寸单位:mm)
1-刀片;2-推土器;3-切土液压装置;4-拖拉机

根据不同的构造装置,推土机可分为推土刀不能回转的普通推土机和推土刀可以回转的万能推土机;根据操纵装置的不同,可分为钢索、滑轮操纵的索式推土机和油压操纵的液压式推土机。其技术性能如表 3-2-2 所示。

推土机技术性能表 表 3-2-2

名称\机型		T_2-60	T_1-75	T_1-100	T_2-100	T_2-120	T-180
铲刀(宽×高)(mm)		2 280×788	2 280×780	3 030×1 100	3 810×860	3 760×1 000	4 200×1 100
最大提升高度(mm)		625	600	900	800	1 000	1 260
最大切土深度(mm)		290	150	180	650	300	530
移动速度(km/h)	前进	3.29~8.09	3.59~7.9	2.63~10.13	2.36~10.12	2.28~10.43	2.43~10.12
	后退	2.44	2.79~7.63	2.79~7.63	2.73~7.50	3.16~9.78	3.14~5.00
额定牵引力(kN)		35.3		88.3	88.3		
对地面单位压力(N/m²)		5.2×10⁴		6.3×10⁴	6.7×10⁴	6.3×10⁴	7×10⁴
外型尺度(mm)	长	4 214	4 312	5 000	6 900	5 340	5 980
	宽	2 280	2 280	3 030	3 810	3 760	4 200
	高	2 300	2 300	2 290	3 060	3 100	3 060
质量(t)		5.9	6.3	13.43	16.0	16.2	21.0
生产率(m³/h)			28	45	75~80		

(2)推土机的生产率计算

①推土机铲挖土料并运送时的实用生产率 $P(m^3/d)$:

$$P = \frac{3\,600 V t_d K_B}{T K_a} \tag{3-2-8}$$

$$V = \frac{lH^2 K_e}{2\tan\varphi} \tag{3-2-9}$$

式中:t_d——每班工作时数,一般为 8h;
  K_B——时间利用率,一般为 0.8~0.9;

T——一个工作循环的所需时间平均值(s);
K_a——可松性系数;
V——推土机每个周期推送土方量(m^3),可由式(3-2-9)计算;
l——推土刀的长度(m);
H——推土刀的垂直高度(m);
φ——土料的自然安息角;
K_e——土料运送损失系数,当运距为l_t(m)时,可采用$1-0.005l_t$估算。

②推土机平整场地的实用生产率(m^3/d):

$$P = \frac{3600(L\sin\alpha - b)t_d K_B}{n\left(\dfrac{L}{V_t} + t_c\right)} \tag{3-2-10}$$

式中:L——工作段长度(m);
α——推土刀的工作角度;
b——相邻两次平整的重叠宽度(m),一般为0.2~0.5m;
n——推土机工作时通过同一地点的次数,$n = 1 \sim 2$;
其余符号定义同上。

(3)推土机常用施工方法

在工程中使用推土机时,应根据工程地点的地形、工程量大小和施工条件等,合理地组织和布置开挖路线以提高生产率。

常用的施工方法有槽形推土[图3-2-5a)],两台或三台推土机并行推土,以及斜角沟边推土[图3-2-5b)]等。

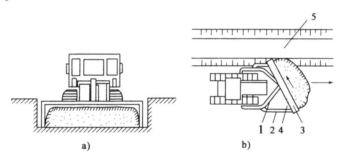

图3-2-5 推土机施工方法示意图
a)槽型推土;b)斜角沟边推土
1-推土器;2-支架;3-铲刀;4-角度;5-沟槽

3.装载机的开挖施工

装载机操作轻便灵活、工作平稳、安全可靠、生产效率高。在码头、堆场、仓库及建筑工地均获广泛应用。

装载机械除自身配套的主要工具——装载铲斗外,还可配备有各种其他可更换的附属装置(如反铲、推土、起重等),以便完成其他各种作业。

装载机按主要工作装置分有单斗式、挖掘装载式及斗轮式三种;按行走装置分有履带式和轮胎式两种;按铲斗可否在水平面内回转分有回转式与不可回转式两种。

土方开挖中常用液压挖掘装载机。图3-2-6为斗容2~3m^3的国产ZL-40型液压装载机。用于挖掘中、小型沟槽、基坑、管沟、装卸物料及吊运重物和小型土方回填作业等。

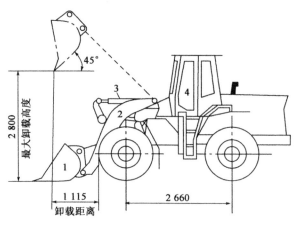

图 3-2-6　国产 ZL-40 型装载机外形尺寸图(尺寸单位:mm)
1-装载斗;2-活动臂;3-臂杆油缸;4-操作台

以 DY4-55 型液压挖掘装载机为例,将其主要技术性能列于表 3-2-3,供参考。

DY4-55 型液压挖掘装载机主要技术性能表　　　表 3-2-3

项　　目		单　　位	性 能 数 据
装载铲斗	斗容量	m³	0.6
	最大卸土高度	m	2.47
	最大卸土高度时的最大卸料角度	(°)	60
挖掘铲斗	斗容量	m³	0.2
	最大挖掘高度	m	4
	最大挖掘半径	m	5.17
	最大卸料高度	m	3.18
	最大卸料高度时的卸料半径	m	5.505
	最大回转角度	(°)	180
	推土装置最大推力	t	3.5
起重装置	最大起吊质量	t	1
	最大起吊高度	m	4
	吊钩中心线至前轮中心线间最大距离	m	2.732
整机质量		t	5.8
操纵方式			机械、液压
附属工作数量			装料斗、反铲、起重装置、推土装置
作业种类			装载、挖掘、起重、推土

二、土方填筑

水运工程中的土方填筑工程,包括围堰或挡水堤坝的填筑、基坑的回填、码头或船闸墙后的回填、路基填土及围海造地的陆上填筑等。填筑工程均要求达到一定的密实度,以满足不同工程对稳定、防渗和沉降的要求。

为使填筑工程达到设计要求的密实度,除某些技术要求较低的土料填方是依靠自然沉实(一般需要较长时间)外,通常均需通过人为的机械力、水力和爆炸力的作用,促使其密实。密实的方法视填料性质、工程要求和施工条件等因素确定。

(一)填筑土料的选择

根据正常的运行条件,在设计土方填筑时均已规定相应的质量要求,对不同水工建筑物及不同部位均有不同的技术要求,因此,不同的填方需要选择、配制不同的土料,以确保达到设计规定的技术要求,一般情况下可参照下列方法选择填筑土料。

(1)挡土墙后回填土,要求填筑 c、φ 值较大且能达到较高密实度的土料,以减小墙后土压力和场地的工后沉降。

(2)挡水堤坝和为提供干地施工条件而设的围堰填方,除要求沉降小、边坡稳定外,还要求防渗性能好,因而常用黏性土作为斜墙和心墙材料,以提高防渗性能。

(3)填筑堆场和路基,通常采用砂土,因其排水性能良好,填筑后沉降稳定快,压实工作量少。

(4)渠道填方宜选择壤土或砂壤土,因为它们比黏性土易于压实施工,而防渗性能又比砂土好。

(二)影响土密实的主要因素

1. 土的种类

黏性土是以呈针状、片状的小粒径土颗粒为主要成分的土体,土体塑性指数高,采用外力压实时,应力在土体内的传递速度和土体受压变形速度均较缓慢,排水困难,加荷时间要长,施压遍数多而且速度要慢方能有效;砂性土因颗粒较粗(粉砂除外)排水较易,且薄膜水作用不大,故较易压实。

2. 颗粒级配

颗粒细的土料,孔隙比大,水分不易排出,影响压实效果,所以压实后黏性土的干重度($15\sim18kN/m^3$)低于砂砾土的干重度($19\sim21kN/m^3$)。同时,颗粒级配越不均匀的土料,在压实后其密实度越大。

3. 土的含水率

对于黏性土的压实,含水率的影响是关键,因为土料的压实就是减小土体中水分和空气所占的空隙,呈针状、片状的黏性土颗粒对水的吸着力作用且黏性土排水条件差,水分在短期内很难排出,水分越多,可能达到的干重度越小;但另一方面,水在被压实的土粒之间起着润滑作用,可以减小土颗粒之间相互错动的阻力,如果含水率过小,为了得到较大的密实度,则必须加大外力作用以克服土粒之间相互移动的阻力。因此,在一定外力的作用下,含水率过高或过低,都达不到最优的压实效果。使土料压实效果最好时的含水率被称为"最优含水率"。土的击实试验表明:对于同一种土,增加外力的击实功,可以降低最优含水率,提高土的干重度,如图3-2-7所示。但若为了获得较高的密实度,将最优含水率用得过低,就需要增加过大的功能。因此,一般情况下,黏土的最优含水率取 $18\%\sim24\%$ 为宜。

(三)土方填筑的方法

1. 土方填筑的基本方法

(1)填方不加任何压实措施、任其沉降

该法对于砂性土比较适宜(沉降时间较短),适用于一般不急于使用的广场、路基填方和水下无法进行压实或难以压实的填方等。其填筑方法通常沿填方全高一次填足,自填方一端逐步扩展到另一端(图3-2-8)。

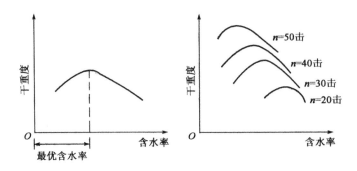

图3-2-7 土的干重度和含水率的关系曲线

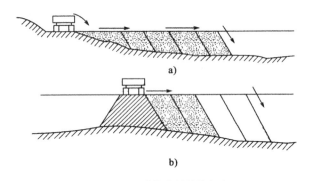

图3-2-8 一次填高的填筑方法
a)利用山坡布置道路;b)修筑路堤到填筑高度以上

(2)水平分层铺土、逐层压实法

这种方法的压实效果好,能人为控制,但施工复杂进度慢,需要设备和费用较多。

2. 水运工程土方回填施工技术要点

(1)重力式码头墙后土方回填应在倒滤层施工完成后及时回填,回填的方法可分陆上干地填筑和吹填。

①陆上干地填筑的技术要求:

a. 陆上回填应由墙后往岸方向填筑,防止淤泥挤向墙后。

b. 采用开山石回填时,在码头墙后应回填质量较好的开山石料,细颗粒含量应符合设计要求。

c. 干地回填黏性土施工时,填料应分层压实,每层填土的虚铺厚度,对人工夯实不宜大于0.2m,对机械夯实或碾压不宜大于0.4m,填土表面应留排水坡。

d. 陆上填土如采用强夯法夯实,为防止码头因振动而发生位移,根据夯击能的大小,夯击区要离码头前沿一定距离(一般为40m)。

②吹填填筑的技术要求:

a. 吹泥管口宜靠近墙背放置,以便粗颗粒填料沉淀在墙背处。

b. 吹泥管口距倒滤层坡脚的距离不宜小于5m,必要时经试吹确定。

c.排水口宜远离码头前沿,其口径尺度和高程应根据排水要求和沉淀效果确定。

d.吹填过程中应确保码头内外侧水位差不超过设计限值。

e.吹填过程中应对码头后方填土高度、内外水位、位移和沉降进行观测,若发生较大变形等危险迹象,应立即停止吹填,并采取有效控制措施。

(2)高桩码头接岸结构采用挡土结构时,其基础回填土或抛石均应分层夯实或碾压密实。

(3)高桩码头接岸结构采用板桩结构时,应首先回填土锚碇结构前的区域,待拉杆拉紧后再回填土锚碇结构后的区域;锚碇结构前回填应按设计要求分层夯实;板桩墙后回填应先清淤再回填,水下回填按从板桩墙向陆域方向进行。

(四)填方的密实方法

填方的密实方法按作用原理可分为机械力、水力和爆炸力作用三种。

1. 机械力作用

其主要是利用机械的重力作用压实土(包括平碾、气胎碾、羊足碾等),或利用机械的冲击力作用压实土(夯锤、夯板、蛙式打夯机等),或利用机械的动态重力作用压实土(振动平碾、振动夯等),如图3-2-9所示。

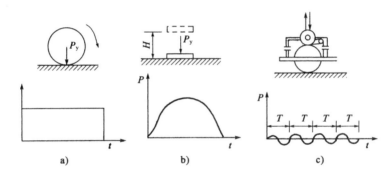

图3-2-9　土料压实作用外力示意图
a)碾压;b)夯击;c)振动

2. 水力作用

该法主要是利用水体的渗透作用使土密实,其对砂性土效果较好。

3. 爆炸力作用

该法是利用炸药爆炸所产生的瞬间振动力使土液化进而重新排列达到密实的效果。

(五)土方填筑的现场质量检验

在土方填筑过程中,为保证填筑质量,必须及时提供压实质量试验数据,以判断施工质量是否达到要求。为此,工地常需建立中心试验室和必要的现场试验站。中心试验室承担工程主要试验项目的试验任务(如现场压实试验、大型剪切试验及土料的物理力学性能试验等)。而现场试验站是根据需要而设置的,一般设在料场的试验站的任务是负责料场土料开挖、土料的加水与翻晒、存储、发料等日常质量控制;填筑现场试验站的任务主要为到场土料质量检查及现场填筑质量的抽样检验。

在施工过程中,依靠现场检验人员的经验或一些简单的量测仪器,检测铺土厚度是否符合设计要求、土料含水率是否符合要求以及压实度是否达到设计指标,以控制施工质量。此外,还应进行密度和含水率的现场试验以及控制碾压速度等工作。填土压实后,其密实度按设计规定的控制干重度作为检查标准。干重度的现场测定方法应方便易行,在工地现场一般采用环刀法和灌砂法,可参照有关规范执行。环刀法为从细粒土中用取样器取出未扰动的土样进行试验;而灌砂法是用小铲在压实土层中小心地挖出一个壁面光滑的小坑,在称量挖出土的毛重后在坑内充填干砂并测量土坑容积,从而计算出压实土体的密实度。近来还有抽样同位素湿度测定仪快速检验施工质量。

【例3-2-1】 码头后方堆场填土碾压,设计要求碾压的密实度达到95%以上。经碾压后现场取样检测其碾压密实度,测得碾实土样品的体积为45.8cm³,称得该样品的质量为85.76g,经试验室测定,样品的含水率为7%。试验室利用现场回填土进行击实试验测得该土最大干密度为1.79g/cm³。问:根据检测结果,该堆场碾压的密实度指标是否满足设计要求?

解: 根据题意,现场取土样的质量为:

$W_样$ = 样品干土颗粒的质量(W_S) + 样品中含水的质量(W_w) = 85.76g

根据题意,土样品的含水率 = W_w/W_S = 7% 可得:

$$W_w = 0.07 W_S$$

故:土样的质量 $W_样 = W_S + W_w = (1+0.07)W_S = 85.76(g)$

土颗粒的质量 $W_S = 85.76g/(1+0.07) = 80.15(g)$

因此,土样的干密度 = W_S/V = 80.15/45.8 = 1.75(g/cm³)

密实度 = 土样的干密度/最大干密度 = 1.75/1.79 = 97.8% > 95%　　　(满足设计要求)

答: 根据检测结果,该堆场碾压的密实度指标满足设计要求。

【例3-2-2】 某码头后方堆场回填、碾压密实工程,合同要求碾压密实度≥95%。击实试验测得在最佳状态时,容积为997cm³的击实筒内土样质量为22 166g,其含水率为8.1%。碾压现场的密实度检测结果为:取样体积为460 cm³,质量为980g。现场土样测定含水率的结果是:土样21.5g,按规定烘至恒重后为19.7g。问:根据上述的击实试验,该填土料的最佳含水率是多少?最大干密度是多少?

解: (1) 依题意,该填土料的最佳含水率是8.1%。

(2) 击实试验中,土样的湿密度 = 土样的质量/击实筒的容积

$$= 2166/997 = 2.17(g/cm³)$$

击实试验的最大干密度 = 土样的湿密度/(1+最佳含水率)

$$= 2.17/(1+8.1\%)$$

$$= 2.01(g/cm³)$$

答: 该填土料的最佳含水率是8.1%;击实试验的最大干密度为2.01(g/cm³)。

第三节　水运工程软土地基加固方法

一般情况下,含水率大于液限、孔隙比大于1.0的黏性土以及标准贯入击数小于4的砂性土地基统称为软基。其特征是土颗粒细、渗透性差、压缩性大、强度低,其物理力学指标往往不能满足建筑物对地基的要求,必须对地基进行处理,以实现改变土体结构、提高承载力、提前实

现预期沉降等加固目标。但有时地基的物理力学指标优于上述数值，仍然不能满足建筑物对地基越来越高的要求，也必须采取地基加固处理措施，这时的软基就突破了上述的软基概念。

一、软土地基的工程问题及解决途径

在软基上建造港口工程的主要问题是因地基的强度低、承载力低，从而引起建筑物下陷量大，建筑物极易失稳。如果不对港口工程的软基进行加固处理或所采取的措施不当，不仅加大工程量，花费过高的工程费用，而且会拖长工程建设期限，甚至可能会造成工程失败。为了解决这个问题，在长期工程建设的实践中积累了许多经验和教训，也创造和应用了许多新技术和方法。例如，在软基上筑堤，浙江沿海传统上采用薄层间隙加载的方法，在深厚的软基上用加镇压层（反压层）的办法建成了海堤或路堤。随着我国水运工程建设的大发展，排水固结法、振动水冲法、强夯法、深层搅拌法、爆炸挤淤填石法等加固软基技术陆续被开发应用，已广泛应用于水运工程的软基加固处理。

在软土地基上建造建筑物，需要解决地基承载力和强度不够的问题，通常从建筑物结构及地基二个方面来解决。

1. 在建筑物结构方面采取的措施

（1）采用轻质材料。在建筑物的墙后或建筑物的上部及建筑物本身采用煤渣、聚苯乙烯泡沫塑料（简称EPS）等轻质材料作为填料，以减轻作用在建筑物上的外力。

（2）采用轻型结构。从结构形式和布局上采取措施，减少建筑物的自重以减轻对地基的压力，例如采用空箱式结构、扩大基础等。

（3）采用镇压层（又称反压层）。在建筑物的两侧设置镇压层作为压载，以减少建筑物作用于地基上的压力差，提高建筑物的稳定性。

（4）采用深基础结构。避开软土层，通过桩基或沉井基础将建筑物及上部荷载传到地基深层承载力较高的持力层上去。

2. 在地基方面采取的措施

主要是对软土地基进行加固处理，或是采用对地基进行补强的措施。在水运工程中常用的软基加固方法有：铺垫法、排水固结法、振动水冲法、强夯法、深层搅拌法、爆炸挤淤填石法。

二、铺垫法

（一）基本原理

在软基的表面铺设垫层，使上部荷载较为均匀地传布到地基上，起应力扩散的作用。目前在防波堤工程和航道整治工程中常用的铺垫材料为具有良好透水性的高分子材料——有纺、无纺土工织物制成的垫层，即将几层土工织物与尼龙绳缝合做成软体排，或中间灌砂制成砂肋软体排（图3-3-1）。由于砂肋软体排直接铺于天然软土地基的表面，有效地防止了其上覆的块石陷入淤泥之中从而形成不均匀地基和加大抛石工程量，主要起隔离和扩散应力的作用，同时兼有加筋、反滤排水和防水流冲刷等作用。

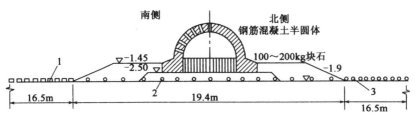

图 3-3-1 土工织物在长江口一期工程中的应用(土工织物护底软体排)
1-混凝土连锁余排;2-砂肋软体排;3-砂肋余排

(二)施工技术要点

(1)土工织物材料性能应根据要求发挥的主要作用进行选择。材料的主要性能指标如下。

①产品形态指标:材质、幅度、每卷的长度等。

②物理性能指标:织物厚度、有效孔径(或开孔尺寸)、单位面积(或单位长度)质量、耐热性(软化点)等。

③力学性能指标:断裂抗拉强度、断裂伸长率、撕裂强度、顶破强度、耐磨性、与岩土间的摩擦系数等。其中,无纺土工布:断裂强度为 3.34~8.4kN/m、断裂伸长率为 9%~30%;机织土工布:断裂强度为 3.96~7.9kN/m、断裂伸长率为 7%~60%。

④水力学性能指标:渗透系数等。

⑤耐久性(耐酸、耐碱、抗微生物)、抗老化(耐紫外线)要求。

(2)土工织物铺设前宜事先加工成铺设块,铺设块的宽度宜为 8~15m,铺设块长度应按设计堤宽加上一定的富余长度。富余长度按水下铺设宜为 1.5~2.5m,陆上铺设宜为 0.5~1.0m 取值。

(3)土工织物铺设块的拼缝宜采用"丁缝"或"包缝"(图 3-3-2)连接,但在其长度方向(即堤宽方向,也是主要受力方向)不得有接头缝。

(4)水下铺设土工织物应顺水(潮)流方向,在潮流较大区域宜在平潮时施工。

(5)土工织物铺设宜按下列方式进行:

①先将土工织物一端固定在定位桩上,用重物(砂袋、碎石袋)压稳固定。

②水下铺设由潜水员指挥并配合工作船将土工织物沿导线和导轨平缓展开,并不断拉紧,如图 3-3-3 所示。

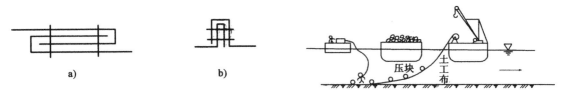

图 3-3-2 土工织物丁缝法及包缝法示意图
a)包缝法;b)丁缝法

图 3-3-3 水下铺设土工织布施工示意图

③随土工织物的铺展,及时抛压砂袋或碎石袋压稳,如图 3-3-3 所示。

④土工织物尾端应按设计要求固定,并用砂袋或碎石袋压稳。

(6)有条件选择在低潮位露滩时铺设土工织物的,通常事先将土工织物拼成 10~30m 宽的铺设块,趁潮水未退尽时用船运到现场,待潮水快退尽时铺设。铺设时要注意土工织物铺设位置准确,要保证两幅土工织物之间的搭接宽度,铺设要平顺和注意张紧程度,锚锭和抛放足够的临时压块。

(7)土工织物应拉紧、铺平,避免产生皱折。

(8)相邻两块土工织物应搭接吻合,搭接长度:水下不小于1 000mm;陆上不小于500mm。

(9)水下土工织物铺设后应及时抛(回)填,防止风浪损坏;陆上土工织物铺设后,应及时覆盖,防止日晒老化。

三、排水固结法

(一)概述

1. 基本原理

排水固结法的实质就是在建筑物或构筑物建造前,先在拟建场地施加或分级施加与其相当的荷载,使地基土中孔隙水排出,孔隙体积变小,土体密实,以增长土体的抗剪强度,提高软土地基的承载力和稳定性;同时可减小土体的压缩性,以便使工程施工能安全顺利地进行,且在使用期内不致产生有害的沉降和沉降差。

2. 加速排水固结的措施

欲使地基达到设计要求的固结度需要一定的时间。据研究,固结所需要的时间与排水距离的平方成正比,如果软土层比较厚或埋藏比较深(大于4m),单纯在地基表面施加预压荷载,固结稳定所需的时间就比较长。另一方面,预压荷载所产生的有效应力的作用将随深度的增加而急剧减小,固结的效果不好,因此必须打设竖向排水通道,减小排水距离,缩短地基固结的时间。

竖向排水通道的种类有砂井(直径20～40cm)、袋装砂井(我国多采用ϕ7cm,少数工程采用ϕ12cm)、塑料排水板(断面尺寸为100mm×(3～6)mm,如图3-3-4所示,可换算成7cm直径的砂井设计)等三种。

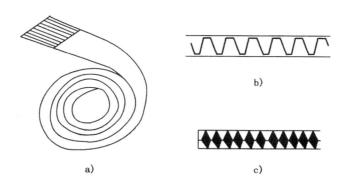

图3-3-4 塑料排水板的示意图
a)塑料排水板成品;b)梯形横断面塑料排水板;c)三角形横断面塑料排水板

由于塑料排水板具有滤套透水和防细颗粒泥沙淤堵的能力强、有足够的过水断面和通水阻力小、能保证在侧压力作用下和因地基沉降变形而弯折时仍然保持必要的通水能力以及滤套和排水板具有抵抗施工外力作用的强度等性能优势,不会发生断井、缩井等质量事故,重量轻,可用轻型机械在超软地基上施工,且具有价格低、运输方便、加固效果好、施工速率高等优点,因此已成为目前水运工程中首选的竖向排水通道类型。国内生产的塑料排水板性能及使用深度见表3-3-1。

国内生产的塑料排水板性能及使用深度 表3-3-1

项　　　目		单位	A 型	B 型	C 型	条　　件
纵向通水量		cm³/s	≥15	≥25	≥40	侧压力 350kPa
滤膜渗透系数		cm/s	≥5×10⁻⁴			试件在水中浸泡 24h
滤膜等效孔径		μm	<75			以 O_{98} 计
复合体抗拉强度(干态)		kN/10cm	≥1.0	≥1.3	≥1.5	延伸率 10%时
滤膜抗拉强度	纵向干态	N/cm	≥15	≥25	≥30	延伸率 10%时
	横向干态		≥10	≥20	≥25	延伸率 15%时,试件在水中浸泡 24h

注:A 型排水板适用于打设深度小于 15m;B 型排水板适用于打设深度小于 25m;C 型排水板适用于打设深度小于 35m。

当采用 φ7cm 袋装砂井和塑料排水板作为竖向排水通道时,其设计间距一般为 1.0～1.5m。软基不厚时,可打穿整个软土层。软基较深厚时,应根据稳定或沉降要求确定;对以地基稳定性控制的工程,竖向排水通道深度至少应超过最危险滑动面 2m;软土层中有砂夹层或砂透镜体应予利用,以缩减竖向排水通道长度和数量。

3. 排水固结法的分类及其特点

排水固结法按其加固机理的不同分为堆载预压法和真空预压法两类。

(1)堆载预压法

该方法是利用软黏土在外荷载作用下排水固结变得密实,且卸载后基本维持不变的特性,对软土地基进行预压加固处理的一种物理加固方法。

堆载预压荷载应根据设计要求确定,通常取建筑物或堆场的基底压力作为预压荷载;若在规定时间内不能满足残余沉降要求时,应采用超载预压,其预压荷载应通过计算确定。预压荷载分布范围应大于建筑物基础外缘所包围的范围。

堆载预压法适用于淤泥土、淤泥和冲填土等软土地基,特别是堆载料可就地取得的大面积软基处理。

(2)真空预压法

真空预压法是在加固区打设竖向排水通道后,其上覆膜形成密闭状态,抽去膜下水和空气而产生真空,以大气压力作为预压荷载。通过降低地基的孔隙水压力,达到提高地基有效应力,从而加速地基固结的目的。

真空预压处理地基时,膜下真空度应稳定在 80kPa 以上。真空预压的总面积不得小于基础外缘所包围的面积,每块预压的面积宜尽可能大,根据加固要求,彼此间可搭界或有一定间距,在处理范围内有透气层和透水层时应采取有效措施切断。

真空预压法适用于在加固区能形成(包括采取措施后形成)稳定负压力边界条件的软基;由于真空预压法在加固区形成负压,有利于邻近加固区岸坡的稳定,特别适用于超软基及临近危险边坡地带的软基处理。广泛用于处理码头、堆场、广场、机场跑道、公路铁路路基、建筑物基础等大面积场地地基加固及基坑开挖时的边坡保护,也常用于消散打桩引起的孔隙水压力,以减轻打桩对周围建筑物的影响和加快打桩进度。

(二)施工工艺及技术要点

1. 施工工艺流程

(1)堆载预压法的工艺流程如下：

铺排水砂垫层→打设塑料排水板(或袋装砂井)→分级加载预压→卸载。

(2)真空预压法的工艺流程如下：

铺排水砂垫层→打设塑料排水板(或袋装砂井)→铺设排水管系、安装射流泵及出膜装置→挖密封沟→铺膜、覆水→抽气→卸载。

2. 施工技术要点

(1)排水砂井和袋装砂井所灌的砂料必须是含泥量小于3%的中粗砂,袋装砂井所用的袋子可用聚丙烯或麻的编织布制成,其透水性及强度应满足施工和排水的需要。塑料排水板的质量应按《塑料排水板质量检验标准》(JTJ/T 257—1996)、《塑料排水板施工规程》(JTG 256—1996)的规定严格控制使用,保证执行现场抽检验收制度。

(2)无论袋装砂井或是塑料排水板都需要用专门的打设机械将之埋入地下至设计深度,打设竖向排水体的施工机具应根据加固区土质的不同类型选用。打设机械的要求是质量轻、便于移动、打设时对土的扰动小。打设机械主要的工作装置包括机架、导管、导管的驱动装置。除了导管不同外,袋装砂井和塑料排水板的打设机械可以通用,一般都用履带式挖掘机改装的打设机或专门制造的打设机。导管的驱动方式有静压式、振动式,不能用锤击式。静压式对土的扰动小;振动式能克服较大阻力,可穿透较硬土层。打设袋装砂井时,导管的断面用圆形,打设塑料排水板时最好用菱形或用带加劲的矩形。图3-3-5为国内目前常用的几种类型打设机械。

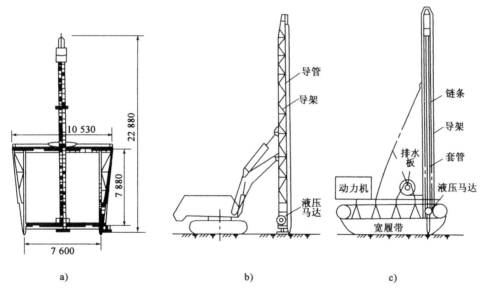

图3-3-5 常用的塑料排水板打设机械(尺寸单位:mm)
a)门架式;b)反向铲改装液压式;c)宽履带式

(3)打设竖向排水体时,为了保证打设的深度满足设计要求,打设机上应安装打设深度检测仪,以便机械操作人员及时发现问题及时补救。这一点对于打设塑料排水板特别重要,因为在打设塑料排水板上拔导管时,已插到设计深度的塑料排水板常常被带上来,这称为"回带"。回带过大,则造成塑料排水板打设深度不够,将严重影响地基的加固效果。

(4)在刚刚吹填(水力冲填)不久的软土或超软土上打设竖向排水体时,可在软土面铺设荆笆(或竹笆)砂垫层,采用轻型打设机械打设袋装砂井或塑料排水板。为减小对表面土的扰动和施工方便,一般是先铺设脚手板作为行车板,后用人力车或载质量小的翻斗车铺填砂或石渣;铺复合垫层时,先铺荆笆(或竹笆)、土工布,然后在其上铺脚手板作为车道。

(5)打设袋装砂井时,导管的末端可设活动桩尖或在导管着地前套上混凝土桩尖,当导管打至预定高程后,从导管顶部的窗口送入砂袋,边送料边抖动,使砂在自重作用下充满砂袋,以免出现缩颈或断井现象。砂井灌砂时,砂柱不得中断,否则应补打;砂井的灌砂率对于套管法砂井不得小于计算值的85%,对于袋装砂井不得小于95%。袋装砂井打设前,砂袋宜用干砂灌制,应达到密实状态,砂袋入井下沉时不得发生扭结、缩颈或断裂现象。

(6)打设塑料排水板时,必须使用套管,套管的驱动方式可以用振动也可以用静压,但边坡上插板时,为保持边坡的稳定,只能采用静压方式。在导管未下沉前,从导管顶部的窗口送入塑料排水板,塑料排水板末端出导管后,用铁管卡将其别在导管底端,待导管沉至预定高程后,从顶部剪断塑料排水板。插板时除了保证平面位置准确外,最主要的是要保证排水通道的插设深度,控制排水板的回带量小于规范规定。

(7)袋装砂井和塑料排水板打设后,至少应露出砂垫层顶面50cm。孔周边塌陷的漏斗应及时用砂填满,以确保其与砂垫层有可靠的连通,同时可避免抽真空时漏斗处下陷。

(8)加固面积很大时,如采用真空预压或堆载预压、真空预压联合堆载预压,且堆载料比较充足的情况下,为加快加固进度和减少搭接区加固效果差的结合带,分区的面积应尽可能大。

(9)为了监控施工达到预计的加固效果、防止施工过程中发生地基失稳和优化设计,在施工全过程中必须进行监测。监测项目有总沉降、分层沉降、孔隙水压力和侧向变形等。应根据施工进度安排,按拟定的时间间隔进行观测,并做好记录、绘制曲线和分析数据等工作,观测资料应及时提交给设计单位。对于大中型或地基条件复杂的工程最好设典型试验区先期施工,为大面积施工和修改设计提供必要的参数。

(10)堆载预压施工时,所用的压载材料,对于海堤、路堤可用堤本身作压载材料,对于围海工程的造陆和码头堆场场地等则用砂石料或矿渣等作为临时压载物,预压完后拆走。堆载须根据设计要求和地基强度的增长分级加载,通过观测水平位移和垂直位移控制加载速率。在打设排水体前,应测出原地面高程,作为控制依据。

(11)真空预压的抽气设备宜采用射流泵,其空抽时必须达到85kPa以上的真空吸力,密封膜应采用抗老化性能好、韧性好、抗穿刺能力强的不透气塑料膜。铺膜前,要认真清理平整砂垫层,拣除贝壳及带尖角石子,填平打设排水通道时留下的孔洞。一般采用两层膜,每层膜铺好后要认真检查和修补破损处,符合要求后再铺下一层,密封薄膜四周应埋在密封沟内,膜上应覆水。真空预压法要保证处理场地的气密性(包括采取必要的隔断措施),在满足真空度要求的条件下,应连续抽气,当沉降稳定后,方可停泵卸载。

3. 施工监测和加固效果检验

(1)堆载预压法施工监测和加固效果检验

为检验堆载预压法的施工质量和预压效果,地基预压前应在地表设置沉降盘,埋设孔隙水压力仪、分层沉降仪等。在预压期间应及时整理并绘制变形与时间、孔隙水压力与时间关系曲线。推算地基的最终沉降,确定不同时间的固结度和相应的沉降,以分析加固效果并为确定卸载时间提供依据。

堆载预压工程在堆载过程中应每天进行沉降、位移、孔隙水压力等的观测,控制标准如下:边桩水平位移每昼夜应小于5mm,基底的中心沉降每昼夜应小于10mm。孔隙水压力系数控制在0.6以控制施工速率。

对以地基稳定为控制因素的重要工程,应在预压区内选择代表性位置预留孔位,在加载不同阶段进行十字板强度试验和钻取土样进行室内试验,验算地基的抗滑稳定性。

工程结束后应进行静力触探、十字板剪切试验和室内土工试验,必要时尚应进行现场载荷试验。

(2)真空预压法施工监测和加固效果检验

真空预压工程应进行真空度、沉降、位移、孔隙水压力等的观测,膜下真空度应稳定在80kPa以上,以保证效果。真空预压的沉降稳定标准为:实测地面沉降速率连续5~10d的平均沉降量小于或等于2mm/d。

真空预压法的施工检测与效果检验,除按堆载预压法的规定执行外,尚应测量泵上及膜下真空度,并应在真空预压加固区边缘处埋设测斜仪,测量土体的侧向位移。

一般土质条件下,抽真空3个月固结度可达到85%~90%,堆载预压法达到同样固结度约需4个月以上。

四、振动水冲法

(一)振动水冲法原理与适用范围

振动水冲法的原理是利用振冲器的振动和水冲作用,使饱和砂层发生液化、砂颗粒重新排列以提高地基的整体密实度,或将砂碎石矿渣等集料贯入软土地基以改变软基的整体密实度并形成一个个密实的桩柱体,且与桩柱间土组成复合地基共同承担上部荷载,从而达到提高地基强度和承载力的目的。该法广泛应用于房屋、市政、涵闸、港口、围海工程以及其他类型承载力要求较高场地的软土地基加固。图3-3-6为振冲法施工配套机械。

振动水冲法按照加固地基过程中是否加入集料分为振冲置换法和振冲密实法。振动水冲法适用于处理砂土、粉土、粉质黏土、素填土和杂填土等地基,对于处理不排水抗剪强度小于20kPa的饱和黏性土和饱和黄土地基,应通过试验确定其适用性。

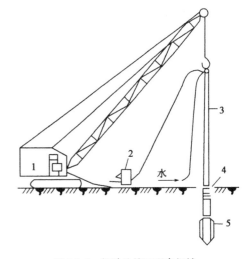

图3-3-6 振冲法施工配套机械
1-起重机;2-操作台;3-吊管;4-活接头;5-振冲器

1. 振冲置换法

对黏性土地基来说,振动水冲法的实质是振冲器在高压水流下边振边冲边在软弱黏性土地基中成孔,再在孔内分批填入碎石等坚硬材料制成一根根桩体,与原来的黏性土共同构成复合地基。与原地基相比,其承载力高、压缩性小,这种加固技术称为振冲置换法。

振冲置换法处理范围应根据建筑物基础结构形式、受力特点及建筑物的重要性和场地条件确定,宜在基础外缘扩大1~2排桩。桩位布置形式可采用等边三角形、正方形、矩形或等腰三角形。桩的间距根据荷载大小和原土的抗剪强度确定,一般选用1.5~2.5m。桩的直径可按每根桩的填料量计算,宜采用0.8~1.2m。桩长与软弱土层有关,当软弱土层较薄时,桩应穿过软弱土层至相对硬层;当软弱土层较厚时,应按建筑物地基的变形允许值确定。振冲施工可用功率为30~75kW的振冲器。

2. 振冲密实法

对砂基而言,振动水冲法的实质为借助振动和水冲在砂基中成孔,然后依靠振冲器的强力振动,使饱和砂层发生液化,砂颗粒重新排列,孔隙减少,同时依靠振冲器的水平振动力,在加回填料或不加回填料的情况下,使砂层挤压加密,称为振冲密实法。其中,不加填料的振冲密实法适用于处理黏粒含量不大于10%的中砂、粗砂地基。

振冲密实法处理范围应大于建筑物基础范围,在建筑物外缘每边放宽不得少于5m。振冲点宜按等边三角形或正方形布置,其间距与土的颗粒组成、要求达到的密实程度、地下水位和振冲器功率等有关因素,在1.8~2.5m范围内选取,并通过现场试验验证后确定。处理深度与可液化土层有关,当可液化土层不厚时,振冲深度可穿透整个可液化土层;当可液化土层较厚时,振冲深度应满足地基强度、变形及抗震处理深度要求。

(二)施工工艺及技术要点

1. 振冲置换法施工工艺及技术要点

振冲置换法的施工工艺流程如下:

场地整理及布桩→振冲器就位→水冲造孔→底段填料→底段振密→上一段填料→上一段振密→顶部松散桩体的处理。

振冲施工可按下列步骤进行:

(1)清理平整施工场地,布置桩位。

(2)施工机具就位,使振冲器对准桩位。

(3)启动供水和振冲器,水压可用400~600kPa,水量可用200~400L/min,将振冲器徐徐沉入土中,造孔速度为0.5~2.0m/min,使振冲器沉入土中的最终深度,宜为设计处理深度以上0.3~0.5m。

(4)造孔后边提升振冲器边冲水直至孔口,再放至孔底,重复2~3次扩大孔径并使孔内泥浆变稀,开始填料制桩。

(5)大功率振冲器投料振冲器可不提出孔口,小功率振冲器下料困难时,可将振冲器提出孔口填料,每次填料厚度不宜大于50cm;将振冲器沉入填料中进行振密制桩,当电流达到规定的密实电流值和规定的留振时间后,将振冲器提升30~50cm。

(6)振冲器在沉入每批填料中振密时,电流必须超过规定的密实电流,若达不到规定值,应向孔内继续加填料振密,使其达到规定的密实电流;必须记录每一深度的最终电流和填料量及留振时间。

(7)重复以上步骤,自下而上逐段制作桩体直至孔口,记录各段深度的填料量、最终电流值和留振时间,并均应符合设计规定,最后关闭振冲器和水泵。

水上振冲施工工艺与陆上基本相同,由于施工船舶受水深及风浪影响,振冲和投料系统必须有导向装置,如连接振冲器与起重机的刚性导杆,以及保证向水底振冲孔准确投料的投料导管及护筒。

桩体材料应优先采用含泥量不大的碎石,结合当地材料来源也可用卵石、角砾、圆砾等硬质材料。材料的最大粒径不宜大于80mm。对碎石,常用的粒径为20～50mm。

施工过程中,各段桩体的密实电流、填料量和留振时间均应符合设计规定。这些规定应通过现场成桩试验确定。

严禁将泥水直接排入下水道或河流中造成公害。

在桩体全部制成后,应将桩体顶部的松散桩体挖除或用碾压等方法使之密实,随后铺设30～50cm厚的碎石垫层并压实,然后在上面做基础。对海上振冲桩,顶部松散层不易挖除,应在其上抛1～2m厚碎石,水下夯实。

2. 振冲密实法施工工艺及技术要点

振冲密实法的施工工艺分为加填料和不加填料。对于粉细砂地基宜采用加填料的振密工艺,对于中粗砂地基可用不加填料的振密方法。

(1)加填料的振冲密实施工宜采用以下工艺:成孔贯入时水压和水量可按振冲置换法的规定控制,振冲器的下沉速率宜控制在1～2m/min范围内,达到设计处理深度后,应将水压和水量降至孔口有一定量回水且无大量细颗粒带出的程度,将填料堆于护筒周围;填料应为质地坚硬的碎石、卵石、角砾、圆砾、砾砂、粗砂等,粒径宜小于50mm;填料应在振冲器振动下依靠自重沿护筒壁下沉至孔底,在电流升高到规定的控制值后,应将振冲器上提0.3～0.5m;如此反复进行,至全孔完成;记录各深度的最终电流值、填料量等。

(2)不加填料的振冲密实施工工艺与加填料的大体相同。使振冲器沉至设计处理深度,留振至电流稳定地大于规定值后,将振冲器上提0.3～0.5m,至全孔完成。在中粗砂层中施工时,如遇振冲器不能贯入,可增设辅助水管,加快下沉速率。

3. 振冲器选用

为取得好的处理效果,需要选用合适的振冲器,国产振冲器的主要参数见表3-3-2。

国产振冲器的主要参数　　　　　表3-3-2

项　目		型　号					
		ZCQ13	ZCQ30	ZCQ55A	ZCQ75	ZCQ125	GZCQ40
电机功率(kW)		13	30	55	75	125	40
额定电流(A)		25.5	60	100	150	230	
偏心力矩(N·m)		59	151	55.4	66.6	100.7	185
激振力(kN)		35	90	13	16	25	110
振动频率(r/min)		1 450	1 450	1 450	1 450	1 450	1 450
振幅(mm)		2.0	4.2	7.4	10	10.5	4.1
主机质量(kg)		780	940	1 163	1 263	1 800	1 142
外形尺寸(mm)	长	2 000	2 150	2 820	2 900	3 200	2 970
	直径	274	350	351	351	402	395

在已有建筑物邻近施工时,宜用功率较小的振冲器,水上施工宜用功率较大的振冲器,施工中应严格检查振冲器的绝缘性能。

(三)施工检测和加固效果检验

1.振冲置换法施工检测和效果检验

加填料振冲置换法施工过程中,应及时检查振冲施工质量和施工记录,如有漏孔或不符合规定的桩或振冲点,应补孔或采取有效的补救措施。

(1)质量检验的间隔时间

振冲施工结束后,应间隔一定时间才能进行质量检验。对黏性土地基,间隔时间可取 3~4 周;对粉砂地基,间隔时间可取 2~3 周。

(2)检测方法

振冲桩的施工质量可用单桩载荷试验检验。试验应采用圆形压板,直径应与桩的直径相等,可按每 200~400 根随机抽取 1 根进行试验,但总数不得少于 3 根。对粉土层的振冲桩,除用单桩载荷试验检验外,还可用标准贯入或静力触探等试验对桩土进行处理前后的对比试验。

对大型的、重要的或场地复杂的工程,应进行复合地基的处理效果检验。检验方法宜用单桩或多桩复合地基载荷试验。检验点应选择在有代表性或土质较差的地段,检验点数量可按处理面积大小取 3~4 组。对水上大型的、重要工程,其检验方法除用现场取土室内试验、十字板、标准贯入、动力触探检验桩间土及桩身强度外,有条件时尚宜做水底复合地基试验,检验处理效果。

2.振冲密实法施工检测和加固效果检验

加填料振冲密实法施工检测和加固效果检验与振冲置换法相同,但质量检验在施工结束后即可进行。对砂土地基还可用标准贯入或静力触探试验进行检验。

对不加填料振冲密实法的砂土地基,宜用标准贯入或动力触探试验检验处理效果。检验点应选择有代表性的或地基土质较差的地段,并位于相邻振冲点围成的单元型心处。检验点数量可按每 100~200 个振冲点选择 1 个孔,总数不得少于 3 孔。

五、强夯法

(一)概述

强夯法在国际上又称为动力固结法或动力压实法。它是先在欲加固地基表面铺一层碎石之类的粗集料,用履带式起重机吊起起重锤(100~400kN)至规定高度(10~40m),让锤自由落下冲击地面,在强大的冲击能作用下,锤下粗集料垫层被冲切挤入土层中,同时正下方的土被击实,不仅地基的密实度增加,强度和承载力得到提高,而且在施工期间即可消除绝大部分沉降,使工程完工后的残余沉降很小。另一方面,锤对土的冲击产生振动,这种振动以压缩波、剪切波、瑞利波的形式在地基内传播,对周围建筑物产生影响。其实质是反复将很重的锤提升到一定高度后使其自由下落,给地基以冲击和振动能量,将其压密,从而提高地基的强度并降低其压缩性,改善地基性能。

对于饱和软黏土地基,通过强夯将级配良好的块石、碎石、矿渣及建筑垃圾等坚硬粗颗粒材料,夯入其中,从而形成块(碎)石墩,这种方法称强夯置换法,因其较高强度,由此形成复合地基。

强夯法加固地基所用设备简单、施工方便,适用于处理碎石、砂土、低饱和度的粉土与黏性土、湿陷性黄土、素填土和杂填土等地基,上述以外的土应通过试验确定其处理效果。对黏性土地基需要采取打设竖向排水通道、间隔跳夯等措施后才能使用。强夯置换法适用于高饱和度的粉土与软塑～流塑状的黏性土等地基上对变形控制要求不严的工程。

(二)施工工艺及技术要求

(1)强夯置换法在设计前必须通过现场试验确定其适用性和处理效果。

(2)强夯法和强夯置换法在施工前,应在现场有代表性的场地进行试夯或试验性施工,以取得必要的施工参数。

①强夯法的有效加固深度 H 是反映地基加固处理效果的重要参数,它与土质、夯锤重量 M、落锤高度 h 有关;有效加固深度 H 应通过试夯确定,也可根据经验公式(3-3-1)计算或按表3-3-3预估。

$$H \approx \alpha \sqrt{\frac{Mh}{10}} \qquad (3\text{-}3\text{-}1)$$

式中:H——有效深度(m);

M——锤重(kN);

h——落距(m);

α——经验系数,一般采用0.4～0.7,具体数值可通过试验确定。

强夯法的有效加固深度(m) 表3-3-3

单击夯击能(kN·m)	碎石土、砂土等粗颗粒土	粉土、黏性土、湿陷性黄土等细颗粒土
1 000	5.0～6.0	4.0～5.0
2 000	6.0～7.0	5.0～6.0
3 000	7.0～8.0	6.0～7.0
4 000	8.0～9.0	7.0～8.0
5 000	9.0～9.5	8.0～8.5
6 000	9.5～10.0	8.5～9.0
8 000	10.0～10.5	9.0～9.5

注:强夯法的有效加固深度应从最初起夯面算起。

②强夯置换法的加固深度由土质决定,除较大厚层饱和粉土外,石墩应穿透软土层到达较硬土层,深度不宜超过7m。

③强夯处理范围应大于建筑物基础范围,每边超出基础外缘宜为基底下设计处理深度的1/2～2/3,并不宜小于3m。

④强夯法的单位夯击能量,指单位面积上所施加的总夯击能,其大小与地基土的性质有关。单位夯击能过大,不仅浪费能源,对饱和黏性土来说,强度反而会降低。应根据地基的类别、结构类型、荷载大小和要求处理的深度等综合考虑,可通过现场试夯确定。根据我国工程实践,《建筑地基处理技术规范》(JGJ 79—2012)规定在一般情况下,对于粗颗粒单位夯击能可取1 000～3 000kNm/m²,细颗粒土为1 500～4 000kNm/m²。一般情况下,对砂性土取1 000～5 000kN·m/m²,黏性土可取1 500～6 000kN·m/m²。

⑤单点的夯击击数,其与土的性质和锤的性状有关,受夯坑周围土隆起量和夯沉量控制,应按现场试验中得到的最佳夯击能确定,并应同时满足下列条件:

a. 最后两击的平均夯沉量不宜大于50mm,当单击夯击能量较大时不宜大于100mm。

b. 夯坑周围地面不应发生过大的隆起。

c. 不因夯坑过深而发生提锤困难。

⑥夯击遍数应根据地基土的性质确定,可采用点夯2~3遍,下一遍夯点应选在上一遍已夯点间隙,最后再以低能量满夯一遍,满夯可采用轻锤或低落距锤多次夯击,锤印搭接。对于渗透性较差的细颗粒土,必要时夯击遍数可适当增加。

⑦两遍夯击之间的时间间隔视土质而定,对于透水性差的土,两遍之间的间隔时间由土中超静孔隙水压力的消散快慢控制。当缺少实测资料时,可根据地基土的渗透性确定,对于渗透性较差的黏土地基,间隔时间不应少于3~4周;对于渗透性好的地基可连续夯击。

⑧夯击点位置可根据基底平面形状,采用等边三角形、等腰三角形或正方形布置。夯击点间距宜为5~9m。对处理深度较深或单击夯击能较大的工程,宜取较大值。

(3)强夯置换法的夯击次数应通过现场试夯确定,且应同时满足下列条件:

①墩底穿透软弱土层,且达到设计墩长。

②累计夯沉量为设计墩长的1.5~2.0倍。

③最后两击的平均夯沉量不大于强夯法规定。

强夯置换法的单位夯击能量、夯点布置同强夯法规定。

(4)强夯锤重量可取100~400kN,其底面形式宜采用圆形或方形。方形制作简单,圆形使用效果好。锤底面积宜按土的性质确定,锤底静接地压力值可取25~40kPa,对于细颗粒土锤底静接地压力宜取较大值。锤的底面宜对称设置若干个与其顶面贯通的排气孔,孔径可取250~300mm。

强夯置换法锤底静接地压力值可取100~200kPa。

(5)强夯施工场地应平整,并能承受夯击机械的重力。施工机械宜采用带有自动脱钩装置的履带式起重机或其他专用设备。采用履带式起重机时,可在臂杆端部设置辅助门架,或采取其他安全措施,防止落锤时机架倾覆。

(6)施工前必须查明施工区周围及场地范围内的地下构筑物和地下管线的位置及高程等,并采取必要措施加以保护。当土质松软或地下水位较高影响施工时,宜采取措施将水位降低至坑底面以下2m,坑内及场地水应及时排除。

(7)强夯时振动对周围建筑物的影响不能忽视,必须使强夯区和建筑物的安全距离大于30m,当强夯施工所产生的振动对邻近建筑物或设备产生有害的影响时,应设置监测点,并应采取挖隔振沟等隔振或防振措施和采用加速排除孔隙水压力的措施。

(8)强夯法施工可按下列步骤进行:

①清理并平整施工场地。

②标出第一遍夯点位置,并测量场地高程。

③起重机就位,夯锤置于夯点位置。

④测量夯前锤顶高程。

⑤将夯锤起吊到预定高度,开启脱钩装置,待夯锤脱钩自由下落后,放下吊钩,测量锤顶高程,若发现因坑底倾斜而造成夯锤歪斜时,应及时将坑底整平。

⑥重复步骤(5),按设计规定的夯击次数及控制标准,完成一个夯点的夯击。

⑦换夯点,重复步骤(3)~(6),完成第一遍全部夯点的夯击。

⑧用推土机将夯坑填平,并测量场地高程。

⑨在规定的间隔时间后,按上述步骤逐次完成全部夯击遍数,最后用低能量满夯,将场地表层松土夯实,并测量夯后场地高程。

(9)强夯置换法施工可按下列步骤进行:

①清理平整施工场地,当表土松软时可铺设一层厚度为1.0~2.0m的砂石施工垫层。
②标出夯点位置,并测量场地高程。
③起重机就位,夯锤置于夯点位置。
④测量夯前锤顶高程。
⑤夯击并逐击记录夯坑深度。当夯坑过深而发生起锤困难时停夯,向坑内填料直至与坑顶平齐,记录填料数量,如此重复直至满足规定的夯击次数及控制标准完成一个墩体的夯击。当夯点周围软土挤出影响施工时,可随时清理并在夯点周围铺垫碎石,继续施工。
⑥按由内而外,隔行跳打原则完成全部夯点的施工。
⑦推平场地,用低能量满夯,将场地表层松土夯实,并测量夯后场地高程。
⑧铺设垫层,并分层碾压密实。

(三)施工监测和加固效果检验

(1)施工过程中应由专人负责下列监测工作:
①开夯前应检查夯锤质量和落距,以确保单击夯击能量符合设计要求。
②在每一遍夯击前,应对夯点放线进行复核,夯完后检查夯坑位置,发现偏差或漏夯应及时纠正。
③按设计要求检查每个夯点的夯击次数和每击的夯沉量。对强夯置换尚应检查置换深度。
④施工过程中应对各项参数和施工情况进行详细记录,不符合设计要求时应补夯或采取其他有效措施。强夯置换施工中可采用超重型或重型圆锥动力触探检查置换墩着底情况。

(2)强夯施工结束后,应间隔一定时间方能对强夯效果进行检验。对于碎石砂土地基,其间隔时间可取7~14d;对低饱和度的粉土和黏性土地基可取14~28d。强夯置换地基间隔时间可取28d。

(3)质量检验项目根据土质情况及工程设计要求确定。强夯施工结束后的地基竣工验收时,承载力检验应采用原位测试和室内土工试验,重要工程应进行载荷试验。强夯置换后的地基竣工验收时,承载力检验除采用单墩载荷试验检验外,尚应采用触探等有效手段查明置换墩着底情况及承载力、密度随深度的变化,其中,对饱和粉土地基允许采用单墩复合地基载荷试验代替单墩载荷试验。

(4)竣工验收承载力检验点的数量,应根据场地复杂程度和建筑物的重要性确定,对于简单场地上的一般建筑物,每个建筑地基的检验点宜不少于3处;对于复杂场地或重要建筑地基应增加检验点数。强夯置换地基载荷试验检验和置换墩着底情况检验数量均不应少于墩点数的1%,且不应少于3点。对大面积区域检验点的数量、深度和位置按工程设计的要求确定。

六、深层搅拌法

(一)概述

深层搅拌法是加固饱和黏性土地基的一种新方法。其原理是往软土中加入适量的固化剂(浆液),通过特制的搅拌机械使之与土在地基深处原位强制搅拌混合,固化剂和软土间所产生的一系列物理—化学反应,固化后使软土硬结成具有整体性、水稳定性和一定强度的水泥加固土,从而提高地基强度和增大变形模量,最终达到软基的承载力提高和沉降量的减小。常用的固化剂为水泥和石灰,水泥用得最多。

水下深层水泥搅拌法(简称 CDM 工法)加固软土地基具有快速、高强、无公害等优点,已在我国数项大型码头工程中得以应用。该法在港口与航道工程中多用于重力式结构的基础、高桩码头结构的岸坡和支护结构等重要部位。加固地基的形式可分为块式、壁式、格子式和桩式,如图 3-3-7 所示。

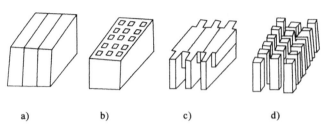

图 3-3-7 深层水泥搅拌法加固地基的形式
a)块式;b)块式;c)壁式;d)桩式

该法适用于处理正常固结的淤泥和淤泥质土、粉土、饱和黄土、素填土、黏性土以及无流动地下水的饱和松散砂土等地基,对于泥炭土、有机质土、塑性指数大于 25 的黏土、地下水有腐蚀性的地区,必须通过现场试验确定其适用性。

(二)施工工艺及技术要点

(1)施工场地事先应平整,必须清除地上和地下的一切障碍物,遇有明浜、池塘及洼地时,应抽水和清淤,回填黏性土料并予以压实。深层搅拌法有"二搅二喷"和"四搅四喷"两种施工工艺,主要施工步骤如图 3-3-8 所示。"二搅二喷"施工工艺的主要施工步骤为:

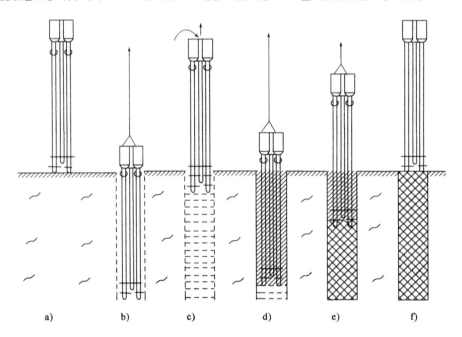

图 3-3-8 深层搅拌法施工工艺流程图
a)定位;b)预搅拌下沉;c)喷浆搅拌提升;d)重复搅拌下沉;e)重复搅拌提升;f)完毕

①搅拌机械就位、调平。

②预搅拌下沉至设计加固深度。

③边喷浆、边搅拌提升搅拌头直至预定的停浆面。

④重复搅拌下沉至设计加固深度。

⑤根据设计要求,喷浆或仅搅拌提升直至预定的停浆面。

⑥提升搅拌头到无障碍高度,水平移动搅拌机械,定位在相邻搅拌位置上继续上述作业。

(2)确定加固方案前应查明加固区内详尽的岩土工程资料,包括各土层的分布范围、厚度、组成、有机质含量和地下水情况,如为海洋环境,还应进行水质调查和障碍物、水深、气象和海况调查。

(3)大型工程设计前应先进行室内配合比试验,并应选在正式工程附近、地质条件相近的地点进行现场试验工程,检验搅拌土体的强度和均匀性、着底标准、搅拌土体的结合性以及搅拌设备系统工作的稳定性。

(4)固化剂宜选用强度等级为42.5级及以上的普通硅酸盐水泥,水泥掺量应通过配合比试验确定,除块状加固时为加固湿土重的7%~12%外,其余宜为12%~20%。

水泥浆的水灰比与加固土的性质和含水率有关,变动范围大,也需要通过配合比试验确定。根据工程需要和土质条件可选用具有早强、缓凝、减水及节省水泥等性能的外加剂,早强剂可选用三乙醇胺、氯化钙、碳酸钠或水玻璃等;减水剂可选用木质磺酸钙、石膏,兼有缓凝和早强作用。

(5)施工前应确定灰浆量、灰浆经输浆管到达搅拌机喷浆口的时间和起吊设备提升速度等施工参数,并根据设计要求通过工艺性成桩试验确定施工工艺。

(6)搅拌机喷浆提升的速度和次数必须符合施工工艺的要求。

①当水泥浆液到达出浆口后,应喷浆搅拌30s,在水泥浆与桩端土充分搅拌后,再开始提升搅拌头。

②搅拌机搅拌头贯入作业穿越硬层困难时,可采取输入润滑剂和降低贯入速度等措施以利穿越。

③施工因故停浆,应将搅拌头下沉至停浆点以下0.5m处,待恢复供浆时再喷浆搅拌提升。若停机超过3h,宜先拆卸输浆管路,并加以清洗。

④壁桩加固时,相邻桩的施工时间间隔不宜超过24h。如间隔时间太长,与相邻桩无法搭接时,应采取局部补桩或注浆等补强措施。

⑤深层搅拌处理机倾斜度调整、贯入速度、转速、扭矩、搅拌和引拔、水泥浆的注入量等都应由控制台控制和记录。

(7)选取合适的搅拌机。深层搅拌机械技术参数见表3-3-4。

(8)水下深层搅拌法需要选用大型多搅拌头、自动化程度高的专用CDM船。天津港软基加固采用的日本设备搅拌叶片直径为1600mm,4轴,加固能力60~150m^3/h,水泥掺量140~180kg/m^3,水灰比1.3。搅拌杆下降速度0.6m/min,转速45r/min,着底后搅拌时间90s。我国自行组装的第一台CDM搅拌船搅拌叶片直径为1200mm,2轴,加固能力70~80m^3/台班,搅拌杆下降速度0.5m/min,转速24.5r/min,着底后搅拌时间120s。该船在烟台港软基加固中,水泥掺量取160kg/m^3,水灰比取0.9。天津港和烟台港的软基加固要求改良土的60d强度为2.5MPa。

深层搅拌机械技术参数 表3-3-4

类型		SJB-30	SJB-40	GZB-600	DJB-14D
深层搅拌机	搅拌轴数量(根)	2(ϕ129)	2(ϕ129)	1(ϕ129)	1(ϕ129)
	搅拌叶片外径(mm)	700	700	600	500
	搅拌轴转速(r/min)	43	43	50	60
	电机功率(kW)	2×30	2×40	2×30	1×22
起吊设备	提升能力(kN)	>100	>100	150	50
	提升高度(m)	>14	>14	14	19.5
	提升速度(m/min)	0.2~1.0	0.2~1.0	0.6~1.0	0.95~1.20
	接地压力(kPa)	60	60	60	40
固化剂制备系统	灰浆拌制台数×容量(L)	2×200	2×200	2×500	2×200
	灰浆泵量(L/min)	HB6-350	HB6-350	AP-15-B281	UBJ$_2$33
	灰浆泵工作压力(kPa)	1 500	1 500	1 400	1 500
	集料斗容量(L)	400	400	180	—
技术指标	一次加固面积(m²)	0.71	0.71	0.283	0.196
	最大加固深度(m)	10~12	15~18	10~15	19.0
	效率(m³/台班)	40~50	40~50	60	100
	总质量(t)	4.5	4.7	12	4

(三)施工监测和加固效果检验

1. 一般要求

(1)每组搅拌桩的成桩过程都应有技术参数的完整记录,施工中应随时检查。施工单位应分区整理提供各区的质量指标,并作为工程验收的依据。

(2)水泥搅拌桩所用水泥和外加剂的质量应符合国家现行标准的有关规定。

(3)水灰比和每立方米水泥搅拌桩拌和体的水泥用量应满足设计要求和经试验段施工所确定的参数,水下深层搅拌桩应符合现行行业标准《水下深层水泥搅拌法加固软土地基技术规程》(JTJ 259—2004)的有关规定。

(4)搅拌头的转速、贯入及提升速度、着底电流和水泥浆流量等应符合试验段施工所确定的工艺参数。

(5)地基加固后,在上部结构施工后和后方回填过程中,以及工程开始使用一定时期内,对建筑物和加固体的沉降位移及倾斜等进行观测。

2. 陆上深层搅拌施工监测和加固效果检验

(1)水泥搅拌桩桩体现场钻孔取样的取芯率应大于85%,取芯试件的无侧限抗压强度平均值不应低于设计抗压强度标准值。钻孔取样的数量为桩总数的2%,且不少于3根。

(2)水泥搅拌桩复合地基单桩承载力必须满足设计要求,复合地基单桩承载力检验数量为桩总数的2%,且不少于3根。

(3)水泥搅拌桩施工允许偏差、检查数量和方法应符合表3-3-5的规定。

水泥搅拌桩施工允许偏差、检查数量和方法　　　　　　　　　　表3-3-5

项　目	允许偏差	检验单元和数量	单元测点	检　验　方　法
桩位	50mm	每根桩(逐根检查)	1	拉线,用钢尺量纵横两方向,取大值
桩径	±0.04D	每根桩(抽查10%)	1	用钢尺量
桩底高程	±200mm	每根桩(逐根检查)	1	测机头深度
桩顶高程	+100mm,−50mm	每根桩(逐根检查)	1	用水准仪检查(最上部500mm不记入)
垂直度	1.5%	每根桩(抽查10%)	1	用经纬仪或吊线检查

注:D为搅拌桩的直径,单位为mm。

3. 水上深层搅拌体施工监测和加固效果检验

(1) 水泥搅拌桩桩体现场钻孔取样的取芯率应不低于80%,取芯试件的无侧限抗压强度平均值大于设计抗压强度标准值。变异系数宜小于0.35,最大不得大于0.5。垂直钻孔每10 000m³水泥拌和体取1个,且每个单位工程不少于3个;斜钻孔每30 000m³水泥拌和体取1个,且每个单位工程不少于1个。

(2) 水泥搅拌桩体的位置、范围和形式应符合设计要求。拌和体单桩位置偏差不应大于50mm,单桩垂直度偏差不应大于1%。

(3) 水下深层水泥搅拌桩体施工允许偏差、检查数量和方法应符合表3-3-6的规定。

水下深层水泥搅拌桩体施工允许偏差、检查数量和方法　　　　　　表3-3-6

项　目	允许偏差	检验单元和数量	单元测点	检　验　方　法
桩底高程	±200mm	每个钻孔	1	检查钻孔取样记录
桩顶高程	±200mm		1	

(4) 水下深层水泥拌和体的强度标准值对应的龄期宜取90d或120d,并应满足设计要求。

(5) 加固地基后,对高于设计基床底高程以上的隆起土原则上应挖除。当隆起土的底部强度满足设计要求时,允许部分残留,但应保证其上覆的抛石基床的厚度不小于50cm。

七、爆炸挤淤填石法

1. 概述

爆炸法处理水下地基和基础是一项新的施工技术。它是利用炸药爆破释放的能量,达到改良地基和基础的目的。爆炸法主要有爆破排淤填石法(简称爆填法)和爆破夯实法(简称爆夯法)两种工艺。爆破排淤填石法是采用爆破方法排除淤泥质软土换填块石的置换法;爆破夯实是用爆破使块石或砾石地基基础振动密实的方法。

2. 施工原理

爆破排淤填石法是在抛石体外缘一定距离和深度的淤泥质软基中埋放药包群,起爆瞬间在淤泥中形成空腔,抛石体随即坍塌充填空腔形成"石舌",达到置换淤泥的目的。经多次推进爆破,即可达最终置换要求。一次推进的爆破排淤填石工作原理如图3-3-9所示。

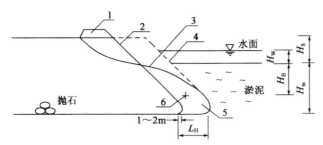

图 3-3-9 一次推进的爆破排淤填石工作原理示意图

1-超高填石;2-爆前断面;3-爆后断面;4-下一循环抛填断面;5-石舌;6-炸药包;L_H-爆破排淤填石一次推进水平距离;H_W-淤泥面以上覆盖水深;H_m-置换淤泥厚度;H_B-药包在泥面下埋入深;H_S-泥面以上填石厚度

3. 爆破排淤填石法典型成堤过程

爆破排淤填石法形成抛石堤一般要经过端部推进排淤、侧坡拓宽排淤落底、爆破形成平台及堤心断面三个过程。

(1)堤头端部排淤推进(端部爆填):在抛石堤前端一定宽度范围、一定深度内布置药包爆破形成石舌,使抛石堤向前推进,并使堤身中部坐落在硬土层上,见图 3-3-10a)。

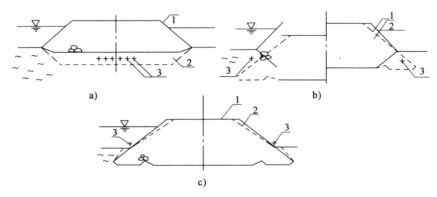

图 3-3-10 爆破排淤填石成堤典型过程示意图
a)端部爆填;b)边坡爆填;c)边坡爆夯形成平台及堤心断面
1-爆前;2-爆后;3-药包

(2)侧坡拓宽排淤(边坡爆填):按体积平衡要求把抛石堤向两侧抛填拓宽,并沿抛石体边坡外缘一定距离和深度布置药包,爆破形成侧向石舌,使堤身两侧抛石体落底,增强堤身稳定性,见图 3-3-10b)。

(3)边坡爆夯:在抛石体内外侧边坡泥石面交界处放置药包,爆破夯实边坡,形成平台与设计要求的坡度,见图 3-3-10c)。

4. 适用范围

(1)爆破排淤填石法施工速度快,块石落底效果好,堤身经过反复爆破振动后密度高,稳定性好,后期沉降量小,不需要等待淤泥固结即可施工上部结构,施工费用省。它适用于抛石置换水下淤泥质软基的防波堤、围堰、护岸、驳岸、滑道、围堤、码头后方陆域形成等工程,其他类似工程也可参考使用。

(2)爆破排淤填石法适用的地质条件为淤泥质软土地基,置换的软基厚度宜为 4~12m。

(3)对表层淤泥厚度小于4m的工程,应与自重挤淤、强夯挤淤等处理方法比较后选用;当淤泥厚度大于12m时,可与部分清淤、排水固结等比较后择优选用。随着施工技术的不断发展,爆破处理淤泥的厚度不断加大。目前,在连云港与温州洞头等地区的水运工程都有爆破处理24m左右厚淤泥的成功经验。

需注意的是,爆破施工对周围建筑、人员、设备会有一定影响,在建筑物与人口密集地区使用受到一定限制。

5. 爆破排淤设计与施工

(1)爆破排淤设计

爆破排淤设计要根据堤身设计断面要求确定合适的堤身抛填施工参数,如堤石抛填宽度、高程、一次推进距离及堤头超抛高度等。另一方面要设计合理的爆破参数,包括线药量、单孔药量、一次爆破药量、布药孔数、药包间距、布药位置、药包在泥面下埋设深度、爆破施工水位等。爆破设计时应充分考虑当地的地形、水文、地质、气象及周围环境条件。

药包在泥面下埋设深度一般在$(0.45 \sim 0.55)H$(H 为处理的淤泥厚度),一次推进距离与堤身断面方量、淤泥厚度及抛填施工能力有关,一般为5~7m,最大不超过9m。在确定一次爆破药量时应按要求进行安全距离核算,当不能满足,可采用多段微差爆破工艺,减少一次爆破药量,或采取气幕防护措施降低爆破地震波与冲击对建筑物的影响。

(2)爆破施工

水下爆破布药可以采用布药船水上布药,也可以采用陆上布药机布药。经过众多工程实践,已经研制出振动压入式、液压水冲式、加压水冲式、钻进套管式等多种布药器,施工单位可根据不同条件选择使用。对低潮位时滩面较长时间露出水面、装药深度小于2m的工程,也可采用人工简易装药。

(3)施工监测和加固效果检验

①根据实际抛填方量与断面测量资料,按体积平衡法推算出置换淤泥的范围与深度,同时辅以钻孔探摸判明抛填体厚度。混合体厚度以及是否有软弱夹层,也可采用探地雷达进行检测。

②施工期应安排适量的沉降位移观测,并及时掌握施工期的沉降位移规律。主体工程或大型工程在分段工程完工后,应及时设置长期沉降位移观测点。

③抛填石料的规格和质量应满足设计要求,并符合国家现行标准的有关规定。抛填及爆炸施工的程序和爆炸参数应满足设计要求和经试验段施工所确定的施工参数。爆炸挤淤填石允许偏差、检查数量和方法应符合表3-3-7的规定。

爆炸挤淤填石允许偏差、检查数量和方法 表3-3-7

序号	项目		允许偏差(mm)	检验单元和数量	单元测点	检验方法
1	填石底面高程	设计仅有高程要求时	0 -1 000	每500m为一个断面,不少于三个断面	2~3	钻孔检验
		设计既有高程要求又有土层要求时	+1 000		2	
2	泥面处堤身边线		+1 000 0	每20~30m为一个断面	2	用水深测杆检查

6.爆破安全

(1)爆破安全设计时,应分别按地震波、冲击波、飞散物三种爆破效应核算爆破源与被保护对象的安全距离,并取较大值。

①爆破地震安全距离应按式(3-3-2)计算:

$$R = (K/V)^{1/\alpha} \cdot Q^{1/3} \qquad (3-3-2)$$

式中:R——爆破地震安全距离(m);

V——安全振动速度(cm/s);

Q——一次起爆药量(kg);

K、α——与爆破地震安全距离有关的系数、指数,与爆区地质、地形条件和爆破方式等有关。

②具体参数以及水下冲击波对人员与船只的安全距离可参照《爆炸法处理水下地基和基础技术规程》(JTJ/T 258—98)选取。

③爆破时个别飞散物对人员、设备、建筑物的安全距离可参照国家现行标准规范执行。

(2)爆破作业与火工品管理应严格执行国家标准《爆破安全规程》(GB 6722—2003)的规定。

【典型成功实例】 连云港西大堤工程是应用爆填和爆夯形成平台的。大堤全长6 782m,抛石斜坡堤结构,顶宽10m,淤泥厚6~8m,采用爆破排淤填石法施工,堤端部爆填线药量为62kg/m,药包间距1.5m,药包埋深4.2m左右,爆填一次推进6m左右。内外侧边坡各采用一次爆填使两坡脚落底,外坡增加一次爆夯形成平台。爆破后,后期沉降量很小。钢筋混凝土挡浪墙在爆破影响区以外(2.0m左右)即可开始施工。挡浪与四角空心方墙块施工后沉降量都很小,大堤建成投产十几年来一直完好无损。

在就近有大量石料供应和保证临时建筑物安全的前提下,有可能是一个工程造价最低,施工整度最快的软基加固方法。

复 习 题

1.土壤的物理力学指标中可用于确定单桩承载力的指标主要有哪几个?可用于土坡和地基稳定性验算的指标主要有哪几个?主要有哪些试验常用于评价地基强度、液化可能性?

2.土方开挖的方法主要有哪几种?其中常用的土方开挖机械有哪些?

3.土方填筑时对土料的选择有哪些主要要求?

4.某码头后方堆场回填、碾压密实工程,合同要求碾压密实度≥95%。击实试验测得在最佳状态时,容积为997cm^{3}的击实筒内土样质量为22 166g,其含水率为8.1%。试问:

(1)碾压现场的密实度检测结果为:取样体积为460 cm^3,质量为980g。现场土样测定含水率的结果是:土样21.5g,按规定烘至恒重后为19.7g。根据该击实试验,该填土料的最佳含水率是多少?最大干密度是多少?

(2)根据现场碾压密实度测定的结果,现场碾压后的含水率为多少?干密度为多少?碾压密实度是否满足合同规定?

5.何谓软基?其主要特征是什么?

6.目前已广泛应用于水运工程的软基加固处理有哪些主要方法？试述它们的工艺流程及主要施工技术要点？

7.试述真空预压法、振冲密实法、强夯法和深层搅拌法的施工检测和加固效果检验方法及要求？

8.试述水下深层水泥搅拌法(简称CDM工法)及其适应性？

第四章　航道疏浚工程

利用挖泥船或其他机具以及人工进行水下挖掘土石方，以疏通港航道、浚深港池和锚地水域，称为疏浚。对于砂质和沙卵石河床，通常采用挖泥船挖除泥沙的方法；对于石质河床，通常采用爆破的方法（常称为炸礁）。疏浚是维持航道尺度、改善船舶航行条件的主要措施之一，它的主要任务有：

(1) 开挖新的航道、港池和运河；
(2) 改善航道的航行条件；
(3) 开挖码头、船坞、船闸及其他水工建筑物的基槽；
(4) 与开挖相结合的吹填及疏浚物综合利用工程。

疏浚工程按工作对象的不同，可分为港池、航道、锚地的开挖和建筑物（防波堤、重力式码头等）基槽开挖，以及软基开挖、水下建筑物拆除、水下障碍物的清除和炸礁。

疏浚工程按其性质和任务的不同分为：基建性疏浚、维护性疏浚和临时性疏浚。

基建性疏浚是指为新辟港口、航道等或为增加它们的尺度、改善航行条件，具有新建、改建、扩建性质的疏浚，维护性疏浚是指为维护或恢复某一指定水域原定的尺度而清除水底淤积物的疏浚，临时性疏浚是指为了解决工程量小的疏浚任务，一般是在没有经常性挖泥船、疏浚力量不足的河段上，临时利用其他地区的疏浚力量来进行工作的。

第一节　浚前准备工作

施工前，施工单位应当向当地港航监督部门申请挖泥船施工通航公告，同时为了合理地选择施工方案、施工方法和安排施工进度，必须做好浚前的准备工作。浚前的准备工作主要有：水文、气象、水深和地质资料的收集，水深测量和土方计算，疏浚标志和水尺的设立，吹填区设施的建造和弃泥区的选择，必要时还需选择作业船舶的避风锚地。

一、水文、气象、水深和地质资料

1. 水文

潮型、潮位（水位）特征值及其出现频率和延时，水位比降，水尺零点，设计采用零点和深度、基准面这三者之间的关系，流速、流向和流态；波向、波高、波长和周期，涌（大）浪出现的季节和持续时间。

2. 气象

气温、雨和雾的特征值及其出现的季节和持续时间，水域封冻期，流冰的层厚、范围和持续时间，风、台风和季节风的风向、风力和频率。

3. 水深

疏浚、吹填、弃泥和避风港的水深,水下障碍物,回淤或冲刷情况,海图和引航图。

4. 地质

各设计阶段地质勘探报告。如地质勘探资料不足以反映土质及其分布情况,应当适当补充钻孔或用浅层剖面仪进行探测。

二、水深测量和土方计算

在有回淤或冲刷地区施工时,为核实疏浚工程,一般应做浚前水深测量。挖泥船施工是在水下进行的,其施工偏差不易控制,挖槽设计要求航道内不允许出现浅点,为此,挖泥船只有加大挖泥深度,超过设计深度进行施工,才能确保施工质量达到设计要求,见图4-1-1。

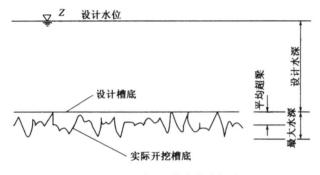

图4-1-1 实际开挖底线示意图

同样,为保持挖槽边线能达到要求的深度,而挖泥船对边线导标的控制有误,再加上操作上必然会出现的偏差,也增加了挖泥宽度。超过挖槽边线进行施工见图4-1-2。实际开挖断面见图4-1-3。

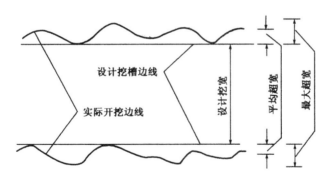

图4-1-2 超过挖槽边线施工示意图

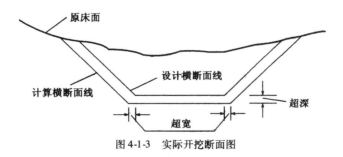

图4-1-3 实际开挖断面图

从图 4-1-3 可以看出,挖泥船实际开挖的平均深度和宽度较设计深度和宽度要大,因此,疏浚工程量应包括设计工程量和超深、超宽工程量。计算超深值视挖泥船的类型和性能面定,各类挖泥船计算超深、超宽值的规定见表 4-1-1。

疏浚工程计算超深和超宽值表　　　　　表 4-1-1

挖泥船类型	单位	挖泥能力	计算超宽(m)	计算超深(m)
耙吸(舱容)	m^3	≤2 000	8	0.6
		>2 000	10	0.7
绞吸(绞刀直径)	m	<1.5	2	0.3
		1.5~2.5	3	0.4
		>2.5	4	0.5
链斗(斗容)	m^3	<0.5	3	0.3
		≥0.5	4	0.4
抓斗(斗容)	m^3	<2.0	2	0.3
		2.0~4.0	3	0.4
		4.0~8.0	4	0.6
		>8.0	4	0.8
铲斗(斗容)	m^3	<4.0	2	0.3
		≥4.0	3	0.4

挖槽的土石方可用断面面积法和平均水深法两种方法计算。疏浚断面规则时(如基槽和航道),可按图 4-1-3 采用断面面积法;疏浚断面不规则,或大面积开挖(如港池),可采用平均水深法计算。

三、疏浚标志和水尺

(一)疏浚标志

挖泥船定位可采用导标、浮标、光学定位、电子定位和导航系统。

1. 导标定位

基槽开挖设纵向标和横向标。纵向标控制挖泥的宽度和方向,分为中心标、边坡标和视线标(分条开挖时,分条定船方向用的导标);横向标控制挖泥的起始和终止点,分为起点标、终点标和里程标。一组标一般分为前、后两个导标;若遇山坡地形,因高差过大,一组标应为三个导标,即前、中、后标。

2. 浮标

用浮标作为挖泥船的标志,准确性较差,只有在陆上无法设立导标时,才考虑用水上浮标。

3. GPS 定位

在当今信息飞速发展的今天,GPS 的应用已经相当广泛。目前,GPS 在我国的应用已从少数科研单位和军用部门迅速扩展到各个民用领域,海港码头、航道疏浚工程中也经常利用 GPS

进行定位。其主要操作顺序如下：

(1)了解工作位置能否收到差分信号,也把信标机设置成自动搜索并锁定。

(2)利用已知平面控制点对信标机进行校对和检核(因为信标机接收的均为WGS-84坐标),把WGS-84坐标转换成疏浚工程坐标(具体操作见测量软件或导航软件)。

(3)把GPS天线架设在工程船上,一般做法是架设在工程船驾驶室上方中间位置,仗量GPS天线至挖斗位置的X和Y方向距离,然后在定位软件中设置,使GPS天线位置改正到挖斗中心位置。

设置好上述各参数后便可进行施工作业了。

(二)水尺

水尺的设置应能反映全测区内水位的瞬时变化。当测区内水位比降(纵横向)较大,一根水尺不能控制时,应根据比降影响情况,加设若干个水尺。水尺零点高程可用图根水准进行联测。

第二节 疏 浚 方 式

疏浚方式是指挖泥船以及与之相适应的辅助船舶、附属设施等所构成的挖泥、弃泥系统。疏浚方式的选择关系到疏浚的安全、生产效率和质量,既重要,又比较复杂,一般应根据疏浚区的风、浪、水流等自然条件,疏浚土的物理、力学指标,疏浚的深度、面积和力量,疏浚的技术、质量要求,弃泥的方式,疏浚船和弃泥船只的配合情况,经综合分析后,选择技术经济合理的疏浚方式。

常用疏浚方式的作业程序如下。

1. 绞吸式挖泥船

其作业程序为：

挖泥船—排泥管线—吹填区。

挖泥船—排泥管线—接力泵—排泥管线—吹填区。

2. 耙吸式挖泥船

其作业程序为：

挖泥船(挖泥装舱)—弃泥区。

挖泥船—排泥管线—吹填区。

挖泥船—泥驳—吹泥船—排泥管线—吹填区。

挖泥船(挖泥装舱)—存泥坑—绞吸式挖泥船—排泥管线—吹填区。

3. 抓斗式挖泥船

其作业程序为：

挖泥船—泥驳—弃泥。

挖泥船—泥驳—吹泥船—排泥管线—吹填区。

4. 链斗式挖泥船

其作业程序为：

挖泥船—泥驳—弃泥。

挖泥船—泥驳—吹泥船—排泥管线—吹填区。

5.铲斗式挖泥船

其作业程序为：

挖泥船—泥驳—弃泥。

挖泥船—泥驳—吹泥船—排泥管线—吹填区。

挖泥船组的典型组合见表4-2-1。

挖泥船组的典型组合　　　　　　　　　　表4-2-1

挖泥船	辅助舰艇及附属设施
绞吸式挖泥船	锚艇、拖轮、油驳、交通艇、(宿舍艇)、排泥设备
绞吸式挖泥船(利用接力泵)	锚艇、接力泵、拖轮、油驳、交通艇、(宿舍艇)、排泥设备
耙吸式挖泥船	油驳、交通艇
抓斗式挖泥船	拖轮、泥驳、锚艇、油驳、交通艇
链斗式挖泥船	拖轮、泥驳、锚艇、油驳、交通艇
混合式(挖泥船、泥驳、吹泥船)	(抓、链、铲)斗式挖泥船、锚艇、拖轮、油驳、吹泥船、交通艇、排泥设备

第三节　挖泥船及其施工方法

疏浚工程所使用的机械设备主要是挖泥船以及与其配合的各种附属船舶,总称作业船。附属船舶有接力泵船,泥驳和拖船、抛锚船,另外还有辅助船舶,如修理船、交通船、供油船、住宿船等。疏浚工程施工要合理地选择作业船及其施工方法。

疏浚工程采用的挖泥船按其工作原理可分为水力式和机械式两大类。水力式是通过机械使泥沙和水混合形成泥浆,利用泥泵进行吸泥和排泥,主要有绞吸式挖泥船和耙吸式挖泥船。机械式是依靠泥斗挖掘水下土石方,主要有链斗式挖泥船、抓斗式挖泥船和铲斗式挖泥船。机械式挖泥船作业时,需配备足够数量的泥驳运送挖出的泥土。

一、绞吸式挖泥船及其施工方法

绞吸式挖泥船一般为非自航式,其工作机构主要由绞刀、绞刀架、绞刀吊架、泥泵、吸泥管系、船内外排泥管系、定位桩及其吊架、锚缆、绞车、操作仪表等构成。其工作原理为:将设于船首的绞刀架放入水底工作时,绞刀将水底泥沙绞碎并形成泥浆后,通过离心式泥浆泵的真空和离心作用,将泥浆从绞刀架前端吸泥头处吸入,经船内吸泥管、泥泵、船内外排泥管,排至卸泥地点,如图4-3-1所示。

绞吸式挖泥船可一次性连续完成挖泥、输泥和卸泥工作过程,生产效率较高,一般为40～400m³/h。挖深3～10m。现代大型挖泥船生产率可达5 000m³/h以上,挖深可达35m。因它能够连续不断地进行疏浚施工,时间利用率很高,其应用甚为广泛,是目前世界上拥有量最多的一种挖泥船型。它适用于风浪小、流速低的内河湖区和沿海港口的疏浚,以开挖沙、沙壤土、淤泥等土质较适宜,采用有齿的绞刀后也可挖黏土,但效率低。

开工展布是指挖泥开工前的准备工作,包括订船位、抛锚,架接水上、水下及岸上排泥管线等。进点定位有很多种,目前已采用GPS来定位,特别是近海航道,其方法简单易行、精度高,是今后的发展方向。在定位抛锚时,先将挖泥船拖至起点导标附近,调正船位,使一定位桩对准挖槽的施工中心导标,绞刀位于起点导标线上,待拖轮航行惯性消失后,下放该定位桩定位。若水流流速较大或基床土质较硬,单靠一定位桩不能稳住船位时,则应先抛尾锚,顺流松尾缆,待绞刀位于起点导标线后,下放该定位桩定位。抛设控制绞刀摆动左右抛时,锚位的超前角不宜大于25°。为了减少抛、移锚的时间,可沿挖泥前进方向按一定间距抛设若干对左、右锚。

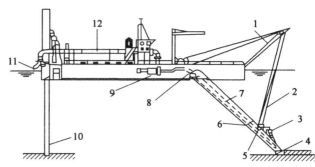

图 4-3-1　绞吸式挖泥船

1-绞刀架吊架;2-绞刀架起钢缆绳;3-绞刀电动机;4-绞刀;5-边锚缆;6-绞刀架;7-吸泥管;8-吸泥管套筒;9-泥泵;10-定位桩;11-浮管连接头;12-排泥管

绞吸式挖泥船挖泥时的施工方法根据所采用的定位不同而划分,其中最常用的是对称钢桩法,还有钢桩台车横挖法;当在风浪大的地区,装有三缆定位设备的挖泥船,应采用三缆定位横挖法施工;在水流较大或风浪较大的地区,对装有锚缆横挖法设备的绞吸挖泥船,应采用锚缆横挖法施工。

挖泥最简单的前移是利用两根钢桩轮进行交替插入水底,作为船体摆动中心,收放左右锚,摆动绞刀,一方面按扇形挖泥,一方面移船前进,称为双桩前移横挖法。两定位桩前移轨道如图 4-3-2 所示。

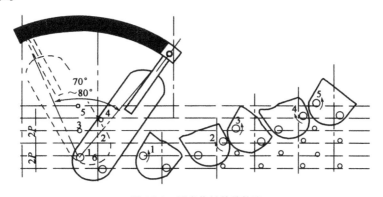

图 4-3-2　两定位桩前移轨迹

单桩前移横挖法,即一根钢桩为主桩,始终对准挖槽中心线,作为摆动中心,而以另一根钢桩作为副桩,为前移换桩之用。因只有一个摆动中心,故绞刀的挖泥轨迹互相平行。只要钢桩前移距保持适当,就可以避免重挖和漏挖,如图 4-3-3 所示。

当挖槽宽度大于绞吸挖泥船横移一次所能开挖的最大宽度时,应按下列情况将挖槽分成若干条进行开挖。

(1)采用钢桩横挖法施工时,分条的宽度宜等于钢桩中心到绞刀头水平投影的长度;分条的数量不宜太多,以免增加移锚、移船时间,降低挖泥船的功效,分条的最大宽度不得大于挖泥船一次开挖的最大宽度。绞吸挖泥船的最大挖宽一般不宜超过船长的1.2倍,视当地水流流速及横移锚缆抛放长度而定。当流速较大时,应减少开挖的宽度,分条最小宽度应大于挖泥船的最小挖宽,最小挖宽按以下方法确定:当浚前水深小于挖泥船的吃水时,最小挖宽等于绞刀头挖到边线时,首船体两角不至于碰到岸边时的最小宽度,见图4-3-4;当浚前水深大于泥船的吃水时,最小挖宽等于挖泥船前移换桩所需的摆动宽度。

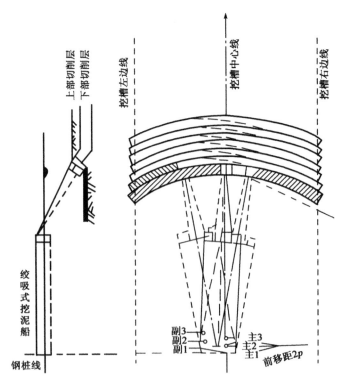

图4-3-3　单桩前移横挖法

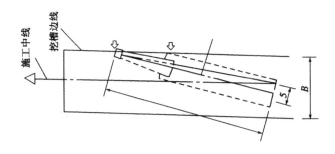

图4-3-4　挖槽两侧水深小于挖泥船吃水的最小挖宽

(2)采用三缆横挖法施工时,分条宽度由船的长度和摆动角确定,摆动角宜选用70°~90°,最大宽度不宜大于船长的1.4倍。

(3)采用锚缆定位横挖法施工时,分条宽度应根据主锚缆抛放的长度决定。最大宽度宜为100m左右。

(4)当挖槽长度大于挖泥船水上管线有效伸展长度,或挖槽规格不一和工期要求不同时,需分段施工。当疏浚区泥层很厚时,应分层开挖。分层时上层宜厚,下层宜薄,厚度范围应在绞刀直径的 0.5~2.5 倍。

绞吸式挖泥船的小时生产率可按下式计算：

$$P_c = QP \tag{4-3-1}$$

$$P = \frac{\gamma_泥 - \gamma_水}{\gamma_土 - \gamma_水} \tag{4-3-2}$$

式中：Q——泥浆流量(m^3/h)；

P——泥浆浓度；

$\gamma_泥$——泥浆的密度(t/m^3)；

$\gamma_土$——天然状态下土的密度(t/m^3)；

$\gamma_水$——水的密度(t/m^3)。

二、耙吸式挖泥船及其施工方法

耙吸式挖泥船是一种装备有耙头挖掘机具和水力吸泥装置的大型自航、装舱式挖泥船。其工作机构主要由泥泵、耙吸管系、溢流装置、泥舱设备及挖掘操纵仪表等组成，它可在较恶劣的海况下工作，工作时不需要其他船舶如拖轮、泥驳等，不占用大量水域面积，不影响其他船舶航行，因此特别适合狭窄航道浚深工作，对砂和淤泥较为适宜，如图 4-3-5 所示。

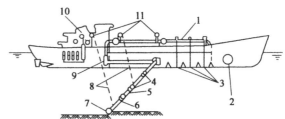

图 4-3-5 耙吸式挖泥船

1-输泥管；2-船首横向推进器；3-泥门；4-橡胶软管；5-吸泥管；6-方向节；7-耙头；8-耙头起落钢缆绳；9-泵；10-波浪补偿器；11-耙头提升吊架

耙吸式挖泥船的工作原理是：在其对准挖槽低速航行中，放下两侧的耙吸管系至河底，通过泥泵的真空作用将泥浆自耙头吸入，经吸泥管、泥泵、排泥管，并经扩散管降速后进入泥舱。随着泥浆不断吸入，船体吃水也不断增加，由于泥沙不断沉淀，舱底泥浆浓度也不断增大，满舱后，舱内上层稀泥水经溢流门流向舷处，当溢流舱外的泥浆与吸进舱内的泥浆尝试相等时，船体吃水即不再增加，此时可停止作业，收起耙吸管系自航至抛泥区，开启泥舱底门抛泥，清洗舱后，返航，对位继续作业，直到完成挖泥任务。

耙吸式挖泥船施工作业无须抛锚展布，挖泥时，用陆地导标或水上浮标定向，也可用雷达、无线电定位或 GPS 卫星定位，罗经定向。耙吸式挖泥船一般采用逆流纵挖法施工，在水流流速较小、水域宽阔情况下，采用顺流施工，根据挖槽的情况可以分段、分条、分层施工，根据其排泥方式可分为装舱法、旁通法及吹填法施工。

对于在船尾部安装有大型回转桁架和管系的耙吸式挖泥船，也可通过桁架管系将泥浆排向两舷外，泥浆可随水流流向下游，这种作业方式称旁通或边抛。它可使作业效率显著提高，边抛作业必须对挖槽区内的水流条件经详细研究后方可使用。

旁通或边抛施工法宜在下列情况下采用：

(1) 当地水流有足够的流速,可将旁通的泥沙携带至挖槽外,且疏浚增深的效果明显大于旁通泥沙对挖槽的回淤时。

(2) 施工区水深较浅,不能满足挖泥船装舱的吃水要求,可先用旁通法施工,待到满足挖泥船装载吃水的水深之后,再进行装舱施工。

(3) 在紧急情况,需要突击疏浚航道浅段,迅速增加水深时。

(4) 环保部门许可,对附近水域的回淤没有明显不利影响。

吹填法施工是将装在泥舱中的泥浆,用挖泥船自身的泥泵排至填筑地点,但耙吸式挖泥船的泥泵多数扬程不高,一般排泥距离较短。

耙吸式挖泥船施工应根据开挖的土质选用不同类型的耙头：

(1) 挖淤泥、淤泥质土、软黏土宜选用"IHC"耙头。

(2) 挖松散和中等密实的砂宜选用"加利福尼亚"耙头。

(3) 挖密实的砂应在耙头加高压冲水。

(4) 挖较硬黏性土或土砂混合土质,宜在耙头上加削齿或采用与推进功率相匹配的切削型耙头。

耙吸式挖泥船在施工时航行速度不宜过快,一般3～4km/h,航行方向要准,避免因左右摆动过大,致使泥耙、吸泥管等由于受到阻力而损坏,挖掘的垄沟左右交替也降低了平整度。在开挖边线时,要顺流、顶风、顶浪挖,以减小超宽。此外,在挖左右交替垄沟时,常易出现吸泥口堵塞或只吸清水的不良现象,必须注意。

耙吸式挖泥船小时生产能力按下式计算：

$$P_c = \frac{q_1}{\sum T} \tag{4-3-3}$$

式中：P_c——小时生产率(m^3/h)；

$\sum T$——完成一次作业循环(包括上线、挖泥、运泥、卸泥、返航)所用总时间(h)；

q_1——泥舱装泥量(m^3),可按下式计算：

$$q_1 = \frac{G - q_c \gamma_水}{\gamma_土 - \gamma_水} \tag{4-3-4}$$

式中：G——泥舱装载泥浆总质量(t),由排水量曲线查出；

q_c——泥舱装载泥浆体积(m^3),由舱容曲线查出；

$\gamma_土$、$\gamma_水$——天然土和水的密度(t/m^3)。

三、链斗式挖泥船及其施工方法

链斗式挖泥船分自航式和非自航式两种,但一般为非自航式。其工作机构主要由挖斗、斗桥、斗链、上下斗轮、斗轮滚筒与轴承座、斗塔、泥井、斗桥吊架、锚缆、水下出缆装置、绞车、操作仪表等构成,如图4-3-6所示。

链斗式挖泥船的工作原理：将斗桥的下端放入水下一定深度,使之与疏浚土层相接触。然后,在上导轮驱动下,使斗链连续运转,带动斗链上的泥斗运动,挖泥后装入,再随斗链的转动提升出水面,并传送至斗塔顶部,经过上导轮而改变方向后,斗内的泥沙在自身的重力作用下,倒入斗塔中的泥井。最后,泥沙经过两边的溜泥槽排出挖泥船的弦外。链斗式挖泥船分为非自航和自航两种,其斗容一般为0.1～1.0m^3,生产率一般为10～1 000m^3/h。链斗式挖泥船可挖掘各种淤泥、软黏土、砂和砂质黏土等。但缺点是噪声大,振动大,部件磨损大,成本高。

链斗式挖泥船的定位,一般需要6根(即主、尾、边锚各两只)锚缆。顺流驻位时,将挖泥船拖至起点标附近,先抛锚,松尾缆使船体前移至起点标线,后下落斗架,抛前锚和边锚。逆流驻位时,将链斗式挖泥船拖至起点标,待拖轮航行惯性消失后,先下落斗架,后抛前、后锚和边锚,再校准船位。

 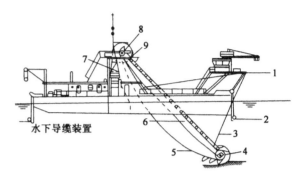

图4-3-6 链斗式挖泥船
1-首锚缆;2-边锚缆;3-吊斗桥钢缆;4-下导轮;5-斗链;6-斗桥;7-溜泥槽;8-斗桥支承轴;9-上导轮

链斗式挖泥船应采用横挖法施工,一般有下列规定:
(1)当施工区水域条件好,挖泥船不受挖槽宽度和边缘水深限制时,应采用斜向横挖法施工。
(2)挖槽狭窄,挖槽边缘水深小于挖泥船吃水时,宜采用扇形横挖法施工。
(3)挖槽边缘水深小于挖泥船吃水时,挖槽宽度小于挖泥船长度宜采用十字形横挖法。
(4)施工区水流流速较大时,可采用平行横挖法施工。
下面具体叙述这四种施工方法。

1. 斜向横挖法(图4-3-7)

这是最常用的挖泥方法,适用于挖泥船不受挖槽宽度和边缘水深限制的情况,优点是水流对船身产生横向压力,有利于横移,也有利于泥斗充泥;挖边缘时,形状、尺寸较准。在横移挖掘过程,挖泥船船身与挖槽纵向中线成较小角度,只有在挖到边线换边过程中才摆正船位。

2. 扇形横挖法(图4-3-8)

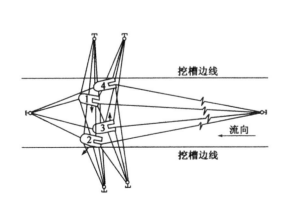 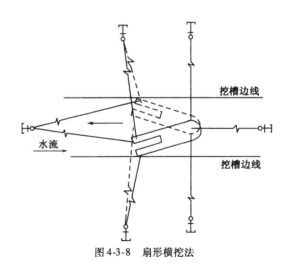

图4-3-7 斜向横挖法 　　　　　　图4-3-8 扇形横挖法

即挖泥船船首横移而船尾基本不动的横挖法。此法适用在挖槽边线水深小于挖泥船吃水深度、挖槽较窄,即挖槽宽度约等于挖泥船总长度的情况。

3. 十字形横挖法

即横挖时挖泥船中部基本在原地转动,船首向一侧横移,而船尾向另一侧横移。此法适用于挖槽狭窄,宽度小于挖泥船长度,挖槽两边是浅滩或狭小港池等的情况。

4. 平行横挖法

即挖泥船船身平行于挖槽中线而横移。此法适用于施工区水流流速较大的情况,缺点是泥斗充泥量少,横移吃力。平行横挖法已很少采用,但在逆流流速较大的情况下可以采用。

不论采取何种方法进行挖泥,挖泥船的斗链运转速度、横移速度和前移距三者必须正确配合,以使泥斗达到最大充泥量。斗链运转速度以每分钟泥斗露出水面的个数计算,影响斗链运转速度的因素是土的种类,它直接影响泥斗充泥、倒净程度。因此,在抗切力大的硬质土和附着力很大的黏土上施工,需降低运转速度;在松软薄层土的施工时,则可用较大的运转速度。横移速度以横移方向绞车每分钟收进边锚缆的长度计算。横移速度过快,将会使泥斗轨迹间遗留砂脊,甚至使斗链滑出下鼓轮,一般控制在 $6\sim8/\min$。前移距按绞车收进主尾锚缆的长度计算。为了使泥斗充满泥土,必须有一个适宜的前移距。在泥层厚、泥质硬的土上施工,前移距不宜过大(一般为 $0.3\sim0.5$m),否则会使主机超载;在松软薄层土的施工中,前移距可适当增大些(一般为 $0.8\sim1.0$m),以保证挖槽的平整度;对极软的土,前移距一般可达 $1.8\sim2.0$m。

链斗式挖泥船的生产率可按下式计算:

$$P_c = 60 \frac{K_1}{K_2} qn \tag{4-3-5}$$

式中:P_c——挖泥船小时生产率(m^3/h);

q——泥斗斗容量(m^3);

n——每分钟卸泥斗数;

K_1——充泥系数($K_1<1$,即实际容泥量与泥斗容积之比);

K_2——土的揽松系数,即土被松动之后的体积与原状体积之比。

四、抓斗式挖泥船及其施工方法

抓斗式挖泥船有自航式和非自航式两种。自航式一般自带泥舱,泥舱装满后自航至排泥区卸泥;非自航式则利用泥驳装泥和卸泥。其工作机构主要由旋转式挖掘机、抓斗、操作仪表、锚缆、绞车等构成。挖泥时运用钢缆上的抓斗,依靠其重力作用,放入水中一定深度,通过插入泥层和闭合抓斗来挖掘和抓取泥沙。然后通过操纵才船上的起重机械提升抓斗出水面,回旋到预定位置将泥沙卸入泥舱或泥驳中,如此反复进行。抓斗式挖泥船一般用于航道、港池及水下基础工程的挖泥工作。它适合于挖掘淤泥、砾石、卵石和黏性土等,但不适合挖掘细砂和粉砂土。若采用特制的抓斗,也可用于水下的清除碎石,如图4-3-9所示。

抓斗式挖泥船定位抛锚和链斗式挖泥船基本相同,只是由于多为顺流挖泥,前边锚不考虑超前角,后边锚多向后抛,当流速比较小时,也可不抛设边锚。一般采用纵挖法施工,可据施工条件而采用顺流、分条、分段、分层施工。当泥厚度较薄,土质松软时,可采用梅花挖泥法,即挖泥时不连续下斗,而是斗与斗之间留有一定距离;前移后挖第二排时,在原第一排两斗之间下斗,这样依次时行,使泥面呈梅花形土坑,如图4-3-10所示。

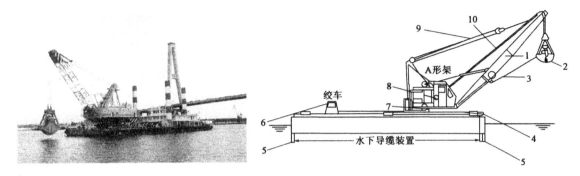

图4-3-9 抓斗式挖泥船

1-吊杆;2-抓斗;3-抓斗稳定索;4-首缆;5-边缆;6-尾缆;7-吊杆俯仰钢缆滚筒;8-抓斗升降、启闭钢缆滚筒;9-吊杆俯仰钢缆;10-抓斗升降、启闭钢缆

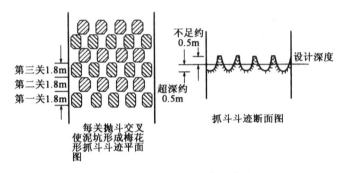

图4-3-10 梅花形挖泥示意图

抓斗式挖泥船的挖泥为非连续性的,质量控制比较困难,因此必须强化施工的深度和平面控制,加强定位和水深检测。控制挖泥船移动范围与船的大小、抛锚的方向及长度有关。一般抛一次锚可以前移40~50m,横移3倍船宽。作业宽度决定抓斗吊杆的伸出跨度,但当水深流急,也只能稍大于船宽(因水流作用,抓斗即便超出船舷入水,亦将被水流冲向船舷),前移距宜取抓斗张开宽度的0.6~0.7倍。疏浚厚度与抓斗开口宽度及土质有关,抓斗开口宽度一定,则完全取决于土质。抓斗开口宽度应以抓斗充泥"满而不外溢"为限。用抓斗式挖泥船挖泥,平整度较差,一般有0.3~0.8m的误差。为了提高平整度,应根据水位控制下抓斗的深度,根据土质控制下抓斗的间距(重叠1/4~1/3的抓斗宽度)。必要时,最后一层土宜用小抓斗(轻)挖。

按土质选斗时,挖淤泥和松软土用普通斗;挖小石块和坚硬土用半齿斗。按挖深选斗时,挖深大用较重的斗,挖深小用较轻的斗。

抓斗式挖泥船的生产率可按下计算:

$$P_c = \frac{K_1}{K_2}qn \tag{4-3-6}$$

式中:n——每小时抓泥斗数;

其余符号意义同前。

五、铲斗式挖泥船及其施工方法

铲斗式挖泥船是一种非自航的单斗式挖泥船,铲斗式挖泥船实际上是一种浮在水面上的铲斗挖掘机,其工作机构与反向铲、正向铲挖土机类似。挖起的泥土卸入停靠在船旁的泥驳,满载后运至卸泥区卸泥。铲斗式挖泥船常用的铲斗容量一般为 $2\sim4m^3$,最大的可达 $22m^3$,最大挖深可达20m,通常备有轻重不同类型的铲斗,以挖掘不同性质的土。铲斗式挖泥船因生产率不高而不能广泛采用,但由于有较大的切削力,故仍然得到一定的发展。它适用于挖掘黏土、砾石、卵石、珊瑚礁和水下爆破的石块等,还可以清理围堰、打捞沉物和排除水下障碍物等,如图4-3-11所示。

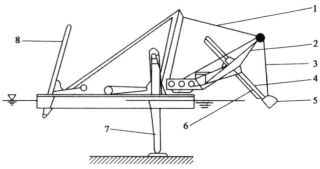

图4-3-11 铲斗式挖泥船
1-吊杆变幅钢缆;2-吊杆;3-铲斗起升钢缆;4-斗柄;5-铲斗;6-背度钢缆;7-前桩;8-后桩

船舶定位时将挖泥船拖至挖槽起点导标附近,对准施工导标,待拖轮航行惯性消失后,放下铲斗和船尾定位桩,校正船位,然后下船首定位桩。定位后利用船首两定位桩将船体稍微升起,使船处于悬浮状态,定位桩在船重的作用下再下沉。船首定位桩起定位作用,还承受掘土的反作用;船尾定位桩起尾锚作用。挖泥船的移动分为前移、斜移、后退。移动的方式可采用前述的锚缆式,也可采用定位桩——铲斗式。铲斗式挖泥船通常用后一种方式,这样灵活、方便,特别是在狭窄的水域施工,不会影响其他船舶航行。用定位桩铲斗式移位时,为前移,下落铲斗于船首的正前方,提升船首两定位桩(船尾定位桩仍插入泥中不动),然后拔起船尾桩借助铲斗的锚着力,使船前移,距离一般为 $2\sim5m$;斜移与前移基本相同,只是下落铲斗要偏向于斜移一侧;要后退,则提升前、后定位桩,下落铲斗,借助铲斗柄撑船后退。

铲斗挖泥船宜采用纵挖施工。对坚硬土质、风化岩,应采取推压和提升铲斗同步进行,同时为防止挖掘时的反向力而影响机具安全,应采用隔斗挖泥法挖掘(即在第一次挖掘时采用隔一斗铲挖一次,剩余部分第二次再挖);对软土质及质量要求高的工程采用推压制动、提升铲斗依次进行的梅花挖泥法。当挖槽宽度超过铲斗挖泥船一次所能开挖的宽度时,应分条施工;泥层厚度过厚时,应分层进行开挖。

挖泥作业宽度取决于铲斗的旋回半径和回转角,但由于需停靠泥驳,一般约等于船体的宽度,如图4-3-12所示。用铲斗挖泥船挖泥,如操作得当,挖泥平整度较高,一般仅有 $0.3\sim0.4m$ 的误差。

铲斗有轻、重两种。挖石块和硬质土用重铲斗;挖软土用轻铲斗。铲斗斗齿的形状对挖掘效率有明显的影响,特别是挖硬质土,宜用强度高、耐磨钢材制作的齿,齿形要易于切土。

挖泥船在进行边坡开挖时应注意,挖槽边坡需根据设计要求,计算放宽坡度,按矩形断面开挖,若泥层较厚,应分层按阶梯形断面开挖,使挖槽自然坍塌,接近设计边坡(图4-3-13)。

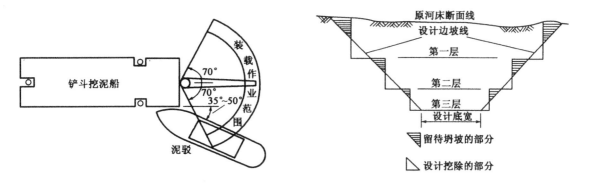

图4-3-12 铲斗挖泥船作业宽度示意图　　　图4-3-13 边坡开挖示意图

在开挖码头基槽和岸坡时,应严格控制超挖,防止出现滑坡。边坡分层的台阶厚度不应超过1m。若绞吸挖泥船装有挖泥剖面仪应使用计算机的图形显示控制绞刀位置,直接按设计的边坡开挖。耙吸挖泥船开挖边坡时,应先挖边坡顶层的泥土,然后逐层下挖,防止只挖槽底部宽度,最后形成较陡的边坡,达不到设计的边坡宽度。对于链斗挖泥船和绞吸挖泥船应根据挖泥船斗桥或绞刀架性能适当放缓坡度来确定开挖起点位置。耙吸式挖泥船施工时的纵坡,软土质通常约为1∶15,硬土质约为1∶25。

铲斗式挖泥船的生产率可按式(4-3-6)来计算。

第四节　作业船选择和数量确定

一、挖泥船选择

选择挖泥船时要考虑工程土方量、施工地区自然条件、施工条件及泥土处理要求等因素,具体有以下几方面。

(1)挖泥船的性能。包括船长、船宽、吃水、动力、航速、排泥方法、泥泵性能、最大最小和最有效挖深、最大最小挖宽、船的抗风能力和各种条件下的生产率等,是否与所承担的责任和施工条件相适应。

(2)对土质的适应性。土质对挖泥船的生产率影响很大,对不同性质的土,应选择与之相适应的挖泥船类型。如自航耙吸式和绞吸式挖泥船适宜挖淤泥、砂土;链斗式挖泥船适宜挖松软砂土壤或坚硬夹石质土;链斗挖泥船适宜开挖硬土、碎石或砾石河床。

(3)考虑挖泥船的生产能力及经济合理性。如对土方量较大的河口浅滩和进港航道,一般选自航耙吸式挖泥船施工;港池、锚泊以及要求质量较高的基槽开挖,一般选用链斗式和绞吸式挖泥船施工;土方量不大的码头泊位、基槽等,选用抓斗式挖泥船施工。

(4)考虑施工地区的水文、气象及地理条件。如自航式挖泥船抗浪性能强,可进行外海作业;非自航挖泥船抗浪性能差,尤其是靠定位桩固定和输泥管拉得很长的绞吸式挖泥船抗风浪能力更弱,仅适合于内河、湖区和有掩护的港池施工。

(5)考虑挖槽条件及排泥方式。挖槽条件主要是挖槽宽度、水深和泥层厚度。排泥方式主要是运到远处深水抛弃、直接或间接吹填等。

二、辅助船只配备

当确定某种类型的挖泥船作为施工主体后,就必须选择配备相应的辅助船只,组成挖泥船队。辅助船只应根据挖泥船的类型、大小和卸泥方法来配备。如采用链斗式、抓斗式和铲斗式挖泥船施工,应配备拖船和泥驳;采用绞吸式挖泥船施工,则需配备排泥管、水上浮筒、拖船和绞锚艇。

此外,尚需配备供应船、抛锚艇、宿舍船、交通船和舢板等。

三、作业船数量的确定

1. 挖泥船数量计算

若已知疏浚工程的工期 $T(\mathrm{d})$ 和挖泥船的计算生产率 $P_\mathrm{c}(\mathrm{m}^3/\mathrm{h})$,则每艘挖泥船可以完成的工程量为 $E(\mathrm{m}^3)$ 为:

$$E = T_e h_e P_c \qquad (4\text{-}4\text{-}1)$$

$$T_e = k_d T \qquad (4\text{-}4\text{-}2)$$

$$h_e = k_h t \qquad (4\text{-}4\text{-}3)$$

式中:T_e——挖泥船在规定的工期中进行实际疏浚作业的天数(d);

T——疏浚的工期(d);

k_d——工作利用率,我国华东和华北地区其值为 0.55,华南地区为 0.50;

h_e——每天平均的工作小时数(h);

k_h——工时利用率,一般不小于 0.75;

t——一天的工作时间(h),三班制按 24h 计算。

所需挖泥船数量 N(艘):

$$N = Q/E \qquad (4\text{-}4\text{-}4)$$

式中:Q——总工程量(m^3);

E——工程量(m^3)。

2. 泥驳和拖船数量计算

用链斗或抓扬等挖泥船作业时,必须配备足够数量的泥驳和拖船(自航泥驳则不需要拖船),以保证挖泥船连续工作。设 t_1 为泥驳到抛泥地点抛泥及往返所需时间,t_2 为每只泥驳装泥所需时间,则每艘挖泥船所需配备的泥驳船数 n 和拖船数目 B 为:

$$n = \frac{t_1}{t_2} + n_0 \qquad (4\text{-}4\text{-}5)$$

$$B = \frac{t_1}{t_2 D} \qquad (4\text{-}4\text{-}6)$$

式中:n_0——停靠在挖泥船旁备用的泥驳数;

D——拖轮一次拖带的泥驳数。

在上述关系中,假定所有的泥驳容量、拖轮能力都相同,而实际上很难集合相同的泥驳和拖轮来施工,这时 t_1 和 t_2 都各不相同,则可先求 t_1 和 t_2 的平均值,再按上述原则进行估算。

第五节 疏浚土的处理及吹填工程

一、疏浚土的处理方法

疏浚土的处理,是疏浚工程施工中一个极其重要的问题。经验表明,疏浚泥土处理方法恰当与否,直接关系工程进度、挖泥效率、巩固疏浚成果、工程成本以及环境保护等。因此,必须从经济和环保的角度作出评价。疏浚土的处理方法随挖泥船的类型、生产方式和施工条件而异,主要有水下抛泥法、边抛法和吹填法等三种。

1. 水下抛泥法

将疏浚泥土运往指定的水下抛泥区,抛弃不用,称为水下抛填法。有关部门不事先规定抛泥区,可自由选择适宜的抛填区时,要考虑以下几点:

(1)尽量靠近挖泥地点,以缩短抛泥距离,降低费用。
(2)抛泥区要有一定的水域面积和水深,以便船只出入和转头,节省抛泥作业时间。
(3)抛泥区沿途的水域风浪小,不妨碍抛泥作业。
(4)不影响其他船只航行,不妨碍其他用水行业(如水利、筏运、渔业等),不影响环境,选择的抛泥区要征得港航、海事和环保部门及其他有关部门的同意。
(5)在满足上述条件的前提下,同时必须摸清水流情况,把抛泥区选在流速小、流向偏离挖槽一侧的地区,以免抛弃的泥土重新返回港池或航道。

2. 边抛法

自航耙吸式挖泥船在疏浚作业中,一边挖泥,一边将吸起的泥浆排入水中,随水流带走,称为边抛法。具体内容见耙吸式挖泥船的施工方法。

3. 吹填法

吹填法是将疏浚泥土送往陆地或水下边滩等进行填筑,这不仅增加了港口陆域面积,可使废土得到利用,而且避免了疏浚泥土回淤到航道的可能性,是较优的方案。

二、吹填工程

吹填工程按其性质可分为:以挖泥为主,结合处理疏浚泥土的吹填工程;以吹填为主,专为某些建设项目服务的吹填工程。吹填工程现已广泛应用于围垦造地、扩大陆域、吹砂填筑路基及结合河道整治等工程,可节省大量的建设资金。当采用陆上吹填时,应做的工作有:选择吹填区,建造围堰,设泄水口和铺设排泥管线。

1. 接力泵站的布置

当疏浚泥土需经过中转并进行远距离输送时,必须设立固定的接力泵站。它是把几台泥泵用输泥管线串联起来工作的输泥系统。

接力泵站与吹泥船的连接方式:一种是设中间站池(泥浆池)储存泥浆方式,吹泥船和接力泵站分别单独工作,互不干扰;一种是将吹泥船与接力泵站直接串联的方式。但在吹泥船换驳时,为了不使接力泵停顿,需改吸清水。相互串联的泥泵可以集中串在一起,也可以分段设置。前者管理方便,但输泥管内的压力成倍增加,输泥管的管壁需要增厚;后者两泵站距离越远,输泥管内压力降得越低,所以应保证后面接力泵的吸泥管具有正压力,以避免空气进入管路。

2. 泥场的选择

用来储存吹填泥浆的区域称为泥场。泥场的选择条件因工程性质而异。对以吹填为主的吹填工程,主要取决于所需吹填的范围。选择时需考虑:

(1)根据挖槽的土质、数量来决定泥场的范围和容量大小。
(2)选择有低洼、废坑、荒地等有利于容泥的地区。
(3)附近有沟渠(河浜)相通,以便于排水。
(4)在没有接力泵条件时,只能就近吹填,此时,泥场的数量和容量需根据挖泥船扬程和排泥管线长度等决定。

3. 围堤的修筑

吹填工程中设置围堤的作用在于构造泥场,促使泥浆在规定的范围内沉积,使其不能任意漫流;在水中吹填时,围堤可起到护岸和护坡作用,保护吹填土不受水流和风浪的淘刷。围堤的布置要按照地形,尽量把堤线布置在高岗、土埂处,以减少工程量。围堤的断面形式一般为梯形,如图4-5-1所示为分期进行吹填作业设置两期围堰的情况。

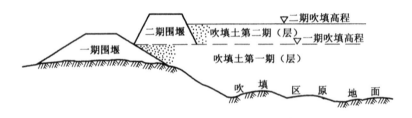

图 4-5-1　围堤断面形式

围堤的尺度,依不同的土质而定。当围堤高度大于3m时,一般采用分期吹填,分层填筑,以减小围堤断面,防止坍塌事故。

$$H = H_0 + \Delta H \tag{4-5-1}$$

式中：H——围堤高程(m);

H_0——要求吹填的泥场设计高程(m);

ΔH——预留超高,即考虑吹填终了时泥场水位超出泥场设计高程和围堤本身的沉降所预留的高度,一般为0.3~0.5m。

围堤基础处理应满足下列要求:

(1)围堤地基上的树根、杂草、淤泥及腐殖土应清除。
(2)围堤地基为坚硬或旧堤基时应将表土翻松再填新土,使结合紧密。
(3)围堤地基为淤泥时可用小型柴排或竹排、土工织物垫底或用其他方法加固。
(4)围堤地基为沙质土时,可事先在堤的中间开槽,填以黏土防渗。

围堤施工应满足下列要求:

(1)应就近取土,并离开围堤坡脚一定距离从围堤内侧取土,以保证吹泥时围堤的稳定性。

(2)土围堤应分层修筑并分层夯实。宜每铺0.3~0.5m土厚为一层,夯实后再铺第二层,直到达到设计堤顶高程。围堤的顶部和边坡应整平、夯实。

4. 泄水口的布置

泄水口是泥场的重要排水措施,其作用为:排除残留在泥场中的大量清水;在吹填过程中,调节泥场内的水位,以控制土方的流失,达到吹填面的平整。泄水口安装应牢固,不能漏水,否则将影响吹填质量和围堤的巩固。

泄水口的施工应满足下列要求:

(1)泄水口水门的基础应夯实。

(2)泄水口与围堤结合处应采取护坡措施,以防止水流冲刷。

(3)出水处底面应用块石、土袋和软体排等护底,以防止水流冲刷。

(4)采用埋设排泥管做泄水口时,排泥管应伸进泥塘内并超过堤身1m,管与管之间的泥土应夯实,泄水管与堤的结合应紧密。

泄水口的布设位置,一般距排泥管出口越远越好,使泥浆流程长,少排出浑水;从排水口排出的水流不使附近的码头、桥梁、堤岸和管等发生冲刷或淤积,在潮汐河地区,应考虑在高潮延续时间内泄水畅通。

图4-5-2是吹填淤泥时的泄水口水门布设方式,各种布设方式都是在排泥管线不再接长的情况下,用泄水口来调节泥浆流向,使泥场吹填面平整。

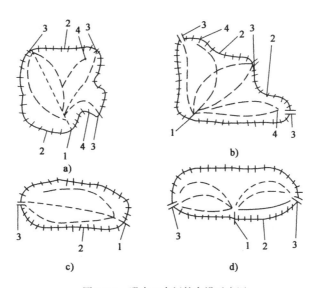

图4-5-2 泄水口水门的布设示意图

a)死角处水门布设图;b)多向分流布设示意图;c)单向流水门布设图;d)双向流水门布设图

1-排泥管;2-围堤;3-水门;4-死水处

5. 排泥管线的布设

排泥管线是输送吹填泥浆的重要设施,它的布置是否合理,直接关系到挖泥船、吹泥船或泵站等的主机功率、泥泵扬程和排泥距离;排泥管线尽量取直,避免急弯,应尽量缩短管线长度和减少坡度,以减少管路的总水头损失;尽量减少水上排泥管线的工程量,水上排泥管架的头部位置和高程要适应潮差变化,便于与输泥管或吹泥船的排泥管连接,陆上排泥管线一般应选在平坦、空旷地区,并尽量不设管架;泥场内的架设应按吹填土质量来定,吹淤泥时要一次将管线架好,吹砂时应边吹边接长管路。

第六节 航道疏浚工程的环境保护

疏浚及疏浚泥土的处理对环境的影响是近年来提出的一个新课题,它直接关系到疏浚工程的施工要求。因此,在疏浚施工时应做好对疏浚作业的环境保护工作。

一、航道疏浚工程的环境保护

1. 航道疏浚设备的选择

疏浚设备的选择过程不是单一的,依赖于以下几个不可分割的因素:疏浚作业水域的环境要求;被疏浚物质的物理性质;疏浚物最终处置地的位置及限制条件;疏浚作业点的风、浪和海况。目前,港口施工可供选择的疏浚设备较多,各挖泥船施工时的环境影响程度也有较大差别,在满足施工要求的情况下,应尽量选择对环境影响较小的设备。

2. 航道疏浚作业的施工工艺控制

为减少悬浮物污染,应采取以下措施。

(1) 减少超挖方量

采用准确的定位系统(如 GPS 全球定位系统),准确确定需要开挖的位置,从而可以减少疏浚作业中不必要的超深、超宽疏浚土方量,从根本上减少对环境产生影响的悬浮物数量。

(2) 控制装舱溢流对水体产生的影响

疏浚作业开始后,泥浆进入泥舱时,较粗的泥沙沉入舱底。为增大挖泥船的装舱浓度,提高挖泥效率,降低作业费用,耙吸式挖泥船的两侧设有溢流口,当泥浆量超过两侧溢流口时,稀泥即从溢流口溢出,这一环节将会引起疏浚局部水域浑浊浓度增加而影响该水域的水质。因此,应根据以往的疏浚作业经验,掌握合适的溢流时间。

(3) 缩短旁通时间

自航耙吸式挖泥船的挖掘工作主要是依靠船舶配置的耙头挖掘机具,由耙臂弯管和船体的吸泥管、泵等系统连接,依靠泥泵的抽吸将泥浆装入泥舱,在开始装舱前,一般需要进行试喷,以检验其管路是否完好。为控制进入水域的疏浚物数量,施工操作人员应尽量缩短旁通时间,并确认耙弯管和船体吸泥管口的连接完全对位后再开始疏浚作业,以免疏浚泥浆从连接处泄漏入海而污染施工区域的水域。

(4) 挖泥时采取的措施

在挖泥时采取措施,不使泥浆及有害气体扩散,并保证在高浓度情况下耙吸泥土,既尽可能地全部除去这些沉积物,又不污染周围水体,为此,可在耙头安装活动封闭板,阻止外面水体向内流动,同时附气体吸收装置。

(5) 疏浚作业季节及作业周期的选择

在某些环境敏感的区域仍有可能进行疏浚活动,在目前疏浚设备的情况下,作业时应配以综合治理的手段,以保证对环境的影响控制在最低限度,如改变施工作业时间和周期,回避鱼类的迁徙和产卵期。

二、围堰及吹填工程环境保护

(1)吹填作业应在围堰工程建成后进行。
(2)应控制好围堰堰身材料级配,不宜采用空隙率较大的大块石。
(3)保证倒滤层的级配及厚度,使堤身具备有效的过滤功能。
(4)应确保堤身安全,防止堤身垮塌造成大型漏泥污染环境事故。
(5)吹填过程中,应严格按设计要求控制吹填高程,防止由于土压力过大造成堤身滑动。
(6)为防止漏泥,围堰内侧应有防治悬浮泥沙外漏的措施;围堰堰体可增加倒滤层的厚度,在二片石和倒滤层之间设土工布(图4-6-1)。

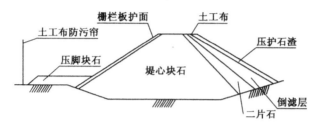

图4-6-1 围堰断面示意图

(7)吹泥口的布置。保持吹泥口距离泄水口距离不少于200m;后期采取导流措施,尽量让吹填水形成环流。
(8)泄水口应设置在远离排泥口处,泄水口排放的悬浮泥沙浓度应达到排放标准;当采用平流沉淀不能满足悬浮泥沙允许排放浓度时,应在围堰内设整流防污措施。泄水口埋管分多层埋设可开闭装置,可根据泥沙沉淀情况调节流量和出水口的高度。
(9)应根据悬浮泥沙的沉淀情况,控制吹填流量,必要时进行间歇吹填。
(10)对淤泥质土进行吹填施工,围堰外侧宜设置防污帘。

复 习 题

1.什么是疏浚工程?航道疏浚的主要任务有哪些?
2.疏浚工程可分为哪三大类型?
3.浚前的准备工作主要有哪些?
4.在选择疏浚方式时应考虑哪些因素?
5.挖槽的土石方可用什么方法计算?试简述其计算步骤。
6.常用的挖泥船有哪些类型?各有什么特点?
7.简述各类挖泥船的施工作业方法和生产率的计算。
8.在选择挖泥船时应考虑哪些因素?
9.疏浚土的处理有哪些方法?
10.什么是陆上吹填?陆上吹填时应做的工作有哪些?
11.在选择泥场时应考虑哪些因素?
12.在疏浚施工时应做好哪些环境保护工作?

第五章 混凝土和钢筋混凝土工程施工

混凝土和钢筋混凝土工程施工,一般分为现场浇筑和预制装配两大工艺。

现场浇筑的混凝土和钢筋混凝土,其优点是结构整体性好,抗震、防渗性能强;其缺点是施工难度大、工期较长,模板及支架材料消耗多、现场运输量大、劳动强度高,特别是港口航道工程施工受水文、气象等自然条件影响大,常需要采取许多额外的技术措施,从而增加工程造价。

预制装配的混凝土和钢筋混凝土,预制构件可实行工厂化、机械化施工,在很大程度上减小了劳动强度,并且可以使施工现场的组织和管理工作大为简化,可以减少工期,因而降低了工程造价,但预制装配工艺的整体性不如现浇工艺的好。在水运工程中广泛采用装配式混凝土和钢筋混凝土结构体现了混凝土工程发展的方向。

钢筋混凝土工程施工,主要由钢筋工程、模板工程和混凝土工程等工序组成。

混凝土和钢筋混凝土工程的基本施工过程可用图 5-0-1 表示。各工种应按流水作业法组织施工。

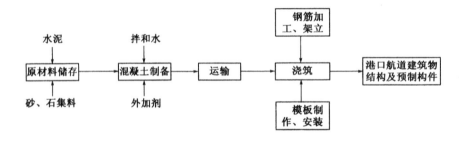

图 5-0-1 混凝土和钢筋混凝土施工过程

第一节 钢 筋 工 程

钢筋工程施工,一般先在钢筋加工厂将钢筋加工成成品,然后运到浇筑现场架立,这样既能保证质量,又能加快施工速度。

钢筋按其强度分级。钢筋级别越高,强度和硬度也越高,但塑性则相应降低。水运工程中,普通混凝土结构宜采用 HRB400 级、HRB500 级钢筋,也可采用 HPB300 级、HRB335 级或 RRB400 级钢筋。预应力混凝土结构钢筋宜采用钢绞线或钢丝,也可采用钢棒或螺纹钢筋。

预应力钢丝、钢绞线、钢棒和小于 φ10mm 的钢筋,一般卷成圆盘运至工地;大于 φ12mm 的钢筋,都轧成 6~12m 长一根的直条筋。

一、钢筋的验收和存放

1. 钢筋的验收

钢筋混凝土工程中所用的钢筋应有产品质量证明文件,均应进行现场检查,按炉号、批次、直径分批验收,并按要求进行材料质量复检,合格后方能入库存放、待用。

(1)钢筋的外观检查。钢筋应平直、无损伤,表面不得有裂纹、油污、颗粒状或片状锈蚀;钢筋表面凸块不允许超过螺纹的高度;钢筋的外形尺寸应符合有关规定。

(2)力学性能试验。钢筋进场时,应按现行国家相关标准的规定,抽取试件做力学性能检验,其质量必须符合有关标准的规定。对于热轧带肋钢筋、余热处理钢筋和热轧光圆钢筋,应按同一炉号和直径,质量不大于60t为一批,在同一批的两根钢筋上各取一个拉力和冷弯试样,热轧带肋钢筋宜再取一个反向弯曲试样。试验结果如有一项指标不符合标准规定时,应另取双倍数量的试样重做各项试验。在第二次试验中,若仍有一项指标不符合要求,不论在第一次试验中该项数值是否合格,该批钢筋即为不合格。

2. 钢筋的存放

钢筋在运输和储存时,必须保留牌号。钢筋运至现场后,必须严格按批分等级、牌号、直径、长度等挂牌存放,并注明数量,不得混淆;应堆放整齐,避免锈蚀和污染。堆放钢筋的下面要加垫木,离地一定距离;有条件时,尽量堆入仓库或料棚内。

二、钢筋的加工

钢筋的加工包括调直、除锈、画线剪切及弯曲成型、绑扎及焊接。此外,有时还需对钢筋进行冷加工,以改善钢筋性能。

(一)钢筋调直及除锈

钢筋在使用前应先进行调直,未经调直的钢筋将会影响结构正常受力,使混凝土开裂。钢筋可用机械或手动工具调直。使用机械能将调直、除锈和剪切等工序一次完成。

钢筋调直也可采用冷拉的方法。采用冷拉法调直钢筋时,HPB300钢筋的冷拉率不宜大于4%,HRB335、HRB400钢筋的冷拉率不宜大于1%。

经过冷拉或机械调直的钢筋,一般不必另行除锈。但若保管不良,产生鳞片状锈蚀时,则应除锈,以保证混凝土对钢筋的握裹力。为此,可用除锈机或风砂枪,也可采用钢丝刷或在砂堆中往复拉擦除锈;轻微锈蚀的钢筋,不至影响工程质量,可不必除锈。

(二)画线与剪切

画线是按图纸要求选配材料,画好长度。在施工中缺乏设计所要求的钢筋品种或规格时,应及时与设计单位联系修改。

配料时应考虑整料整用、零料零用,以节约材料。画线主要根据不同的弯曲角在钢筋上标出弯折的部位,以外包尺寸为依据,要考虑弯曲时的伸长,扣除弯曲量度差值(钢筋弯曲调整值)。

钢筋剪切,可采用钢筋剪切机床或手动剪切机等进行剪切。手动剪切机可切断直径小于

20mm 的钢筋,剪切机床可切断直径为 20～40mm 的钢筋;40mm 以上的粗钢筋应用电弧或氧气切割。

(三)钢筋弯曲

直径为 40mm 以内的钢筋,宜采用电动弯曲机;对直径 30mm 以内的钢筋,有时也可以用扳手在工作台上进行手工弯曲。对于大弧度环形钢筋,应先制作弧形样板,然后在样板上弯制。

钢筋加工的形状、尺寸应符合设计要求,其偏差应符合表 5-1-1 的规定。

钢筋加工允许偏差 表 5-1-1

序 号	项 目	允许偏差(mm)
1	受力钢筋顺长度方向全长的净尺寸	±10
2	弯起钢筋弯折点位置	±20
3	箍筋内尺寸	±5

注:本表是对钢筋加工工序的质量要求,其检测数据不计入钢筋绑扎的检测数据中。

(四)绑扎与连接

钢筋的连接方式可分为绑扎连接、机械或焊接连接两类。纵向受力钢筋的连接方式应符合设计要求。机械连接接头和焊接连接接头的类型及质量应符合国家现行标准的规定。

1. 钢筋绑扎

钢筋的接长、钢筋骨架或钢筋网的成型应采用焊接,但在现场,目前仍大量采用人工绑扎。人工绑扎时应注意钢筋位置是否准确,绑扎是否牢固,搭接长度及绑扎点位置是否符合规范要求。

(1)钢筋绑扎安装前,应先熟悉施工图纸,核对钢筋配料单和料牌,研究钢筋安装和与有关工种配合的顺序,准备绑扎用的铁丝、绑扎工具、绑扎架等。

(2)钢筋绑扎一般用 18～22 号铁丝,其中 22 号铁丝只用于绑扎直径 12mm 以下的钢筋。

(3)钢筋绑扎要求:

①钢筋骨架应有足够的稳定性,并保证受力钢筋不产生位置偏移。钢筋的交叉点应用铁丝扎牢。

②柱、梁的箍筋,除设计有特殊要求外,应与受力钢筋垂直;箍筋弯钩叠合处,应沿受力钢筋方向错开设置。

③绑扎钢筋铁丝头不得伸入混凝土保护层内。

④板和墙的钢筋网,除靠近外围两行钢筋的交叉点全部扎牢外,中间部分交错点可间隔交错绑牢,但必须保证受力钢筋不产生位置偏移;双向受力的钢筋必须全部扎牢。

(4)钢筋接头要求

①搭接长度不应小于表 5-1-2 的规定。

受力钢筋绑扎接头的最小搭接长度 表 5-1-2

钢筋类型	受 拉 区	受 压 区
HPB235 HPB300	25d	15d
HRB335	35d	25d
HRB400	40d	30d

②设置在同一构件中纵向受力钢筋的绑扎搭接应相互错开布置,钢筋搭接接头中点位于其他任一搭接钢筋接头连接区段应按同一连接区段计,钢筋接头连接区段的长度应为 1.3 倍搭接长度(l_1)(以钢筋搭接接头中点起算为向左或向右各 $0.65l_1$),见图 5-1-1。

③采用绑扎接头时,同一连接区段,受力钢筋的接头面积占受力钢筋总面积的百分数应满足设计要求,设计无具体要求时,受压区不得大于 50%,受拉区不得超过 25%。绑扎接头中钢筋的横向净距不应小于钢筋直径 d,且不小于 30mm。

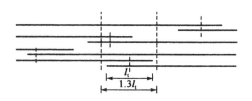

图 5-1-1 钢筋的绑扎搭接示意图
注:图中所示同一连接区段内接头截面面积按两根计。

2. 钢筋机械连接

(1)套筒挤压连接(图 5-1-2)。套筒挤压连接是把两根待接钢筋的端头先插入一个优质钢套管,然后用挤压机在侧向加压数道,套筒塑性变形后即与带肋钢筋紧密咬合达到连接的目的。

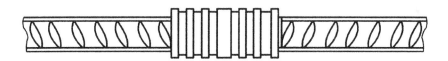

图 5-1-2 挤压连接示意图

(2)锥螺纹连接。锥螺纹连接是用锥形纹套筒将两根钢筋端头对接在一起,利用螺纹的机械咬合力传递拉力或压力。所用的设备主要是套丝机,通常安放在现场对钢筋端头进行套丝。

(3)直螺纹连接(图 5-1-3)。直螺纹连接是近年来开发的一种新的螺纹连接方式,主要有镦粗直螺纹连接接头和滚压直螺纹连接接头。这两种工艺采用不同的加工方式,增强钢筋端头螺纹的承载能力,达到接头与钢筋母材等强度的目的。

镦粗直螺纹连接接头是先把钢筋端部镦粗,然后再切削直螺纹,最后用套筒实行钢筋对接。将钢筋端头通过镦粗设备镦粗,再加工出螺纹,其螺纹直

图 5-1-3 直螺纹连接

径不小于钢筋母材直径,使接头与母材达到等强。其优点是强度高,现场施工速度快,工人劳动强度低,钢筋直螺纹丝头全部提前预制,现场连接为装配作业。其不足之处在于镦粗过程中易出现镦偏现象,一旦镦偏必须切掉重镦;镦粗过程中产生内应力,钢筋镦粗部分延性降低,易产生脆断现象,螺纹加工需要两道工序、两套设备完成。

滚压直螺纹连接接头是通过钢筋端头直接滚压或挤(碾)压肋滚压或剥肋后滚压制作的直螺纹和连接件螺纹咬合形成的接头。其基本原理是利用了金属材料塑性变形后冷作硬化增强金属材料强度的特性,而仅在金属表层发生塑变、冷作硬化,金属内部仍保持原金属的性能,因而使钢筋接头与母材达到等强。目前,国内常见的滚压直螺纹连接接头有:直接滚压螺纹、挤(碾)压肋滚压螺纹和剥肋滚压螺纹三种类型。这三种形式获得的螺纹精度及尺寸不同,接头质量也存在一定差异。

(4)钢筋机械连接接头质量检查与验收

①工程中应用钢筋机械连接时,应由该技术提供单位提交有效的检验报告。

②钢筋连接工程开始前及施工过程中,应对每批进场钢筋进行接头工艺检验,工艺检验应符合设计图纸或规范要求。

③现场检验应进行外观质量检查和单向拉伸试验。

④接头的现场检验按验收批进行,对接头的每一验收批,必须在工程结构中随机截取3个试件作单向拉伸试验,按设计要求的接头性能等级进行检验与评定。

⑤外观质量检验的质量要求、抽样数量、检验方法及合格标准由各类型接头的技术规程确定。

3. 钢筋的焊接

钢筋焊接是节约钢材、提高钢筋混凝土构件质量、加速工程进度的重要措施。钢筋常用的焊接方法有闪光对焊、电弧焊、电渣压力焊、埋弧压力焊和气压焊等。

(1)电阻点焊。通过电极对焊件施加压力,同时利用电流通过接触点产生的电阻热进行焊接的方法,又称接触点焊,见图5-1-4。混凝土结构中的钢筋焊接骨架和钢筋焊接网宜采用电阻点焊制作。

(2)闪光对焊。闪光对焊的原理见图5-1-5。电阻焊件装配成对接接头,接通电源,并使其端面逐渐移近达到局部接触(1~2个点),利用电阻热加热这些接触点(产生闪光),使端面金属熔化,直至端部在一定深度范围内达到预定温度时,迅速施加顶锻力完成焊接。

(3)电弧焊。电弧焊是利用弧焊机使焊条与焊件之间产生高温电弧,使焊条和电弧燃烧范围内的焊件熔化,待其凝固便形成焊缝或接头,见图5-1-6。电弧焊广泛用于钢筋接头与钢筋骨架焊接、装配式结构接头焊接、钢筋与钢板焊接及各种钢结构焊接。弧焊机有直流与交流之分,常用的是交流弧焊机。钢筋电弧焊的接头形式有:搭接接头、帮条接头及坡口接头。

(4)电渣压力焊。电渣压力焊是利用电流通过渣池产生的电阻热将钢筋端部熔化,然后施加压力使钢筋焊合。钢筋电渣压力焊分手工操作和自动控制两种。采用自动电渣压力焊时,主要设备是自动电渣焊机。电渣焊机构造见图5-1-7。电渣压力焊的焊接参数为焊接电流、渣池电压和通电时间等,可根据钢筋直径选择。

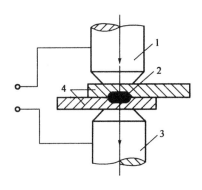

图 5-1-4 点焊示意图
1-上电极;2-焊点;3-下电极;4-工件

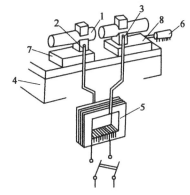

图 5-1-5 闪光对焊示意图
1-焊接的钢筋;2-固定电极;3-可动电极;4-基座;5-变压器;6-平动顶压机构;7-固定支座;8-滑动支座

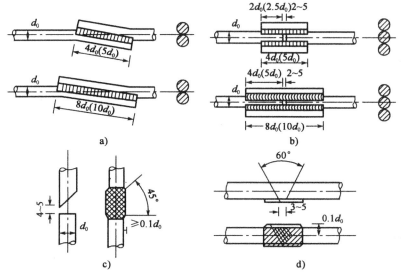

图 5-1-6 电弧焊的接头形式
注:d_0 为钢筋直径。

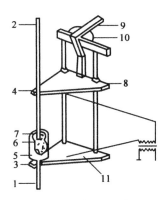

图 5-1-7 电渣焊机示意图
1、2-钢筋;3-固定电极;4-活动电极;5-药盒;6-导电剂;7-焊药;8-滑动架;9-手柄;10-支架;11-固定架

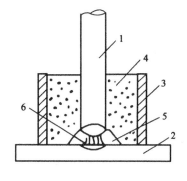

图 5-1-8 埋弧压力焊示意图
1-钢筋;2-钢板;3-焊剂盒;4-431 焊剂;5-电弧柱;6-弧焰

(5)埋弧压力焊。埋弧压力焊是利用焊剂层下的电弧,将两焊件相邻部位熔化,然后加压顶锻使两焊件焊合,见图5-1-8。其具有焊后钢板变形小、抗拉强度高的特点。

钢筋焊接接头质量检查与验收应满足下列规定:

①钢筋焊接接头或焊接制品(焊接骨架、焊接网)应按《钢筋焊接及验收规程》(JGJ 18—2003)的规定进行质量检查与验收。

②钢筋焊接接头或焊接制品应分批进行质量检查与验收,质量检查应包括外观检查和力学性能试验。

③外观检查首先应由焊工对所焊接头或制品进行自检,然后再由质量检查人员进行检验。

④力学性能试验应在外观检查合格后随机抽取试件进行试验。

⑤钢筋焊接接头或焊接制品质量检验报告单中应包括下列内容:工程名称、取样部位,批号、批量,钢筋级别、规格,力学性能试验结果,施工单位。

三、钢筋的冷拉

冷拉钢筋可用热轧钢筋加工制成。

目前,国内水运工程中,预应力混凝土一般只采用冷拉HRB400钢筋,因此,《水运工程混凝土结构设计规范》(JTS 151—2011)中只给出了冷拉HRB400钢筋的设计值。

钢筋冷拉是指在常温下以超过钢筋屈服强度的拉应力对钢筋进行强力拉伸,使钢筋产生塑性变形,达到调直钢筋、提高强度的目的。但其塑性相应地有所降低,钢筋变硬、变脆。采用冷拉,可节约钢材10%~20%。冷拉后钢筋有内应力存在,内应力会促进钢筋内的晶体组织调整,搁置一段时间后,屈服强度会进一步提高。该晶体组织调整过程称为"冷拉时效"。但水运工程不采用"冷拉时效"。

1. 冷拉控制

(1)钢筋的冷拉可采用控制应力或控制冷拉率的方法。对用作预应力混凝土结构的预应力筋,宜采用控制应力的方法。对不能分清炉(批)号的热轧钢筋,不宜采取控制冷拉率的方法。冷拉钢筋力学性能应符合相关规定。

(2)当采用控制应力方法冷拉钢筋时,其冷拉控制应力下的最大冷拉率,应符合表5-1-3的规定。如超过表中的规定,应进行力学性能检验。

冷拉钢筋的控制应力和冷拉率   表5-1-3

序号	钢筋级别	直径(mm)	冷拉控制应力(MPa)	最大冷拉率(%)
1	HRB335	≤25	450	5.5
		28~40	430	
2	HRB400	8~40	500	5.0
3	HRB500	10~28	700	4

(3)当采用控制冷拉率方法冷拉钢筋时,其冷拉率应由试验确定。测定同炉(批)钢筋冷拉率的冷拉应力,其试样不少于4个,并取平均值作为该批钢筋实际采用的冷拉率。

2. 冷拉设备

冷拉设备(图5-1-9)由拉力设备、承力结构、测量设备和钢筋夹具等部分组成。

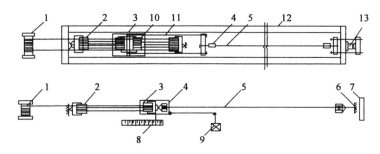

图 5-1-9 冷拉设备

1-卷扬机;2-滑轮组;3-冷拉小车;4-夹具;5-被冷拉的钢筋;6-地锚;7-防护壁;8-标尺;9-回程荷重架;10-回程滑轮组;11-传力架;12-冷拉槽;13-液压千斤顶

3. 钢筋冷拉应遵守的规定

(1)钢筋应先对焊再冷拉。

(2)钢筋冷拉速率不宜过快,当拉到控制应力或冷拉率时需稍停,然后放松。

(3)钢筋在冷拉过程中,若对焊接头拉断,可切除热影响区重新焊接再拉,但不应超过两次。

(4)冷拉后的钢筋应按下列规定分批进行检查验收:

①每批钢筋由同级别、同直径的冷拉钢筋组成,质量一般不大于20t。

②钢筋表面不得有裂纹和局部缩颈。

③每批钢筋应从不同的两根钢筋上各取两个试样,按国家标准进行拉力和冷弯试验。

四、钢筋配料

钢筋配料是指钢筋加工前,根据结构施工图,先绘出各种形状和规格的单根钢筋简图并加以编号,然后分别计算钢筋下料长度、根数及质量,填写配料单,申请加工。

1. 钢筋配料单的编制

(1)熟悉图纸。编制钢筋配料单之前必须先熟悉图纸,把结构施工图中钢筋的品种、规格列成钢筋明细表,并读出钢筋设计尺寸。

(2)计算钢筋的下料长度。

(3)填写和编写钢筋配料单。根据钢筋下料长度,汇总编制钢筋配料单。在配料单中,要反映出工程名称,钢筋编号,钢筋简图和尺寸,钢筋直径、数量、下料长度、质量等。

(4)填写钢筋料牌。根据钢筋配料单,将每一编号的钢筋制作一块料牌,见图5-1-10,作为钢筋加工的依据。

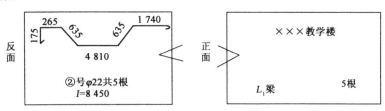

图 5-1-10 钢筋料牌

2.钢筋下料长度的计算原则及规定

(1)钢筋长度。结构施工图中所指钢筋长度是钢筋外缘之间的长度,即外包尺寸,这是施工中量度钢筋长度的基本依据。

(2)混凝土保护层厚度。混凝土保护层厚度是指受力钢筋外缘至混凝土构件表面的距离,其作用是保护钢筋在混凝土结构中不受锈蚀。

混凝土的保护层厚度,一般用水泥砂浆垫块或塑料卡垫在钢筋与模板之间来控制。塑料卡的形状有塑料垫块和塑料环圈两种。塑料垫块用于水平构件,塑料环圈用于垂直构件。

(3)弯曲量度差值(钢筋弯曲调整值)。钢筋长度系指外包尺寸,因此钢筋弯曲以后,存在一个量度差值,在计算下料长度时必须加以扣除。根据理论推理和实践经验,列于表5-1-4中。

钢筋弯曲调整值 表5-1-4

钢筋弯起角度	30°	45°	60°	90°	135°
钢筋弯曲调整值	0.35d	0.54d	0.85d	1.75d	2.5d

注:d为钢筋直径。

(4)钢筋弯钩增加值。弯钩形式最常用的是半圆弯钩,即180°弯钩。受力钢筋的弯钩和弯折应符合下列要求:

①HPB300钢筋末端应作180°弯钩,其弯弧内直径不应小于钢筋直径的2.5倍,弯钩的弯后平直部分长度不应小于钢筋直径的3倍。

②当设计要求钢筋末端需作135°弯钩时,HRB335的弯弧内直径不应小于钢筋直径的4倍,HRB400钢筋的弯弧内直径不应小于钢筋直径的5倍,弯钩的弯后平直部分长度应符合设计要求。

③钢筋作不大于90°的弯折时,弯折处的弯弧内直径不应小于钢筋直径的5倍。

除焊接封闭环式箍筋外,箍筋的末端应作弯钩,弯钩形式应符合设计要求,当无具体要求时,应符合下列要求:

①箍筋弯钩的弯弧内直径除应满足上述要求外,尚应不小于受力钢筋直径。

②箍筋弯钩的弯折角度:对一般结构不应小于90°,对于有抗震等要求的结构应为135°。

③箍筋弯后平直部分长度:对一般结构不宜小于箍筋直径的5倍;对于有抗震要求的结构,不应小于箍筋直径的10倍。

(5)箍筋调整值。为了箍筋计算方便,一般将箍筋弯钩增长值和量度差值两项合并成一项为箍筋调整值,见表5-1-5。计算时,将箍筋外包尺寸或内皮尺寸加上箍筋调整值即为箍筋下料长度。

箍筋调整值 表5-1-5

箍筋量度方法	箍筋直径(mm)			
	4~6	6	8	10~12
量外包尺寸	40	50	60	70
量内包尺寸	80	100	120	150~170

(6)钢筋下料长度计算:

直钢筋下料长度 = 直构件长度 - 保护层厚度 + 弯钩增加长

弯起钢筋下料长度 = 直段长度 + 斜段长度 - 弯折量度差值 + 弯钩增加长度

$$箍筋下料长度 = 直段长度 + 弯钩增加长度 - 弯折量度差值$$

或：

$$箍筋下料长度 = 箍筋周长 + 箍筋调整值$$

(7) 钢筋下料计算注意事项：

①在设计图纸中，钢筋配置的细节问题没有注明时，一般按构造要求处理。

②配料计算时，要考虑钢筋的形状和尺寸，在满足设计要求的前提下，要有利于加工。

③配料时，还要考虑施工需要的附加钢筋。

(8) 钢筋配料计算实例。

【例 5-1-1】 某简支梁配筋见图 5-1-11，试计算钢筋下料长度。钢筋保护层取 25mm。

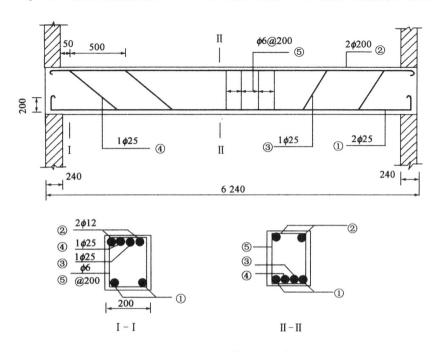

图 5-1-11　某简支梁配筋图(尺寸单位:mm)

解: 绘出各中钢筋配料表(表 5-1-6)。

钢 筋 配 料 表　　　　　　　　　　　　　　　　　表 5-1-6

构件名称	钢筋编号	简　图	钢号	直径 (mm)	下料长度 (mm)	单根根数	合计根数	质量 (kg)
L_1 梁 (共 10 根)	①	200 ⌐ 6 190 ⌐	φ	25	6 802	2	20	523.75
	②	6 190	φ	12	6 340	2	20	112.60
	③	765　636 3 760	φ	25	6 824	1	10	262.72
	④	265　630 4 760	φ	25	6 824	1	10	262.72
	⑤	162 462	φ	6	1 298	32	320	91.78
合计		φ6:91.78kg；φ12:112.60kg；φ25:1 049.19kg						

五、钢筋代换

1. 代换原则及方法

钢筋的级别、种类和直径应按设计要求采用。当施工中遇到钢筋与设计要求不符时,应征得设计单位同意,可参照以下原则进行钢筋代换。

(1) 等强度代换方法。当构件配筋受强度控制时,可按代换前后强度相等的原则代换,称作"等强度代换"。

如设计图中所用的钢筋设计强度为f_{y1},钢筋总面积为A_{s1}根数为n_1,代换后的钢筋设计强度为f_{y2},钢筋总面积为A_{s2}根数为n_2,则应使:

$$A_{s1} \cdot f_{y1} \leq A_{s2} \cdot f_{y2} \tag{5-1-1}$$

即:

$$n_2 \geq \frac{n_1 d_1^2 f_{y1}}{d_2^2 f_{y2}} \tag{5-1-2}$$

(2) 等面积代换方法。当构件按最小配筋率配筋时,可按代换前后面积相等的原则进行代换,称"等面积代换"。代换时应满足下式要求:

$$A_{s1} \leq A_{s2} \tag{5-1-3}$$

$$n_2 \geq \frac{n_1 d_1^2}{d_2^2} \tag{5-1-4}$$

(3) 当采用并筋的形式配筋时,并筋数量不应超过3根。并筋可视为一根等效钢筋。并筋等效直径可按截面面积相等的原则换算确定。

2. 代换注意事项

(1) 不同种类的钢筋代换,应按钢筋受拉承载力设计值相等的原则进行。

(2) 当构件配筋受裂缝宽度或挠度控制时,代换后应进行裂缝宽度或挠度验算。

(3) 钢筋代换后,应满足现行行业标准《水运工程混凝土结构设计规范》(JTS 151—2011)及《水运工程混凝土施工规范》(JTS 202—2011)规定的钢筋间距、锚固长度、最小钢筋直径、根数等要求。

(4) 重要受力构件(如吊车梁、薄腹梁、桁架下弦等)不宜用HPB300钢筋代换变形钢筋,以免裂缝开展过大。

(5) 梁的纵向受力钢筋与弯起钢筋应分别代换,以保证正截面与斜截面强度。

(6) 有抗震要求的梁、柱和框架,不宜以强度等级较高的钢筋代换原设计中的钢筋;如必须代换时,其代换的钢筋检验所得的实际强度,尚应符合抗震钢筋的要求。

(7) 预制构件的吊环,必须采用未经冷拉的HPB300钢筋制作,严禁以其他钢筋代换。

六、钢筋加工厂

钢筋加工大多在钢筋加工厂内进行。钢筋加工厂一般由原材料仓库、加工制备车间、成品装配车间及成品仓库四部分组成。加工厂规模主要取决于钢筋工程的工作量和产品类型。

加工厂工艺流程可按流水作业布置,一般应设粗、细钢筋两条流水作业线生产(图5-1-12)钢筋加工厂应尽可能地实现机械化和联动化,以提高生产率、减轻劳动强度。

为减少运输工作量和方便运输，钢筋加工厂的位置一般应设在主要施工现场附近，并靠近交通干线；用于混凝土预制场时，应尽量靠近构件成型车间。

七、钢筋的安装及检查

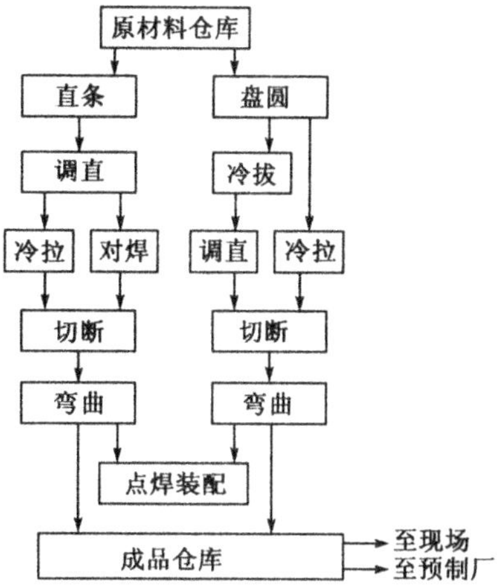

1. 现场绑扎或焊接

将加工好的单根钢筋运至现场，应按施工图进行绑扎或焊接。安装时先在模板底部按施工详图进行画线，然后装设主钢筋，在钢筋与模板之间加混凝土保护层垫块，再进行横筋、弯曲筋的架立绑扎。双层钢筋之间，可绑扎短钢筋支撑，使其不发生变形变位。

2. 成型骨架或网片的架立

在工厂中将钢筋焊接成成型骨架或网片，然后运到现场用起重机吊装就位。

图 5-1-12 钢筋加工工艺流程图

为防止钢筋骨架或网片的变形，在运输和安装过程中要根据相应的受力状态采取临时加固措施。起吊时吊点设在骨架重心，着力部分均要使用加强筋。安装时应事先拟定好安装程序。

钢筋工程属于隐蔽工程，在浇筑混凝土前必须对钢筋及预埋件进行检查验收，凡质量不合格者，应立即整改。

钢筋安置位置的偏差应符合有关规定的要求。钢筋绑扎和安装的允许偏差、检验数量与方法应符合表 5-1-7 的规定。

钢筋绑扎和安装的允许偏差、检验数量与方法　　　　表 5-1-7

序号	项　目		允许偏差（mm）	检验数量	单元测点	检验方法
1	钢筋骨架外轮廓尺寸	长度	+5 −10	梁、板、桩等小型构件抽查10%且不少于3件，沉箱扶壁等大型构件逐件检查	3	用钢尺测量两端和中部
		宽度、高度	+5 −10		3	
2	受力钢筋	间距	±15		3	
		层距或排距	±10		3	
3	弯起钢筋弯起点位置		±20		2	用钢尺测量
4	箍筋、分布筋间距		±20		3	用钢尺测量两端和中部，连续3次，取大值

注：预制构件外伸环形钢筋的间距或倾斜允许偏差为 ±20mm。

第二节　模　板　工　程

一、模板的作用与要求

模板是保证混凝土结构或构件的形状、外形尺寸和相对位置的模具，而且在浇筑混凝土及其未能受力的一段时间内承受混凝土和钢筋重量、混凝土侧压力及施工人员机械作用力等施工荷载的结构。模板质量的优劣,将直接影响混凝土的质量。

模板的技术基本要求如下:

(1)模板位置、尺寸、高程必须准确,以保证浇筑结构的形状、尺寸和相对位置的准确。

(2)模板及支架必须具有足够的强度、刚度和稳定性,以防模板及支架在混凝土施工过程中发生破坏、失稳或产生不允许的变形。对充气胶囊内模和向混凝土侧倾斜的侧模板必须采取防止上浮的措施。

(3)模板接缝不得漏浆,表面应平整光滑,能保证拆模后混凝土构件的外观质量。

(4)构造简单,拆装方便。

(5)尽量采用标准模板,且标准模板的尺寸和种类的数目应尽量减少。

(6)应使模板的周转率高,材料用量少,费用省。

二、模板种类与构造

模板工程一般由模板本身和支架系统两部分组成。

模板可按使用方式分为现场浇筑混凝土模板和预制构件模板两大类;按模板制作材料可分为木模板、钢模板、钢木混合模板以及钢筋混凝土模板或钢丝网水泥模板;按模板的结构形式分,有拆移式、固定式、移动式和滑升式等。现将港口航道工程中常用的几种模板基本形式分述如下。

1. 拆移式模板

拆移式模板也叫标准模板或工具式模板。一般都在加工厂做成元件,然后到现场拼装。当混凝土达到拆模强度后,将模板拆下,送到另一浇筑地点使用。这种模板具有拆装方便、能多次周转使用、省工省料、能加快施工进度等优点,因而使用极为广泛。

木模板由面板、支撑及固定用的配件或支架等基本部分组成(图5-2-1)。

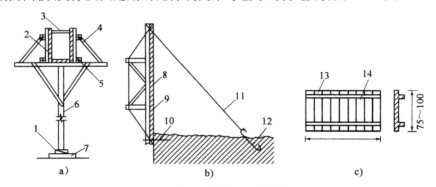

图5-2-1 模板及其支架(尺寸单位:cm)
a)梁模板;b)大体积混凝土侧向模板;c)木模板

1-木楔;2-侧模;3-顶撑;4-斜撑;5-夹木;6-支撑;7-垫板;8-钢木桁架;9-面板;10-U形铁件;11-拉筋;12-预埋锚筋;13-肋木;14-面板

面板由厚度为25~50mm的木板条拼合而成。板条宽度不宜超过200mm,以保证在干缩时不易翘曲和浇筑后易于密缝。但梁底板的板条宽度可不受此限制,宽板可以减少拼缝,防止漏浆。面板的长短、宽窄可以根据结构各构件的尺寸,设计出几种标准尺寸,以便组合使用。每块板的重量以两人能搬动为宜。当面板的板条长度不够而需要接长时,板条接缝应位于肋木处并相互错开,以保证面板的刚度。

支撑的肋木一般做成截面为 25mm×35mm～50mm×50mm 尺寸不等的枋材,其间距视浇筑混凝土侧压力大小及面板厚度而定。当面板厚为 25mm 时,肋木间距可取 400～450mm;板条厚大于 25mm 时,间距可取 450～500mm。

木模板对木材要求较高,且消耗量大,重复利用率低。目前较多采用定型组合式钢模板。板块的连接件有钩头螺栓、U 形卡、回形销、L 形插销、紧固螺栓等,如图 5-2-2 所示。

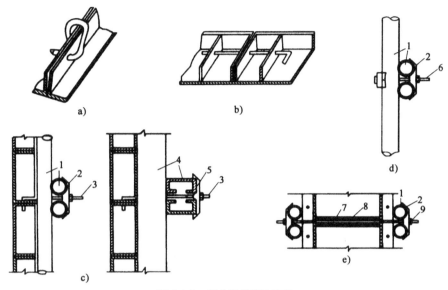

图 5-2-2　组合钢模板连接件

a)U 形卡连接;b)L 形插销连接;c)钩头螺栓连接;d)紧固螺栓连接;e)对拉螺栓连接

1-圆钢管钢棂;2-"3"字形扣件;3-钩头螺栓;4-内卷边槽钢钢棂;5-蝶形扣件;6-紧固螺栓;7-对拉螺栓;8-塑料套管;9-螺母

支撑一般沿梁的轴线布置(间距 1～1.5m),常用方木、圆木、钢管、定型脚手架做成,支撑应支承在坚实的地面上,下垫木楔。支撑之间应注意用水平及斜向拉条钉牢,以防止模板系统整体倾斜或支撑本身失稳而发生事故。拉条可用半圆木、钢管,一般沿支撑铅直方向每 2m 安装一层。

安装梁模板时,先架主梁模板并在次梁的位置留缺口,以便安装次梁。为了防止由于支架系统在浇筑混凝土后变形而引起跨中梁底下垂,跨度大于 4m 时,跨中应该"起拱"。起拱高度若设计未规定时,宜为全长跨度的 0.2%～0.3%。

近年来,我国许多港口工地采用定型组合式钢模板整装。它是以定型钢模板组成大型平面模板(尺寸达 14m×8m),用工字钢和桁架焊接支撑以构成整装大片(图 5-2-3),每片质量有 5～6t,用起重机吊运安装。用这种整装大片安装沉井、沉箱及船坞和船闸的墙壁模板时,只要将两侧模板用螺栓对拉固定,即可完成模板安装工作,施工十分方便。

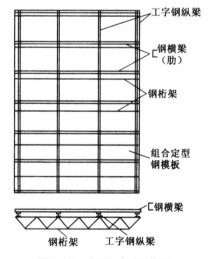

图 5-2-3　大型组合式钢模板

2.固定式模板

当结构外形较复杂且特殊时,模板或在模板加工厂中加工或在现场按具体形状的变化就

121

地进行拼装,由于它只适用于一个固定的形式,故称固定式模板。这种模板一般只能使用一两次,耗费大、成本高,应尽量避免采用。

固定式模板有定型和不定型两种。不定型模板是用零散的木料和木板条在施工现场临时拼钉而成,需要什么形状就做成什么形状。如图 5-2-4 所示,在岩基上浇筑最下层混凝土时,为使模板的下部边缘与岩石的外形符合,就必须临时拼钉固定式不定型模板。固定式定型模板多用于形状比较复杂的结构物或结构部位,如船闸输水廊道的某些曲面模板,就要根据图纸设计的形状在工厂预先做好,然后送到施工现场安装。

3. 滑升式模板

滑升模板简称"滑模"。它是沿建筑物底部周边一次装设高为 1.2m 左右的模板,一面不断向模板内浇筑混凝土,一面不断向上提升模板。随着模板的不断滑升,逐步完成建筑物的混凝土浇筑工作。

采用滑升模板,可以连续施工,滑模已广泛应用于工业民用建筑(如水塔、烟囱、油罐、高层储仓)和水利水运工程(如竖井、沉箱、沉井、闸墩、桥墩及挡土墙等结构)中。

滑升模板由模板系统(模板、围圈和提升架等)、操作平台系统(操作平台、上辅助平台和内外吊脚手等)和提升机具系统(支承杆、千斤顶或卷扬机和提升操纵装置)三部分组成(图 5-2-5)。它们通过提升架连成整体,全部荷载也都通过提升架传递给千斤顶,再由千斤顶传递给支承杆承受。

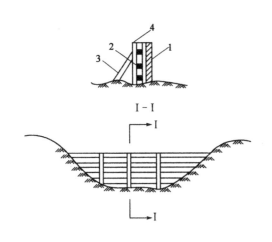

图 5-2-4 岩基上的固定式模板
1-模板;2-横梁;3-斜撑;4-立柱

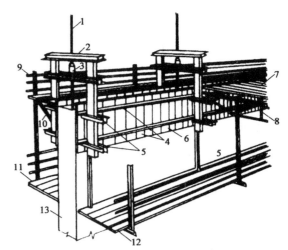

图 5-2-5 滑升式模板组成示意图
1-支承杆;2-提升架;3-液压千斤顶;4-围圈;5-围圈支托;6-模板;7-操作平台;8-平台桁架;9-栏杆;10-外排三角架;11-外吊脚手架;12-内吊脚手架;13-混凝土墙体

滑模滑升速度直接影响混凝土施工质量和工程进度,应根据混凝土凝固速度和出模强度、季节和气温的变化情况、劳动力配备、混凝土制备和运输能力等因素全面考虑予以确定。在正常气温条件下,一般为 200mm/h 左右。

采用滑模施工的结构构件截面要有一定的厚度,以保证模板内的混凝土自重大于黏着力,使混凝土不致在滑升过程中被模板带起,而出现水平裂缝或断裂。一般混凝土壁的最小厚度不得小于 12cm,对于方形柱的边长不得小于 25cm。

4.预制构件的模板

常见的预制构件模板有工具式模板(即拆移式模板)和台模。采用工具式模板装拆容易,模板周转率较高,适用于预制各种类型的构件。

工具式模板由装配式的侧板、端边和底板组成,用工具式夹具或斜撑安装固定。

混凝土浇筑1~2d后侧板和端板便可拆卸周转,底板一般要等构件混凝土达到起吊强度起吊后,才能拆卸周转。

台模系以混凝土平台作为底板,然后在平台上面装配侧板和端板,固定后便可浇筑混凝土。因此,台模也称无底的工具式模板,用台座法生产预制构件的模板多属这种形式。

台模表面必须平整,应具一定的强度和刚度,以保证构件在生产过程中不发生变形。大多数台模用混凝土做成,也可以采用砖砌,其表面铺1~2cm厚的1:2水泥砂浆抹平。在浇筑混凝土前,台座面必须打扫干净,然后涂一层隔离剂(如肥皂下脚液、废机油等)以利脱模(图5-2-6)。

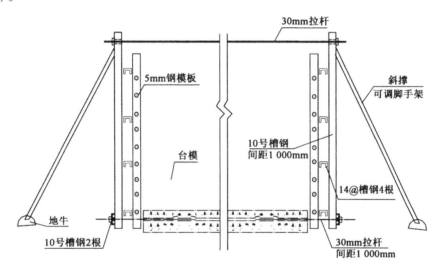

图5-2-6 台模及方块预制模板示意图

三、模板设计

一般小型构件的模板常根据经验和规范规定选择模板断面尺寸。重要结构的模板和特种形式的模板及其支架系统,应该进行必要的设计及强度计算,以选择既安全又经济的断面尺寸。在模板的设计工作中,除了模板荷载及其组合较特殊外,结构计算与一般结构计算方法相同。

(一)荷载规定

计算模板时的荷载设计值应采用荷载标准值乘以相应的荷载分项系数求得。

1.计算模板时的荷载分项系数(表5-2-1)

2.模板承受的荷载标准值

(1)模板和支架自重:根据设计图纸或实物确定。重度取值,松树木材可按$6kN/m^3$,落叶松木材可按 7.5kN/m³ 计,阔叶树木材可按 8kN/m³ 计,杉木和枞木可按 5kN/m³ 计;对组合钢模板及连接件可按 0.5kN/m² 计,组合钢模板连接件及钢楞可按 0.75kN/m² 计。

荷 载 分 项 系 数　　　　　　　表 5-2-1

项 次	荷 载 类 别	荷载分项系数
1	模板自重	1.2
2	新浇混凝土自重	
3	钢筋自重	
4	施工人员及施工设备荷载	1.4
5	振捣混凝土时产生的荷载	
6	新浇混凝土对模板侧压力	1.2
7	倾倒混凝土时产生的荷载	1.4

(2)新浇混凝土自重力标准值:对普通混凝土重度可采用 24kN/m³,对其他混凝土可根据实际重度确定。

(3)钢筋自重标准值:应根据按设计图纸确定。

(4)施工人员和设备荷载标准值,选取时应符合下列规定:

①计算模板和直接支承模板的楞木时,均布荷载可取 2.5kN/m²,并以集中荷载 2.5kN 进行验算,比较两者的计算弯矩值,按大值采用。

②计算支承小楞的梁和楞木构件时,均布荷载可取 1.5kN/m²。

③计算支架立柱及支承架构件时,均布荷载可取 1.0kN/m²。

④大型浇筑设备自重按实际情况计算。

⑤模板单块宽度小于 150mm 时,集中荷载可分布在相邻的两块上。

(5)振捣混凝土所产生的荷载标准值:水平面模板可采用 2.0kN/m²。振捣混凝土所产生的荷载标准值垂直面模板可采用 4.0kN/m²。但与第 4 项荷载不同时考虑。

(6)新浇混凝土对模板侧面的压力标准值。影响这一侧向压力的因素很多,如混凝土的重度、浇筑速度、振捣时的"触变"作用,凝结速度以及钢筋的疏密、集料尺寸、模板尺寸等,这些因素中只有一部分可以较准确地测定,而较多的则在浇筑过程中会发生变化。因此,对于混凝土侧压力,目前还不能进行精确计算,只能采用一些经验公式进行计算。

①采用插入式振捣器,混凝土的浇筑速度 V 在 6m/h 以下时,混凝土对模板的最大侧压力可按下式计算:

$$P_{max} = 8K_s + 24K_t V^{1/2} \qquad (5\text{-}2\text{-}1)$$

式中:P_{max}——混凝土对模板的最大侧压力(kN/m²);

K_s——外加剂修正波动系数,掺外加剂增大流动度,混凝土坍落度大于 80mm 时取 2.0,混凝土坍落度小于 60mm 时取 1.0;

K_t——温度修正系数(表 5-2-2)。

温度修正系数 K_t　　　　　　　表 5-2-2

温度(℃)	5	10	15	20	25	30	35
K_t	1.53	1.33	1.16	1.00	0.86	0.74	0.65

注:温度系指混凝土的温度,在一般情况下,可采用混凝土浇筑时气温。

②采用外部振动器,在振动影响的高度内,混凝土对模板的最大侧压力可按下式计算:

$$F_{max} = \gamma H \tag{5-2-2}$$

式中:F_{max}——混凝土对模板侧压力(kN/m^2);

　　　γ——混凝土的重度(kN/m^3),可取$24kN/m^3$;

　　　H——对模板产生压力的混凝土浇筑层高度(m),可取4h新浇筑混凝土的高度。

③采用导管法浇筑水下混凝土时,最大侧压力可按下式计算:

$$F_{max} = 14fV \tag{5-2-3}$$

式中:F_{max}——混凝土对模板侧压力(kN/m^2);

　　　f——混凝土能保持坍落度不低于150mm的时间(h);

　　　V——混凝土的浇筑速度(m/h)。

(7)倾倒混凝土所产生的水平动力荷载:可按表5-2-3中的数据采用。

倾倒混凝土产生的动力荷载 表5-2-3

项　次	向模板中供料方法	作用于侧面模板的水平荷载(N/m^2)
1	用溜槽、串筒或直接由混凝土导管流出	2 000
2	用容量小于$0.2m^3$的运输器具倾倒	2 000
3	用容量$0.2\sim0.8m^3$的运输器具倾倒	4 000
4	用容量大于$0.8m^3$的运输器具倾倒	6 000

其中,(1)~(5)为模板承受的竖向荷载,(6)为模板承受的水平向荷载。

其他荷载应按实际情况考虑。对无掩护海域的模板,确定波浪荷载时,可取重现期为5年的有效波波高。高度大于6m或处于滨海、沿江等地较高大的模板和支架,应验算其在风荷载作用下的抗倾稳定性。风荷载的计算应按有关规定进行。

(二)荷载组合

计算模板和支架时,应按表5-2-4选择最不利的荷载组合。

模板及支架的荷载组合 表5-2-4

序　号	模板构件名称	荷载组合项	
		计算强度用	验算刚度用
1	梁、板和拱的底模及支架	(1)、(2)、(3)、(4)	(1)、(2)、(3)
2	柱或墙的侧模板	(5)、(6)、(7)	(6)
3	梁和板的侧模板	(5)、(6)、(7)	(6)、(7)
4	基础、墩台等厚大结构侧模板	(6)、(7)	(6)

注:处在波浪和水流作用水域的模板及支撑在计算稳定时尚应考虑波浪和水流的作用。

(三)模板与支架的允许挠度

模板除满足强度要求外,还应满足刚度要求。当验算模板、支架时,其最大变形值不得超过下列允许值:

(1)结构外露面模板的挠度,不大于构件计算跨度的1/400,且满足结构表面平整度要求。

(2)结构隐蔽面模板的挠度,不大于构件计算跨度的1/250。

(3)钢模板面板的变形,不大于1.5mm。

(4)支架的压缩变形值或弹性挠度,不大于相应结构计算跨度的1/1 000。

(四)水下模板设计

设计水下模板时,混凝土的重度应以浮重度计算,同时还应考虑模板内外水位差及波浪的影响。模板及支撑结构在自重和风荷载等作用下应满足稳定性要求。

由于模板及支架受荷以后会产生压缩变形和挠曲,应消除模板变形和挠曲的影响。现浇梁板当跨度大于4m时,应采用起拱等方法解决,起拱量一般为跨度的1/1 000~3/1 000。

四、模板工作的组织实施

模板工作内容包括模板的制作、运输、安装、拆除以及修理。

1. 模板制作

模板制作应在模板加工厂(或车间)中进行。模板及支撑应按模板设计图和工艺文件加工制作。成品应经验收合格后方可使用。对不同类型的模板,要根据其特点和要求拟定其生产工艺流程,力求实现机械化生产。制成的模板应按使用部位进行分类编号,妥善保管。

2. 模板安装

模板制作与安装是一项繁重复杂的工作,安装时必须按照设计图纸进行,以保证混凝土建筑物各部位形状准确无误。模板及支架系统的安装应满足模板设计的要求,并应与钢筋绑扎及装设等工序配合进行。

大型模板及支撑在安装过程中,必须采取满足稳定性要求的临时固定措施。模板支撑的支承部分应稳定、坚固、可靠,应能抵抗在施工过程中可能发生的偶然冲撞和振动。立模误差须在规范允许范围内。立模方法因模板类型和安装部位而不同。安装模板一般用起重机吊装就位,对于较高的建筑物,立模时须先立脚手架,然后在脚手架平台上进行有关安装工作。

在混凝土浇筑时,应按模板设计荷载控制浇筑顺序、浇筑速度和施工荷载。模板上不得堆放超过模板设计荷载的材料和设备。

在混凝土浇筑过程中,应安排专人负责检查、调整模板的形状及位置。对重要部位的承重模板,应进行监测。

3. 模板的拆除

拆模对工程质量和模板周转率有直接影响。拆模时间应依结构特性、设计要求、气候和混凝土强度增长情况而定,可按港口工程施工规范中的规定施行。

(1)模板拆除的顺序应按施工方案的要求进行。当无要求时,应按照先支后拆、后支先拆的原则进行。

(2)模板拆除时,结构或构件混凝土的强度应达到设计要求,当设计无具体要求时,应符合下列规定:

①非承重侧模板拆除,应在混凝土强度能保证其表面及棱角不因拆除模板而受损坏时进行。

②芯模或预留孔洞的内模拆除,应在混凝土强度能保证构件和孔洞表面不发生坍陷和裂缝后进行。

③底模等承重模板拆除,应在混凝土强度能足够承受自重及其他可能叠加荷载或混凝土强度符合表5-2-5规定时进行。

整体式结构拆模时所需的混凝土强度　　　　　　　　　　　　表 5-2-5

项　次	结构类型	结构跨度(m)	按设计混凝土强度的标准值百分率计(%)
1	板	≤2 >2,≤8 >8	50 75 100
2	梁、拱、壳	≤8 >8	75 100
3	悬臂梁构件	≤2 >2	75 100

④后张法预应力混凝土构件底模拆除,应在构件建立预应力后进行。
⑤水下和水位变动区结构和构件的模板拆除时间应适当延后。
(3)大型模板和承重模板拆除时,应按模板设计的要求,采取防止模板倾覆或坠落的措施。
(4)模板拆除后,应对遗留在结构或构件表面上的拉杆及拉杆孔眼进行处理。拉杆头保护层的厚度不得小于设计最小厚度,拉杆孔眼的封堵应密实、平整。
(5)在拆除模板过程中,如发现混凝土有影响结构安全的质量问题时,应暂停拆除,经过处理后,方可继续拆除。
(6)对拆下的模板、支撑及配件,应及时清理、维修,分类堆存、妥善保管,钢模板应做好防锈工作。
(7)大型模板堆放时,应垫平、放稳,并应采取防止翘曲变形的措施;大模板竖立存放应满足自稳要求。
为防止模板与混凝土黏结,在修理模板时应在面板上涂刷脱模剂。
已拆除模板及其支架的结构,应在混凝土强度达到设计强度后才能允许承受全部计算荷载。

第三节　混凝土工程

混凝土制备是将各种配料拌和成符合质量要求的混凝土拌和料,以满足现场施工或构件预制的需要。它包括原材料储存、供料、配料计量、搅拌等生产过程。各生产过程都采用相应的机械设备进行生产,以保证混凝土拌和料均匀,级配准确,而且供应及时。
水运工程中,混凝土的拌制宜由有专门机械化、自动化设备的混凝土搅拌站或搅拌船集中搅拌。混凝土搅拌应按配料单配料,不得任意更改。

一、混凝土的制备

(一)原材料储存

1.集料储存
砂石集料进厂后,除按国家标准进行验收外,还应按品种、规格妥善储备。对所开采的天然砂石集料,要组织破碎、筛分和冲洗等工序进行加工,然后按品种规格储存。

集料储存多用堆场堆存的形式(图5-3-1)。集料堆场装卸设备有拉铲、皮带运输机,推土、抓斗起重机及斗式提升机等,选择设备应能互相配合,组成一条上料、存料和供料的流水线。图5-3-2为一栈桥和廊道堆场设备立面图。

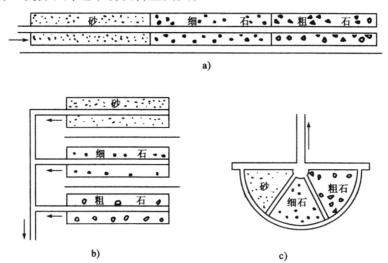

图5-3-1 集料堆场几种形式平面图
a)直线式;b)并列式;c)扇形式

集料的储存量应根据混凝土工厂的生产能力和材料供应情况以及场地条件具体确定。

2. 胶凝材料的储存

1)水泥储存

袋装水泥储存:水泥到场后须按不同厂家、不同强度等级分开堆放,一定要存放在专设的水泥仓库。水泥仓库应设在地势较高、排水顺畅、离使用地点不远、安全可靠的地点,屋顶及墙壁门窗不得透风漏雨,并必须具有一定的牢固强度,外墙应做勒脚和散水,地面须设置木地板,地板离地面不得小于30cm。袋装水泥一般用人工在水泥仓库中进行堆垛,堆高不得超过10袋;堆放时,水泥袋距四周墙壁应在30cm以上。水泥存放时间不能超过3个月,特别在雨季,受潮结块,影响胶结力的水泥应重新测定强度等级,否则不能使用。

水运工程严禁使用烧黏土质的火山灰质硅酸盐水泥。

散装水泥储存:水泥进厂后,由压缩空气送入筒仓。筒仓通常是用钢板焊接而成(图5-3-3)。

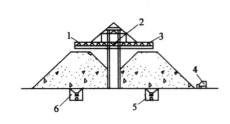

图5-3-2 栈桥和廊道堆场及设备
1-梭式带运机;2-进料带运机;3-双悬臂堆料机;4-推土机集料;5-供料带运机;6-廊道

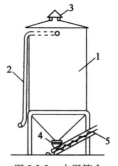

图5-3-3 水泥筒仓
1-筒仓;2-入仓管道;3-滤尘器;4-出料闸门;5-螺旋运输机

2)掺和料的储存

掺和料是在拌制混凝土或砂浆时,为改善性能、节省水泥、降低成本而掺加的矿物质粉状材料。它们与水泥一道共同起着参与混凝土的胶结作用。混凝土掺和料有好多种,现在常用的主要是粉煤灰、硅灰、高炉矿渣粉等。掺和料与水泥的存储方式基本相同,同样要按品种、等级分别运输储存,不得混入杂物。

在大中型混凝土工厂和混凝土预制构件厂搅拌车间,原材料除上述仓库或堆场外,在混凝土搅拌场还要设置储料间(即水泥、砂石储料漏斗),其目的是为了防止运输设备事故,即使发生临时性故障也不致影响生产,同时在冬季或夏季生产时,可在储料斗中对集料进行加热或预冷。储料斗的容量与搅拌机的生产率、每立方米混凝土原材料用量,以及储备时间有关,一般应满足供应 3~4h 的生产需要量。

(二)配料计量

配料是混凝土制备的一项重要工序,配料就是按照要求的混凝土施工配合比对每一罐拌和混凝土所需的各种材料的数量进行称量。

混凝土施工配料计算:

施工时应及时测定砂、石集料的含水率,并将混凝土配合比换算成在实际含水率情况下的施工配合比。设混凝土试验室配合比为:水泥:砂子:石子 $= 1:x:y$,测得砂子的含水率为 w_x,石子的含水率为 w_y,则施工配合比应为:$1:x(1+w_x):y(1+w_y)$。

【例 5-3-1】 已知 C20 混凝土的试验室配合比为:1:2.55:5.12,水胶比为 0.65,经测定,砂的含水率为 3%,石子的含水率为 1%,每 1m³ 混凝土的水泥用量 310kg,则施工配合比为:

$$1:2.55(1+3\%):5.12(1+1\%) = 1:2.63:5.17$$

每 1m³ 混凝土材料用量为:

水泥:310kg

砂子:$310 \times 2.63 = 815.3$kg

石子:$310 \times 5.17 = 1602.7$kg

水:$310 \times 0.65 - 310 \times 2.55 \times 3\% - 310 \times 5.12 \times 1\% = 161.9$kg

原材料由储料仓进入称量斗,由称量斗卸入集料斗或搅拌机。最简单的设备是手动闸门,在自动化的工厂里都采用气动闸门、螺旋运输机及电磁振动喂料机等设备,使系统实现联动化。

称量常用磅秤、台秤、自动杠杆秤(光电秤和水银秤)或电子秤进行。在大中型混凝土搅拌站,称量都已采用自动杠杆秤或电子秤进行。

水的计量一般都用配水箱计量,也可以采用水表计量。集料的含水率直接影响着水的用量。目前,我国已应用中子测水仪进行快速测量,通过自动控制系统能随时自动调节加水量。

配料计量应满足一定的精度要求,以保证混凝土品质、性能的稳定。施工技术规范规定的称量误差为:外加剂 ±1%,水、水泥和掺和料 ±2%;粗、细集料(石子和砂子)±3%。

(三)混凝土的搅拌

混凝土的搅拌方法,除工程量很小且分散的零星工程用人工拌制外,皆应采用机械搅拌。

施工中,一定要正确掌握加料顺序和搅拌时间,以保证混凝土的质量和搅拌机生产率。搅拌时间直接影响着混凝土的质量,在一定条件下,搅拌质量随搅拌时间的延长而提高。但搅拌时间过长,不仅会降低生产率,而且会降低混凝土的和易性,增加大粒径集料的破碎等。因此搅拌时间应根据搅拌机使用说明确定。

1. 混凝土搅拌时间

从全部材料投入搅拌筒起,到开始卸料为止所经历的时间称为搅拌时间。混凝土搅拌的最短时间可参考表 5-3-1。

混凝土搅拌的最短时间(s) 表 5-3-1

混凝土坍落度(mm)	搅拌机类型	搅拌机容量(L)		
		<250	250~500	>500
≤30	自落式	90	120	150
	强制式	60	90	120
>30	自落式	90	90	120
	强制式	60	60	90

2. 投料顺序

施工中常用的投料顺序有:一次投料法、二次投料法、水泥裹砂法等几种。

(1) 一次投料法

在料斗中先装入石子,再装水泥和砂,然后一次投入搅拌机。在搅拌筒内要先加部分水(对自落式搅拌机)或投料同时陆续加水。这种加料顺序是水泥夹在砂石中间,上料时不致飞扬,同时水泥及砂又不致粘贴斗底。上料时,水泥和砂先进入筒内形成水泥砂浆,缩短了包裹石子的过程,能提高搅拌机生产率。

强制式搅拌机出料口在下部,不能先加水,应在投入原材料的同时,缓慢均匀分散地加水。

(2) 二次投料法

先向搅拌机内投入水和水泥(和砂),待其搅拌 1min 后再投入石子继续搅拌到规定时间。这种投料方法,能改善混凝土性能,提高混凝土的强度,在保证规定的混凝土强度的前提下节约水泥。目前常用的方法有:预拌水泥砂浆法和预拌水泥净浆法。预拌水泥砂浆法是指先将水泥、砂和水加入搅拌筒内进行充分搅拌,成为均匀的水泥砂浆后,再加入石子搅拌成均匀的混凝土。预拌水泥净浆法是先将水泥和水充分搅拌成均匀的水泥净浆后,再加入砂和石子搅拌成混凝土。

(3) 水泥裹砂法

用这种方法拌制的混凝土称为造壳混凝土(简称 SEC 混凝土)。它分两次加水,两次搅拌。先将全部砂、石子和部分水倒入搅拌机拌和,使集料湿润,称之为造壳搅拌。搅拌时间以 45~75s 为宜,再倒入全部水泥搅拌 20s,加入拌和水和外加剂进行第二次搅拌,60s 左右完成,这种搅拌工艺称为水泥裹砂法。

与一次投料法相比,二次投料法和水泥裹砂法可使混凝土强度提高 10%~15%,节约水泥 15%~20%。

3. 进料容量与出料容量

进料容量是将搅拌前各种材料的体积累加起来的容量,即干料容量。如 800L 搅拌机,每次拌出混凝土 $0.8m^3$,其进料的各种材料的总体积约 $1.2m^3$。出料体积与进料体积之比一般取 0.65~0.70。值得注意的是,搅拌机搅拌筒的几何容积 V_g 与进料体积 V_j 有一定的比例关系,一般 $V_g/V_j = 2.5 \sim 3.0$。如任意超载(进料体积超过10%以上),就会使材料在搅拌筒空间不足的情况下进行掺和,影响混凝土拌和物的均匀性;反之,如装料过少,则不能充分发挥搅拌机的效能。

4.搅拌要求

(1)严格执行混凝土施工配合比,及时进行混凝土施工配合比的调整。钢筋混凝土和预应力混凝土,均不得采用海水拌和。

(2)严格进行各原材料的计量。

(3)搅拌前应充分润湿搅拌筒,搅拌第一盘混凝土时,应按配合比对粗集料减量。

(4)控制好混凝土的搅拌时间。

(5)按要求检查混凝土坍落度并反馈信息。严禁随意加减用水量。

(6)搅拌好的混凝土要卸净,不得边出料、边进料。

(7)搅拌完毕或间歇时间较长时,应清洗搅拌筒。搅拌筒内不应有积水。

(8)保持搅拌机清洁完好,做好其维修保养工作。

(四)混凝土搅拌站(厂)

由于水运工程的混凝土用量一般较大,故在施工中常需要混凝土搅拌站(一般为服务于工地性质的临时性企业),或者是生产商品混凝土的工厂(一般为地区性质的永久性企业),为工程提供混凝土。故在新设立混凝土搅拌站(厂)时,首先应了解建设需要和供应范围,以确定其规模和生产能力,然后选择搅拌机及其他设备,并根据地形、交通等条件在施工总平面图中合理安排站址或厂址。

混凝土搅拌站(厂)的生产能力主要是指搅拌机的容量,其他机械设备都以它为准而进行配套。搅拌设备的容量应满足工程施工最大浇筑强度或所有用户最大需用量之和。即混凝土的小时生产率应大于计算的小时浇筑强度(m^3/h)。但容量不能定得过大,否则将有部分搅拌设备空闲而造成浪费。

设施工总进度计划确定的混凝土浇筑高峰月强度为 Q_{max}(m^3/月),则计算浇筑强度为:

$$P = \frac{K \cdot Q_{max}}{n \cdot m} \quad (5\text{-}3\text{-}1)$$

式中:P——浇筑强度(m^3/h);

n——高峰月期间每天有效工作小时数;

m——高峰月内有效工作天数,可取28d;

K——浇筑强度的日不均衡系数,即高峰月内实际最高小时强度与按全月总工作小时计的平均强度之比,一般可取1.2~1.5。

根据浇筑强度,并考虑适当的备用容量(约25%),可得搅拌站内搅拌机总台数。

一台搅拌机的生产率可按下式计算:

$$p = K_t \frac{3.6V}{t_1 + t_2 + t_3 + t_4} \quad (5\text{-}3\text{-}2)$$

式中:p——一台搅拌机的生产率(m^3/h);

V——搅拌机容量(L,以出料体积计);

K_t——搅拌时间利用系数,0.85~0.95;

$t_1 \sim t_4$——t_1 为进料时间,自动化配料为 10~15s,半自动化配料为 15~30s;t_2 为搅拌时间;t_3 为出料时间,倾翻式拌和筒为 15s,非倾翻式为 25~30s;t_4 为必要的间歇时间,对双锥式为 3~5s。

搅拌站(厂)的搅拌机理论计算台数 N 为:

$$N = \frac{P}{p} \quad (台) \tag{5-3-3}$$

混凝土搅拌站(厂)的工艺布置,根据其组成部分在竖向布置方式的不同分为单阶式和双阶式。在单阶式混凝土搅拌站中(图 5-3-4),原材料一次提升后经过储料斗,然后靠自重下落进入称量和搅拌工序。这种工艺流程,布置紧凑、占地面积小、生产效率和自动化程度高,但由于厂房高度大,基建费用高,一般为商品混凝土工厂和混凝土预制构件厂采用。

当今国内外一些工程机械制造厂,设计和制造出各种定型的混凝土工厂,俗称拌和楼。这些拌和楼都是单阶组合式的自动化工厂,由成套部件运到工地装配,工程完毕后又拆移到别处使用。

双阶式混凝土搅拌站的物料要提升两次,第一次提升至储料斗,经称量后再提到搅拌机(图 5-3-5)。这种工艺流程的建筑结构和运输设备简单、投资小、布置灵活,所以在中小型工程广为应用。

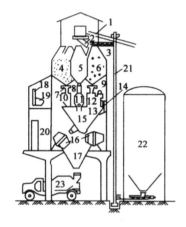
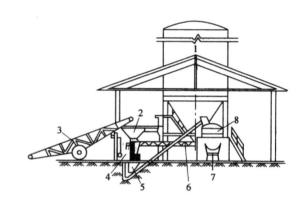

图 5-3-4 单阶式混凝土搅拌站
1-皮带运输机;2-回转分料斗;3-螺旋运输机;4、5、6-砂、水泥、石储料斗;7、8、9-砂、水泥、石给料自动阀门;10、11、12-砂、水泥、石计量斗;13-水计量斗;14-外加剂计量斗;15-集料斗;16-搅拌机;17-出料斗;18-计量指示盘;19-自动操作盘;20-集尘装置;21-斗式提升机;22-水泥筒仓;23-搅拌车

图 5-3-5 双阶式混凝土搅拌站
1-水泥筒仓;2-砂石储料斗;3-皮带机;4-称量;5-提升斗;6-螺旋运输机;7-混凝土运输车;8-强制式搅拌机

在离岸较远的海上或湖上浇筑混凝土建筑物,如果从岸上运送混凝土拌和料在技术上有困难或不经济时,须采用浮式混凝土搅拌站,常称混凝土搅拌船,其工艺设施与陆上搅拌站基本相同。

二、混凝土的运输

混凝土的运输是将混凝土从搅拌工厂送到浇筑现场。混凝土运输的工作量大,施工条件复杂,受气温、道路、运距等因素的影响,如组织不好,将会延缓工程进度和降低混凝土的施工质量。

1. 混凝土运输的要求

(1)运输能力应与搅拌及浇筑能力相适应。

(2)保持混凝土的均匀性,不允许混凝土发生离析分层现象。在运输过程中,转运和倒料时混凝土容易发生粗集料和水泥砂浆的分离,当混凝土从高处自由下落时,高度过大(超过2.0m)也会发生分离,需要采取措施。

(3)应缩短运输时间,以保证混凝土运至浇筑地点时没有初凝,尚有充足时间进行平仓和振捣作业。

(4)在运输过程中,应采取措施使混凝土入仓温度满足要求,避免受外界气温等自然条件的影响。

(5)要尽量减少转运次数,要注意运输道路条件,避免混凝土受到剧烈的振动。

(6)运输混凝土的容器应不吸水、不漏浆。

2. 混凝土的运输方式

根据从搅拌工厂到浇筑仓库的运距、高差和道路条件,有如下几种混凝土的运输方式。

(1)直接用双轮手推车、机动翻斗车、普通汽车等运送混凝土入仓。这种方式,可将混凝土直接或通过溜槽、串筒等浇筑设备卸入浇筑块中。双轮手推车的斗存量为 0.07~0.1m³,载质量一般为200kg,除了在运输量不大、运距不长的小型工程中用它作为主要运输工具外,一般都用它来作辅助运输。

机动翻斗车(图 5-3-6)一般载质量为1t。当运距长、浇筑量大时,可用自卸汽车直接将混凝土卸入浇筑块中,图 5-3-7 为自卸汽车浇筑船闸底板示意图。

图 5-3-6 机动翻斗车

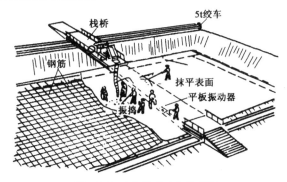

图 5-3-7 自卸汽车入仓示意图

(2)混凝土搅拌车。混凝土搅拌车是用来运送建筑用混凝土的专用货车。这类货车上都装置圆筒形的搅拌筒以运载混合后的混凝土,在运输过程中会始终保持搅拌筒转动,以保证所运载的混凝土不会凝固。运送完混凝土后,通常都会用水冲洗搅拌筒内部,防止硬化的混凝土占用空间,使搅拌筒的容积越来越少。混凝土从生产到浇筑的时间一般不能超过1.5h,以免混凝土凝结(当运输距离确实远时,可在混凝土中加入缓凝剂来延长混凝土的凝结时间)。所以,在更远距离运输的情况下,可采用干料和半干料搅拌运输车来运送。当车辆将要到达施工场地或在施工场地再加水完成混凝土的搅拌。

(3)起重机配合桶或吊罐运输。当地形高差大、建筑物高,或者建筑物结构较复杂,汽车等水平运输工具不便入仓时,可采用桶或吊罐与起重机配合的方式。这样可省去搭设栈桥、铺设出入坑道路等许多临时工程。这种方式一般以桶或吊罐盛混凝土,用载货汽车或铁路车辆运到起重机附近,由起重机将桶或吊罐吊入浇筑块内浇捣。采用吊罐运输混凝土时,吊罐应便于卸料,活门应开启方便、关闭严密,不得漏浆。吊罐的装料量宜为其容积的90%~95%。

若用自卸汽车运输混凝土,则将混凝土卸入放置在起重机旁的吊罐中,然后由起重机吊运到位进行浇筑(图5-3-8)。

这种方式常用的起重机有履带式起重机(图5-3-9)和塔式起重机(图5-3-10)等。在水运工程中使用较多的万能杆式起重机有履带式、汽车式,图5-3-9所示为用履带式起重机浇筑船坞混凝土示意图。履带式起重机使用灵活,移动方便,只要更换工作装置便可进行挖土、打桩等作业,因而适用性广。其缺点是稳定性较差,起重高度和起重量受到一定限制。

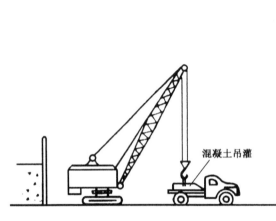

图5-3-8 汽车—起重机方式

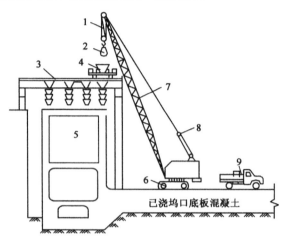

图5-3-9 履带式起重机浇筑混凝土
1-起重滑车;2-混凝土桶;3-金属栈桥;4-分料车;5-泵房;
6-履带;7-起重杆;8-变幅滑车;9-运输汽车

塔式起重机起重杆可随端塔绕塔架轴线旋转360°,起重机靠小车的水平移动改变幅度,靠门架在轨道上的移动改变位置。由于它靠自身稳定,同时起重杆安装位置高,故占地面积小、控制空间大,缺点是起重机构造和架设较为复杂。按其起吊质量不同,分为轻型、中型和重型三类。轻型的起吊质量在3t以内,起重杆长度为8~12m,可用以浇筑船闸混凝土和安装模板、钢筋等辅助工作;中型的起吊质量为5~15t,起重杆长度为15~37m,多用来浇筑大坝混凝土或重件吊运安装工作;重型的起吊质量为20~40t,外伸幅度达30m,起重高度达75m,多用于重件及机电设备的安装工作。

使用起重机时,必须注意稳定问题。稳定性决定了起重杆在外伸幅度下可能吊起的最大质量。在设计起重机时,要根据标准运行荷载进行稳定性计算,并将结果绘制成起质量 Q 和外伸幅度 R 及起重高度 H 的关系曲线,以便使用。当实际运用条件超过运行荷载时,应当降低起吊质量,并对最不利条件下满载状态和非工作状态的稳定性进行校核计算。

当建筑物平面尺度较大,不能全部包络在起重机的活动范围内,不能完全用起重机吊运混凝土入仓时,可以用一般手推车、机动翻斗车等小型简易水平运输工具转运入仓,这时,起重机主要用以提升混凝土。作为提升混凝土用的起重机械,除上述外,还可以用井式升降机(图5-3-11)。

井式升降机吊运混凝土有两种方式:一种是混凝土经过溜槽装进井架的料斗内,料斗提升到上部混凝土浇筑层,并自动卸入储料斗,再由小车分送到浇筑地点;另一种是用有升降平台的井架,将装有混凝土的双轮手推车提升到上部,手推车沿着栈桥运送到浇筑地点,这种设备简单,效率高。

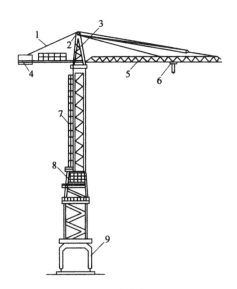

图5-3-10 塔式起重机
1-拉索;2-绞车;3-塔顶;4-平衡重;5-起重杆;
6-起重小车;7-塔架;8-操纵室;9-门架

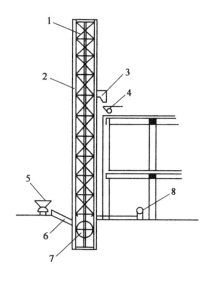

图5-3-11 井式升降机
1-导轨;2-井架;3-卸料斗;4-手推车;5-运输车;
6-滑槽;7-运料斗;8-卷扬机

(4)混凝土泵。混凝土泵是利用压力来连续运送混凝土的机械。混凝土在其压力作用下沿着金属管道被压送到浇筑地点,与外界隔离,能一次完成水平及垂直运输工作,这种方法经济可靠,快速方便,生产效率高,在工作面狭窄和难以操作的地方(如隧道衬砌、水下堵洞等)采用混凝土泵运输更为有效。混凝土泵的缺点是一旦卡管,会造成混凝土浇筑停顿,必须将管道全部拆卸以排除堵塞,因此造成混凝土的浪费,所以应严格控制粗集料的粒径。

泵送作业应连续进行。因故中断时,应使混凝土泵保持转动,防止导管堵塞。在常温下,间歇时间过久,应将存留在导管内的混凝土排除,并加以清洗。

混凝土泵目前应用较多的是活塞式(图5-3-12)。混凝土泵每小时可输送混凝土5～90m³(最高可达150m³)。单纯进行水平运输时,运距可达90～150m(有远达600m者);单纯进行垂直运输时,运送高度可达30～90m(最高达150m)。

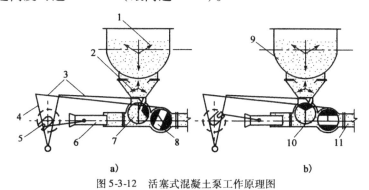

图5-3-12 活塞式混凝土泵工作原理图
a)吸入冲程;b)压送冲程
1-搅拌叶片;2-叶片;3-连杆;4-摇杆;5-曲轴;6-活塞;7-进料活门;8-出料活门;9-受料斗;10-缸体;11-管道

采用混凝土泵时,对混凝土的和易性有较高的要求。泵送混凝土最小胶凝材料用量根据管径、距离、坍落度、集料种类、气候条件等因素确定,无抗冻要求的混凝土不小于300kg/m³,有抗冻要求的混凝土不小于340kg/m³。其水胶比不大于0.60,坍落度宜控制在10～20cm之间,含砂率为38%~45%。为使混凝土在输送时有足够的流动性,应掺入加气剂或塑化剂(掺入量为水泥重量的0.1%~0.15%)。粗集料最大粒径不大于管道直径的1/3,宜选用卵石,以免造成堵塞。输送管道有用钢、铝或塑料等制成的硬管及用橡胶、钢材绕制或塑料制成的软管两种,要求其内壁光滑平整、接口严密、轴线对齐、安设平顺。开始泵送之前,应先用水泥砂浆或水泥浆通过管道,使其润滑,以减少输送阻力;在混凝土压送完毕后,必须进行清洗。

混凝土泵布料车是将混凝土泵装在汽车上,车上装有可以伸缩或屈折的布料杆,管道装在杆内,末端是一段软管,可以将混凝土送到浇筑地点。虽对混凝土制备等提出了较高要求,成本稍高,但在一定条件下使混凝土的运输灵活方便。

(5)皮带机运输混凝土。工程中可用皮带运输机来转运或直接运送混凝土入仓。一般来说,因其构造简单,质量轻,临时设施费用少,故投资较低,生产效率高,还可以爬一定的坡度。可是由于运输中混凝土与大气接触面积大,容易改变混凝土的坍落度及和易性;同时由于频繁扰动混凝土容易产生离析和漏浆。因此,在运用皮带运输机运输混凝土时,必须采取相应的防范措施,如要选用槽形断面皮带,最大允许倾角不应超过表5-3-2的规定,皮带机最好设在廊道中,尽量减少转运次数,皮带机运输的水平距离不宜超过两条皮带机接运,且不宜大于40m;皮带机的最大运转速度不应超过1.2m/s;卸料处应有挡板等设施,以使混凝土垂直集中下落,进行配比设计时,要考虑运输中会有2%~3%的砂浆漏失和水分蒸发等。

皮带机运送混凝土最大允许倾角 表5-3-2

坍落度(mm)	最大允许倾角(°)	
	向上提升时	向下降落时
<40	18	12
40~80	15	10

三、混凝土的浇筑

(一)浇筑块的划分

在设计港口航道建筑物时,考虑地基不均匀沉陷和环境温度变化对建筑物的影响,常常将整个建筑物用永久性接缝(变形缝)分成几个各自独立的结构块,变形缝间设置止水或特殊装置,以保证不透水并能适应变形要求。

建筑物结构块的高度和平面尺寸一般都很大,由于施工条件(如受混凝土浇筑强度、初凝时间、散热要求以及劳动力组织等因素)的限制,不可能将一个结构块一次连续浇筑完毕,因而必须把结构块在高度上分成数层,在平面上划分成许多小块,逐次进行浇筑(图5-3-13)。这种由于施工要求而划分的混凝土块体叫做浇筑块。在一个浇筑块内,混凝土应连续地一次浇完。两个浇筑块之间常间歇3~7d。划分浇筑块的缝叫施工缝(或称临时性接缝),与设计安排的结构缝不同,但应尽可能让施工缝与结构缝相结合。这种缝应在施工过程

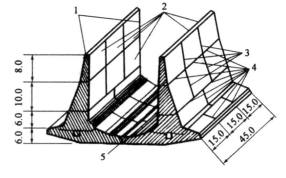

图5-3-13 建筑物分块示意图(尺寸单位:m)
1、5-沉降缝;2-分块;3-温度伸缩缝;4-施工接缝

中进行专门处理(如凿毛),使新旧混凝土结合紧密,以保证建筑物的整体性。

浇筑块的划分,应根据建筑物的结构特点、施工条件、温控要求等因素来确定,一般应遵循以下原则。

(1)施工缝的位置,一方面要照顾到施工的方便,另一方面必须满足建筑物构造上的要求,宜留置在结构受剪力较小且易于施工的部位,且应在混凝土浇筑前确定。有抗渗要求、与底板相连的墙体,其水平施工缝宜留置在距底板大于1m高的位置。

(2)施工缝的数目应尽可能地减少,可尽量利用变形缝分隔浇筑块,以及采取完善的施工措施,尽可能地加大浇筑块尺寸。

(3)浇筑块尺寸之大小必须保证混凝土在施工中不产生"冷缝"。一个浇筑块的浇筑工作,一般是分层依次连续进行的,每一层的浇筑捣实工作必须在相邻的下层混凝土初凝之前完成;否则,在浇筑块内各层之间因不能很好地结合而产生冷缝。冷缝直接影响到混凝土的质量,是严重的质量事故。为了避免冷缝,应以混凝土的供应能力及其初凝时间来控制浇筑块的平面尺寸,通常用式(5-3-4)表示:

$$Q(t-t_1) \geqslant Ah \qquad (5\text{-}3\text{-}4)$$

式中:Q——混凝土浇筑强度(m^3/h);

t——混凝土初凝时间(h);

t_1——混凝土运输时间(h);

h——每一浇筑层厚度(m),视振捣器性能而定;

A——浇筑块平面面积(m^3)。

由式(5-3-4)求得 A,再根据结构块的具体情况来划分浇筑块的平面尺寸。根据混凝土的收缩变形,一般浇筑块最大边长,对于钢筋混凝土结构不超过30m,而对混凝土不超过20m。浇筑块高度,主要由混凝土散热要求以及模板的尺寸决定,对于大体积混凝土工程,一般为1~3m;对于像闸墙、坞墙那样的薄壁结构可达3~6m。

(二)浇筑混凝土前的准备工作

混凝土开始浇筑之前,除按设计要求做好模板安装、钢筋绑扎、所有预埋件和观测仪器的安设以外,还必须做好基础处理、变形缝和施工缝处理以及浇筑前的检查。

1.施工缝和变形缝的处理

(1)施工缝

施工缝应做成垂直缝或水平缝,有抗渗要求的墙或薄壁结构,宜做成榫状或设置止水板。在埋有块石的混凝土中留置水平施工缝时,宜使埋入的块石外露一半。

施工缝处理方式,先清除浮在表面的乳皮,并造成粗糙表面以保证新老混凝土能够紧密结合;在垂直缝的面上要设键槽,以增强接缝处抗剪强度,接着进行清扫冲洗工作,最后在继续浇筑施工前铺设砂浆层(垂直面刷水泥净浆)。施工缝若处理不好,不仅影响建筑物的整体性,而且影响施工进度。

清除乳皮的方法有人工凿毛、机械凿毛、风砂枪冲毛及喷洒缓凝剂等。

人工凿毛质量好,但工效低,劳动条件差,劳动强度大,一般每工日只能凿6~8m^2。

机械凿毛用风铲、风钻、风镐进行。风铲操作灵活;风钻是在风钻机上装上短钎钻头,多用于小面积(如闸门槽)凿毛;风镐适用于水平和垂直面的老混凝土凿毛,工效可达50~80m^2/台班,但由于冲击力大,往往留有棱角和局部松动的石子,尚需人工补充处理。

风砂枪喷湿砂冲毛质量较好,工效高,但要清除遗留石渣、砂子,且需要有制砂、运砂及收集残砂的设备,工序较繁。

喷洒缓凝剂在新浇的混凝土表面,如喷亚硫酸盐酒精溶液,可以使混凝土表面一定厚度内的混凝土硬化过程延缓,强度降低,这样就很容易凿毛。

施工缝经过凿毛后,还必须进行仔细的清扫和冲洗仓面的工作,方法是先进行初步清扫,再用低压水冲洗。

施工缝处继续浇筑混凝土时,应待混凝土的抗压强度不小于1.2MPa方可进行。应先用水充分润湿水平缝老混凝土表面,达到饱和面干,低洼处不得留有积水;然后在已凿毛清洗的缝面上铺一层2~3cm厚的水泥砂浆层(使新老混凝土能紧密结合),砂浆或水泥净浆的水灰比应小于混凝土的水灰比。

(2)变形缝

对有防渗漏要求的建筑物,如船坞底板和坞墙结构等,需进行止水变形缝的处理,大多是设置止水铜片和在缝中放填料,而一般码头并无防渗要求。变形缝一般是平直的,缝的宽度在1~5cm之间,这样使其既能保证相邻两结构块在发生伸缩不均匀沉降时互不干扰,又能保证不从缝间漏水。

变形缝填料的选择,常依缝的宽度而定。缝隙宽为1cm时,可在缝面上贴防水卷材,如油毡纸、防水纸等;缝宽为1~2cm时,可用油浸木丝板填缝;缝宽达5cm时,可用沥青砂胶和流质沥青制成沥青板填缝,并在沥青板的两面用浸过沥青的黄麻或防水布等织物粘贴。

建筑物迎水面的止水装置有多种形式。图5-3-14是一种常用的止水装置。施工时,在先浇块模板表面加设三角形模板,构成一个三角槽,将2~3mm厚的止水铜片钉在模板上[图5-3-14a)],拆模后将止水片展开成形,然后用预制混凝土槽形块与先浇块的三角槽口中对中安放,以构成沥青井[图5-3-14b)]。预制槽形块长约1.0m,随着混凝土的浇筑而不断接高,同时在沥青井内灌注热沥青(如果需要在沥青井内布置加热沥青的镀锌铁管,可在先浇混凝土块中预埋钢筋,以固定加热管)。

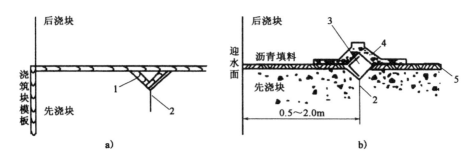

图5-3-14 结构缝止水装置
1-三角形模板;2-止水片;3-沥青井;4-预制混凝土槽形块;5-结构缝

止水装置一般设在离上游迎水面0.5~2.0m的地方,同时在止水片前面的缝中灌满沥青或铺设沥青油毡等隔水材料。

2.浇筑前的检查

浇筑混凝土前,除对上述基础、施工缝、变形缝的处理进行检查外,还应对下列项目进行检查:

(1)检查模板的位置、高程、尺寸、强度和刚度是否符合要求,接缝是否严密,预埋件位置和数量是否安设牢固,是否符合图纸要求。

(2)检查钢筋的规格、数量、位置、接头和保护层厚度是否正确。

(3)清理模板上的垃圾和钢筋上的油污,模板、漏斗、滑槽、导管等是否已湿润。

(4)机械、工具、材料的数量以及风、水、电的供应准备是否就绪。

(5)填写隐蔽工程记录。

(三)混凝土的浇筑

混凝土的浇筑包括平仓和振捣两个环节。应尽量分段、分层连续进行,随浇随捣。

1. 平仓

平仓就是把卸入仓内成堆的混凝土料按一定顺序和规定的厚度摊开并铺成均匀的混凝土层,以便进行振捣。

浇筑混凝土的分层厚度,应根据气温、浇筑能力和振捣设备综合分析确定,其分层最大允许厚度应符合表5-3-3的要求。

浇筑混凝土的分层允许厚度(mm)　　　　表5-3-3

捣实方法	振实后的厚度	捣实方法	振实后的厚度
插入式振捣器振实	≤500	附着式(外挂)振动器振实	≤300
表面振动器振实	≤200	人工捣实	≤200

正确的平仓方法和操作对混凝土浇筑强度和质量有很大影响,往往由于仓面不平,引起分层、集料架空、泌水、漏振或冷缝事故。一般采取人工用铁锹和铁耙进行铺筑。平仓不允许用振捣器,即不允许用振捣器插入料堆内部,借混凝土在振动作用下的液化自动摊平,以免造成分层离析等质量事故。

为了减少平仓工作量,防止混凝土分离,应特别注意混凝土入仓时的分料工作,要尽量使混凝土投放到接近最终铺筑的位置。卸料时应从低到高,均匀对称卸料,减少混凝土流动。

混凝土自高处倾落时,其自由倾落高度不宜超过2m;若混凝土自由下落高度超过2m,应设串筒、斜槽、溜管或振动溜管等,见图5-3-15。

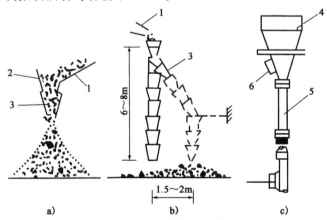

图5-3-15 自由倾落防分层离析措施
a)溜槽;b)串筒;c)振动串筒
1-溜槽;2-挡板;3-串筒;4-漏斗;5-节管;6-振动器

浇筑斜面混凝土时,应从低处开始,逐渐向高处浇筑。必要时在底部加挡板,避免混凝土向低处流动。

铺筑有平层铺筑和梯形铺筑两种方式,如图 5-3-16 所示。

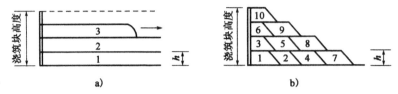

图 5-3-16 平层铺筑和梯形铺筑
a)平层铺筑；b)梯形铺筑

平层铺筑是将混凝土依水平层次分层铺平,铺完一层经振捣后再铺第二层。这种方式对混凝土的供应能力有一定的要求,必须使新浇的混凝土尽快地把下一层覆盖,以保证浇筑层间不产生冷缝。当仓面太大,供料能力不足时,可采用梯形铺筑。此时,浇筑块高度一般在 1.5m 左右,每层宽 3m 为宜。值得注意的是当坍落度超过 5cm 时,用梯形铺筑容易发生混凝土分离和砂浆流失。

平仓铺筑工作应按顺序进行,一般从浇筑块短边开始,一条一条平行于短边而沿着长边方向推进(图 5-3-17)。

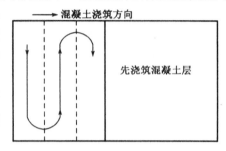

图 5-3-17 浇筑顺序

大体积钢筋混凝土结构的铺筑方案一般分为全面分层、分段分层和斜面分层三种,见图 5-3-18。全面分层即在第一层浇筑完毕后,再回头浇筑第二层,如此逐层浇筑,直至完工为止。分段分层是混凝土从底层开始浇筑,进行 2~3m 后再回头浇第二层,同样依次浇筑各层。斜面分层是要求斜坡坡度不大于 1/3,适用于结构长度大大超过厚度 3 倍的情况。

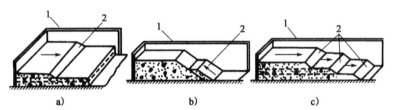

图 5-3-18 大体积混凝土结构浇筑方案
a)全面分层；b)斜面分层；c)分段分层
1-模板；2-新浇的混凝土

2. 混凝土的振捣

振捣的目的在于排除混凝土中所含的空气和多余的水分,使混凝土获得最大的密实性。振捣方式分为人工振捣和机械振捣两种。人工振捣是利用捣锤或插钎等工具的冲击力来使混凝土密实成型,其效率低、效果差；机械振捣是将振动器的振动力传给混凝土,使之发生强迫振动而密实成型,其效率高、质量好。

混凝土振动机械按其工作方式分为内部振动器、表面振动器、外部振动器和振动台四种(图 5-3-19)。振动机械的构造原理,主要是利用偏心轴或偏心块的高速旋转,使振动器因离心力的作用而振动。

(1)内部振动器。内部振动器又称插入式振动器。常用的电动插入式振捣器为软轴式振捣器。它的电动机放在底盘上,通过增速器带动钢丝软轴,使振动棒内的偏心块旋转而产生振动。软轴式振捣器操作轻便,用于钢筋较密、工程量不大的部位。

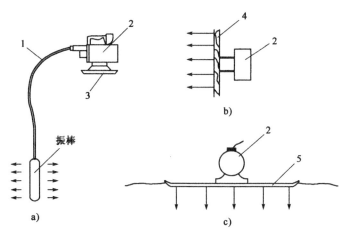

图 5-3-19 振动器的几种形式
a)内部式(插入式);b)外部式(附着式);c)表面式(平板式)
1-软轴;2-电动机;3-底盘;4-模板;5-平板

使用插入式振捣器振捣混凝土时,应垂直或略带倾斜地插入,并插到下层尚未初凝的混凝土中约5cm深,以促使上下层形成整体。振捣 15~30s 后,慢慢拔出。混凝土振捣好的特征是:表面下沉停止,气泡不再冒出,表面平坦并有少许水泥浆。振捣时间不够,则密实度不足,过振则集料下沉,砂浆上翻,造成人为的混凝土离析。

振捣器的振捣顺序宜从近模板处开始,先外后内,插入点应均匀,不要忽远忽近,一般间距不超过振捣器的有效作用半径 R 的 1.5 倍(图 5-3-20)。振捣器有效作用半径 R 与混凝土坍落度和振捣器类型有关,一般为 30~50cm,宜用试验确定。振捣器离模板的距离应不小于 R 的一半,不大于 R。使用插入式振捣器时,应该避免碰撞钢筋、模板、芯管及预埋件等。

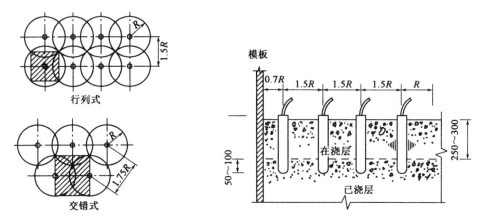

图 5-3-20 插入式振动器作业(尺寸单位:mm)

(2)表面振动器。表面振动器又称平板振动器,是将电动机轴上装有左右两个偏心块的振动器固定在一块平板上而成。工作时,平板直接搁在混凝土表面,偏心块的振动作用通过底板传到混凝土,振实到表面出浆,不再下沉时便缓缓向前拖动,常用于振实面积大而厚度小的构件或部位,如平板、地面以及预制空心板、薄板等。其振动作用可直接传递于混凝土面层上。

(3)外部振动器。外部振动器又称附着式振动器,借螺栓或夹钳等固定在模板的横木上,利用偏心块旋转时产生的振动力通过模板把振动力传给混凝土,达到振实的目的。这种振捣器要求模板有足够的刚度,要求钢筋和模板间的混凝土或砂浆垫块(形成钢筋保护层)不被振掉。

外部振动器适用于振捣断面较小或钢筋较密的柱子、梁、板等构件。

(4)振动台。振动台一般在预制厂用于振实干硬性混凝土和轻集料混凝土。宜采用加压振动的方法,加压力为 $1\sim3kN/m^2$。

混凝土经过振捣后,表面会有出水现象,称为泌水。泌出的水不宜直接引走,以免带走水泥,最好用吸水材料吸走。如果泌水现象严重,应考虑改变配合比。一般情况下,浇筑高度较大的混凝土构件时,应随浇筑高度的上升适当地分层减小水胶比。

混凝土浇筑至顶部时,宜采用二次振捣及二次抹面。

浇筑混凝土时,应经常检查模板和支撑系统的坚固性和稳定性,不得随意拆除。浇筑空心构件混凝土时,布灰、振捣应均匀、对称地进行。当采用胶囊作空心内模时,应加强二次抹面,消除混凝土表面气孔。

四、混凝土的养护

混凝土浇筑后,在一定的时间内应保持适当的温度和足够的湿度,造成良好的硬化环境,这就是混凝土的养护工作。养护是保证混凝土质量的最后一个环节,一旦忽视,将导致混凝土干缩裂缝,强度达不到设计强度等级,影响使用甚至不能使用,结果前功尽弃。

混凝土浇筑完毕后应及时加以覆盖,结硬后保湿养护。

现浇混凝土的养护方法应根据构件外形选定,宜采用洒水、土围堰蓄水、塑料管扎眼喷水覆盖、土工布覆盖浇水,或用湿麻袋、草席、锯末、湿砂等覆盖混凝土并适当浇水、包裹塑料薄膜、喷涂养护液等保持潮湿进行养护。当日平均温度低于 $+5℃$ 时,不宜洒水养护。

对于干硬性混凝土或当气温很高、湿度很低时,浇筑后应立即养护。持续养护时间为 $14\sim21d$,视当地气温和水泥品种而定。水下混凝土建筑物所用的预制件,为了能在其表面形成一层抵抗海水侵蚀的碳酸钙薄层,应在空气中停放21昼夜。

混凝土应保持潮湿养护,洒水一般参考次数为:当气温在 $+15°C$ 以上时,开始的3昼夜中,白天至少2h洒水一次,夜间至少洒水2次。在以后的养护期中,每昼夜应洒水3次。具体工程应因地制宜地制订养护制度,并对冬夏季养护作出专门规定,认真执行检查。

素混凝土宜采用淡水养护,在缺乏淡水的地区,可采用海水保持潮湿养护。海上大气区、浪溅区和水位变动区的钢筋混凝土预制构件不得使用海水养护。现浇钢筋混凝土构件中,在浪溅区和水位变动区采用淡水养护确有困难时,北方地区应适当降低水胶比,南方地区可掺入适量阻锈剂,并在浇筑两天后拆模,再喷涂蜡乳型养护剂养护。预应力混凝土不得采用海水养护。

混凝土必须养护至其强度达到2.5MPa以上,才准在上面行人和架设支架、安装模板。

五、混凝土的质量检查与缺陷防治

混凝土的质量检查应贯穿混凝土施工的各个环节,每道工序都建立严格的质量管理与检查制度,以确保混凝土的质量。

1. 混凝土的质量检查

施工前应对材料的品种、质量进行检查,测定水泥标号,检查砂石级配、含泥量及各种物理力学指标,检查水质和外加剂等,并根据品种的特点决定施工应采取的措施。

浇筑混凝土前应认真检查模板、支架、钢筋、预埋件和预留孔洞的情况,并在浇筑过程中经常注意观察,如有变形、走动,应立即停止浇筑,并在混凝土凝固前修整加固。

在搅拌及浇筑过程中,每班应至少两次在搅拌地点和浇筑地点检查混凝土配合比和坍落度。为了决定混凝土构件是否达到设计强度,确定能否拆模、起吊以及预应力构件中确定张拉、放松预应力筋的时间等,应用同样的混凝土制作试块(试块数目不得低于规范的要求),分别在标准条件下与构件相同条件下进行养护。经过一定时间再进行试验,以测定质量指标。然后按试块的平均强度、均方差、变异系数和强度保证率进行质量控制和作为评定混凝土质量指标的依据。

2. 现浇混凝土结构质量缺陷(表 5-3-4)

现浇混凝土结构质量缺陷   表 5-3-4

名　称	现　象	严重缺陷	一般缺陷
裂缝	由表面延伸至混凝土内部的缝隙	主要受力部位有影响结构性能和使用功能的裂缝	其他部位有少量不影响结构性能、使用功能和耐久性的裂缝
露筋	钢筋未被混凝土包裹而外露	受力钢筋有露筋	其他钢筋有少量露筋
空洞	混凝土中空穴的深度超过保护层的缺陷	构件主要受力部位有空洞	其他部位有少量空洞
蜂窝	混凝土表面缺失水泥砂浆,局部有蜂窝状缺陷或成片粗集料外露	构件主要受力部位有蜂窝	其他部位有少量蜂窝,总面积不超过所在面的 0.2%,且一处面积不大于 0.04m²
夹渣	混凝土中夹有杂物或有明显空隙	构件主要受力部位有夹渣	其他部位有少量夹杂,深度未超过保护层的厚度
松顶	构件顶部混凝土缺少粗集料出现明显砂浆层或不密实层	梁、板等构件有超过保护层厚度的松顶	高大构件有少量松顶,但其厚度未超过 100mm
麻面	包括构件侧面出现的气泡密集、表面漏浆和粘皮等	—	水位变动区、浪溅区和外露部位总面积未超过所在面的 0.5%;其他部位未超过所在面积的 1%
砂斑	表面细集料未被水泥浆充分胶结,出现砂纸样缺陷:宽度大于 10mm 为砂斑,宽度小于 10mm 为砂线	—	水位变动区、浪溅区和外露部位总面积未超过所在面的 0.5%;其他部位未超过所在面积的 1%
砂线	—	—	水位变动区、浪溅区、大气区及陆上结构外露部位每 10m² 累计长度不大于 3 000mm
外形缺陷	包括缺棱掉角、棱角不直和飞边凸肋等	对使用功能和观感质量有严重影响的缺陷	对使用功能和观感质量有轻微影响的缺陷

3. 混凝土质量缺陷的修补

当混凝土达到规定的拆模强度后应及时拆去模板,如果发现缺陷,要分析其产生的原因和严重程度,防止以后再次发生;并根据缺陷部位的重要性,分别情况予以修补。

修补材料应选用黏结强度高,稳定性好,不收缩(或微膨胀),颜色与混凝土基本一致的材料。修补完成后,应立即遮盖,防止烈日暴晒或雨淋。用水泥配制的材料,还要认真进行养护。预应力混凝土的表面缺陷,可在混凝土施加预应力之前修补。

混凝土表面缺陷的修补可按下列规定进行。

(1)不影响结构使用性能的表面小蜂窝、麻面或露石

这主要是在浇筑前模板湿润不够,吸收了混凝土中大量水分或由于振捣不仔细所致。修补方法一般是先用钢丝刷刷去软弱部分,用压力水冲洗,可用水泥浆或1:2的水泥砂浆填满抹平,并加强养护。对于稍大的蜂窝可按其深度凿去薄弱的混凝土层,用压力水冲洗后,用比原混凝土强度高一级的砂浆填补并加强养护。

(2)影响构件安全使用的空洞、露筋

发生这种情况应会同设计单位研究处理,必要时应进行结构检验。修补时一般可彻底清除软弱部分,然后清洗干净,用比原混凝土强度高一级的无收缩水泥砂浆或细石混凝土填塞修补,修补前应在结合面上涂刷一层环氧树脂黏结剂,增加新老混凝土间的黏结力;体积较小的蜂窝、孔洞和局部缺陷,可直接采用丙乳砂浆、环氧砂浆修补;大面积的缺陷可采用枪喷混凝土或砂浆修补。

露筋则在凿除至钢筋内表面至少2mm,保证钢筋四周均为新的同一材料范围。

(3)裂缝

构件发生裂缝的原因比较复杂,而且往往是由多种原因综合引起的。

当裂缝为较细的表面裂缝且数量不多时,可将裂缝加以冲洗,用水泥浆抹补;如裂缝较大较深(缝宽在1mm以内),应沿裂缝凿去薄弱部分,用水冲洗,再用1:2~1:2.5水泥砂浆或用环氧树脂抹补;宽度在1mm以上的裂缝,一般用灌浆法补强。补强之前,应先对裂缝的数量、宽度、深度、连通情况以及漏水现象等作全面观测,以便采取符合实际情况的补强方法。

宽度在0.2mm以上的纵深或贯穿裂缝,应用环氧树脂、甲凝等灌浆材料进行灌浆修补;宽度大于0.5mm的裂缝也可采用水泥灌浆。灌浆宜采用封闭裂缝表面后,间隔安设灌浆嘴、压力灌浆的方法进行。宽度在0.2mm以内,深度不大,且已经停止发展的表面裂缝,在按有关规定清洁表面后,用环氧树脂浆涂刷若干遍。宜密封裂缝,或采用沿裂缝凿U形槽,用环氧树脂浆液或胶泥封闭,必要时再用玻璃纤维布。

预制构件或已加预应力的构件,出现可能导致钢筋锈蚀的裂缝,且预期裂缝不会继续扩展时,应以环氧树脂浆液灌浆密封裂缝。若预期裂缝还会扩展时,除进行灌浆外,可用聚硫橡胶覆盖或用氯丁橡胶条嵌入,加以密封处理。

当钢筋混凝土保护层的最小厚度小于规定10mm以上时,除水下区外,应予修补。可用枪喷水泥砂浆、水泥环氧砂浆、水泥聚合物乳胶砂浆或表面涂料等措施。

六、混凝土外加剂的应用

混凝土外加剂,是指混凝土拌和物中掺入量不超过胶凝材料质量的5%,就能促使其改性的外加材料。常用的有减水剂、早强剂、引气剂、缓凝剂等。

1. 减水剂

混凝土减水剂是指保持混凝土稠度不变的条件下,具有减水增强作用的外加剂。多为阴离子表面活性剂。

减水剂对混凝土的质量影响非常大,且发展速度很快。常用的减水剂有普通型减水剂,如木质素磺酸钙(简称木钙粉,是引气缓凝型减水剂);有高效型减水剂,如 NNO 减水剂(亚甲基二萘磺酸钠)、MF 减水剂(次甲基α甲基萘磺酸钠)、聚羧酸高性能减水剂、FDN-5 高效减水剂等。特别是聚羧酸高性能减水剂,掺入后对混凝土的抗冻性、抗渗性、弹性模量、抗拉强度等都有不同程度的提高。当掺量为胶凝材料总质量的 0.7%~1.5% 时,保持坍落度不变,减水率为 25%~40%,28d 强度可提高 30%~40%,有效的缩短拆模时间,有利于加快工程进度。在相同的强度和流动性要求下,可节约水泥 15% 以上。

2. 早强剂

混凝土早强剂是指能提高混凝土早期强度,并对后期强度无显著影响的外加剂。若兼有早强和减水作用,则称为早强减水剂。

早强剂多用于抢修工程和冬季施工的混凝土。目前常用的早强剂有:氯盐、硫酸盐、三乙醇胺和以它们为基础的复合早强剂。

早强剂对不同品种水泥有不同的使用效果。有的早强剂会影响混凝土后期强度,选用时应遵照《混凝土外加剂应用技术规范》(GB 50119—2003)标准的规定。

3. 引气剂

引气剂是在混凝土搅拌过程中,能引入大量分布均匀的微小气泡,以减少拌和物泌水离析,改善和易性,同时显著提高硬化混凝土抗冻耐久性的外加剂。若兼有引气和减水作用,则称为引气减水剂。

常用的引气剂有松香树脂类,如松香热聚物、松香皂;烷基苯磺酸盐类,如烷基苯磺酸盐、烷基苯酚聚氧乙烯酸等。引气剂和引气减水剂多用于抗冻、防渗、抗硫酸盐混凝土,因此在道路、桥梁、港口和大坝等工程上采用。

4. 缓凝剂

混凝土缓凝剂是指延缓混凝土凝结时间,并对后期强度发展无不利影响的外加剂。若兼有缓凝和减水作用,则称为缓凝减水剂。

缓凝剂用于大体积混凝土、炎热气候条件下施工的混凝土或长距离运输的混凝土。常用的缓凝剂有糖钙、木质素磺酸钙、木质素磺酸钠以及羟基羟酸等。

以上外加剂的使用应严格执行现行技术规范,外加剂的质量应符合现行国家标准的要求;外加剂的品种、掺量必须根据混凝土性能的要求、施工和气候条件、混凝土采用的原材料和配合比等因素,通过试验、调整后确定。

第四节 混凝土的特殊施工方法

一、混凝土温度控制

混凝土在硬化过程中,水泥和水发生化学反应(释放出水化热)导致温度升高。当散热条件较好时,如在普通的梁、板、柱结构中,水化热造成的最高温升并不大,不会产生什么影响;但在浇筑大体积混凝土时,散热条件较差,积蓄在混凝土块内的水化热将引起混凝土体积变形,即所谓温度变形。这种温度变形一旦受到约束不能自由移动时就产生温度应力,若产生的是拉应力,当超过混凝土的抗拉强度时,就要产生温度裂缝。由基础(包括老混凝土)约束而产生的温度应力将会引起深层裂缝;而自身约束将引起表面裂缝。为了防止裂缝的产生,在进行大体积混凝土施工中必须进行温度控制。

常用的温控措施有:

(1)在保证混凝土强度和耐久性的前提下,在配合比设计中,降低水泥用量或者采用低热水泥,可适当增加粉煤灰掺量,以减少水化热。集料宜选用线膨胀系数较小的集料;外加剂应选用缓凝型减水剂。

(2)在大体积混凝土中填埋块石,既可以节省混凝土,又可以减少水化热。但块石应有足够的强度,较方正,无风化,表面洁净,不应成层填埋,块石间距离不小于10cm,总量控制在25%左右。在施工缝处块石应半块在老混凝土中,半块留在新混凝土中。

(3)降低浇筑温度。一方面夏季应在集料堆场搭棚遮阳,使集料在通风良好的棚内储存2~3d后再使用;水泥降至自然温度后方能使用;可对集料进行预冷或加冷水拌和;另外,夏季应考虑利用早晚阴凉时施工,中午停工。

(4)加速散热措施。常采用薄层浇筑或预埋冷却水管,以利散热。

(5)防止气温不利影响,进行表面保护。夏季气温干热,要进行洒水或覆盖潮湿材料养护;冬季或寒潮时要增设保温措施等,并设置测温孔或埋设热电偶等测定混凝土内部和表面温度,使温度控制在设计要求的温差内,当设计无要求时温差不宜超过25℃。

二、混凝土冬季施工

冬季施工,由于气温低,混凝土的凝固速度迟缓。如果温度为-2℃或更低时,混凝土中的水分会冻结成冰,不但硬化过程完全停止,而且冰冻膨胀会导致混凝土结构的破坏,因而强度、密实性及耐久性显著降低。但当混凝土在获得一定强度后,就可以抵抗冰冻的破坏,这一强度称为混凝土冬季施工时的"临界强度",其值不低于设计强度的50%或10MPa。所以,如何在低温环境中加速混凝土的早期凝固,使混凝土在受冻之前,尽快获得临界强度,乃是冬季施工的关键。

在日平均气温连续5d低于+5℃时,应按规范要求,采取冬季施工措施,以保证混凝土质量及施工顺利进行。混凝土冬季施工的措施主要有:

(1)使混凝土本身早强,为此可改用快硬水泥、早强水泥,或者在搅拌时加早强剂,也可以适当降低水灰比等。

(2)对集料和水加热,以提高混凝土入仓温度(不低于+5℃)。水加热方法最简便,拌和时应先将热水与集料拌和,然后再加水泥,但必须控制拌和物的温度不能超过35℃,以免水泥"假凝"。

(3)浇筑中要加强保温,如利用白天浇筑、加快浇筑速度、仓面上设置棚罩等。

(4)不采用钢模板而采用木模板。加强养护中的保温,可用盖草帘、帆布或塑料泡沫等保温材料把混凝土表面遮盖,并力求把入仓时所含的热量及不断产生的水化热积蓄和保存起来,使混凝土在达到抗冻强度以前,始终保持正温。

三、雨天施工

(1)雨天(指降雨强度在1mm/h以上的天气,地面已湿)施工应符合的规定:

①砂石堆料场应有排水和防止污水浸染的设施。
②运输工具宜有防雨、防滑措施。运输路线宜缩短。
③周密安排施工,并应避免下雨时浇筑混凝土。
④应适当增加集料含水率的测定次数,随时调整搅拌用水量。

(2)浇筑混凝土时如遇小雨(指降雨强度为1~3mm/h,地面已全湿,但没有积水)应采取的措施:

①应适当减少拌和物用水量或增加水泥用量。
②宜缩短每层混凝土的浇筑时间,加强振捣,保证层间黏结良好。
③应及时排除模内积水,防止周围雨水流入。对新浇筑面应及时防护。

(3)浇筑混凝土时如遇中雨(指降雨强度为3~10mm/h,下雨时可以听到雨声,地面有积水)应采取的措施:

①对浇筑面较小的薄壁构件(如沉箱、扶壁的立墙部分)应按照小雨的规定执行。
②对具有一定浇筑面的结构(如桩、梁、方块、胸墙)宜中止浇筑。如浇筑不能中止时,除按小雨时的规定外,尚应在浇筑面上架设临时防雨棚。
③对浇筑面较大的构件(如基础、板式结构)应停止浇筑,并加遮盖。

(4)浇筑混凝土如遇大雨(指降雨强度为10~20mm/h,雨声激烈可闻,遍地积水)应立即停止浇筑,并应采取表面防冲措施。

在浇筑过程中,遇大雨、暴雨,应立即停止进料,已入仓混凝土应振捣密实后遮盖。雨后必须先排除仓内积水,对受雨水冲刷的部位应立即处理;如混凝土还能重塑,应加铺接缝混凝土后继续浇筑,否则应按施工缝处理。

四、水下混凝土施工

在不能排水的情况下直接在水下灌筑混凝土,这在港口航道工程中使用较多。如水下基础、灌注桩以及各种修复工程等。

水下灌筑混凝土应考虑水流和波浪等的影响。水下模板应具有较高的稳定性,宜采用钢模板、素混凝土或钢筋混凝土制成的永久式(不拆卸的)模板。在选择混凝土配合比时,配置强度一般应比陆上施工时提高40%~50%,水泥采用矿渣水泥、火山灰水泥、粉煤灰水泥、普通硅酸盐水泥或硅酸盐水泥,强度等级不低于42.5;砂率取0.40~0.50,水胶比取0.50~0.60,其坍落度为160~220mm;每立方米水下混凝土的胶凝材料用量不小于350kg,当掺减水缓凝剂或粉煤灰时,其中水泥用量不少于300kg;要求混凝土有更好的流动性和抗离析性能。水下模板的接缝应严密,混凝土灌筑时应不间断地进行,尽量做到新浇的混凝土表面不与水流接触。绝对不允许将混凝土直接倾倒于水中。

浇筑水下混凝土,当水深大于1.5m时宜采用导管法、泵压法及吊罐法;当水深小于1.5m时宜采用夯击法及振捣法;临时性工程可采用袋装法。

1. 袋装法

袋装法有袋装混凝土和袋装砂浆两种工艺。

袋装混凝土系将拌制好的混凝土(坍落度50~70mm)装入透水的纤维编织袋内,然后由潜水工在水下将它叠置起来,为保证填筑密实,袋内装料一般为袋容量的2/3,袋中的水泥在水中硬化。堆筑时应交错叠置、相互紧靠,层与层之间宜用短钢筋插入,以加强连接。

袋装堆筑法常用于填平基坑及临时工程和次要工程。

在进行河岸、渠道护坡工程时,常采用化纤模袋混凝土,将高强土工布织成特殊的袋垫(图5-4-1)铺于被护岸坡的表面,当注入砂浆后形成扁平的混凝土面板。

如果将织物做成布套套在受腐蚀的钢管桩及混凝土桩周围,注入砂浆进行修补和防蚀,也可以取得满意的效果。

2. 振捣法

水深在1.5m以内时,可用振捣法施工,例如建筑桩台、近岸浅水的水下基础、修补堤岸等。此法先从岸边小心地向水中堆填第一批混凝土,由岸向水赶浆振捣。通常用自卸汽车、溜槽等将混凝土浇筑出水面,用振捣器在露出水面的混凝土内侧自下而上反复振捣,使液化泛浆的首批混凝土在水下向前流动,逐渐挤开水向前进占,以后堆填的混凝土应该堆置在已经堆填好的混凝土体之上,使得在自重、夯击和振捣作用下逐渐向前摊开,保持后填的混凝土不直接与水接触,且与水位线的距离宜为20~40cm(仅第一批混凝土与水接触),并保持混凝土面始终高于水面,以免影响质量。

采用此法时,混凝土应有良好的和易性和黏聚力,其坍落度宜为30~60mm。

混凝土灌筑要连续进行,尽量缩短灌筑时间。全部水下浇筑在首批混凝土凝固前完成。

3. 导管灌筑法

在1.5~20m水深灌筑水下混凝土,现在广泛采用导管法(图5-4-2)。其主要特点如下:

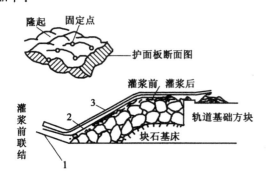
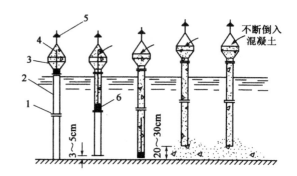

图5-4-1 化纤模袋护面板敷设及砂浆灌筑后的情况
1—φ19mm钢筋(下端固定桩);2—堵孔;3—防水布灌浆孔

图5-4-2 导管法灌注水下混凝土
1—密封接头;2—导管;3—漏斗;4—铁丝;5—起重设备吊索;6—球塞

(1)拌制好的高流动性混凝土料由设在一定位置(模板中)上的垂直导管灌注到水下,此管只能垂直移动。

(2)混凝土料在导管中流动和在模板中的分配主要靠重力作用。

(3)在导管下端流出的混凝土料能排出模板中的水和上层已浇的混凝土,并自动向四面流动,填满空间。

(4)在正常浇筑过程中,应经常测探混凝土面的位置,及时调整导管埋深。下端导管口埋入混凝土至少1m,但也不要超过6m,通常保持存2~4m。新混凝土在灌筑的整个过程中都进入到先灌筑的混凝土中而不与水接触。

(5)水下混凝土应连续浇筑,浇筑时间不得超过首批混凝土的初凝时间。

浇筑前,在高出水面10cm的模板上开设孔洞,以便混凝土不断灌入而向外排水。导管由管径为200~350mm、每节长1.0~2.0m的金属管组成,每节之间用法兰盘加胶皮垫圈连接紧密,以防漏水。导管顶部有灌筑漏斗,其容积应能保证开始灌筑时在导管下端筑成小堆,并将导管下口埋在堆内1m以上,以防止水从外部反流进导管。整个导管悬挂在灌筑地点的工作台上,并通过专门的滑车和卷扬机上提或下放。

为了避免混凝土与管中的水接触混合,在漏斗的颈处放一隔水栓,其直径略小于导管内径,用麻绳或铁丝拉住。先将导管下放到底部,待漏斗中装满混凝土,稍将导管提起一点,将球塞冲开,混凝土和球塞在重力作用下下落。当混凝土将球塞自管底挤出时,亦挤出模板内的水,混凝土便形成堆并将导管口埋起来,以后随着混凝土的上升,相应地提升导管。

此法要求混凝土有较大的流动性,有足够的抵抗泌水和分离的稳定性。选择配合比时,要求混凝土配制强度比设计标准提高40%~50%;坍落度宜为160~220mm,粗集料最大粒径不得大于导管内径的1/4或钢筋净距的1/4,亦不得大于4cm。掺入加气剂或塑化剂,并适当提高含砂率以改善和易性。

混凝土灌筑应从深水处开始,用几根导管同时灌筑一个灌筑块,应保证混凝土表面均匀。导管平面布置的位置与数量,依浇筑范围和流动半径而定,流动半径不宜大于3m,当采用减水剂或导管管径较大时,可适当加大。

混凝土浇筑的顶高程应高于设计高程值约50cm,这部分混凝土因其与水经常接触而质量较差,此超高部分在硬化后清除。

4. 水下不分散混凝土

水下不分散混凝土是原西德Sibo公司于1974年研制、1977年推广的一项新的水下混凝土施工技术,一些国外学者称之为"开辟水下混凝土施工史的新纪元"。其技术关键是在普通混凝土中加入絮凝剂,该外加剂的作用主要是使混凝土具有黏稠性,从而抑制水下施工时水泥和集料分散,保证混凝土在水中自由下落时抗离析、抗分散,使混凝土具有极好的黏聚力,能避免水泥流失,限制新拌混凝土的分散、离析,保证了混凝土强度。此外,这种混凝土还具有极好的流动性,可自流平,自密实。具有缓凝性(初凝大于5h),几乎不泌水。这就给浇筑水下混凝土带来了施工便利和质量保证。与普通混凝土相比,水下不分散混凝土的凝结时间延缓1~3h,但是水下不分散混凝土拌和物的流动性损失较快,坍落度在30min后损失高达25%左右。

水下不分散混凝土每立方米混凝土胶凝材料用量不小于500kg,絮凝剂的掺量一般为胶凝材料质量的1.5%~3.0%,按水灰比0.6、坍落度20~26cm进行拌制混凝土,可采用混凝土泵或导管法进行水下浇筑。其坍落扩展度可达42~48cm,28d抗压强度能达26.8MPa,抗渗性能也有明显提高。水下成型混凝土试件与空气中成型试件的抗压强度比,7d大于60%,28d大于70%。

水下不分散混凝土适用于水下建筑物的建造和修补,如大坝、护岸、港口码头、桥梁、海岸防波堤、地下连续墙等工程施工中。

第五节 钢筋混凝土构件预制厂

在港口及航道工程中,随着装配式钢筋混凝土结构的广泛采用,混凝土构件预制厂(以下简称预制厂)都采用了现代化技术和设备,实行成批、连续生产,因此成本低、质量高,给设计和施工带来极大方便。

预制厂主要由混凝土搅拌车间、钢筋加工车间、模板(木、钢模)整修车间,构件成型和养护车间组成。其中,构件成型和养护是工厂生产的中心环节,对保证构件质量和工厂生产率的实现起决定性作用。

一、预制厂工艺布置及规模

根据生产过程中组织构件成型和养护的不同特点,预制构件制作工艺可分为台座法、机组流水法和传送带法三种。

1. 台座式生产工艺

台座是表面光滑平整的混凝土地坪、胎模或混凝土槽。构件的成型、养护、脱模等生产过程都在同一台座上进行。制作过程中所需的混凝土和其他材料均由专门的起重设备供应。操作工人及其所用的生产机具设备按顺序从一个构件移动到另一个构件,完成各项生产过程。台座式生产周期较长,占地面积大,机械化程度较低,但设备简单,投资少,易于组织生产,特别能适应制作不同类型的构件和重型构件,一般为露天预制厂所采用。

重力式码头的方块、沉箱多采用此种生产工艺,具体详见重力式码头施工中方块、沉箱的预制。

2. 机组流水式生产工艺

机组流水式生产工艺是将生产组织划分为几个工段,每个工段皆配备相应的工人和机具设备,构件随同模板在其制作过程中沿着工艺流水线,借助专门的起重运输设备在各工段移动,分别完成各有关工序。生产过程按流水作业法组织,但工艺节奏不是强制式的,操作工人及生产机具基本上固定在一个岗位上。

机组流水式生产工艺的生产率,决定于构件混凝土的浇筑时间,一般是 10~20min。所以生产率比台座式高,机械化程度也较高,占地面积小。但建厂投资较大,且由于构件在制作过程中运输繁多,对大型构件的制造反而不如台座式有利,故一般为生产多种规格的中小型构件预制厂所采用。

3. 传送带流水法

它是机组流水式的进一步发展。模板在一条呈封闭环形的传送带上移动,各个生产过程都是在沿传送带循序分布的各个工作区中同时进行,从而保证有节奏地连续生产。此法生产效率高,但设备复杂,生产线不易调整,只适用于制作大批量定制生产尺寸较小的构件的永久性混凝土预制厂。

我国港口及航道工程的预制厂大多采用台座式生产工艺。它能适应各种大型构件的制作,也能进行预应力钢筋混凝土构件的生产。这类工厂在进行工艺布置时要注意产品的尺寸要求,各工种之间尽量减少不必要的往返运输,以形成生产流水线。机械设备和布置除满足工艺顺序外,还要考虑操作和检修要求,保证生产安全,为工人创造良好的劳动条件。

目前,我国制桩长度达 60 多米,许多预制厂都采用了长线台座。一条台座线长度达100~200m,宽度为 20m 左右,台座线之间留有 2m 以上的操作通道。考虑生产的不均衡性,工厂往往还备有一定面积的堆放场地,以便生产设备得以充分利用。图 5-5-1 为某预应力桩预制场生产工艺平面布置图。

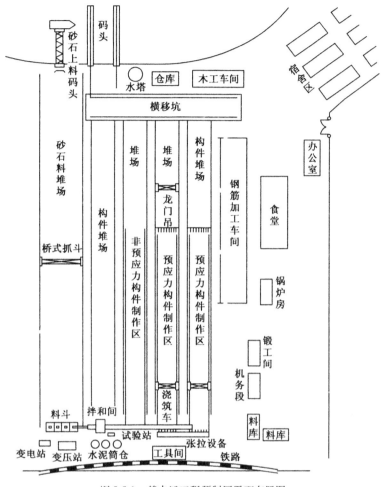

图 5-5-1 某水运工程预制厂平面布置图

二、预应力钢筋混凝土构件制作

预应力钢筋混凝土构件制作的基本方法有先张法和后张法。

先张法是在浇筑混凝土前将钢筋张拉到设计控制应力,用夹具将钢筋临时固定在两端的台座或钢模上,然后浇筑混凝土。待混凝土达到一定强度,预应力钢筋与混凝土之间有了足够的黏结力之后。放松预应力筋,钢筋回缩时,使混凝土获得预压应力,生产过程见图 5-5-2。

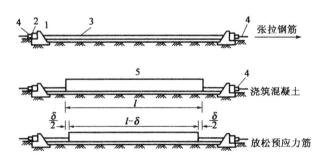

图 5-5-2 先张法生产示意图

1-台座;2-横梁;3-预应力筋;4-锚固夹具;5-混凝土构件

后张法是在构件上设计好要配置预应力筋的部位,预先留出孔道然后浇筑混凝土,待混凝土达到设计强度后,将预应力筋穿入孔道,然后进行张拉并锚固之。张拉的反作用力通过锚固装置直接传到构件本身,使混凝土受到预压应力。此后向预留孔道内灌浆,使预应力筋与构件连成整体并且不锈蚀。后张法生产过程如图5-5-3所示。

后张法是直接在构件上张拉,不需专门的台座,宜于在现场生产大型构件,同时也可以作为一种预制构件的拼装手段。在预制厂制作小型块体,然后运到现场穿入预应力筋,通过施加预应力拼装成整体。但后张法工艺过程复杂(如预留孔、穿筋、灌浆等),锚固应力筋的锚具要永远留在构件上,故花费钢材较多。

先张法工艺简单,应力控制较后张法准确,且适用范围广。因此,我国航务工程部门的预制厂大多用先张法生产预应力钢筋混凝土构件。

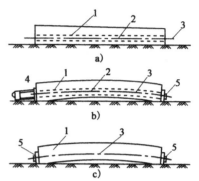

图5-5-3 后张法生产示意图
a)构件预留孔道;b)张拉;c)锚固和孔道灌浆
1—构件;2—预留孔道;3—预应力筋;4—千斤顶;5—锚具

1. 先张法

1)先张法的张拉设备

先张法所用的设备主要有台座、张拉机具和夹具。

(1)台座。台座要承受预应力筋的全部拉力,因此,应有足够的强度、刚度和稳定性。台座由台面、横梁及各种形式的承力结构组成。台座通常是在坚实的地基上浇筑5～8cm厚素混凝土,要求平整光滑,沿纵向有0.2%的坡度(以利排水),为避免温度变化而引起台面开裂,必须留伸缩缝,其间距常为20m左右,缝宽3～5cm,内嵌木条或浇筑沥青,承力结构按构造形式分墩式和槽式两类,选用时根据构件种类、张拉吨位和施工条件而定。

墩式台座是采用重力式混凝土墩(图5-5-4),也有采用桩基(图5-5-5),来承受张拉力的一种结构形式。一般设计成能适应1 000kN的张拉力,常用于中型构件的生产。这种台座应经抗倾覆验算(安全系数取1.5)、抗滑移验算(安全系数1.3)及强度计算。

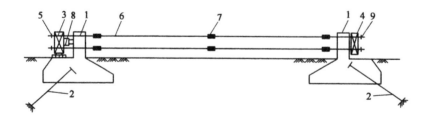

图5-5-4 墩式台座示意图
1—钢筋混凝土墩;2—拉杆及锚碇;3—强拉钢梁;4—锚固钢梁;5—螺母及螺钉;6—预应力钢筋(两端均为锚头杆);7—连接器;8—千斤顶;9—楔形放松器

槽式台座(图5-5-6)主要由两根钢筋混凝土压柱构成,能承受较大的张拉力(3 000～4 000kN),也可以作为蒸汽养护槽,适用于制作大型构件。槽式台座以低于地面为好,以便于运送混凝土和蒸汽养护,但需要考虑地下水位及排水等问题。槽式台座亦需进行强度和稳定性计算,压柱按偏心受压构件计算。

（2）张拉机具。张拉钢筋常用油压千斤顶、电动螺杆张拉机和卷扬机等设备。单根钢筋张拉，多用卷扬机以及小吨位的千斤顶进行，由弹簧测力计、杠杆测力器或直接用荷重来测定和控制张拉应力。图5-5-7为卷扬机、测力器装置示意图，图5-5-8为千斤顶和四横梁张拉示意图。

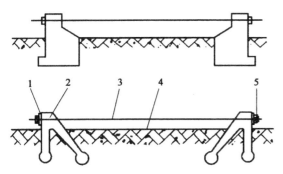

图5-5-5 桩基式墩式台座
1-定位板；2-支架；3-力筋；4-台面；5-夹具

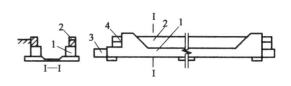

图5-5-6 槽式台座示意图
1-预制混凝土压柱；2-砖石砌体；3-下横梁；4-上横梁

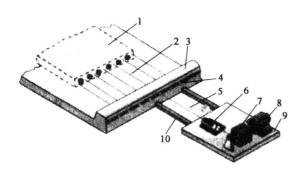

图5-5-7 卷扬机、测力器装置示意图
1-预制构件（空心板）；2-预应力钢筋；3-台座传力架；4-锥形夹具；5-偏心夹具；6-测力器；7-卷扬机；8-电动机；9-张拉车；10-撑杆

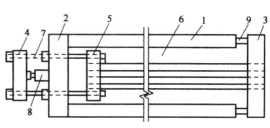

图5-5-8 千斤顶四横梁张拉示意图
1-台座；2、3-前后横梁；4、5-前后拉力架横梁；6-钢筋；7-大螺钉；8-油压千斤顶；9-放松装置

（3）夹具。张拉夹具是将预应力筋与张拉机械连接起来进行预应力张拉的工具，构件制作完毕后，可将夹具取下以重复使用。夹具要求强度高，受力可靠，并保证钢筋锚固牢固，而拆卸又较方便。

钢丝锚固常用锥形夹具和楔形夹具，见图5-5-9。钢丝被张拉后，用人工将锥销（小锥形夹片）锤入套筒内夹紧钢丝。采用粗钢筋作为预应力筋时，对于单根钢筋最常用的办法是在钢筋端部连接一工具式螺杆，见图5-5-10，螺杆穿过台座的活动钢横梁后，用螺母固定。利用普通千斤顶推动活动钢横梁就可以张拉钢筋。

2）先张法施工流程

先张法预应力混凝土构件在台座上生产时其工艺流程见图5-5-11。

3）张拉

张拉是预应力构件生产中的重要环节，必须按设计要求进行。张拉时必须采取有效措施，防止钢筋突然破断、锚具爆裂、夹具滑脱等造成事故。张拉时应准确地控制张拉应力σ_k（钢筋截面所允许承受的最大控制拉应力值），其大小必须在保证构件生产和使用安全的前提下尽量充分利用钢筋强度。预应力筋张拉锚固后,实际预应力值与工程设计规定检验值的相对允许偏差为±5%。

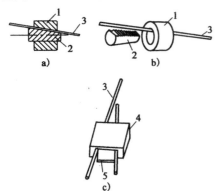

图5-5-9 锥形夹具和楔形夹具
1-套筒;2-锥销;3-钢丝;4-锚板;5-楔块

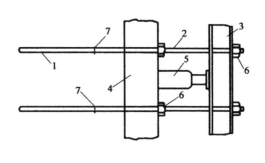

图5-5-10 工具式锚杆
1-预应力钢筋;2-工具式螺杆;3-活动钢横梁;4-台座固定传力架;5-千斤顶;6-螺母;7-焊接接头

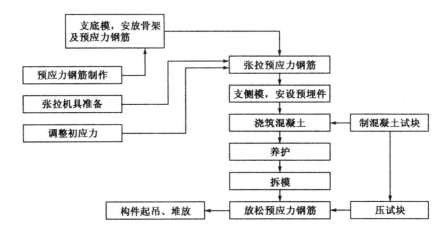

图5-5-11 先张法施工工艺流程图

用应力控制方法张拉时,应尽量减少张拉设备的摩阻力,并力求稳定。摩阻力数值应通过试验确定,并在张拉时补足。

预应力筋的张拉控制应力,应符合设计要求。预应力筋如需超张拉时,可比设计要求提高5%,其最大张拉控制应力,不得超过表5-5-1的规定。

最大张拉控制应力允许值 σ_k 表5-5-1

钢 种	张拉方法	
	先 张 法	后 张 法
碳素钢丝、钢绞线	$0.80 f_{ptk}$	$0.75 f_{ptk}$
热处理钢筋	$0.75 f_{ptk}$	$0.70 f_{ptk}$
冷拉钢筋	$0.95 f_{pyk}$	$0.90 f_{pyk}$

注:f_{ptk}为预应力筋极限抗拉强度标准值;
f_{pyk}为预应力筋屈服强度标准值。

σ_k值确定后,如果按照σ_k张拉钢筋,实际上在钢筋内部建立的张拉应力比σ_k小,因为构件在制作和使用过程中(如混凝土收缩和徐变、钢筋松弛、锚固设备变形等),钢筋的预应力损失了一部分。施工中常常要进行"超张拉",将钢筋张拉到105%σ_k或更多一些(但不得超过110%σ_k;对钢丝、钢绞线不得超过其抗拉强度的75%),以减少这种损失。当设计未规定时,可按下列程序之一进行:

$0 \rightarrow 105\% \sigma_k$(持荷2min)$\rightarrow 100\% \sigma_k$,或$0 \rightarrow 103\% \sigma_k$。

用应力控制法张拉时,应校核预应力筋的伸长值。如实际伸长值比计算伸长值大10%或小5%,应暂停张拉,查明原因并采取措施予以调整后,方可继续张拉。预应力筋的实际伸长值,宜在初应力为10%δ_{con}(最小伸长率)时开始量测,但应加上量测前张拉力的推算伸长值;对后张法,尚应扣除混凝土构件在张拉过程中的弹性压缩值。

多根预应力筋同时张拉,应预先调整初应力,使各根钢筋的应力基本一致。初应力调整可用反复整体张拉法、油压千斤顶法、测力扳手法等方法进行。对长线台座多根预应力筋的初应力调整,宜优先采用反复张拉法。反复张拉法的张拉力,可取控制应力的40%~50%,反复张拉次数2~3次。反复张拉的程序:拧紧螺母,开始张拉至0.4~0.5倍张拉控制应力时,将应力返回至零,重新拧紧螺母,再按上述方法张拉、放松。如此反复2~3次。

当构件的侧模板在施加预应力之后安设时,宜先施加70%的控制应力,待到模板支设完毕后,再施加至设计要求荷载。

施工中应该注意安全,张拉时,正对钢筋两端禁止站人。敲击锚具的锥塞或楔块时,不应用力过猛,以免发生预应力钢筋断裂钢筋回弹伤人。

4)混凝土浇筑与养护

混凝土浇筑时,应使台座内每条生产线上各构件的混凝土一次连续浇筑完毕。构件最好避开台面温度缝;当无法避开时,可在温度缝上先铺薄钢板或垫油毡,然后再浇筑混凝土。为了保证钢丝与混凝土具有良好的黏结,在浇筑时振捣器不应碰触钢丝,混凝土未达到一定强度前,也不允许碰撞或踩动钢丝。

混凝土养护可采用自然养护或蒸汽养护。

5)预应力筋的放张

(1)放张要求。放张预应力筋时,混凝土应达到设计要求的强度。如设计无要求时,应不得低于设计混凝土强度等级的75%;放松钢筋前,应先拆除模板,以免混凝土受压缩时损伤模板。

(2)放张顺序。预应力筋的放张顺序,应满足设计要求;如设计无要求时,应满足下列规定:

①对轴心受预压构件(如压杆、桩等)所有预应力筋应同时放张;

②对偏心受预压构件(如梁等)先同时放张预压力较小区域的预应力筋,再同时放张预压力较大区域的预应力筋;

③如不能按上述规定放张时,应分阶段、对称、相互交错地放张,以防止在放张过程中构件发生翘曲、裂纹及预应力筋断裂等现象。

(3)放张方法。配筋不多的中小型构件,钢丝可用砂轮锯或切断机等方法放张。配筋多的钢筋混凝土构件,应采用滑楔或砂箱和千斤顶同时放张。如逐根放张,最后几根钢丝将由于承受过大的拉力而突然断裂,使得构件端容易开裂。

滑楔放松只适宜用于张拉力不大的情况(一般小于300kN),见图5-5-12c)。砂箱放松用于大吨位张拉的情况,图5-5-12b)所示砂箱放张装置由钢制套箱及活塞组成,箱内装石英砂或铁砂,在张拉前将其置于台座与横梁之间。当张拉钢筋时,箱内砂被压实,承担着横梁的反力;

放松钢筋时,将出口打开,使砂慢慢流出,钢筋得以慢慢放松。采用砂箱放松,能控制放松速度,可靠方便。

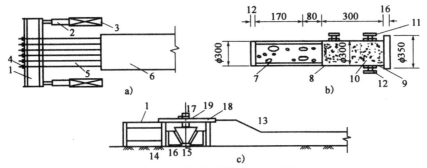

图 5-5-12 预应力筋放张装置(尺寸单位:mm)
a)千斤顶放张装置;b)砂箱放张装置;c)楔块放张装置
1-横梁;2-千斤顶;3-承力架;4-夹具;5-钢丝;6-构件;7-活塞;8-套箱;9-套箱底板;10-砂;11-进砂口;12-出砂口;13-台座;
14、15-固定楔块;16-活动楔块;17-螺杆;18-承力板;19-螺母

放松后的预应力筋应由放松端开始按顺序向另一端切断。切割钢筋时应分阶段、对称、相互交错地进行。

2. 后张法

1) 锚具

(1)夹片式锚具。JM12 型锚具由锚环和夹片组成,夹片可为 3~6 片,用以锚固 3~6 根直径为 12~14mm 的钢筋,或 5~6 根 7 股 4mm 的钢绞线。施工时,用 JM12 型锚具(图 5-5-13)配用穿心式千斤顶进行张拉,其缺点是钢筋内缩值较大。QM 型用于锚固单根或多根钢绞线,每次张拉一根钢绞线,锚环根据钢绞线的布置,采用单孔(图 5-5-14)或多孔(图 5-5-15)。

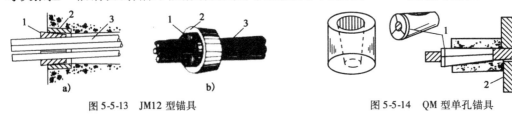

图 5-5-13 JM12 型锚具
1-夹片;2-锚环;3-钢筋束

图 5-5-14 QM 型单孔锚具
1-夹片弹簧;2-垫板

(2)螺丝端杆锚具。单根粗钢筋的张拉可采用图 5-5-16 所示的螺丝端杆锚具。施工时,将要张拉单根预应力钢筋与螺丝端杆锚具焊接,螺丝端杆锚具的另一端与张拉设备相连,张拉完毕后,通过螺母和垫板将预应力钢筋锚固在构件上。

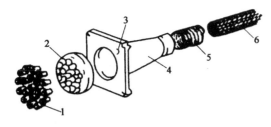

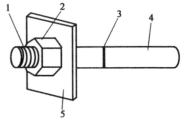

图 5-5-15 QM 型多孔锚具
1-夹片;2-锻钢锚环块;3-排浆孔;4-铸铁导管;5-管道;
6-预应力筋

图 5-5-16 螺丝端杆锚具
1-螺丝端杆;2-螺母;3-焊缝;4-钢筋;5-支承板

(3)镦头锚具(图5-5-17)。镦头锚具用于锚固钢丝束和单根粗钢筋,张拉端采用锚环,固定端采用锚板,要求钢丝下料长度精度高,防止造成钢丝受力不均。

(4)锥塞式锚具(图5-5-18)。锥塞式锚具用于锚固钢丝束或钢绞线束。锚具由带锥孔的锚环和锥形锚塞两部分组成。张拉时采用专门的双作用或三作用弗氏千斤顶。

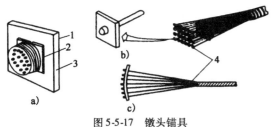 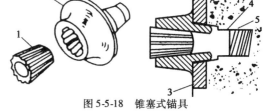

图5-5-17 镦头锚具
a)张拉端;b)分散式固定端;c)集中式固定端
1-张拉端锚具;2-对开垫板;3-支承板;4-固定端锚具

图5-5-18 锥塞式锚具
1-锥形塞;2-锚环;3-钢垫板;4-喇叭管;5-金属管

2)张拉设备

后张拉法主要张拉设备有千斤顶和高压油泵。

(1)拉杆式千斤顶。它用于螺母锚具、锥形螺杆锚具、钢丝镦头锚具等。图5-5-19是拉杆式千斤顶张拉原理图。张拉前,先将连接器旋在预应力的螺丝端杆上,相互连接牢固。千斤顶由传力架支承在构件端部的钢板上。张拉时,高压油进入主油缸,推动主缸活塞及拉杆,通过连接器和螺丝端杆,预应力筋被拉伸。千斤顶拉力的大小可由油泵压力表的读数直接显示。当张拉力达到规定值时,拧紧螺丝端杆上的螺母,此时张拉完成的预应力筋被锚固在构件的端部。锚固后回油缸进油,推动回油活塞工作,千斤顶脱离构件,主缸活塞、拉杆和连接器回到原始位置。最后将连接器从螺丝端杆上卸掉,卸下千斤顶,张拉结束。

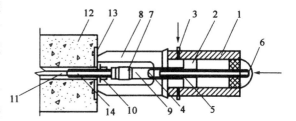

图5-5-19 拉杆式千斤顶张拉原理
1-主油缸;2-主缸活塞;3-进油孔;4-回油缸;5-回油活塞;6-回油孔;7-连接器;8-传力架;9-拉杆;10-螺母;11-预应力筋;12-混凝土构件;13-预埋铁板;14-螺丝端杆

(2)穿心式千斤顶。它是利用双液压缸张拉预应力筋和顶压锚具的双作用千斤顶。穿心式千斤顶适用于张拉带JM型锚具、XM型锚具的钢筋,配上撑脚与拉杆后,也可作为拉杆式千斤顶张拉带螺母锚具和镦头锚具的预应力筋。

图5-5-20为YC60型千斤顶构造图,该千斤顶具有双作用,即张拉与顶锚两个作用。其工作原理是:张拉预应力筋时,张拉缸油嘴进油、顶压缸油嘴回油,顶压油缸、连接套和撑套连成一体右移顶住锚环;张拉油缸、端盖螺母及堵头和穿心套连成一体带动工具锚左移张拉预应力筋;顶压锚固时,在保持张拉力稳定的条件下,顶压缸油嘴进油,顶压活塞、保护套和顶压头连成一体右移将夹片强力顶入锚环内;此时张拉缸油嘴回油、顶压缸油嘴进油、张拉缸液压回程。最后,张拉缸、顶压缸油嘴同时回油,顶压活塞在弹簧力作用下回程复位。大跨度结构、长钢丝束等引伸量大者,用穿心式千斤顶为宜。

(3)锥锚式千斤顶。它是具有张拉、顶锚和退楔功能三种作用的千斤顶,用于张拉带锥形锚具的钢丝束。

锥锚式千斤顶(图5-5-21)的工作原理是当张拉油缸进油时,张拉缸被压移,使固定在其上的钢筋被张拉。钢筋张拉后,改由顶压油缸进油,随即由副缸活塞将锚塞顶入锚圈中。张拉缸、顶压缸同时回油,在弹簧力的作用下复位。

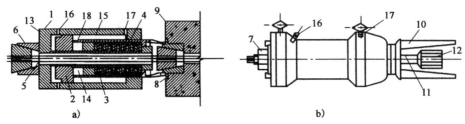

图 5-5-20 YC60 型千斤顶
a)构造与工作原理;b)加撑脚后外貌
1-张拉油缸;2-顶压油缸(即张拉活塞);3-顶压活塞;4-弹簧;5-预应力筋;6-工具锚;7-螺母;8-锚环;9-构件;10-撑脚;
11-张拉杆;12-连接器;13-张拉工作油室;14-顶压工作油室;15-张拉回程油室;16-张拉缸油嘴;17-顶压缸油嘴;18-油孔

3)后张法施工流程

后张法预应力混凝土构件工艺流程见图5-5-22。

(1)预留孔道的设置

预留孔道可采用预埋管法或抽芯管法,并应符合以下规定。

采用预埋管法时,预埋管应有一定的轴向刚度,密封良好,接头应严密,不漏浆。预埋管道宜用钢筋井字架固定。井字架间距:金属螺旋管、塑料波纹管及钢管间距不宜大于1m,胶管间距不宜大于0.5m,曲线孔道宜适当加密。

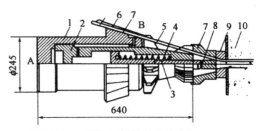

图 5-5-21 锥锚式千斤顶(尺寸单位:mm)
1-张拉油缸;2-顶压油缸(张拉活塞);3-顶压活塞;4-弹簧;
5-预应力筋;6-楔块;7-对中套;8-锚塞;9-锚环;10-构件

采用抽芯管法时,钢管应平直光滑,胶管宜充压力水或采取其他防止变形的措施。预留孔道的抽芯时间,应根据气温和所用水泥性能通过试验确定。抽芯的顺序应先上后下。用钢管作孔道芯管时,宜在浇筑混凝土后每隔 5～15min 将芯管转动一次,抽管的速度应均匀,边抽边转,抽管的拉力作用线应与孔道中心线一致。

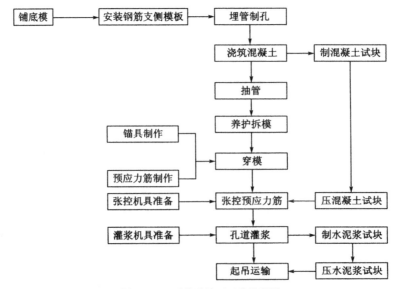

图 5-5-22 后张法施工工艺流程图

孔道形成后应立即逐孔进行检查,发现堵塞应及时疏通。

振捣时应采取防止预留孔道变位或变形的措施。

灌浆孔间距,预埋管不宜大于30m,抽芯管不宜大于12m;采用真空辅助灌浆时,灌浆孔间距可适当加大。曲线孔道的曲线波峰部位宜设排气孔。

电焊作业必须采取措施保护预埋管道和预应力筋。

预留孔道的尺寸与位置应正确,孔道应平顺。端部的预埋垫板应垂直于孔道中心线,并采取措施固定在模板上,在浇筑混凝土时不得移动。

(2) 张拉

预应力筋张拉时,结构的混凝土强度必须符合设计要求,当设计无要求时,不应低于设计强度标准值的75%。

为减少预应力筋的松弛损失,采用超张拉,预应力筋的张拉程序可为 $0 \rightarrow 105\% \sigma_k$(持荷2min)$\rightarrow 100\% \sigma_k$ 或 $0 \rightarrow 103\% \sigma_k$。

预应力筋的张拉顺序,应按设计规定进行,如设计未规定或受设备限制时,应经核算确定。核算时应考虑下列因素:避免张拉时构件截面呈过大的偏心受压状态;对配有多根预应力筋构件,应分批、分阶段对称张拉,张拉顺序应符合设计要求。应计算分批张拉的预应力损失值,分别加到先张拉钢筋的张拉控制应力值以内,但不得超过相关规范的规定。

预应力筋张拉端的设置,当设计无要求时,应符合下列规定:抽芯形成孔道,曲线预应力筋和长度大于24m的直线预应力筋,应在两端张拉;长度等于或小于24m的直线预应力筋,可在一端张拉;同一截面中有多根一端张拉的预应力筋时,张拉端宜分别设置在结构的两端。当两端同时张拉一根预应力筋时,宜先在一端锚固,再在另一端补足张拉力后进行锚固。

(3) 灌浆

预应力筋张拉完毕后,应进行孔道灌浆。灌浆的目的是为了防止钢筋锈蚀,增加结构的整体性和耐久性,提高结构抗裂性和承载力。孔道灌浆应采用强度等级不低于42.5的普通硅酸盐水泥配制水泥浆;对空隙大的孔道,可采用水泥砂浆灌浆。水泥浆及水泥砂浆的强度,均不应低于20MPa。灌浆用水泥浆的水灰比不大于0.45,搅拌后3h泌水率宜控制在2%以内,最大不超过3%,水泥浆中可掺入对预应力筋无腐蚀作用的外加剂,增加孔道灌浆的密实性。矿渣硅酸盐水泥,按上述要求试验合格后,也可使用。

灌浆用的水泥浆或砂浆应过筛,并在灌浆过程中不断搅拌,以免沉淀析水。灌浆前孔道应湿润、洁净。灌浆顺序宜先灌注下层孔道。对曲线孔道和竖向孔道应由最低点的压浆孔压入,由最高点的排气孔排气和泌水。

灌浆应缓慢、均匀地进行,不得中断,并应设排气通道。在灌满孔道并封闭排气孔后,宜再继续加压0.5~0.6MPa,稍后再封灌浆孔。不掺外加剂的水泥浆,可采用两次灌浆法,以提高密实度。

孔道内的水泥浆或水泥砂浆强度未达到设计要求时,不得移动构件、切割主筋、拆卸锚具。如设计无要求时,对一般拼装构件不低于15MPa。预应力筋张拉后,对刚度大、稳性好的构件,如需在灌浆前移动时,应对构件截面进行核算,核算时应考虑构件的纵向弯曲和吊装的影响。

压浆过程中及压浆后48h,结构温度不得低于+5℃;否则,应采取保温措施。

预应力筋锚固后的外露长度,当设计无要求时,不宜小于预应力筋直径的1.5倍,且不宜小于30mm。锚具应采用封端混凝土保护,封闭预应力锚具的混凝土质量应高于构件本体混凝土。如需长期外露时,应有防止锚具锈蚀的措施。

三、混凝土构件的密实成型

混凝土构件的成型过程主要由模板支立、钢筋及预埋件安放、浇筑混凝土、密实成型及修饰表面等工序组成。其中,密实成型工序对保证构件质量和加速周转起着决定性作用。

预制厂中一般有振动成型、离心成型及压制成型等几种成型方法。它们可以单独使用,也可以配合使用。

1. 振动法和振动加压法

振动法是构件密实成型最简单、最有效的方法。它所用的设备有插入式振捣器、表面式振捣器及振动台。插入式和表面式适用于台座式生产的预制厂。

振动台是一种机床式的振捣器(图5-5-23),其振动频率一般为1 500~6 000次/min,振幅0.3~3mm,振捣延续时间一般为0.5~2mim。

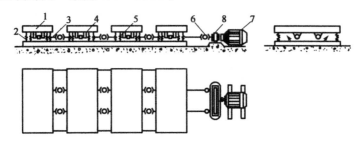

图5-5-23　垂直定向振动台
1-工作台;2-弹性支座;3-振动转轴;4-偏心块;5-转轴轴承座;6-万向联轴节;7-电动机;8-齿轮同步器

振捣时必须将模板牢固地固定在振动台上,否则模板的振幅和频率将小于振动台的振幅和频率,而且振幅沿模板的分布也不均匀,这样会降低振动效果,影响混凝土的密实度。

振动加压法是在构件振动成型过程中,同时在构件上面施加一定的压力,以加速混凝土的密实过程,提高混凝土硬化后的强度,使构件表面光滑(图5-5-24)。

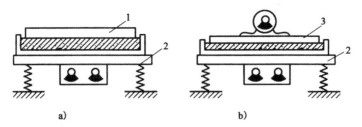

图5-5-24　振动加压法
a)静态加压;b)振动加压
1-压板;2-振动台;3-振动压板

加压方法有静态加压和和动态加压。静态加压,系用一块压板(钢板或钢筋混凝土板)直接加到正在振动成型的混凝土构件表面上;如果在压板上装设振动器,组成振动压板,则成为动态加压。动态加压可以提高密实效果,减轻压板重量。

2. 挤压法和推压法

我国在长线台座生产中,先后试制成功混凝土挤压成型机和推压成型机,为预应力混凝土构件实现机械化连续生产开创了新途径。

3. 离心成型法

将装有混凝土的模板放在离心机上,使模板以一定的转速绕着本身的纵轴旋转,混凝土在离心力作用下分布于模板内壁同时挤出水分,使混凝土得到密实,离心后混凝土的强度可比一般混凝土提高25%～30%。离心法制作的构件其外形可以是圆形、方形、正多边形等各种形状,但都是具有圆形空腔的管形构件。

离心机有滚轮式和车床式两种类型(图5-5-25)。滚轮式离心机有一个滚轮为主动轮,其他滚轮为从动轮,模板自由地支承在滚轮上,靠彼此之间的摩擦力来带动旋转。

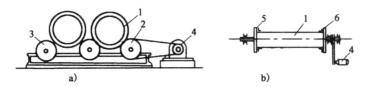

图5-5-25 离心机示意图
a)滚轮式离心机;b)车床式离心机
1-管模;2-主动轮;3-从动轮;4-电动机;5-前卡盘;6-后卡盘

模板由上下两个半管模组成。先把下模置于操作台上,铺放1～2mm厚的橡胶片或塑料布等隔离层,安放钢筋骨架,然后将根据管柱的体积计量好的混凝土均匀地浇到下模内,再将上模盖上,使其上下密合,即送至离心机上离心成型。

美国雷蒙公司生产的雷蒙特桩(大直径预应力混凝土管桩)使用的离心—振动—加压成型技术,其成型过程与离心成型基本相同,只是增加了振动和加压工艺。如图5-5-26所示,在钢模外设置许多起振块,用液压起振器振击起振块,使混凝土受振密实;此处还在管形内壁增设一加压碾棒,以碾压构件内壁,使其受压密实。这种离心、振动和加压同时作用的结果,使构件的密实性和强度比一般构件要高得多,同时生产率也大为提高。

离心成型法的第一阶段,是混凝土沿模板内壁均匀布料阶段,转速不能太高(大致为80～150r/min,视构件大小面定),以防止混凝土中的大粒集料移向构件外层而产生离析现象。第二阶段为离心密实阶段,模板的转速加快,以增大离心力,压实混凝土。一根管子的离心密实时间一般为10～15min。离心结束后,即可把钢模吊到拆模专用台上,稍静停后脱模(图5-5-27)构件可自然养护,亦可在内腔中通入蒸汽养护。

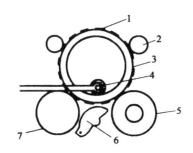

图5-5-26 离心机振动加压法示意图
1-起振块;2-支承轮;3-钢模;4-压轮;5-主动轮;6-液压起振器;7-从动轮

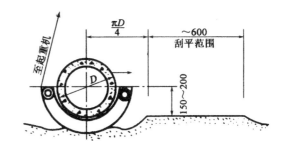

图5-5-27 翻模示意图(尺寸单位:mm)

四、预制构件养护

在混凝土构件生产过程中,养护时间一般占整个生产过程总时数的80%。自然养护法需要大量的场地和较多的设备(如底模板、台座)。为了缩短养护时间,提高模板的周转率和场地的利用率,可采取一定的措施来加速混凝土硬化。

下面仅简单介绍常压蒸汽养护法。

常压蒸汽养护是最常见的方法,其实质是将构件放置在一个大气压并充有饱和蒸汽或蒸汽空气混合物的养护室内,在较高的温度和相对湿度的环境中进行养护,从而加速混凝土的硬化,使混凝土得以在较短的时间内达到规定的强度指标。

1. 常压蒸养

混凝土构件进行蒸汽养护,要经过静停、升温、恒温、降温四个过程。

(1)静停。构件成型后,在室温下停放一定时间后进行蒸汽养护,此过程叫静停。构件经过静停后开始具有一定强度,这样可避免在升温蒸养时产生温度应力带来的不利影响。静停时间随水泥的品种、恒温温度不同而异,一般控制在 4~6h。用火山灰质硅酸盐水泥或矿渣硅酸盐水泥制作的混凝土构件,可不需要静停。

(2)升温。升温过程必须缓慢平稳,否则不仅构件表面与构件内部会出现过大的温差,构件产生裂缝,还可能由于混凝土中毛细管内的水分和湿空气的热膨胀而导致混凝土内部结构的破坏。对一般塑性混凝土升温速度可控制在 10~20℃/h。

(3)恒温。即构件在养护过程中,在最高温度下所持续的时间过程。这个过程中混凝土强度增长最快。恒温的温度取决于水泥的品种,对普通水泥一般是75℃,对火山灰质水泥和矿渣水泥一般为85℃。恒温时间可根据混凝土在不同温度条件下的强度增长曲线(通过试验得出)来确定,一般为 5~8h。

(4)降温。降温过程中构件由表及里向外散热,水分向外蒸发,如果降温速度太快,则构件表面与构件内部必然出现较大的温差。为了防止表面温度的急剧变化而引起裂纹,降温速度也应有所控制,一般为10℃/h。

在整个养护过程中,特别是在恒温阶段,养护室内的湿度需保持在80%~100%,防止构件中的水分蒸发影响水泥的水化作用。通常可在蒸汽室内装置喷水设备,或者将喷放蒸汽的多孔管装设在水沟内,使干蒸汽通过水再喷放出来。

2. 常压蒸汽养护设备

常压蒸汽养护设备分为间歇式和连续式两种。

间歇式养护即按照蒸汽养护升温、恒温、降温三个阶段,完成了一批构件的一个养护循环吊运走后,再装入另一批构件进行养护。图 5-5-28 是使用最广泛的间歇式蒸养室。

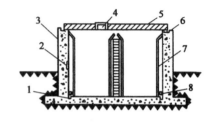

图 5-5-28 间歇式蒸养室
1-排水沟;2-测温计;3-坑壁;4-小孔;5-坑盖;6-水封槽;7-槽钢;8-蒸汽管

连续式蒸养按流水作业法进行,构件按规定的养护制度和速度顺序地通过升温、恒温、降温三个阶段。连续式蒸养设备的温度分区及工序较稳定。图 5-5-29 和图 5-5-30 为连续式蒸养设备的两种形式。

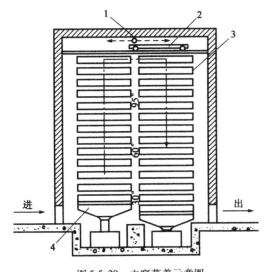

图 5-5-29 立窑蒸养示意图
1-蒸汽管;2-横移机;3-带有构件的模板;4-升降机

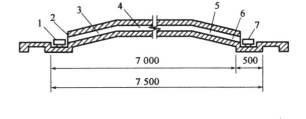

图 5-5-30 折线形隧道式养护室示意图(尺寸单位:mm)
1-构件;2-进口;3-升温区;4-恒温区;5-降温区;6-出口;7-构件

复 习 题

1. 混凝土和钢筋混凝土工程施工艺有哪几类？各有何特点？
2. 钢筋混凝土由哪几个施工工序组成？
3. 钢筋工程材料从进场到加工安装完毕的检查验收内容及保管存储包括哪几方面？有何要求？试述钢筋制备工艺过程。
4. 钢筋加工工序和绑扎、安装要求有哪些？钢筋的接头形式有哪些？各有何特点？接头有何规定？
5. 如何计算钢筋下料长度及编制钢筋配料单？
6. 钢筋的代换原则和方法有哪些？
7. 试述模板的作用,了解模板的基本构造、结构形式以及模板设计荷载的确定。
8. 模板工作的组织实施如何进行？混凝土拆模时有何要求？
9. 混凝土工程施工包括哪些工作？如何组织实施？
10. 混凝土施工配合比怎样根据试验室配合比求得？施工配合比怎样计算？
11. 了解混凝土运输的技术要求与方案及使用的机械。
12. 了解浇筑块尺寸的确定及浇筑块的划分原则。
13. 了解混凝土的浇筑工艺过程,施工方法和基本要求。
14. 了解混凝土的养护方法与工作制度。
15. 了解水下浇筑混凝土的方法和技术要求。
16. 了解先张法和后张法预应力构件的制作工艺、主要的技术问题。
17. 了解混凝土的构件预制的方式、养护的方法。
18. 混凝土构件预制厂在平面上有何布置要求？

第六章 重力式码头施工

第一节 概 述

一、重力式码头基本结构及施工特点

重力式码头是码头的一种常用结构形式,其依靠自身和其上填土的重力维持平稳和稳定,要求地基具有较高的承载能力。重力式码头主要适于在岩石地基或持力层埋藏较浅的地区建造。

根据自然条件和施工条件的不同,重力式码头的建造方法有干地施工法和水上施工法两种。前者的主要施工工艺是在基坑内干地现浇混凝土或浆砌块石,一般适用于小型内河港口的建造;后者是采用大型预制构件(如混凝土方块、沉箱、扶壁等)作为墙身,配备大型水上起重运输设备在水下进行墙体的安装作业,常用于河口及海岸地区深水码头和防波堤的建造。

二、重力式码头的基本组成及一般施工程序

重力式码头一般由基础、墙身、上部结构、墙后回填和码头设备等组成(图6-1-1)。部分还有减压棱体、倒滤层及回填土、码头地面和附属设施;其一般施工顺序如图6-1-2所示。

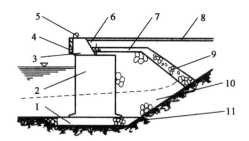

图 6-1-1 重力式码头的主要组成部分

1-基础;2-墙身;3-胸墙;4-护木;5-系船柱;6-系船柱块体;7-倒滤层;8-码头地面;9-回填土;10-抛石棱体;11-基槽

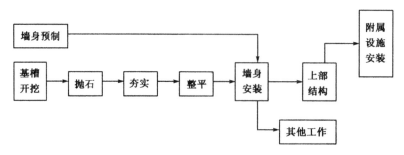

图 6-1-2 重力式码头施工的一般顺序

在重力式码头施工中,组织好基础、墙身安装、减压棱体和倒滤层的施工至关重要。这些工作的工程量一般都较大,技术要求高,作业持续时间长,工作间相互衔接,相互制约,是决定项目工期的关键工作。在工程开工前,必须制订详细的施工计划,拟定切实可行的安全、技术和质量保证措施,以保证按期完工。

第二节 水下抛石基床施工

抛石基床的一般施工程序为:施工测量定标(位)→基槽挖泥→基床抛石→基床密夯→基床整平。

一、施工测量定标(位)

抛石基床施工前,必须首先进行施工测量定标(位)工作,在现场设置定位标志,并在现场设临时控制水尺。

抛石基床施工测量定标(位)工作,可以采用施工导标法及GPS定位法。

(一)水下抛石基床施工导标定位法

施工导标定位法采用两点成一线,第三点瞄准前两点重合即为三点在一直线的原理。

导标分为纵向标、横向标和船位标。纵向标又分为中心标、边标和转向标。中心标控制基槽、基床的中心线。边标控制基槽、基床的底宽和顶宽;转向标控制基槽、基床的中心线转折点。横向标分为起点标、终点标、里程标和分段标。起、终点标分别控制基槽、基床的起点和终点;里程标标志基槽、基床的里程数;分段标控制基槽、基床的施工分段和变化(高程或形式)分界线。船位标分条控制作业船舶的方位。图6-2-1为某码头基槽施工导标布置图。

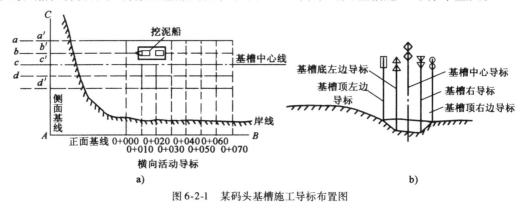

图6-2-1 某码头基槽施工导标布置图
a)平面图;b)挖槽断面

(二)水下抛石基床施工GPS定位法

在施工作业区建立GPS基准站和GPS测量系统相对坐标系。根据作业的重要性,在作业船上各配置两套GPS接收机天线(或一套GPS接收机+罗盘仪)(图6-2-2),设置在船艏、船艉,用以控制船的姿态及准确位置,电脑显示器设置在操作室内,以便随时和直观地监控位置并方便指挥船舶的移位。施工过程中,根据GPS定位系统实时测定的船舶所在位置坐标与设计给出的设计坐标进行比对,来判别船舶位置的正确与否。

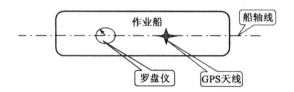

图 6-2-2 船上 GPS 定位设置

二、基槽挖泥

(一)水上导标定位法挖泥

挖泥时根据现场设置施工坐标系和定位导向标志,移动作业船至所需的作业位置,进行水下挖泥作业,并在现场设临时控制水尺,通过测深绳测深来进行水深与高程的换算,控制挖泥面的高程。

(二)水上 GPS 定位法挖泥

1. 施工作业前的准备工作

施工作业前,建立 GPS 基准站和 GPS 测量系统相对坐标系,对挖泥施工进行总体测量控制,选用 GPS 测量系统挖泥控制软件。

2. 建立挖泥平面网格

按挖泥平面分区,并依据船舶的工作性能(每一船只)在每一挖泥施工区纵横向分条形成大网格并标明里程,之后在每个大网格里,依据抓斗的张口尺寸再进行纵横向分条形成小网格,每个小网格就代表抓斗张口尺寸(图 6-2-3)。

把已经分好网格的全部挖泥区位置图连同基槽设计轮廓线一起输入电脑,用于挖泥施工。在具体挖泥施工时准确控制抓斗,对准相应的小网格依次施工。

3. 挖泥船的粗定位

挖泥船由锚地驶入施工现场水域,利用事先设置的导标进行粗定位。在挖泥船操作室里的电脑显示屏上看到挖泥船进入拟施工区后,立即抛船艏及船艉八字缆系在已经设置的、合适的系缆浮鼓上。

挖泥船粗定位完成后,通过电脑显示屏,由操作手指挥,对挖泥船进行准确定位,把挖泥船准确定位在拟施工区的具体挖泥地点,并系紧各条缆绳,方可进行挖泥作业。

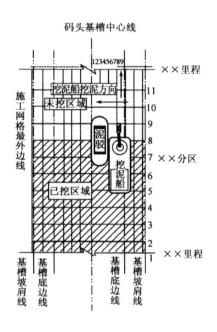

图 6-2-3 水上 GPS 定位法挖泥

4. 挖泥施工定位

挖泥船驻位完成后,根据建立好的施工区域小网格,对挖泥部位进行定位,每一抓的位置对应于每一小网格,按分区、按船位依次施工。一抓挖泥完成后,由船舶操作室内的操作手根据电脑屏幕显示对下一抓挖泥进行定位施工;每一船位(即挖泥船的一次驻位)挖泥完成后,由船舶操作室内的操作手根据电脑屏幕显示指挥移船,进行下一船位施工,依此类推。

5. 挖深控制

基槽挖泥采用分区、分层开挖,根据不同的地质条件确定分层厚度。每区段的挖泥底高程不同,挖泥前做好各区域挖泥高程表格,交给各挖泥操作手,以便挖泥施工时的核对和采用测深绳测水深度控制。

(三)基槽挖泥控制

1. 开挖船机的选择

基槽开挖,应根据地质条件采用相应的开挖方式。地基为岩基时,视岩石风化程度,可采用水下爆破(爆破作业时,特别要注意不能使基础受到严重破坏),用抓斗(铲斗)挖泥船开挖(当为砂质土时,也可采用绞吸式挖泥船)。在选择挖泥船时,要对自然环境条件、工程要求和挖泥技术性能等因素作综合分析,选择可作业的、能满足工程要求和挖泥效率高的挖泥船。

2. 基槽开挖施工要点

(1)施工中,要复测水深,核实挖泥量(如遇有回淤情况,还要根据复测水深结果估计回淤强度,并将在挖泥期间的回淤量计入挖泥量内),并安排好挖泥程序。

(2)挖泥时,要勤对标,勤测水深,防止超挖或欠挖。

(3)对有高程和土质"双控"要求的基槽,挖至设计高程后,要核对土质(现场鉴定和套筒取样,室内分析),如地质情况与设计要求不符,应继续挖至设计土层的出现或与设计单位研究解决办法。

(4)挖完后,如有淤泥淤积,厚度超过 0.3m 的,需用吸泥泵清淤;如不能及时做抛石基床,则要采取防淤措施(或在将来抛石前,用吸泥泵清淤)。

(四)基槽开挖的质量标准

基槽平面尺寸不得小于设计规定,对水下开挖非岩石地基,每边超宽和超长、超深允许偏差见表 6-2-1。

非岩石地基水下基槽开挖允许偏差　　　　表 6-2-1

序号	项目			允许偏差(m)	
				有掩护水域	无掩护或离岸 500m 以上水域
1	平均超深	斗容≤4m^3		0.3	0.5
		4m^3 < 斗容≤8m^3	Ⅰ、Ⅱ类土	0.8	0.8
			Ⅲ、Ⅳ类土	0.5	0.5
		8m^3 < 斗容≤13m^3	Ⅰ、Ⅱ类土	1.0	1.0
			Ⅲ、Ⅳ类土	0.8	0.8
		13m^3 < 斗容≤18m^3	Ⅰ、Ⅱ类土	1.5	1.5
			Ⅲ、Ⅳ类土	1.0	1.0
2	每边平均超宽	斗容≤4m^3		1.0	1.5
		4m^3 < 斗容≤8m^3	Ⅰ、Ⅱ类土	2.0	2.0
			Ⅲ、Ⅳ类土	1.5	2.0
		8m^3 < 斗容≤13m^3	Ⅰ、Ⅱ类土	2.2	2.5
			Ⅲ、Ⅳ类土	1.7	2.2
		13m^3 < 斗容≤18m^3	Ⅰ、Ⅱ类土	2.5	3.0
			Ⅲ、Ⅳ类土	2.0	2.5

基槽开挖后,应对开挖断面进行实测验收;若不符合设计要求,应进行补挖。

三、基床抛石

每段基槽开挖后,应及时验收和进行抛石抛砂作业。应注意的是,在抛石(砂)前应检查基槽尺寸有无变动;有显著变动时应进行处理。

(一)水下基床抛砂

在软弱层较厚的地基上修建重力式码头,为节约投资,常采用基槽开挖后置换中粗砂形成砂垫层,使抛石基床坐落在砂垫层上。为维持基槽边坡在施工期间的稳定,防止回淤,应在基槽开挖验收后及时组织砂垫层的填筑。水下基床抛砂方法视砂垫层厚度可分别采用民船抛砂、开底泥驳或开舱驳抛砂。

基床下砂垫层必须进行密实处理。砂垫层的密实方法主要有水下振冲法和爆夯法。

(二)基床抛石

基槽抛石分为基床抛石和换填抛石。

对夯实基床,当地基为松散砂基或采用换砂处理时,宜在抛石前先铺筑反滤层(在基床底部铺设0.3~0.5m厚的二片石垫层作为反滤层,起减少石块陷入土中的作用)。

1. 石质要求

(1)基床块石宜采用10~100kg未风化、不成片状、无严重裂缝的块石,对厚度不大于1m的薄基床宜采用较小的块石;基床厚度较大时,基床表层2m以下的块石质量范围可适当放宽。

(2)对有可能遭受波浪水流冲刷作用的部分,需用大块石护面,并注意级配。

(3)在水中饱和状态下的抗压强度:夯实基床不低于50MPa,不夯实基床不低于30MPa。

(4)当抛石基床以下采用抛石换填并爆夯密实时,块石质量可采用1~500kg,块石饱和单轴极限抗压强度不宜低于30MPa。

2. 抛石顺序与分层

抛石的顺序,既要考虑与下一工序(基槽挖泥)紧密衔接,又要为夯实以及后续工序(安装预制构件)创造条件,以达到确保工程质量和加速工程进度的目的。

当基床设计底高程相差不大时,可从一端开始向另一端分段抛。对于顺岸式码头,可从任一端开始;对于突堤码头一般从近岸端开始。当基床设计底高程相差较大时,应从底高程低处向高处分段抛。抛石基床的厚度应为设计厚度加预留沉降量。对于夯实的基床,只考虑地基的沉降量;对于不夯实的基床,还需要考虑基床本身的沉降量。

当基床厚度较大、基床抛石需作重锤夯实处理时,基床需分层抛石、分层夯实,每层厚度一般不大于2m;作爆夯处理时,分层厚度一般为6~8m。

3. 抛石方式

基床抛石可以用水上或陆上机具进行。在离岸较远且与岸不相连的基床抛石,用水上机具几乎是唯一的方法。

抛石方式有压茬抛和定位定量抛两种,这两种抛石方式均可采用人力(机械辅助)抛填和抛石船抛填。人力(机械辅助)抛填是用民船或方驳运输石料,通过人工或简单的起重设备将石块抛填到指定位置。这种方法抛填位置较准确,抛填灵活,抛填质量容易控制,顶面平整度较好,但劳动强度较大,生产效率低。抛石船抛填可采用倾卸驳船和开底驳船等(图6-2-4),生产效率很高,但顶面平整度差,从而增加粗平工作量,一般用于基床顶部细抛以下的抛填,当基床较厚,且抛石量较大时,采用较多。

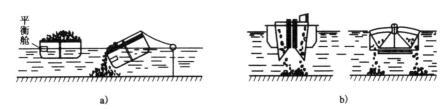

图 6-2-4 基床抛石
a)倾卸抛石;b)开底(舷)抛石

为保证基床抛石的精度,抛石开始前应做好导标设立和抛石船驻位工作。采用导标法定位时,基床抛石一般纵向设置基床的中心导标和顶面的坡肩边导标,横向设分段标,根据安排的分段施工顺序,抛石船依导标定位。导标设置和抛石船驻位方式的示例见图6-2-5。

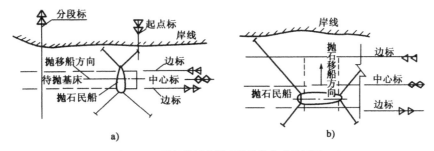

图 6-2-5 导标设置和抛石船驻位方式示例图

采用GPS定位时,GPS天线的设置与挖泥船相同,GPS操作员根据事先确定的抛石船位的坐标点与GPS仪器上的实时坐标点进行对比,指挥船舶到达正确的抛石船位置。抛石示意图见图6-2-6~图6-2-9。

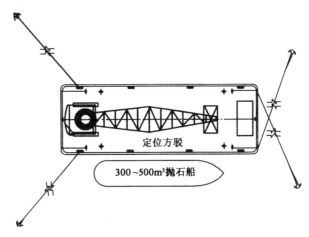

图 6-2-6 基床抛石工艺示意图

169

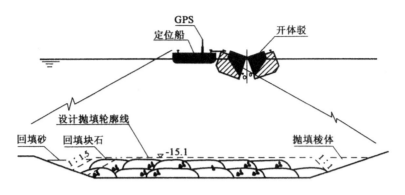

图6-2-7 基床抛石工艺示意图(粗抛)

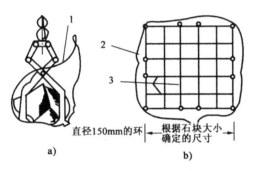

图6-2-8 块石的抓钳和网兜
1-松开钳的绳索;2-缆绳;3-网

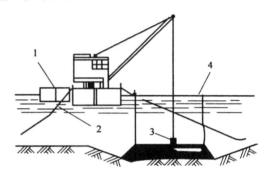

图6-2-9 起重船抛石
1-运石驳船;2-锚缆;3-网兜;4-抛填边界浮标

4. 抛石要点

(1)导标标位及GPS基础数据要正确,要勤对标、对准标,以确保基床平面的位置和尺度。

(2)粗抛与细抛相结合,顶层为顶面以下0.5~0.8m,在该范围内应细抛;顶层以下各层可粗抛。抛填控制高差:粗抛一般为30cm左右,细抛一般为0~30cm(抛石应在风、浪、流均较小时进行)。

(3)抛石前应进行试抛。通过试抛,当用人力抛时,掌握块石漂流与水深、流速的关系;当用推土机、装载机、反向铲、开底式和侧倾式抛石船抛石时,应掌握块石扩散情况,以选定起始点位置和移船距离。

(4)勤测水深,防止漏抛或抛填过多。在接茬处,应在邻近接茬2~3m的已抛部位开始测水深,并采取先测水深,后抛石,再测水深的方法进行抛填,以免漏抛或抛填过多。测水深时,测点间距不宜超过1m,测锤的底部直径不小于30cm。

(5)当有流速又用人力抛填时,要顺流有序进行抛填,且抛石和移船的方向应与水流方向一致,以免块石漂落在已抛部位而超高。

(6)当用开底式和侧倾式抛石船抛石时,除掌握石堆扩散情况外,一般应控制在30~70s内抛下,使抛下的石堆厚度比较均匀。

(7)基床抛石的富余高度应适当,若过大,夯实后基床超高,水下扒除非常困难;若过小,夯实后欠高,尚需补抛、补夯,这些都影响工程的进展。根据实践经验,应掌握"宁低勿高"的原则,但不宜低于0.5m;每一层抛石的富余高度常控制在抛石层厚度的10%~15%。

四、基床夯实

在有夯实要求的抛石基床中,每层抛石后须进行夯实,以消除或减少其压缩沉降。夯实的方法一般是用起重设备吊重锤,按一定的规则和指标要求进行夯实(图6-2-10)。

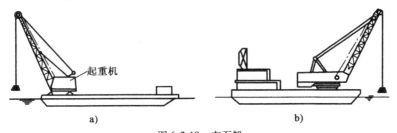

图 6-2-10 夯石船
a) 方驳上安装起重机; b) 抓斗挖泥船

(一)夯实机具

目前,基床夯实尚无专用的夯实船,一般用抓斗式挖泥船或在方驳上安装起重设备吊重锤进行夯实。夯锤一般为铸钢或用钢板焊接而成,其形式和构造如图6-2-11所示,为减小水阻力和增加稳定性,其外形为低重心的扁式截头圆锥体,且中间设有排水孔。有时在夯锤两侧焊上铁翅,以防夯锤发生旋转。

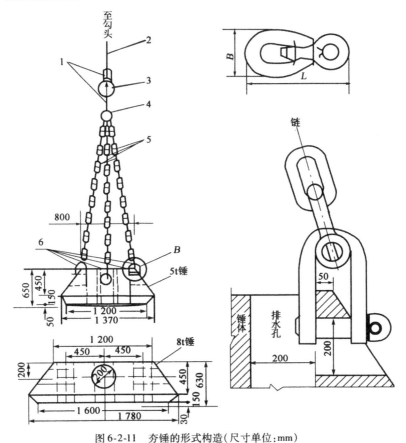

图 6-2-11 夯锤的形式构造(尺寸单位:mm)
1-索具卡环;2-钢丝绳扣;3-铸钢转动环;4-连接环;5-铸钢链;6-索具卡环

(二)重锤夯实的主要技术要求

(1)基床夯实范围应符合设计规定,如设计未规定,可按建筑物底面尺寸各边加宽 1m。对施工定位和作业困难的水域,锤夯范围可适当加宽。分层夯实时,锤夯范围可根据分层处的应力扩散线各边加宽 1m 确定,如图 6-2-12 所示。

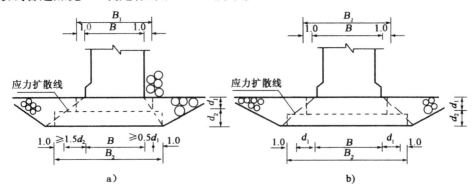

图 6-2-12 基床夯实范围示意图(尺寸单位:m)
a)墙后有填土;b)墙后无填土
B-墙底宽;d_1、d_2-抛石基床夯实分层厚度;$B_1 \times d_1$、$B_2 \times d_2$ 层夯实范围

(2)夯实前应对抛石层顶面作适当平整(防止因局部高差太大造成"倒锤"或夯偏而影响夯实效果),其局部高差不宜大于 30cm。

(3)基床应分层、分段夯实,每层厚度宜大致相等,一般不大于 2m;分段打夯的搭接长度不小于 2m。

(4)夯锤底面积不宜小于 $0.8m^2$,底面静压强宜采用 40~60kPa,可取落距为 2.0~3.5m,每锤的冲击能力不小于 $120kJ/m^2$(不计浮阻力的影响);对无掩护水域的深水码头,冲击能宜用 $150~200kJ/m^2$。基床夯实工艺见图 6-2-13。

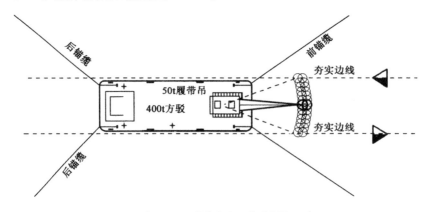

图 6-2-13 基床夯实工艺示意图

(5)基床夯实一般采用纵、横向均邻接压半夯(图 6-2-14),并夯两遍(初夯、复夯各一遍)或多遍夯实的方法,以防止基床局部隆起和漏夯。夯击遍数由试夯确定,不进行试夯时,应不少于两遍,确保每点 8 夯次。

(6)当夯实后补抛的面积较大(大于 1/3 倍构件底面积或连续面积大于 $30m^2$),厚度普遍大于 0.5m 时,宜作补夯处理。

(三)夯实要点

(1)夯明基床时,为防止"倒锤"和夯坍边坡,每遍的夯实要先中间后周边。

(2)当基床顶面高程不同时,要先夯顶面高程较低的基床,并于其上安装预制构件后,再夯顶面高程较高的基床。在夯顶面高程较高的基床时,对邻近已安装预制构件的夯点,要减小夯击的落距,增加夯击的遍数。

(3)基床夯实后,要作夯实检验。夯实质量标准可采用"分段验收法"和"选点检验法"。"分段验收法"即在已夯的基床上码头墙底面积范围内(每一施工段不宜大于100m)任选不小于5m一段复打一夯次,夯锤相接排列,不压半夯,其平均沉降量不大于30mm,无掩护水域的重力墩不大于50mm。

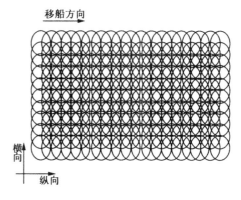

图6-2-14 夯锤落点平面示意图

对离岸较远的建筑物可采用选点复打一夯次进行检验,选点数不少于20点,并应均布于选点的基床上,平均沉降量不应大于50mm。一般采用"选点检验"法,特别是离岸式码头,即在选定复夯范围内,均匀布设20个以上的复夯点,每点复夯前,将锤落在基床上,测锤顶高程,然后吊起夯锤进行复夯,夯后不起锤,再测锤顶高程。这些复夯点前后高差的平均值,即为平均沉降量,要求平均沉降量不大于50mm。

(四)爆夯(爆炸夯实)

爆夯法是保工期、保质量的一种先进施工方法。当基床抛石量大、工期紧,应用传统的重锤分层夯实工艺施工根本无法满足施工进度要求时,可采用爆炸夯实法施工。爆夯具有使用设备少、操作简单、施工速度快、降低工程造价等优点,特别是处于外海水域,基槽开挖后为防骤淤需立即将块石抛填满槽,厚度较大(在3m以上)以及爆夯与挤淤合并进行以省掉开挖基槽工序者,其优点尤为突出。

1.爆夯机理

悬浮在基床顶面上的炸药包在水中爆炸后,产生巨大的瞬间冲击荷载,对抛石基床有自上而下的压缩作用。同时,爆炸产生的地基振动,对基床有自下而上的振动密实作用。爆炸中的这两种作用都使块石产生挤压、位移、相互错动、减少孔隙,从而使基床达到密实的目的。其中,以地基振动对基床的密实影响较大,对基床密实起主要作用。

爆炸夯实的影响因素有:爆破规模(即一次起爆的总装药量)、爆夯次数(通常2~4次)及上覆水层厚度等。其中,爆破规模是主要因素。因此,为达到理想的爆夯效果,在条件允许的情况下,应尽可能采用大规模爆夯。但一次爆夯的药量又受安全控制的影响,因此,有时要进行小药量多次爆夯。

2.爆夯的工艺流程

爆夯的工艺流程为:基床抛石→夯前断面测量→布药→起爆→夯后断面测量→检查沉降率→验收。

3. 药包加工

爆夯所采用的药包,一般无法在采购中解决。现在工程上大多采用硝铵炸药,它的特点是敏感度低,使用安全,有一定威力,制作加工方便。为安全起见,药包必须在距人群和建筑物安全距离以外的地点加工,也可在离开施工区域和其他船只的船上进行。加工操作必须符合安全操作规程。

硝铵炸药会因湿度超过30%而拒爆,所以每个药包均要求有良好的水密性。通常用双层或多层塑料袋密封防水,外面用纺织袋包裹。为了使药包悬浮在水中,纺织袋内先放置一定数量的泡沫塑料(数量视药包重量而定,以确保药包能起浮为准),装入药包后用尼龙绳绑扎牢靠。

药包的装药量一般在15kg/包左右,可根据试爆情况、基床厚度、炸药的上覆水深、重复爆夯的次数,以及周围安全范围的大小等进行加大或减小。

4. 布药

布药主要是控制药包在水中的吊高和药包间的距离。为避免潮流和气候的不良影响,布药应在天气晴好和平潮时进行。

药包的吊高,即药包在基床面以上的高度,要视每一药包控制的范围和上覆水深及装药量等不同而控制在0.8~1.2m之内。该距离在药包加工时通过编织袋和坠体(绑扎的石块)间的尼龙绳长度进行控制。

药包定位采用梅花形布置,每排排距可取3m,每排内药包的间距可取4m。药包竖直方向和平面布置见图6-2-15~图6-2-17。

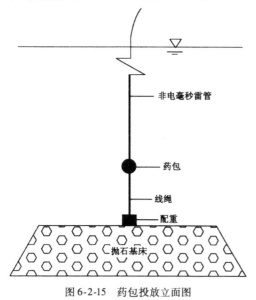

图6-2-15 药包投放立面图　　　　图6-2-16 药包布置图(尺寸单位:m)

5. 起爆

布药完毕后,即将各药包的导爆索(单股)与主导爆索(双股)连接。在布药时,无关船只及人员必须撤至安全区,在布药和导爆索连接完毕后,全面检查警戒水域,确认无任何船只和人员以后,发出爆破信号,然后正式起爆。

6. 质量检验

基床爆夯的质量检验指标为夯沉率,夯沉率以10%~15%为控制标准。

夯沉率检查可采用水砣、测杆和测深仪测深等方法，测量方法应符合现行行业标准《水运工程测量规范》(JTS 131—2012)等有关规定，并应满足下列要求：①采用水砣或测杆测深时，每5～10m一个断面且不少于3个断面，1～2m设一个测点且不少于3个测点；测深仪测深，断面间距取5m且不少于3个断面；②爆后边坡坍塌时，测深范围包括全边坡。

在爆夯达到规定的夯沉率后，对造成的深坑补抛和平整，在表层再用重锤普夯一遍。

7. 爆夯试验

在正式施工之前，应进行爆夯试验，以检验所定技术参数是否合理，炸药的防水性是否正常，安全措施是否得当，并能借此进行人员培训。

爆夯与航道炸礁、水下爆破等一样，爆破操作应特别注意安全，爆夯前必须到有关单位办理规定手续（如到海事管理部门办理航

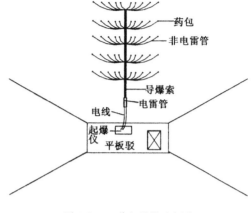

图6-2-17 药包联线示意图

运通告、申请警戒手续等）。爆破操作人员必须受过岗前培训，要做到持证上岗。针对爆破现场，应制定出具体的安全操作规程，考虑爆夯对周围环境的影响，并控制爆夯点与需保护对象（如建筑物）的安全距离，药量和距离应由爆破工程师进行计算，必要时要进行调查和监测。

五、基床整平

为使基床能够均匀地承受上部荷载的压力，保证构件安装的平整和稳定，必须对基床顶面和边坡表面进行整平工作。

目前，我国仍主要依靠潜水员进行整平（长江口深水航道整治工程设计了专用的整平船）。水下基床整平工作，根据不同建筑物有不同的精度要求，一般分为：

粗平——表面高程允许误差为±150mm。

细平——表面高程允许误差为±50mm。

极细平——表面高程允许误差为±30mm。

当大型构件底面尺寸大于等于30m²时，其基床可不进行极细平。

（一）基床的粗平

码头基床的边坡只进行粗平，有时每层夯实前也需进行粗平。粗平的方法有悬挂刮道法和埋桩拉线法。

(1) 悬挂刮道法。如图6-2-18所示，在方驳的船边伸出两根工字钢（或钢轨）作为刮尺支架，支架外端安装滑轮，用重轨做成的刮尺通过滑轮悬吊在水中，在刮刀两端系以测深绳尺，以此来控制刮尺高程。施工时整平船（方驳）横向驻位，按整平高程用滑车控制刮道（铁轨，其长度大于基床整平宽度）下放深度，水位每变化5cm调整一次，潜水员以刮道底为准"去高填注"进行整平，边整平、边移船，压茬进行。如弃填量比较大，石料可通过整平船用绞车吊篮进行上、下或左、右的运输。

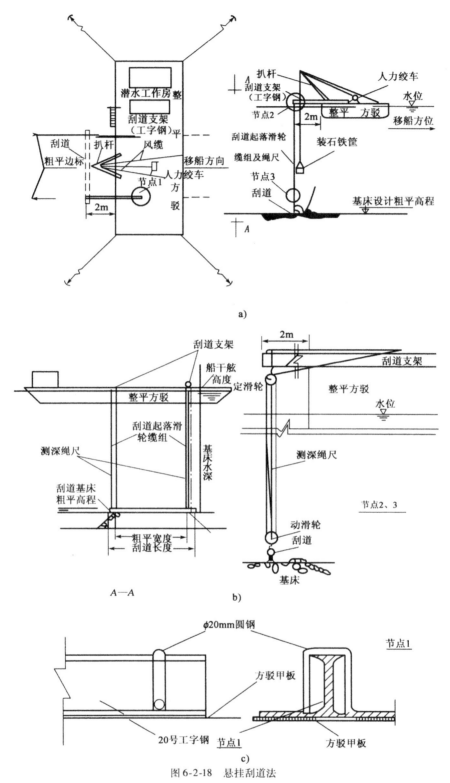

图 6-2-18 悬挂刮道法

(2)埋桩拉线法。如图 6-2-19 所示,在基床纵向两侧,陆上用经纬仪定方向,船上用垂球引点,每隔 15~30m 埋设木桩,桩侧设置短护木(与基槽纵向平行)以增加木桩抗拉线拉力的能力,桩顶用测深杆测设整平高程,每侧木桩按整平高程拉 8~22 号铅丝线,两线之间用直径为 3mm

测绳作为滑动线,潜水员以滑动线为准,"去高填洼"进行整平,边整平,边移动滑动线。

在这两种方法中,埋桩拉线法较好。其优点是不受风浪、潮流的影响,整平精度高;缺点是增加了测埋拉线桩这一工序。

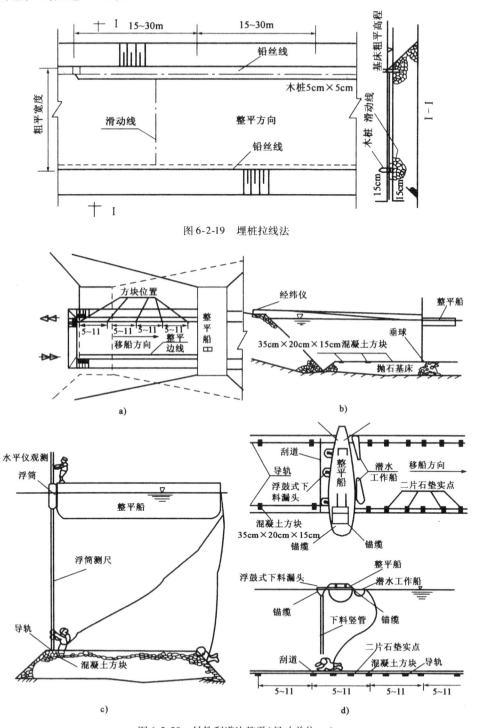

图6-2-19 埋桩拉线法

图6-2-20 导轨刮道法整平(尺寸单位:m)
a)混凝土小方块平面布置;b)测设混凝土小方块;c)测导轨顶高程;d)整平
图中,5~11m为导轨下混凝土小方块的布设间距;3~4m为导轨下二片石垫实点间距

(二) 基床的细平和极细平

基床肩部、压肩方块下的基床，需要细平，细平的范围为：①前肩部分；②压肩方块底边外加宽0.5m。墙身下的基床需要极细平。极细平的范围为墙身底面各边加宽0.5m。

进行细平和极细平时，大块石之间不平整部分宜用二片石填充；二片石之间不平整处用碎石填充，碎石允许成层，但其厚度不应大于50mm。

由于细平和极细平精度要求很高，施工时一般采用导轨刮道法。需要在基床面上两侧各埋入一根导轨（一般用钢轨，现有改用钢管的，钢轨会因倾倒等造成高程不准，而钢管则能在一个范围内始终保持高程不变）控制整平精度。导轨搁置在事先已安设好的混凝土小型方块上，小型方块的间距为5~10m，方块与导轨之间垫厚薄不一的钢板，将导轨顶高程调整到基床的整平高程，严格控制以轨顶为整平高程，且误差不超过±10mm，如图6-2-20所示。整平船横向驻位，填注所用石料装在船上，通过浮鼓式漏斗向水下运送，潜水员于水下用刮杆（钢轨）沿埋设的钢轨顶将碎石刮平。

第三节 墙体构件的预制及安装

对预制安装的重力式码头，经整平后的抛石基床为避免遭受风浪的破坏或回淤，应及时安装墙身预制构件。目前，重力式码头预制构件一般为实心方块、空心方块、扶壁、沉箱和大直径圆筒等。

一、方块码头墙身的施工

混凝土方块码头是重力式码头墙身结构的一种主要形式。常用的有实心方块和空心方块两种，其质量可以从数十吨至数百吨，一般高2.0~4.0m、宽2.0~5.0m、长4.0~13.0m。由于方块的质量和体积都很大，并且大多在水上进行安装，故须配备大型的陆上、水上起重运输机械。

方块墙身的建造程序是：方块预制→方块储存→方块出场→运输→方块安装。

(一) 方块预制场

很少为混凝土方块设置专门的预制场，大多在其他构件预制场内设一混凝土方块预制区或就近利用现有码头设置临时预制场。

混凝土方块预制场（区）的选择除满足一般预制的要求外，因方块的自重较大，其地基应有足够的承载能力，以免混凝土底模由于不均匀沉降而遭受破坏，必要时须对地基作加固处理。

当利用现有码头或岸壁作为临时的预制场时，不论预制或存放，均不应超过码头的承载能力和影响岸壁的稳定，而且其前沿水深应满足起重船和方驳作业吃水的要求。

预制场（区）的平面布置主要包括混凝土底模的布置和存放场的布置。布置时除应验算地基或码头的承载能力及岸壁稳定外，尚需考虑支拆模板、浇筑混凝土和用起重设备吊方块装方驳等施工工艺的要求。

(二)方块的预制

混凝土方块的施工工艺及技术要求与一般水上混凝土施工工艺基本相同。方块通常提前预制,预制好的方块需储存。储存场一般设置在方块预制场附近的岸壁场地上,有条件时也可将储存场设置在水中。

方块浇筑所用侧模可采用木模板、整体钢模板和组合钢模板,采用较多的是组合钢模板。侧模与侧模之间通过用大号型钢或钢桁架作为水平围囹固定,侧模的安装和拆除一般采用龙门吊或塔吊。

根据规范规定,体积较大的混凝土实心方块应掺块石,以节约水泥,并减少混凝土的水化热。块石总量控制在方块体积的20%~30%,块石应质地坚硬,外形无针状、片状,埋置时应分布均匀,不能成层,块石与块石、块石与模板的最小间距应大于100mm。

在码头临水面的方块,因受水位变动的影响,在物理和化学的双重作用下加剧了混凝土的破坏过程,所以在临水面方块混凝土的强度等级应提高一级。有时也采用花岗石镶面,镶面的花岗石应无裂纹、未风化、抗冻性能良好。

方块预制品必须外形规则、尺寸准确,否则将影响安装质量。制造方块时,经常会出现粘底、鼓肚、裙角漏浆、松顶、表面砂线及裂缝等缺陷。这主要是振捣和模板故障产生的问题,在施工中必须重视,并采取相应的预防措施。为防出现粘底,常在方块和底模之间设置脱模层。但脱模层不得采用会减小摩擦力的塑料纸和油毡纸等。

(三)方块的吊运

方块达到设计强度后,即可运到施工地点进行安装。方块的吊运工作通常包括陆上吊运和水上吊运。当方块制造场和储存场与转运码头的距离较近时,通常直接用预制场的移动式龙门起重机吊起方块行驶到转运码头装船。当距离较远时,须用平板车把方块运到转运码头,用专门的起重设备装船。当方块制造场布置在岸边,并位于起重船的工作半径之内时,则可以利用起重船直接转运的方式。

混凝土实心方块的起吊多采用倒丁字吊杆起吊方法,即在起重吊钩下吊以丁字吊杆(又称马腿,见图6-3-1),将丁字吊杆插入方块的吊孔中然后转90°,则丁字吊杆端头卡在吊孔中,起重机收起吊钩即可将方块吊起。丁字吊杆和吊孔的数目,根据起吊时端头与混凝土接触面的挤压应力来决定。

若混凝土实心方块中预埋吊孔,则可用起重机吊钩直接起吊,吊孔通常用HPB300级钢筋制成(图6-3-2),埋入混凝土内,为了便于方块的储存堆叠和安装,须在方块吊环位置设凹槽,使吊环顶部不高出方块顶面。

空心方块的起吊多采用设置在构件上的吊孔起吊,也可以采用吊环,这需要依据设计图纸确定。

(四)方块的安装

1.方块的安装顺序

墩式建筑物,以墩为单位,逐墩安装,每个墩由一边的一角开始,逐层安装。

线形建筑物,一般由一端开始向另一端安装,当长度较大时,也可由中间附近开始向两端安装。

在平面上,先安外侧、后安内侧,如图6-3-3所示。在立面上,如图6-3-4所示,大致可分为四种基本形式,即以单块为单元的阶梯式,以段(按变形缝划分)为单元的分层逐层式,以几段为单元的阶梯式和以整个码头为单元的分层逐层式。在这四种形式中,依次前者比后者传给地基的荷载较为集中,当地基土压缩变形比较大时,安装后的墙身易产生不均匀沉降,但在安装时,起重船移动幅度小,移锚次数少,安装效率高。

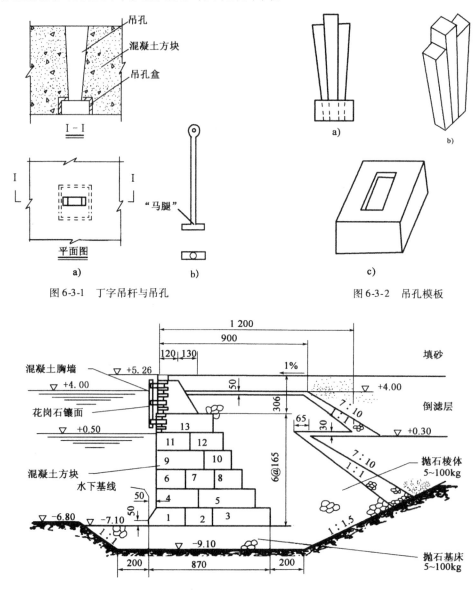

图6-3-1 丁字吊杆与吊孔　　　　　　　图6-3-2 吊孔模板

图6-3-3 方块的安装顺序(尺寸单位:cm;高程单位:m)

开始安装方块时,先要确定起始的地点。对于与现有建筑物相连接的方块工程,可以从与旧建筑物相邻的一面开始;对于没有建筑物可依的,则可从任意一端开始。对于必须严格保持其中心位置的,则必须从中心开始,使误差均匀分布。

安装第一层方块时,尤其是靠基线的一排和第一块方块,要特别注意其平面位置和高程的准确,因为上层方块都要以此作依据。

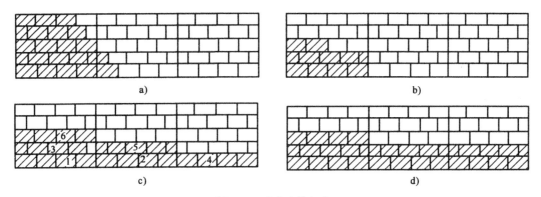

图 6-3-4 方块安装方式

a)以块为单元的阶梯式；b)以段为单元的分层逐层式；c)以几段为单元的阶梯式；d)以整个码头为单元的分层逐层式

在平面上安装方块的顺序应尽量使拟安装方块与已安装方块有两面相接。这种安装顺序可大大简化施工过程，并使安装接缝的交错排列达到最大准确度。

具体选用何种形式，与地基土性质、码头长度、分段长度和层数，以及后续工序安排和风浪条件等因素有关。选用的原则是：不均匀沉降小，受风浪破坏少，安装效率高和有利于后续工序的施工。

2. 方块的安装方法

方块安装的施工方法，由地质条件、基床厚度以及建筑物的施工条件而定。一般采用水上安装法。为保证安装质量和安全，应在风浪不大时进行。

预制安装的空心方块式建筑物墙身多采用高度方向不分层、一次出水面的形式，其安装方法与一般扶壁式结构类似。

实心方块的安装一般采用固定吊杆起重船，安装控制多采用水下拉线法。

安装底层方块时，在基床上于边线的外侧距边线一定距离（一般为 15～20cm）拉线，作为前沿控制线，拉线固定在预埋方木条的混凝土小方块上。对线形建筑物，前沿控制线每段设 2～3 个混凝土小方块；对墩式建筑物，两起始边控制线各设 2～3 个混凝土小方块，埋设混凝土小方块时，在陆上用经纬仪、全站仪或 GPS 定位，在船上用垂球引点，先粗定位埋混凝土小方块，后细定位在方木上钉铁钉，铁钉间的拉线一般用 16～18 号铁丝，并要拉紧，系牢。

安装底层方块以上的水下各层方块时，按一定间距在已安方块的缝内楔入木板，用上述定位方法在木板上钉铁钉、拉线。

固定吊杆起重船吊安方块如图 6-3-5 所示。操作过程是：起重船从方驳吊取方块后，

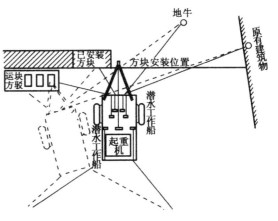

图 6-3-5 吊安方块平面示意图

按定位浮标所指示的位置，徐徐移船，移至浮标附近时，松钩使方块下落至其底面距基床顶面约 1.0m，再移船靠近浮标（已有安好的方块时，则靠近已安方块），再松钩使方块下落至其底面距基床顶面约 0.2m，然后由潜水员根据控制线和做缝木板，指挥起重船就位，松钩安装。潜水

员检测缝宽、错牙和偏位,合格后摘除"马腿",起重船退船去吊方块,进行下一方块的安装。

对多层方块的底层或安装后不露出水面的构件应复核位置和高程。

3. 临时压载措施

为了使方块建筑物下的地基土和基床加速密实,在方块墙安装过程中或安装到顶层以后,要进行临时压载。压载可利用其他段尚未安装的方块作为压重。压载时间以达到沉降量符合计算规定为止,一般约为两周。根据建筑物类型、土质条件、抛石基床的厚度和土的计算应力的情况,采用偏心压载或匀布压载。若基床夯实质量较好,一般不需压载。

(五)安装施工要点

(1)在安装方块以前,必须对基床进行全面检查,如发现基床顶面有损坏时,须加以修整,基床表面有淤积物时,应予清除。

(2)方块装驳前,应清除方块顶面的杂物和底面的粘底物,以免方块安不平稳。

(3)方块装驳和从驳船上吊取方块要对称地装和取,并且后安的先装放在里面,先安的后装放在外边。当运距较远,又可能遇有风浪时,装船时要采取固定措施,以防止方块之间相互碰撞。

(4)在安装底层第一块方块时,方块的纵、横向两个方向都无依托,为达到安装要求,又避免因反复起落而扰动基床的整平层,一般在第一块方块的位置先粗安一块,以它为依托安第二块,然后以第二块方块为依托,重新吊安第一块方块。

二、沉箱码头墙身的施工

随着港口工程日益向深水发展,沉箱逐步向高、大型转化,一些沉箱高达20多米,重达数千吨。此外,为了满足各种使用要求,沉箱形式也多种多样,有圆形的、矩形的、单格的、带趾的、带孔的、削角的等。这些均使预制沉箱的方式、方法和工艺等在各方面发生一系列的变革。

沉箱的施工程序是:沉箱的制造→下水→浮运→沉放(分节预制的沉箱须接高)→箱内填充等。

(一)沉箱的制造

1. 沉箱制造

沉箱一般在预制场台座平台上进行预制。在正常情况下,都是将沉箱预制至设计高度后出运。但当沉箱的吨位较大时,以滑道方式为例,如因受预制平台承载能力或出运设施载质量的限制而不能预制至设计高度,则需在预制至一定高度后,运出场外进行接高。

制造沉箱的施工工艺与陆上钢筋混凝土的施工工艺基本相同。需架设数量很多的模板,这是一项非常繁杂而且精度要求很高的工作。因此必须选择制作、立模和拆模都较方便,刚度大、周转率较高的模板形式。对于壁墙模板,大多采用组合式钢模板和工具式模板。但高度很大的沉箱也可考虑采用滑移式模板。固定式模板的立模和拆模都相当复杂,费工费料,现已不大采用。沉箱的底模板与侧模板不同,均做成一种形式,由梁木(120mm×200mm)和底模板(厚40~50mm)组成。底模板由支柱支承,该支柱遍布于整个制作台。

浇筑沉箱混凝土时,常采用汽车运载混凝土桶至各个沉箱台座的起重机下,由起重机起吊卸在沉箱顶上工作台的漏斗内,再分送至各格舱中的溜筒进行浇筑。现在则有很多预制场采用混凝土泵车,它通过布料杆的竖向软管直接将混凝土输入模内。

混凝土的浇筑顺序是先浇沉箱底板,后浇侧壁和隔墙。壁墙混凝土的浇筑速度应基本一致,其高差以不超过1m为宜。

沉箱可整体预制,也可分层预制。

条件许可的情况下,宜一次连续浇筑完一个沉箱,以免出现接缝。需分层浇筑时,施工缝不宜设在水位变动区、底板内、底板与壁墙的连接处、吊孔处以及吊孔以下1m范围内。

水泥终凝后即进行浇水养护,混凝土达到一定强度后方可拆模,使用普通硅酸盐水泥的混凝土拆模后浇水养护时间不得少于10d。

2. 沉箱的接高

因受预制平台承载能力或出运设施载质量的限制而不能预制至设计高度,则需在预制至一定高度后,运出场外进行接高,接高方式一般有坐底接高和漂浮接高两种。

（1）坐底接高

坐底接高需建抛石基床,基床面积的大小与一次所需接高的沉箱个数有关。为方便作业,在基床上摆放沉箱的净距一般为2m左右。基床顶高程的选取要满足沉箱接高前能趁潮浮运或用起重船助吊,将沉箱移上基床,而且压注水下沉坐落在基床上后,在一般潮位情况下不没顶,能进行支模板、绑扎钢筋和浇筑混凝土的作业;接高后能趁潮抽水浮运或用起重船助吊,移出基床。如沉箱吨位过大而不能满足上述要求时,可考虑建深水和浅水两种抛石基床,先在浅水基床上接至一定高度,后移至深水基床上接至设计高度。坐底接高的优点是作业方便、安全,受风浪流影响少,可作业天数多;缺点是须建抛石基床,而且如基床顶过高,所需水深不足,接高作业完成后尚需挖除高出部分,因此所需费用高。坐底接高一般适用于所需接高沉箱数量多、当地水域风浪大、地基条件好和水深适当的情况。

（2）漂浮接高

漂浮接高需抛锚或抛混凝土坠子,用缆绳系住沉箱。其优点是不需建抛石基床、所需费用少;缺点是抛锚系缆占用水域面积大、受风浪影响大、工作条件差、可作业天数少（波高大于0.5m时一般就不能进行作业）。漂浮接高一般适用于所需接高沉箱数量少、当地水域风浪小和水深较大的情况。

不论采用坐底接高还是漂浮接高,尽量少用船舶,不用大的起重设备,充分利用原预制场所的加工钢筋和拌制混凝土的设备,以及减少钢筋、模板和混凝土的运距,应选用离原预制场近的码头或岸壁作为依托。此时,如采用坐底接高,在水深不足或地基条件差而需挖泥建抛石基床时,应考虑挖泥对码头或岸壁整体稳定的影响;如采用漂浮接高,为预防因走锚或断缆,致使沉箱与沉箱、沉箱与码头或岸壁发生相互碰撞损坏的危险,沉箱周边应设防撞设施。

（二）沉箱的移动和下水

沉箱的移动,应在混凝土强度达到设计强度的80%后方可进行,下水时则应达100%。此外,沉箱下水前,应根据施工情况复核沉箱的浮游稳定性,不满足要求时,采取适当措施。

1. 沉箱的移动

沉箱的场内移动方式很多,根据其预制和移动下水情况的不同,大致归纳如下。

1）气囊搬运式

沉箱在预制场台座平台上预制,达到设计强度后,在预制场地内沉箱采用气囊+绞盘牵引技术进行平移和出运,采用半潜驳（浮船坞）干运输至施工现场下沉安装。该方法对场地适应性强,设备投资费用较低;但是需要有相应运输能力的半潜驳(浮船坞)与之配套。

2)滑道式

滑道式预制沉箱,有横、纵移式和纵移式,不论是横、纵移式,还是纵移式,沉箱都是在平台上预制的,两者的主要区别是:横、纵移式的平台设在滑道的一侧或两侧,沉箱可预制一个出运一个,平台能及时周转;沉箱出运时,要先横移,而后纵移下水,除配纵移车外尚需配横移车,设备费用高。纵移式的平台设在滑道的纵轴线上,沉箱要成批预制和运出,平台不能及时周转,沉箱出运时不经横移直接下水,只需配纵移车,设备费用低。

3)船坞式

当沉箱的预制数量不多、预制期不长、工程附近没有固定的沉箱预制场或即使有但不经济不安全时,如附近有船坞可租用,且其技术条件(承载力、尺度和水深等)能满足预制和出运沉箱的要求,为减少设备投资,可利用该船坞预制。

(1)干船坞式

根据船坞的大小,通常一次可预制数个沉箱。预制后向坞内压注水,让沉箱浮起,然后逐个出运。在向坞内压注水起浮前,为防止沉箱之间相互碰撞,需利用坞的系缆柱,用缆绳系住沉箱,以减少其起浮时的摆动,并根据可能相碰的情况,在沉箱的一些边、角和部分侧壁设防撞护木。在起浮过程中,为防止绷断缆绳,应根据沉箱摆动情况适时收、放缆绳。在起浮后出坞时,用坞船的卷扬机及两侧拖缆小车(或电动绞车),将沉箱牵引至坞口,然后用拖轮从坞口拖至施工现场或专门的沉箱临时存放场。为防止沉箱撞坏坞口,应预先在坞口的侧壁设防撞护木。

(2)浮船坞式

浮船坞一般是钢质的,少数是钢筋混凝土的。坞甲板是平的,预制沉箱时,可不设底模,只须铺不浸油的油毡原纸隔离层。根据船坞和沉箱的大小,一次可预制1～3个沉箱,沉箱出坞与船的出坞相同,即向坞底和侧墙的水舱内压注水,坞下沉至一定水深,沉箱起浮后用拖轮拖出坞,其他施工过程和操作与用干船坞预制沉箱相同。

4)吊放式

吊放式是在岸壁或码头承台上预制沉箱,然后用起重船吊沉箱下水,见图6-3-6。

2.沉箱下水

沉箱下水可采用滑道、浮船坞、半潜驳或干坞等工艺。

1)干坞下水工艺

在坞式沉箱预制场预制的沉箱,其移动和下水较为简单,即在坞室内充水使沉箱浮起并从坞门运出。

2)滑道下水工艺

(1)沉箱在场内的移动

目前常用垫车(或撬车)进行。移动时,先用千斤顶顶起沉箱,将垫车(或撬车)置于其下,就位后放松千斤顶,将沉箱坐落在垫车(或撬车)上,然后用绞车将垫车(或撬车)沿横移轨道拖至下水滑道的台车(设有相应的轨道)上。

(2)沉箱的下水

为保证沉箱下水的安全,必须在下水前做好下列准备工作:①沉箱缺陷的修补;②封闭通水孔,并根据设计要求在沉箱格舱内填砂石或压注水压载;③沉箱封顶;④用紧张器将垫车

(或撬车)固定在台车的轨道上,并将沉箱底模板与垫车(或撬车)连接以便沉箱浮起后回收底模板;⑤核算溜放水位等。

台车运载沉箱时,需用绞车缆索控制下滑速度,一般控制在25~35cm/s。下水滑道为钢轨滑道,滑道的坡度视沉箱的大小、质量而定,一般为1:8~1:10。

滑道末端水深应满足下式要求(图6-3-7):

$$H > T + h_1 + h_2 \tag{6-3-1}$$

式中:H——滑道末端水深(m);
T——沉箱的吃水深度(m);
h_1——垫车(或撬车)和台车占用的高度(m);
h_2——富余水深,一般为0.5~0.75m。

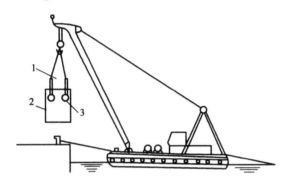

图6-3-6 吊放式出运
1-吊架;2-沉箱;3-吊具孔

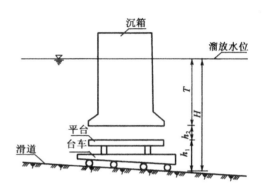

图6-3-7 滑道末端吃水示意图

滑道水深不满足沉箱吃水要求时,沉箱应暂不压载或少压载,可采用起重船或浮筒助浮,应在拖至深水处时再压载至满足沉箱自身浮游稳定要求。

此外,沉箱下水前,应对下水滑道进行全面检查,并用与设计荷载相当的试验荷载试运行,以检验滑道及牵引设备的可靠性。沉箱下水时,在滑道附近的水域,绝对禁止停泊船只或通航,所有的潜水工作也应停止,以免发生安全事故。

3)浮船坞(半潜驳)下水工艺

沉箱上浮船坞或上半潜驳可采用有轨台车、无轨台车或气囊搬运等工艺。

沉箱采用浮船坞或半潜驳出运时应有配套出运码头,出运码头应适合浮船坞或半潜驳靠泊;考虑前沿水深、潮位等因素对出运条件的影响。

沉箱出坞与船的出坞相同,即向坞底和侧墙的水舱内压注水,坞下沉至一定水深,沉箱起浮后用拖轮拖出坞,其他施工过程和操作与用干船坞预制沉箱相同。

(1)沉箱在场内的移动及上浮船坞(半潜驳)

在这里仅介绍气囊搬运工艺(图6-3-8)。

当沉箱在岸上预制场预制时,可采用气囊+卷扬机组合搬运的方式(图6-3-9~图6-3-11)。

当沉箱在浮船坞内或半潜驳预制时,沉箱不必移动。

(2)沉箱的下水

为保证沉箱下水的安全,必须在下水前做好如下准备工作:沉箱缺陷的修补;封闭通水孔,并根据设计要求在沉箱格舱内填砂石或压注水压载。

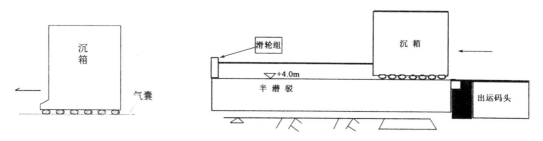

图 6-3-8　气囊搬运沉箱示意图　　　　图 6-3-9　沉箱气囊搬运上驳示意图

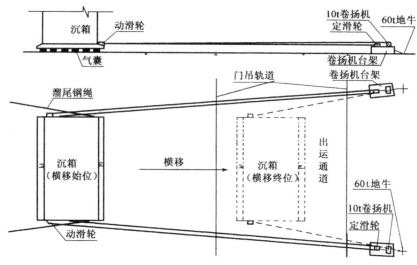

图 6-3-10　沉箱出运工艺示意图

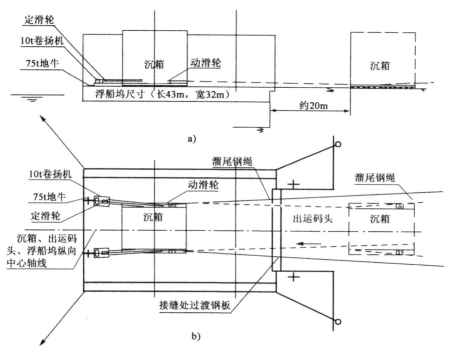

图 6-3-11　沉箱上驳出运工艺示意图
a)沉箱装上浮船坞的状态；b)沉箱移运上浮船

①沉箱采用浮船坞工艺下水,见图6-3-12。

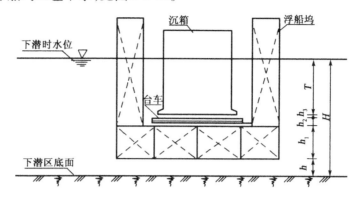

图6-3-12 沉箱浮船坞工艺下水

下潜区的水深应满足下式要求:

$$H \geqslant T + h_1 + h_2 + h_3 + h_4 \tag{6-3-2}$$

式中:H——下潜区水深(m);

T——沉箱的浮游稳定吃水(m);

h_1——浮船坞型深(m);

h_2——台车总高度与轨道高度之和或垫块高度(m);

h_3——起浮时沉箱底面与台车垫木顶面或垫块顶面的富余水深(m),取0.3~0.5m;

h_4——浮船坞与下潜区底面富余水深(m),取0.5~1.0m。

浮船坞最大潜深不满足式(6-3-2)的要求时,沉箱应暂少压载,可采用起重船或浮筒助浮,应在拖至深水处时再压载至满足沉箱自身浮游稳定要求。

②沉箱采用半潜驳工艺下水,见图6-3-13。

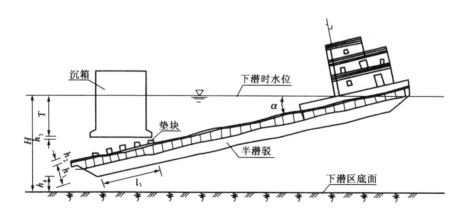

图6-3-13 沉箱半潜驳下水工艺示意图

下潜区水深应满足下式要求:

$$H \geqslant T + h_1\cos\alpha + h_2\cos\alpha + h_3 + l_1\sin\alpha + h_4 \tag{6-3-3}$$

式中:H——下潜区水深(m);

T——沉箱的浮游稳定吃水(m);

h_1——半潜驳的型深(m);

α——沉箱起浮时半潜驳甲板面与水平面的夹角(°);

h_2——垫块高度(m);

h_3——垫块与沉箱底面间的富余水深,取 $0.2\sim0.4$m;

l_1——沉箱底面对应的半潜驳长度(m);

h_4——半潜驳与下潜区基面的最小富余水深,不坐底时不小于 0.5m。

半潜驳最大潜深不满足要求时,沉箱应暂少压载,可采用起重船或浮筒助浮,应在拖至深水处时再压载至满足沉箱自身浮游稳定要求。

(3)沉箱水上临时存放

沉箱下水后,如不能及时运往沉放现场安装,可能需要在水上进行临时存放。存放场应符合下列规定。

①漂浮存放时,可将沉箱停泊于避风水域,用锚缆固定。为增加沉箱的稳定性,可局部充水使它稍稍下沉;成批存放时,沉箱间应采取避碰措施。

②坐底存放时,存放场宜选择在邻近预制场或安放现场,受风浪、冲刷和淤积等影响较小,且水深满足要求的水域。存放场地的地势宜平坦,并应有足够的储存面积和承载力,必要时应作适当处理。为了避免浮起时因底部吸力大而造成的困难,沉箱最好放在卵石层上。

(三)沉箱的运输

沉箱水上运输,可用浮运拖带法、半潜驳或浮船坞干运法。

采用半潜驳或浮船坞干运法无类似条件下的运输经验时,应对下潜装载、航运和下潜卸载的各个作业阶段进行下列验算:

(1)半潜驳或浮船坞的吃水、稳性、总体强度、甲板强度和局部承载力。

(2)在风、浪、流作用下的船舶运动响应和沉箱自身的强度、稳性等。

采用浮运拖带法水上运输沉箱时,拖带前做好拖运的准备工作,应对沉箱进行吃水、压载和浮游等稳定验算,并在沉箱的四角临时搭设平台,在其上安设绞车和带缆桩,沿沉箱中轴线和侧边固定标杆,以及铺设供工人在操作沉放时走动的木板过道等,远距离拖带宜采取密封措施(图6-3-14)。

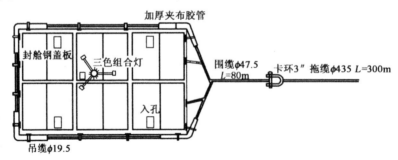

图6-3-14 沉箱拖带浮运示意图

沉箱用拖轮拖运,应在近程拖带风速小于等于6级,波高小于等于 1.0m;远程拖带风速小于等于6级,波高小于等于 1.5m 的情况下进行。其拖运方法有跨拖法、曳拖法和混合拖运法三种,见图6-3-15。

跨拖法阻力大、行进速度慢、功率消耗大、易起浪花,在有风浪情况下易发生危险,但对沉箱的就位有利。该法一般在运距不远、水域面较为狭窄的条件下采用。

当运距较远、水域面积又较大时，可采用曳拖法。曳拖法有两种拖运方式：第一种方式如图 6-3-15b)中的上图所示，其行进速度较跨拖法快，但阻力还是较大；第二种方式，如图 6-3-15b)中的下图所示，其阻力较小，行进速度快，但拖运过程中左右摆动较大，适用于水深较大和宽广水域中进行长距离拖运。

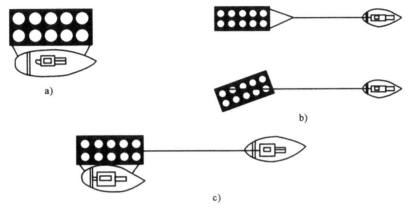

图 6-3-15 拖轮拖运方法
a)跨拖法；b)曳拖法；c)混合拖运法

在运距短、水域面积又较狭窄的地点，通常采用跨、曳混合的拖运方法，易于控制沉箱的稳定。

拖运沉箱时，其曳引作用点在定倾中心以下 100mm 左右时最为稳定（正常航速条件下）。沉箱的浮游稳定性是个很重要的问题，在设计时必须进行核算。但为了增加沉箱浮游过程中的稳定，常常采取临时压载措施，以降低重心。压载物可以是水、砂石或混凝土方块等。

沉箱在浮运过程中，应注意防止承受侧面的外力，以减少摇摆。此外，还应注意缆索应具有一定的长度，不致使沉箱和拖轮互相碰撞。

(四) 沉箱的沉放和填充

1. 安装顺序及其控制

对顺岸式和突堤式码头，大多由一排沉箱组成，一般由一端开始向另一端安装，安装时，可用两台经纬仪或全站仪或 GPS 定位。

1) 测量定位控制

(1) 经纬仪、全站仪光学测量仪器定位法

常规方法也可于陆上设经纬仪、全站仪等光学测量仪器直接观测其顶部，并如图 6-3-16 所示，控制线距设计前沿线 15～20cm，如基床有向里的倒坡，设计前沿线应按坡度进行调整。对墩式码头，以墩为单元，逐个安装。如一个墩有数个沉箱，每个墩由一角开始依次进行沉箱安装，安装时，于陆上设两台以上经纬仪（或经纬仪与测距仪联合使用），采用前方交会法先安装一个墩的沉箱，然后如图 6-3-17 所示，在已安装的墩上用经纬仪和测距仪定线、测距，逐个安装下一个墩。

(2) 采用 GPS 定位测量定位法

安装沉箱时，测量人员利用 GPS 进行观测并记录临水面与施工准线偏移数据和沉箱四个

角点高程,利用无线通信设备随时将 GPS 上显示的数据反馈给安装人员和操作人员,由其根据水流、风向情况利用锚机和卷扬机调整锚缆和滑轮组,使沉箱平稳、准确地落在基床上。

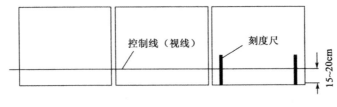

图 6-3-16　顺岸式和突堤式码头沉箱安装控制

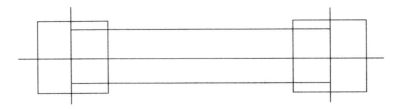

图 6-3-17　墩式码头沉箱安装控制

2)安装方法

安装前,检查基床整平面有无扰动或基床面上有无异物;查清沉箱有无粘底及其清除情况;如有粘底,应采取措施进行处理。根据沉箱预制尺寸偏差情况,应事先选定缝宽控制值。

(1)沉箱上设绞盘的锚缆安装法

沉箱在出运安装前,在其上安装可绞带锚缆的绞盘。

沉箱拖运到沉放现场附近后,用拖船傍拖到指定的沉放地点,在指定地点设置一条工作方驳,将 4 根或 6 根供沉箱定位用的锚缆(用锚艇将锚抛至预先确定的位置)先系在方驳上,当沉箱靠近时,将锚缆系在已安装沉箱上(图 6-3-18)的绞车上;用陆上经纬仪(或 GPS)直接观测沉箱的顶部控制点,在测量工指挥下,人力操纵设在沉箱上的绞车收、放缆绳,使沉箱基本就位。然后打开各舱格的进水阀门灌水,沉箱平衡下沉。当沉箱下沉到距基床顶 0.3～0.5m 时,关闭进水阀门,再次进行准确定位。定位准确后,再开启一半阀门缓慢灌水下沉,并随时观测调整锚缆,保持沉箱不偏离。待沉箱底座落到基床顶面且经测量确认合格后,开启全部阀门进水至沉箱内外水面平齐。随涨潮压注满水后即关闭进水阀门,让水留在沉箱内,以防止沉箱随涨潮而浮起,并增加沉箱抗波浪、水流的稳定性。

第一个沉箱的安放(用 4 个或 6 个锚定位安放),因不便控制,一般不易安好,所以只能先粗安(但不能占据第二个沉箱的位置和影响第二个沉箱的安放),然后在第一个沉箱上设控制点,因这时对第二个沉箱便于控制,应严格掌握第二个沉箱(用 8 个锚定位安放)的安放标准,待第二个沉箱安好后第一个沉箱再抽水起浮,以第二个沉箱为控制点对第一个沉箱重新进行精确安装。进行安装时,要注意锚缆的布设,不要相互影响作业。以后的沉箱可改用两个锚,而将沉箱的另一端系于先沉下的沉箱的两个带缆桩上,如图 6-3-18 所示。沉箱坐落在基床上后,应及时检查偏位、缝宽,如不合格应抽水起浮(或用起重船助浮),重新安装,直至符合要求为止。

(2)定位方驳辅助定位安装法

此法主要是利用方驳上的绞盘和锚缆进行移位,减少了在每个沉箱上安装大型绞盘的工作。

沉箱拖运到沉放现场附近后,用拖船傍拖到指定的沉放地点,沉箱安装定位方驳提前在沉箱安装位置后面驻位(图6-3-19)。

第一个沉箱安装：

在定位方驳辅助沉箱初步定位(图6-3-19)后，起重人员打开沉箱进水阀门，进行压水沉放，同时测量人员将测量数据反馈给安装人员，船上操作人员根据水流、风向情况利用船上的锚机和卷扬机调整锚缆和滑轮组，使沉箱平稳、准确的落在基床上(图6-3-20)。

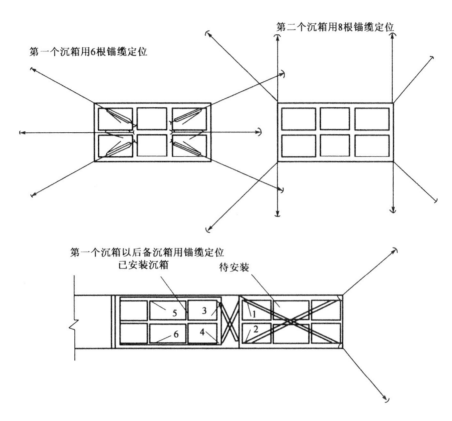

图6-3-18 沉箱安装定位
1、2-滑轮组控制前沿线和缝宽；3、4-滑轮组控制前沿线和错牙；5、6-滑轮组控制缝宽

沉箱落至基床并压水完毕后，测量人员观测，并记录临水面与施工准线偏移数据和沉箱四个角点的高程。如测得的数据超出设计和规范要求，可待第二个沉箱安装合格后再重新起浮进行调正。

第二个沉箱安装：

由定位方驳辅助第二个沉箱初步定位(图6-3-21)后，在第二个沉箱外侧下两口锚，并将第一、二个沉箱通过4个滑轮组固定，再通过上述方法进行安装。

沉箱安装完毕后，并且在沉箱四角顶面布设沉降位移观测点，测量初始值，以后按规范规定时间进行沉降位移观测。

在沉放沉箱时，还应考虑潮位和潮流的影响。一般落潮比涨潮易于控制，故以利用落潮沉放为宜。但若在落潮时沉放的位置不符合要求，则需等到下一次潮水上涨时，才能将沉箱浮起重新进行沉放安装。对非岩石地基，根据地基分布不均匀情况和技术要求，要随着安装进程，每隔数个沉箱，在顶部设置沉降、位移观测点，并测量初始值(沉箱内未填填料之前)，以后按一定间隔时间，观测其沉降、位移并作好记录。

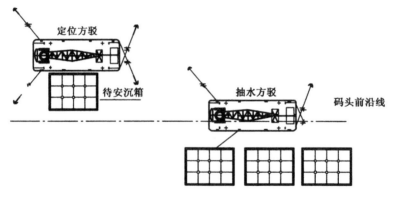

图 6-3-19 定位方驳辅助沉箱安装定位

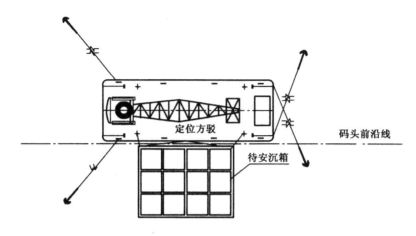

图 6-3-20 定位方驳辅助安装第一个沉箱

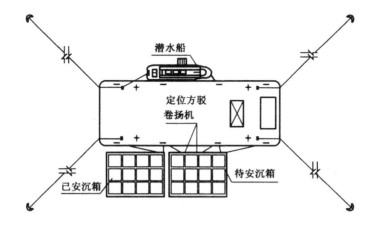

图 6-3-21 定位方驳辅助安装第二个沉箱

2. 沉箱内的填充

沉箱下沉完毕后,应及时灌水,要求在短时间内将沉箱填充回填料到不会被风、浪、流推动的程度,以免沉箱发生位移和破坏箱壁与基床。安装后停置经历 1~2 个低潮后,应复测位置,确认符合质量标准后,再充填满箱内的填料。必要时,为防止基床的淘刷,要考虑在基床上安放压肩块体,并且在已安沉箱的端头要安临时性的压肩块体,使末端沉箱不因基床淘刷而倾斜、位移,造成返工和延误后续沉箱的安装。必要时实施返工作业,一般要掏除箱内填料,抽水起浮后,重新安装。

填充的材料应按设计规定选用,一般采用混凝土、块石、渣石、碎石、砂等。填充时要均匀对称地填,各格舱壁两侧的高差宜控制在1m以内,以免造成沉箱倾斜、格舱壁开裂。

填充的方法为:对顺岸式和突堤式码头,应尽可能结合墙后的回填,形成通道,采用翻斗汽车从陆上进行填充;对墩式码头,一般是船运填料,采用人力或抓斗船进行填充;为防止填料砸坏沉箱的顶部,在其顶部要覆盖型钢、木板或胶皮。

3. 沉箱间接缝内倒滤料的填充

当墙后无抛石棱体时,沉箱与沉箱之间采用如图6-3-22所示的对头接形式,两头有钢筋混凝土插板,插板与沉箱前后壁之间铺土工布,其空腔划分为三部分,从临水面向内一般分别填粒径为5~8cm的碎石和2~4cm的碎石、粗砂。填充时用三根导管同步进行。

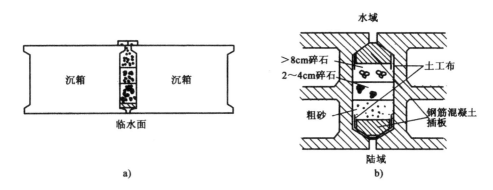

图6-3-22 沉箱间接缝处理

三、扶壁岸墙的施工

(一) 扶壁的预制

(1)扶壁结构岸墙由立板、底板、肋板和胸墙等部分组成。为加快施工速度,除胸墙为现浇外,其他部分可作为一个整体进行预制和安装。

(2)整体扶壁结构预制时,可根据施工条件采用立制或卧制的方法。立制时,施工高度较大,混凝土浇筑有一定困难,模板用料多,虽可用滑模,但由于高度不算太大且壁薄,混凝土易拉裂。但在预制和安装时扶壁结构处于同一立姿,给安装带来很大方便。卧制时,施工高度小,模板省,混凝土浇筑容易保证质量,但在运输时需要空中翻身,给施工带来很大困难。现我国工程上绝大多数采用立制的方法。

(3)扶壁混凝土宜一次浇筑完成,以免出现施工缝。由于都是薄壁结构,混凝土通常采用附着式振捣器捣实。扶壁的吊孔一般设在肋板上,吊孔孔径为12~15cm。每个吊孔配置两根受力钢筋。其锚固长度不小于30倍钢筋直径。吊孔的位置应在扶壁重心上方,并使吊点通过重心的垂线,以免起吊时倾斜和翻滚。对设有尾板的扶壁,宜在肋板根部设置进水孔4~5个,孔径为150mm,以使安装时入水平稳。

(二)扶壁的吊运和安放

扶壁安装时,质量要求较高,要确保扶壁结构的垂直度,以使相邻扶壁之间的接缝平均宽度小于规定指标。扶壁的安装施工要点如下:

(1)安装顺序常由一端开始向另一端安装,如码头较长,也可从中间附近开始向两端安装。

(2)安装控制方法与安装沉箱基本相同。

(3)由预制场或存放场至安装现场,扶壁同方块一样采用方驳运输,为防止在装卸时方驳发生横倾,扶壁的肋应平行于方驳的轴线,且扶壁的重心应位于方驳的纵轴线上。

(4)用起重船—吊装架进行吊安,吊点可以是预埋吊耳,或在肋上预留吊孔(孔内镶钢套管)。

(5)与沉箱相比,扶壁重量轻,重心偏离底板形心,稳定性差。安装时,一般应如图6-3-23所示,边安装,边用型钢连成一体,协同抗浪(特别是斜向浪)。如可能遇有大风浪,则要及时回填墙后填料。

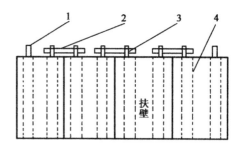

图6-3-23 扶壁抗浪加固示意图
1-预埋型钢;2-连接型钢;3-焊接;4-肋

(三)倒滤井施工

扶壁背后无抛石棱体时,应在接缝处设置倒滤井,如图6-3-24所示,以防止墙后回填土从接缝中流失。当立板的悬臂长度不长时,在肋板外侧设置隔砂板;当立板的悬臂较长时,在立板后面设置隔砂板。为防止倒滤材料从立板、隔砂板之间的缝隙中流失,倒滤井两外侧倒滤材料的粒径必须大于安装缝的宽度。在施工中,如果安装缝宽超过倒滤材料的粒径,参照沉箱对头接立板和隔沙板之间的缝隙应用混凝土插板遮挡,并在立板、隔沙板与混凝土插板间安设土工布。为了防止倒滤材料下沉后胸墙下面出现空隙而造成漏砂,应在胸墙底面的后侧设置倒滤棱体。

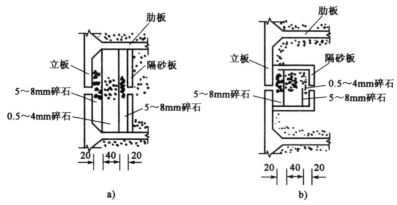

图6-3-24 扶壁倒滤井构造(尺寸单位:mm)
a)肋板外侧的隔砂板;b)立板后面的隔砂板

第四节 墙后回填及胸墙施工

重力式结构的顺岸和突堤式码头均需进行墙后回填。墙后回填有抛填棱体和没有抛填棱体两种情况,方块码头墙后必须设置抛填棱体,沉箱和扶壁码头有时为了减压也设抛填棱体,棱体的顶面和坡面上要设置倒滤层,然后才能回填土。沉箱和扶壁码头墙后不设抛填棱体时,可在安装缝处设倒滤空腔和倒滤井,墙后全部用砂或土回填。

一、墙后回填施工

(一)抛填棱体施工

方块码头抛填棱体的制作可在方块安装完 1~2 层后开始,沉箱和扶壁后抛填棱体需在墙身安装好后,沉箱内填料填完后进行。抛填施工开始前应设立导标,并检查基床和岸坡有无回淤或塌坡,必要时进行清理和整修。抛填棱体的材料,应是当地产量大、价廉、无明显风化、强度不小于 30MPa,质量在 10~100kg 的块石。

棱体一般采用民船或方驳 + 反铲配合作业,如图 6-4-1 所示,分段分层,水上抛填。对于沉箱码头,为提高抛填速度,可考虑从陆上运料至沉箱上抛填一部分。抛填时,宜分段、分层进行,每层应错开一定距离,以免混杂,且应边抛边勤测水深。抛填棱体断面的平均轮廓线不得小于设计断面,棱体顶面高于墙身不宜小于 0.5m,顶面和坡面的表层应铺 0.5~0.8m 厚的二片石,棱体表面的二片石层抛完后,要进行整理,且顶面宽度应不小于设计值,其上再铺设倒滤层。

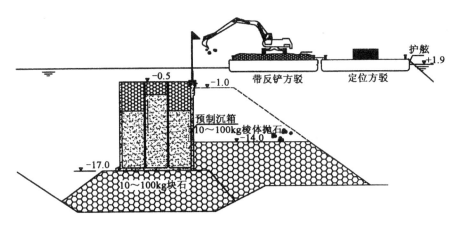

图 6-4-1 墙后水上回填工艺图

(二)倒滤层与回填土

1. 倒滤层

倒滤层可采用碎石倒滤层或碎石与土工织物结合使用的倒滤层。倒滤层可分层铺设或不分层铺设,采用方驳或民船如图 6-4-1 所示,分段水上抛填。分层倒滤层可由碎石层和5～20mm"瓜米石"、粗砂或砾砂层组成，每层厚度不宜小于0.3m，总厚度不宜小于0.6m；抛填时，必须保证接茬处的施工质量，每层应错开一定距离，以免发生混杂。不分层的混合石料倒滤层应采用级配较好的混合石料，如石渣、砂卵石等，其厚度不得小于0.8m，或采用粒径为5～100mm的碎石，其厚度不得小于0.6m。对多级棱体，水下倒滤层厚度宜适当加大。倒滤层的上层可设土工布，土工布摊铺要平整松宽，不能拉紧，搭接长度应满足设计要求，并不小于1m。

倒滤层最小厚度偏差值必须满足规范要求，各级棱体倒滤层厚度的允许偏大值（不允许偏小）：水上50mm，水下100mm。倒滤层表面的坡度按材料自然坡度进行控制。

倒滤层一般用民船或方驳于水上进行抛填。施工时各层必须逐层跟进，回填土应及时回填；否则，倒滤层易受潮水、风浪袭击而坍塌。倒滤层的结构如图6-4-2所示。

2. 回填土

倒滤层完成后应及时回填。填料的物理力学指标应符合设计要求，通常可采用砂、块石、开山石或炉渣等材料，水上部分也可采用黏性土、建筑残土等回填，但应分层铺土压实。施工时应注意控制回填速度。

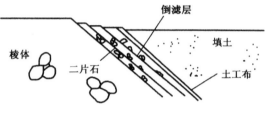

图6-4-2 倒滤层结构图

回填的方法可分陆上干地填筑和吹填。陆上填土如采用强夯法进行夯实，为防止码头因振动而发生位移，根据夯击能的大小，夯实区要离码头前沿有一定距离（一般为40m）。如果河道的土质合格，则可采用吹填，吹填应注意下列事项：

（1）吹填过程中，应采取排水措施，避免出现过大的水位差，影响码头的稳定性。

（2）泄水口的位置应设在码头背后的远处，以延长泥浆的流程，提高吹填效果。

（3）输泥管的管口与倒滤层坡角应有一定距离，以防回流水冲刷。

（4）在墙前水域取土吹填时，应控制取土地点离码头的最小距离和取土深度。

（5）吹填过程应进行施工观测。

二、胸墙的施工

胸墙一般为现浇混凝土，只有少数小型码头为浆砌块石。

胸墙混凝土浇筑工艺分为陆上施工和水上施工两种，对顺岸式和突堤式码头，如胸墙浇筑前，墙后回填已达到一定高程，可利用混凝土搅拌车等进行陆上施工。其他情况则只能是水上施工，水上施工可采用混凝土拌和船或陆拌水运施工工艺。

现浇混凝土胸墙的施工要点为：

（1）胸墙体积较大，除按设计要求分段外，为减小混凝土的一次浇筑量，可采取分层浇筑，但要采取措施，处理好施工缝。同时，为合理利用浇筑时间，方便模板周转，胸墙多采用间隔跳开浇筑混凝土。

（2）非岩石地基，胸墙不一次浇筑到顶，而应预留一部分（约200mm），待沉降稳定后续浇至设计高程。

（3）模板设计要考虑浪、流作用的附加力，且宜设计为如图6-4-3、图6-4-4所示的形式，以保证在分段处的平直。此外,为防止漏浆和浪、流的淘刷,模板的拼缝要严;模板与混凝土(已浇的混凝土)的接触处和各片模板之间,均应采取止浆措施。

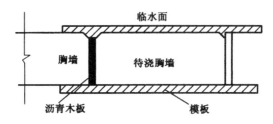

图 6-4-3　现浇胸墙模板平面示意图

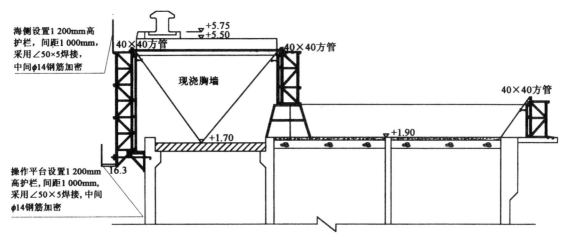

图 6-4-4　现浇胸墙模板支立示意图

(4)胸墙一般处于水位变动区,为保证混凝土质量,应趁低潮浇筑混凝土。因此,不论采用混凝土拌和船还是其他方式供混凝土,必须要有足够的供应能力,以满足在涨潮(被淹没)2h 之前浇筑完毕。

复 习 题

1. 画出重力式码头施工程序图。
2. 抛石基床施工包括哪些主要工序?施工中应注意哪些主要问题?
3. 采用爆夯法进行基床密实时,爆夯作业包括哪些内容?如何检验基床的密实度是否满足要求?
4. 基床整平的粗平、细平和极细平在技术要求上和施工工艺上有何区别?
5. 选择实心方块的安装方法应考虑哪些主要因素?如何进行安装控制?
6. 沉箱的分段预制和整体预制工艺各有何优缺点?
7. 简述沉箱的陆上移动和下水系统的工艺流程。
8. 沉箱的运输方式有哪些?如何进行组织运输及安装?
9. 重力式码头为什么会漏砂?为避免漏砂在施工中应注意哪些问题?

第七章 桩式码头施工

第一节 概 述

桩式码头是以桩作为基础的一种码头结构形式,其上部结构荷载通过桩基传递到地基深处的持力层上,见图7-1-1。桩除作为桩式码头基础外,也常用于船坞、海上平台、船闸、桥梁和工业民用建筑等工程的基础。

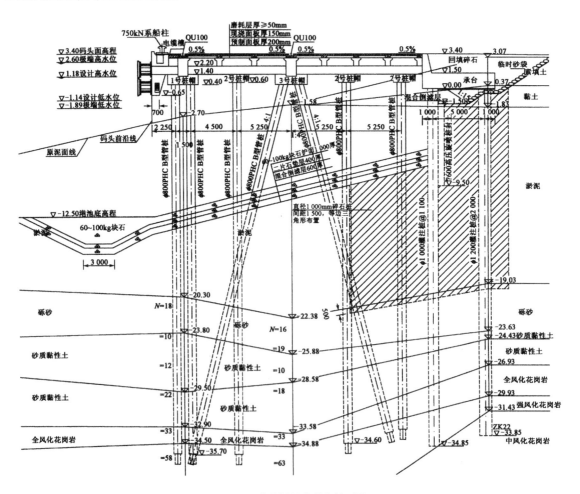

图 7-1-1 高桩梁板式码头断面图

桩基础具有承载力高、沉降量小且均匀等特点。它能承受较大的垂直荷载、水平荷载、上拔力及机器的振动或动力作用。桩基中的桩可以是直桩,也可做成斜桩。工业民用建筑物大多以承受垂直荷载为主,所以大量采用垂直桩,港口工程中的高桩码头同时采用垂直桩和斜桩。

由于水运工程建设事业发展的需要,大型工程项目的兴建,外海深水工程日益增多,桩承受的荷载越来越大,工程需要的桩长、桩径、入土深度、倾斜角度不断增大,某些工程要求桩基嵌入岩层,这就对桩基施工提出了新的课题,促使桩工设备不断改进,新工艺不断涌现,桩基施工技术亦得到很大的提高。

一、桩的分类

根据桩的材料不同,有木桩、钢筋混凝土桩和预应力钢筋混凝土桩、钢桩之分。由于木材资源匮乏,海生物的蛀蚀和承载力小,我国已不用木桩。钢桩具有抗拉、抗弯能力大,能承受较大的水平推力,制作和沉放都很方便的优点,但钢桩易腐蚀,特别在海洋环境中,必须采取防腐蚀措施,造价较高,因而在目前还没有大量使用,仅应用于必须使用长桩的码头工程。我国主要使用钢筋混凝土和预应力钢筋混凝土桩,近十几年来,随着PHC高强后张预应力离心管桩成套制作技术不断完善,提高了我国的制桩水平,PHC桩用钢量少(仅为钢桩的1/6),抗弯性能好,耐久性强,承载力大,被广泛使用。目前我国已能预制最大直径为1 400mm的后张预应力大管桩,最大直径为1 400mm的PHC桩和断面为65cm×65cm的方桩,单节桩长达60m左右。

桩的施工方法有两大类。一类是预制桩的施工方法,桩在预制工场预先制好,然后运往工地现场,将桩沉放到预定位置。另一类是现场浇制桩的施工方法,在桩位先钻好孔,然后在钻孔中放入钢筋笼,再浇筑混凝土成桩。

预制桩施工方法的特点是桩事先制好,可以工厂化生产,因而制出的桩质量有保证,能适应各种土层,现场施工速度快,机械化程度高,但由于桩的制作、储存、运输、沉桩等施工环节多,需要的施工机械设备多。另外,当地质条件变化时桩的适应性差,桩长和桩径一经预制难以改变,预制桩的施工,特别是大口径桩的施工困难较多。

现场浇制桩施工的特点是桩就地制作,省去了桩的预制、运输、沉放等许多环节,简化了施工环节,对地质变化的适应性强,几乎不受桩径和桩长的限制,但是,存在如何确保桩身质量,特别是现场施工工期较长等问题,适用于现场没有打桩设备及需要大口径和长桩的桩基工程。

预制桩的沉桩方式有利用锤下落时的冲击能克服桩端和桩周阻力使桩下沉的锤击方式,有利用偏心块旋转产生的激振力带动桩上下振动,降低桩周和桩尖下土的阻力使桩下沉的振动方式,有利用高压水流的冲击作用,破坏桩下土的结构,减小土的阻力,与锤击作用结合使桩下沉的射水—锤击联合作用的方式,有利用重物的静力作用,克服桩周和桩尖阻力使桩下沉的静压方式。在我国水运工程中,大多数情况下采用锤击的方式,也采用振动、射水—锤击联合作用的方式,静压方式用得极少。

桩按传力方式分类,可分为端承桩和摩擦桩两类。上部荷载通过桩传递到桩端坚硬土层或岩层上,桩侧软弱土层对桩身的摩擦阻力很小,可略去不计,桩上的荷载由桩尖处硬土层或岩层阻力承受,这种桩称为端承桩。桩未达到坚硬土层或岩层,作用在桩上的荷载由桩侧面上的摩擦力和桩端阻力共同承受,这种桩称为摩擦桩。

二、桩式码头施工特点和施工顺序

桩式码头施工通常包括水下挖泥、桩基施工、上部结构施工、抛石回填、面层及附属设施施工等工作,大多在水上进行,主要有以下特点:

(1)受自然条件(风、浪、潮汐、水流、土质等)的影响很大。
(2)使用船舶机械多,相互干扰多,施工条件复杂。
(3)桩式码头上部结构断面不大,工序多,工作面狭窄,施工困难。
(4)由于上述原因,桩基的施工是桩式码头施工的关键性工程,关系着码头施工的进度和质量。
(5)顺岸码头大多设在斜坡上或斜坡脚,因而,在打桩振动、挖泥、抛填等施工影响下,岸坡稳定问题是桩基码头施工中必须妥善处理的重大技术问题。

由于桩式码头施工有上述主要特点,在组织施工时,必须对施工条件、自然条件等进行周密的调查,拟定正确的施工方案,选用恰当的施工设备,拟定合理的施工顺序,做好各项技术供应的保证工作,把整个工程施工工作很好地组织起来。

码头的施工顺序受码头结构形式、自然条件、施工条件和施工方法的影响,可以有不同的安排,以图7-1-1高桩梁板式码头为例,除了按一般高桩码头施工顺序考虑外,还需重点考虑桩基施工与碎石桩施工先后关系的问题,如先桩基施工后碎石桩施工,则碎石桩施工时可能对已施工完毕的桩基产生挤压导致桩基变形偏位问题,而先碎石桩施工后桩基施工,则存在碎石层沉桩困难问题。经过分析研究,确定先碎石桩施工后桩基施工,碎石桩施工时预留桩基沉桩位置,其施工基本顺序如图7-1-2所示。

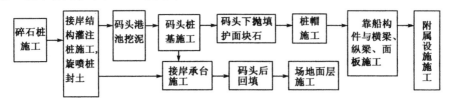

图7-1-2 某高桩梁板式码头施工顺序图

一般情况下,水下挖泥应在桩基施工之前进行,有时为了岸坡稳定问题,分期挖泥,留下一部分在桩基施工完成后进行,但这种情况应尽量避免。

码头下面的抛填若采用水上抛填法施工,则必须在上部结构施工之前完成,若用陆上抛填施工,可与上部结构施工平行穿插进行。

关于码头后回填,为了不增加桩基施工中岸坡滑动的危险,一般在桩基施工完毕,挡土墙建成后进行,但有些工程回填量大,为了争取时间,近岸部分的回填也可以在上部结构施工之前开始进行,但必须以岸坡稳定为前提。

第二节 桩基施工

一、桩基施工测量

桩基施工高程控制测量,按需要设立高程控制点。桩基平面控制测量,当地形条件允许时,不论码头轴线与设计所采用的坐标系平行与否,为了用前方直角交会法进行桩位测量,以提高测设精度,简化内业计算,方便现场测设和减少差错,一般应设立与码头纵、横轴线相对应的正面和侧面施工基线(侧面基线可通过水上测量平台来实现),将桩位测量的平面控制点标在施工基线上;当地形条件不允许时,只得设平面控制点,用前方任意角交会法进行桩位测量,此时,如码头轴线与设计所采用坐标不相平行,为了简化细部测量点的坐标值计算,应建立与码头轴线相平行的施工坐标系,并将桩位测量点及平面控制点转换为施工坐标系的坐标值(图7-2-1)。

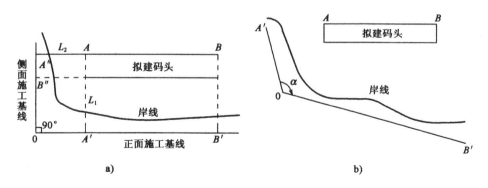

图7-2-1 施工基线的布设

1. 平面定位

设立与码头纵、横轴线相对应的正面和侧面的施工基线时,定位前应先根据桩位布置图计算出各桩在施工基线上的控制点位置和控制线的方位角,并在基线上把各控制点位置精确地测量出来,然后在控制点上架设仪器,按计算出的方位角进行控制,见图7-2-2。

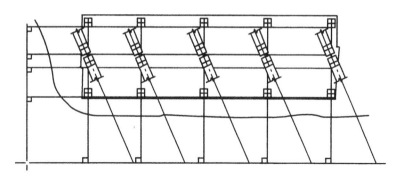

图7-2-2 定位控制

只能布设两条任意夹角的基线,或只设一条与码头轴线平行或倾斜的基线时,用前方任意角交会法进行控制,见图7-2-3。

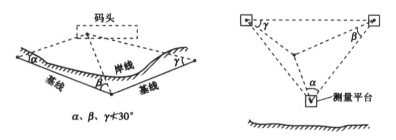

图7-2-3 前方交会桩位示意图

直桩的平面定位通过2~3台全站仪(或经纬仪),用前方任意角或直角交会法进行。一般是控制桩的正面轴线和桩的一条边线或角线。

斜桩定位比直桩复杂,需要2~3台全站仪(或经纬仪)和一台水准仪配合。由于斜桩轴线有一倾角,桩身不同高程点,其平面位置的方位角也就不同。沉桩时,桩的斜度由打桩架的斜度来保证,正面轴线由设在正面的经纬仪控制,桩侧角线则可根据设计桩位、沉桩时的水位,计算出全站仪(或经纬仪)视线与桩架上桩交点在准确位置时的高程和方位,然后用一架水准仪在桩上放出控制点的高程并做出记号,用一架全站仪(或经纬仪)的视线对准交点的准确方位,移动打桩船,当桩上记号与全站仪(或经纬仪)视线相交时,这时的桩位即为正确位置。在计算时必须计入定位时的水位。

随着测量仪器性能改进和计算机技术发展,一些企业利用 GPS、全站仪、测距仪及倾斜仪等仪器开发成海上打桩定位系统,打桩船采用 GPS 定位,陆上使用全站仪(经纬仪)采用前方交会法对桩位进行复核。

2. 沉桩高程控制

桩尖应到达设计规定的高程上,以保证基桩承载力满足设计要求,桩尖高程控制是通过桩顶的高程测量实现的。沉桩时,在岸上用水准仪按高程测量法对桩顶高程进行控制,其方法示意见图7-2-4。

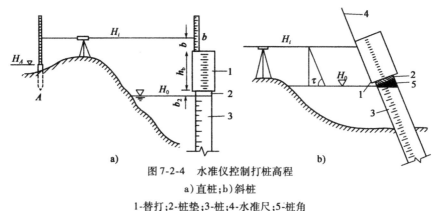

图 7-2-4 水准仪控制打桩高程
a)直桩;b)斜桩
1-替打;2-桩垫;3-桩;4-水准尺;5-桩角

二、预制桩的施工方法

(一)桩的制作与吊运

1. 桩的预制

桩一般在专门设置的场地上预制,然后运到工地现场沉放。

(1)预应力钢筋混凝土桩

港口工程所用的预应力钢筋混凝土桩一般在预制场预制。预制场主要由以下部分组成:预制台座、存放场地、混凝土拌和楼、砂石料堆场、预应力张拉设备、蒸汽养护设备、混凝土运输路线和设备、桩在场内运输路线和设备、出桩码头、钢筋加工厂、模板加工厂、试验室等。

预应力钢筋混凝土方桩制桩台座为光滑平整的混凝土平台,桩的整个制作过程(包括成型、养护、脱模等)都是在台座上同一地点进行。由于采用长线台座,一条台座线可同时制作数根桩,制作过程中所需的混凝土和钢筋骨架均需采用专门的起重运输设备、操作工人及其所用的设备顺序地从一个构件移动到另一个构件,完成各项生产过程。

考虑生产的不均衡性,预制场应备有一定面积的堆放场地,以便生产设备得以充分利用。

横移道是将桩在场内进行横向运输的设备,如将桩从预制台座运往存放场地,或将桩从存放场地运至出桩码头,都需经横移道转运。起吊桩的龙门吊经场地上的纵向轨道行至横移车上,横移车将吊有桩的龙门吊运至出桩码头或存放场地。

(2)钢桩

钢板桩及型钢桩均由钢铁厂热轧成型,运往工地按设计长度拼接使用。钢管桩通常也是在工厂整根制作或制成管节运到施工现场焊接接长、加固桩头及桩尖,并进行防护处理后使用。一般情况下,钢管桩是一次下沉到设计高程,若桩较长时,可将桩分为几节,在沉桩过程中进行接桩。这种方法非不得已不予采用。接桩的位置应仔细选择,避免在承受力矩最大的部位接桩。

2.桩的吊运和堆存

桩可用钢丝绳、夹钳、绑扣或用吊环起吊。在堆存搁置时桩身平放并加支垫。为了不使桩产生损伤变形,桩的吊点数目、吊点位置、支垫位置都是根据桩的结构性能及吊桩条件,对起吊过程中桩身的受力情况进行计算后确定,原则是使桩身产生的正负弯矩相等;设计图纸有规定时,按设计图纸要求进行。

桩的水平吊运和吊立过程可采用同一套吊点,桩的吊运可采用两点吊、四点吊(图7-2-5),也可根据具体情况采用六点吊或其他布点形式进行吊运。采用两点吊、四点吊时,吊点位置和内力计算按《港口工程桩基规范》(JTS 167-4—2012)规定确定。

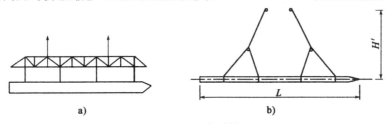

图7-2-5 桩的起吊情况
a)龙门吊四点吊水平吊运;b)打桩时四点吊

桩堆存时,不能由于堆存的原因使桩身产生超过允许的应力,或有害的挠曲变形。其堆放的层数取决于地基承载力,按规定不超过三层,各层的支垫应在同一垂线上,而且支垫在吊点的位置上,必要时可采用多点支垫,垫木应均匀铺设。

桩的运输方式,要根据预制场和施工现场之间的交通运输条件来确定,应尽可能采用水运。若采用陆上运输方式,桩长受到运输工具的限制时,在施工现场要增加接桩工作,给施工带来困难。

(二)桩基施工方案的选择

沉桩作业是桩基码头施工的主要分部工程,它的质量和进度受施工条件和自然条件的影响,必须充分利用有利条件,采取适应当地条件的工作措施,争取时间与空间,为后续工程创造条件,使码头施工作业能早日铺开。组织好沉桩作业是码头工程顺利进行的基础和关键。

选用什么样的桩基施工方案为好,需要根据码头工程的地理位置、地形、水位、风浪、地质等自然条件,以及工程规模、结构设计、船机设备、工期等施工条件,拟定多个方案,通过技术经济比较,才能确定合适的桩基施工方案。

对于陆地上桩基,采用陆上施工,问题较简单。首先确定是采用预制桩还是采用就地浇筑桩。在确定采用预制桩以后就可选择用何种沉桩方式和选择沉桩设备。

对于临近岸边的桩基工程,可以采用搭设栈桥或填土后由陆上打桩架打桩,水深足够时用打桩船进行水上打桩。用陆上沉桩法,要搭设临时施工栈桥[图7-2-6a)]或填土,增加施工费用,要有一定的施工准备时间,但施工时可不受或者少受气候、潮水的影响,沉桩进度快,质量好,对在近岸水浅的情况下较为有利。若用水上沉桩法,不用搭设施工栈桥,打桩船进点以后就可以开始沉桩[图7-2-6b)],可以利用水深打长桩,船舶调动、改变桩架斜度都很方便,但是受自然条件影响较大,施工受限制。在浅水中沉桩时,也可以为了打桩进行挖泥,使之满足施工时打桩船吃水的需要,以便打桩船进入打桩[图7-2-6c)],但要增加挖泥和回填的施工费用。

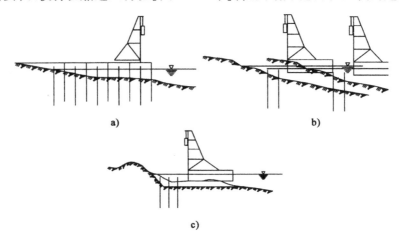

图7-2-6 近岸和水上沉桩作业
a)施工栈桥打桩;b)打桩船沉桩;c)挖泥后打桩船沉桩

河港码头,还需考虑桥梁通航净空能否满足拖航打桩船高度的问题,以便打桩船能够进入施工现场。

对于远离岸边的水上沉桩作业,一般情况下采用打桩船沉桩的方式,若施工地点风浪较大,打桩船有效的工作时间很少,工期将会拖得很长。有条件时,可以考虑采用在海上自升式施工平台上设置打桩架或起重机进行沉桩作业,完全避免不利气候影响,见图7-2-7。

沉入预制桩的施工方法主要有锤击法、振动法、射水—锤击法、静力压入法等。

(三)锤击沉桩

由于港口水工建筑物基桩的承载力要求很高,基桩的断面和长度均较大,工作条件比较复杂,而施工条件比较恶劣,因此对桩的施工质量要求高,施工难度大。锤击沉桩在国内外一直是主要的沉桩方法,我国几十年的港口工程施工实践,积累了丰富的水上沉桩经验。

沉桩的施工要求:应满足桩尖的设计高程和控制贯入度的要求,以保证设计的承载能力;应保证桩顶偏位和桩的纵轴线倾斜度偏差在允许偏差范围内;应保证预应力混凝土桩不出现裂缝,钢筋混凝土桩应尽量避免产生裂缝;应提高沉桩效率。

1. 锤击沉桩设备

1)桩锤

港口水工建筑物施工所使用的桩锤类型有:单动式蒸汽锤、双动式蒸汽锤、导杆式柴油锤、筒式柴油锤、液压锤等。目前,我国港口工程水上沉桩大多使用筒式柴油锤、液压锤。

图 7-2-8 为筒式柴油锤的工作原理。桩锤启动时,卷扬机将上活塞提起,在提升的同时完成吸气和燃油泵的吸油。上活塞下落时一部分动能用于对缸内空气进行压缩,如图 7-2-8a)所示,使其达到高温、高压状态,另一部分动能则转化为冲击的机械能,对下活塞进行强力冲击,使桩下沉,如图 7-2-8b)所示;与此同时,下活塞顶部碗中的柴油被冲击成雾状,雾化了的柴油与高温、高压空气混合,自行燃烧,爆发膨胀如图 7-2-8c)所示,一方面下活塞再次受到冲击二次打桩,另一方面推动上活塞上升,增加其势能。上活塞继续上升超过进、排气口时,进、排气口打开,排出缸内的废气,如图 7-2-8d)所示。当上活塞越过燃油泵曲臂时,燃油泵吸入一定量的燃油,以供下一工作循环向缸内喷油;上活塞继续上行,汽缸内容积增大、压力下降,新鲜空气被压入缸内,如图 7-2-8e)所示。上活塞上升到一定高度,失去动能,又靠自重自由下落,下落至进、排气口前,将缸内空气扫出一部分至缸外,然后继续下落,开始下一工作循环,如图7-2-8f)所示。

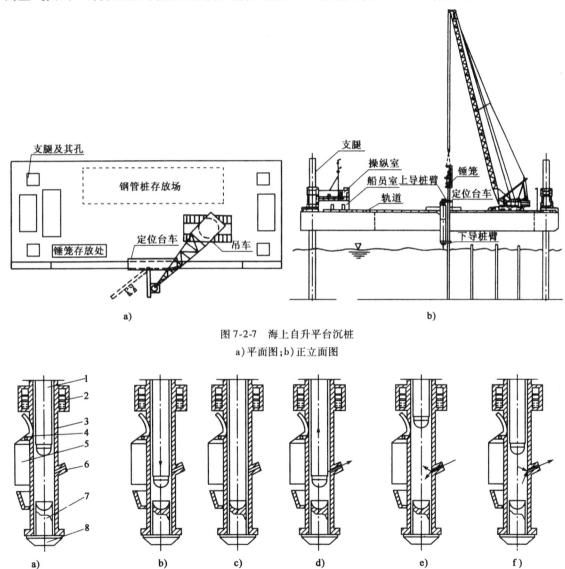

图 7-2-7 海上自升平台沉桩
a)平面图;b)正立面图

图 7-2-8 筒式柴油锤的工作原理
a)压缩;b)冲击雾化;c)燃烧(爆发);d)排气;e)吸气;f)扫气
1-上活塞;2-柴油箱;3-上汽缸;4-燃油泵曲臂;5-燃油泵;6-进、排气孔;7-下活塞;8-锤座

选择柴油锤的主要依据是桩的承载能力,还应考虑施工效率和锤击时桩头、桩身的应力。桩锤选择必须满足两方面的要求,一是满足克服沉桩阻力的要求,桩锤的沉桩力应超过最大的沉桩阻力,使桩能沉到设计深度,以满足桩承载力的要求。二是满足沉桩速度和质量的要求,使沉桩效率高并保证桩身完好。

桩的承载能力主要由桩锤的冲击能量来决定,即与冲击部分的质量和行程有关。柴油锤一次冲击能量为:

$$E = 1.2WH \tag{7-2-1}$$

式中:W——锤头重力(kN);

H——锤头落距(m)。

柴油锤适合在除软黏土外所有类型的土中打所有类型的支承桩,可打直径为2.2m的大型管桩。在坚实的硬黏土中打桩有很好的效果,而在软黏土或弱填土中沉桩则效率很低,在这种情况下,锤头回弹高度小,锤头下落冲击不能引起燃料的雾化燃烧和爆炸,而失去作用。

为了使桩获得设计的承载能力和设计的贯入度值,必须选择适当的冲击能量。

我国航务工程提出了适用于柴油桩锤工作的打桩公式,用以选择适当的冲击能量。

$$P_1 = 3 \times \frac{2WH}{5e + 0.1} \tag{7-2-2}$$

式中:P_1——单桩极限承载力(kN);

W——柴油锤冲击部分重力(kN);

H——冲击部分弹跳高度(m);

e——打桩最后一阵平均贯入度(m)。

根据设计的单桩极限承载力和控制贯入度值,可求出所需的一击冲击能量 WH,据此选择桩锤。

2)打桩架

打桩架的作用,一是悬挂桩锤,使锤沿一定方向冲击;二是吊桩,使桩定位,在打桩过程中维持正确的桩位。

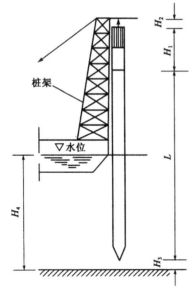

图 7-2-9 打桩架高度计算示意图

打桩架应满足吊重要求,并具有足够的高度。打桩架高度主要依据桩长确定,见图7-2-9。陆上桩架有效高度自地面算起,按下式计算:

$$H \geqslant L + H_1 + H_2 + H_3 \tag{7-2-3}$$

水上桩架有效高度自水面算起,按下式计算:

$$H_w \geqslant L + H_1 + H_2 + H_3 - H_4 \tag{7-2-4}$$

式中:H——陆上桩架有效高度(m);

H_w——水上桩架有效高度(m);

L——桩长(m);

H_1——桩锤及替打高度(m);

H_2——吊锤滑轮组高度(m);

H_3——富余高度,一般取1~2m;

H_4——施工水深(m)。

有的打桩架除能打直桩外,还能打斜桩。

3）打桩船

水上沉桩使用打桩船。打桩船是港口工程重要的施工船舶。打桩船由船体、桩架、桩锤、绞车、平衡装置、锚及锚缆、操纵室等组成（图7-2-10）。

打桩船一般不能自航，航行用拖轮拖带，工作时靠锚缆移动。一般设4～8根锚缆。打桩时在船两侧分别抛八字锚，前后设中心锚缆，以保持船身平稳，并使操作方便。

打桩船在水上工作时，为保证桩的下沉质量，必须保持船甲板面水平或龙口垂直，所以打桩船设有自动平衡装置。

一般打桩船只能在5级风、4级浪以下打桩和拖航。

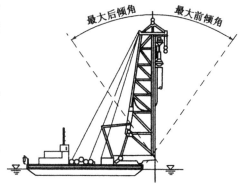

图7-2-10 打桩船

4）打桩用辅助设备

（1）替打。替打是一种钢质结构，装在桩顶上，用以缓冲桩锤对桩顶的冲击力，起保护桩头的作用。替打应按使用要求进行设计。为满足反复锤击的要求，替打要有一定刚度，以便有效地将锤击能量传递给桩，同时也起送桩作用，把桩顶送至设计高程。将桩顶送入水面以下或泥面以下设计深度时，替打伸出龙口的长度不超过替打长度的1/2～2/3，这是为了保证沉桩时锤、替打、桩三者的轴线在一条直线上，以减少偏心。

（2）桩垫。为减小锤击应力和保护桩头，并限制打桩应力，在桩顶与替打之间应设置有适当弹性的桩垫。桩垫应采用具有较高恢复系数和较低刚度的材料，以增加传递到桩上的能量。我国工程上常用木、水泥袋纸、麻布等材料作为桩垫材料，以水泥袋纸效果较好。20世纪80年代，国外采用碟簧桩帽作为缓冲减振设备，这是国际打桩工程的新技术，我国也已研究成功DH—8000型碟簧桩帽，适于锤芯重70～80kN的柴油锤，可降低打桩应力，压应力减少50%以上，拉应力减少75%以上，而且延长有效锤击力作用时间。

（3）送桩。将桩打入水下较深的位置时，需要用送桩。送桩是一个钢质的桩段，其端部有一个桩头，送桩应能合适地放在桩头上，传递轴向压力，并防止局部损坏。

2. 沉桩

在高桩码头工程施工中，沉桩是重要工序之一，它对工程的质量和进度都有着很大的影响。下面就打桩船锤击沉桩，叙述其主要施工内容。这些叙述，也可作为用其他方式、方法沉桩的参考。

1）沉桩前

（1）查阅各设计阶段的地质勘察报告。分析研究钻孔柱状图、地质剖面图、各土层的贯入击数（N值）、土的物理力学指标和颗粒组成。着重注意土质、分布范围、厚度，以及设计桩尖高程处上、下土层性质的变化。

（2）在基桩平面布置图上，标出各设计阶段钻孔的位置，设计桩尖处土层的高程、厚度、N值。若土层分布比较复杂，宜根据钻孔柱状图补绘所需的地质剖面图。

（3）查阅挖泥竣工图，了解挖泥分层厚度和局部超深情况。

（4）在上述工作的基础上，针对沉桩可能发生的问题，制订相应的解决措施。

(5)核算所选用打桩船的架高是否满足沉桩要求。

(6)在基桩平面布置图上,用由硬纸制的、与图同比尺的打桩船模型,作模拟驻位沉桩,以检查所选用打桩船(船宽、龙口外伸距离)能否沉全部基桩,并决定沉桩次序。

(7)在考虑浇筑桩帽混凝土、安装梁板(陆上或水上安,吊安设备能力)和布设锚缆的基础上,根据基桩布置、基桩总数和打桩船艘数等因素,安排沉桩顺序。

基桩的列数、列长和桩数均较小时,从一端开始,用一艘打桩船分段逐列流水沉桩;均较大时,将基桩分为若干个流水线,用2~3艘打桩船分流水线逐段沉桩。为避免船与船之间的交叉干扰,打桩船间要相隔一定的距离。分段的长度取决于打桩船系一次缆所能沉桩的范围。

(8)考虑施工水域船舶锚缆的布置

要了解工作船舶的尺度,研究他们的布置,不使打桩船有碰撞已打好桩的危险。要考虑好锚缆布置,尽量减少打桩船移锚次数,各种工作船舶之间要协调(避免互相干扰),图7-2-11为沉桩时水域布置情况。

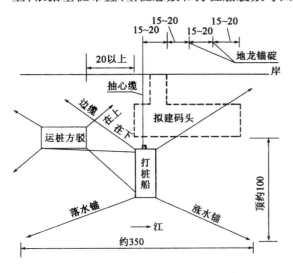

图7-2-11 沉桩时工程船舶布置(尺寸单位:m)

2)沉桩程序

移船取桩(方驳运或浮运——钢管桩)→吊、立桩入龙口→移船就位→调平船,调整龙口的垂直度(直桩)或斜度(斜桩)→定位、收紧缆绳→桩自沉→测桩偏位,调整船和龙口→压上锤和替打→测桩偏位,调整船和龙口→小冲程锤击沉桩→正常锤击沉桩→满足沉桩控制条件,停止锤击→测桩偏位→起吊锤和替打→测桩偏位→移船取桩→……

3)沉桩控制

现场锤击沉桩应严格进行承载力控制、偏位控制和桩身的裂损控制。

(1)承载力控制

桩的极限承载力必须符合设计要求,桩的极限承载力达到设计要求的标志是桩尖高程和最后贯入度。码头桩基承载力控制采用桩尖高程和最后贯入度共同控制的方法,即所谓"双控"。按《港口工程桩基规范》(JTS 167-4—2012)规定:

①设计桩端土层为一般黏性土时,应以高程控制。桩沉放后,桩顶高程允许的偏差为+100~0.0mm。

②设计桩端土层为硬塑状的黏性土或粉细砂时,应以高程控制为主。当桩端达不到设计高程时应用贯入度作为校核。当桩端已达到设计高程而贯入度仍较大时,应继续锤击使其贯入度接近控制贯入度,但继续下沉的深度应考虑施工水位的影响。当桩端距设计高程尚较大,而贯入度小于控制贯入度时,可按(3)项执行。

③设计桩端土层为砾石、密实砂土或风化岩时,应以贯入度控制,高程作为校核。当贯入度已达到控制贯入度,而桩端未达到设计高程时,应继续锤击贯入100mm,或锤击30~50击,其平均贯入度不应大于控制贯入度,且桩端高程距设计高程不宜超过1~3m(硬土层顶面高程相差不大时取小值)。超过上述规定由有关单位研究解决。

(2) 偏位控制

桩位的偏差将影响预制横梁的安装和梁的受力条件,然而水上打桩发生桩偏差难以避免。《港口工程桩基规范》(JTS 167-4—2012)规定了水上沉桩的允许偏差如表7-2-1所示。

水上沉桩允许偏差(mm)　　　　　　　　　　　　　表7-2-1

沉桩区域＼桩型	混凝土方桩		预应力混凝土大直径管桩		钢管桩	
	直桩	斜桩	直桩	斜桩	直桩	斜桩
内河和有掩护近岸水域	100	150	150	200	100	150
近岸无掩护水域	150	200	200	250	150	200
离岸无掩护水域	200	250	250	300	250	300

桩产生偏位的原因主要有土层斜度对桩偏位的影响、风浪水流对桩偏位的影响、测量定位工作的误差造成桩的偏位、打桩操作不善引起偏位等。

(3) 桩身裂损的控制

锤击沉桩过程中,桩身产生很大的锤击压应力。锤击压应力超过混凝土的极限抗压强度,混凝土桩就会产生破坏;桩顶发生破损、桩身发生横裂和纵裂都与锤击应力有关。影响桩身锤击压应力的因素很多,主要有锤重、锤落距、桩垫刚度、桩身断面、土的阻力等。

桩身横向裂缝是由于在锤击过程中,桩身产生轴向拉应力,若轴向拉应力超过混凝土的极限抗拉强度时,桩即发生横向裂缝。在锤击过程中,桩身拉应力的产生是由于桩顶承受锤击发生的压应力沿桩身向下传播,形成应力波。压应力波沿桩身向下传播至桩端时,应力波反射沿桩身向上传播,反射的应力波可能是压应力波,也可能是拉应力波。当桩端土质坚硬,阻力很大时,反射应力波则为压应力波;当桩端土质很软,阻力很小时,反射波就是拉应力波。

反射波沿桩身向上传播至桩顶时,应力波还要向下反射。当反射波传至桩顶正值桩顶无锤击时(锤提升离开桩顶),桩顶可视为自由端,反射波自桩顶向下反射为拉应力波;反之正值桩顶锤击时,反射波自桩顶向下反射为压应力波。当反射拉应力大于混凝土的极限抗拉强度时,桩就产生横向裂缝。当长桩桩端阻力很小时,在桩的下半部或接近中部产生临界拉应力。当长桩桩端阻力很大时,拉应力从桩顶反射回来时,则在桩的上半部产生临界拉应力,裂缝一旦发生,逐步开展扩大,进而表面剥落破碎。若拉应力过大,使钢筋超过流限,产生流变,可能引起钢筋脆断。

桩垫材料是影响桩身锤击应力的重要因素。合适的桩垫材料能有效地控制桩身锤击应力(包括压应力和拉应力),采用弹性模量低、厚度大的桩垫能得到较小的打桩应力。

此外,避免桩身损坏,还应使锤、桩帽、桩三者的重心在同一垂线上,以避免桩受偏心锤击。

工程实践中,PHC桩在沉桩过程后半阶段,桩上半部分局部出现纵向裂缝,其主要原因是桩孔内淤泥面和水面不断升高,连续锤击使桩孔内空气、水来不及排出而产生强大的径向压力,产生所谓"气锤"、"水锤"现象,导致桩纵向开裂。通常采取在易纵向开裂桩段加密箍筋、桩顶附近对称开2~4个排气(水)孔的措施。

为防止在风浪、水流、土坡滑移及斜桩自重挠曲作用下基桩倾倒折裂,沉桩完毕后必须及时临时固定(特别是对水上桩基)。临时固定的方法是用围囹木(夹桩木)夹住,方木顶撑,拉条固定,使基桩连成整体。

3. 接桩、截桩

基桩沉好后,桩顶高于或低于设计高程,需截桩或接桩。如高于设计高程,则在桩身上用两对木枋交叉夹桩或用钢抱箍抱桩,搭设站人平台,凿除桩头,在距设计高程附近应用手工凿,避免破坏余下的桩身混凝土,截断时应注意主筋在设计高程以上需保留满足设计的锚固长度,并不少于50cm,严禁在设计桩顶高程处将主筋截断。为防止截下的桩头倾倒伤人,截断前要采取措施将其吊住。

桩顶若低于设计高程,或桩顶有损伤的混凝土,则需将损伤部分的混凝土凿除,用焊接方法将受力钢筋加长到桩顶设计高程以上不少于50cm。在桩身上用两对木枋交叉夹桩或用钢抱箍抱桩,夹桩木上拼装类似浇筑立柱的模板,模板要包住原有桩头50cm以上,然后浇筑混凝土将桩接长到设计高程。

(四)振动沉桩

施打施工栈桥和临时设施桩基、钻孔灌注桩护筒时,常采用振动沉桩方法。

1. 振动沉桩原理和振动锤种类

振动沉桩是在桩头上刚性连接一振动锤,形成一个振动体系。由锤内轴上的几对偏心块相对旋转产生的振动力,使振动体系(桩、替打、锤的总和)上下振动,强迫与桩接触的土也发生振动,破坏原来的土结构,大大降低或减少土对桩的阻力,桩在振动体系的压重作用下沉入土中,图7-2-12为振动沉桩。

目前的振动锤是按照共振作用或振动冲击作用两种理论进行设计的。依共振作用理论设计的锤型有低频振动锤、中高频振动锤、高频振动锤。

1)低频振动锤

当振动体系的频率与土的自振频率(一般在15~20Hz)一致时,就会产生共振,使振幅加大,能迅速破坏桩和土之间的黏结力和弹性力,因而桩在自重和压重的作用下下沉。按这种理论制造的振动锤其特点是频率低(为8~20Hz),振幅大(7~25mm),能重点克服桩尖阻力,其缺点是对附近的建筑物可能产生危险的影响。这种锤适用于打大口径钢管桩和钢筋混凝土桩,多用于码头和桥梁桩基的施工。

图7-2-12 振动沉桩

2)中高频振动锤

频率为20~60Hz,用高频来提高振动力,增大振动加速度,振幅较小,一般为3~8mm。这种锤适宜在含水的松散冲积层、松散和中等密实砂层中沉桩,大多用于下沉断面小、重量轻的桩,如钢板桩、小口径的钢管桩和H型钢桩。在拔钢板桩时也常用这种锤。

3)超高频振动锤

频率为100~150Hz,认为桩体是一均质的弹性体,当振动锤的频率接近于桩体纵向振动的自振频率时,振动锤与桩体发生共振,最大限度地增大桩体的弹性变形量,由于桩体的弹性伸缩,使断面缩小和增大,破坏了桩侧面和土的接触,减小了桩侧面摩阻力。另外,桩的自振频率非常高,桩的运动速度比土的弹性反弹快,桩前端给土层以频繁的冲击和较大的冲击动量使土的分子来不及进行弹性变形,颗粒间的结合一时遭到破坏,使土液化,阻力减小,因而可以用最小的力使桩很快地沉入土中。这种类型锤的振动对周围的影响小,一般不超过30cm,噪声小,因而适用于城市中建筑物桩基的施工,在硬质土中下沉大断面桩效果好。

4) 依振动冲击作用理论设计的锤

依据振动冲击作用理论,土的自振频率大不相同,不易做到使振动锤的强迫振动频率与土的自振频率相接近。因此桩的下沉不仅仅是靠自重加压重来破坏桩尖下面土层的阻力,还依靠振动时所产生的向下冲击力,使桩尖下面土层破碎,据此设计了振动冲击联合作用的振动冲击式锤。这种锤适用于在黏性土和坚硬土层上打桩和拔桩。

2. 振动沉桩的主要参数及其选择

振动锤的选择应考虑下述要求。

(1) 振动锤的起振力 P(激振力)应能克服土对桩周的阻力 T。

$$P \geqslant xT \tag{7-2-5}$$

式中:P——振动偏心块转动时产生的激振力(N),可以从振动锤的性能表中查得;

x——土的弹性影响系数,当用低频振动锤下沉钢筋混凝土桩及管桩时,x 取 $0.6 \sim 0.8$,其他情况 x 取 1;

T——桩体下沉到最大深度时桩体破坏土层的阻力(N),见表7-2-2。

对于圆桩:

$$T = s \sum_{i=1}^{n} \tau_i h_i$$

对于钢板桩:

$$T = \sum_{i=1}^{n} \tau_i' h_i$$

式中:i——土层按深度排列序数;

n——土层总层数;

h_i——土层每层厚度(m);

s——圆桩周长(m);

τ_i、τ_i'——土的单位破坏阻力(kPa)。

土的单位破坏阻力(kPa)   表7-2-2

土的种类	圆 桩			板 桩	
	钢管桩	钢筋混凝土桩	开口钢筋混凝土管桩	轻型截面钢板桩	重型截面钢板桩
含水砂土和松软软土	6	7	5	12	14
砂土类、黏土层和砾石层	8	10	7	17	20
紧密黏土	15	18	10	20	25
半硬和硬质黏土	25	30	20	40	50

(2) 振动体系的振幅 A 超过桩下沉时所需的振幅 A_0 桩才能下沉。振动体系的振幅 A 由下式计算:

$$A \approx \frac{M}{Q}\sqrt{1-\left(\frac{4T'}{\pi P}\right)^2} \tag{7-2-6}$$

式中：A——振幅（cm）；

M——振动器净偏心矩（N·cm），为偏心块重力和偏心块重心至回转中心距离的乘积；

Q——总重（桩和锤的重力）（N）；

T'——桩侧摩擦力（N）。

(3) 振动锤的频率 n 必须大于自重作用下桩能够自由下沉时的振动频率 n_0，即：

$$n = 60\omega/2\pi \geqslant n_0 \tag{7-2-7}$$

$$\omega = \sqrt{\frac{Pg}{M}} \tag{7-2-8}$$

式中：n——振动锤的频率（r/min）；

ω——偏心块回转角速度（rad/s）；

g——重力加速度（10m/s^2）。

(4) 在桩尖处的单位压力 F 必须超过所需要的力 F_0。

$$F = Q/A \geqslant F_0 \tag{7-2-9}$$

式中：F——桩尖处的单位压力（kN/cm^2）；

A——桩截面积（cm^2）；

F_0——桩尖下土层阻力（kN/cm^2）。

(5) 振动体系的重量 Q 和起振力 P 要相协调，应满足下列要求：

$$\nu_1 \leqslant Q/P \leqslant \nu_2 \tag{7-2-10}$$

根据经验，系数 ν_1、ν_2 按下述情况选取：对于钢板桩，$\nu_1 = 0.15$，$\nu_2 = 0.50$；对钢管桩，$\nu_1 = 0.30$，$\nu_2 = 0.60$；对钢筋混凝土桩和管桩，$\nu_1 = 0.40$，$\nu_2 = 1.00$。

(五) 其他沉桩方法

1. 射水—锤击法沉桩

当桩基要穿过砂夹层、砂卵石夹层、硬黏土等阻力较大的土层时，锤击沉桩有困难，不仅沉桩贯入度小，沉桩速度慢，而且桩顶因锤的多次冲击而被破坏，这时可用高压射水予以配合。

射水法沉桩按冲、排方式可分为外冲外排、内冲外排、内冲内排。实心桩只能采用外冲外排，空心桩或管桩一般采用内冲外排、内冲内排，口径大的管桩可采用内外冲排。如图 7-2-13 所示，在桩尖内或外部设冲射管，喷出高压水来，冲击破坏桩尖下的土结构，减少土对桩侧和桩尖的阻力，桩在自重和打桩锤、替打的重量作用下很快地沉入土层中。

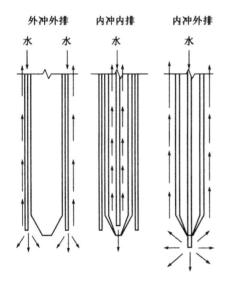

图 7-2-13 射水沉桩示意图

由于高压水束对土的破坏极大，土对桩的约束作用降到最小，沉桩时桩位难以控制，而且土对桩侧摩阻力和对桩尖的阻力即使在经过一段时间的恢复后，也不能达到原有的程度，为了避免射水沉桩的负面作用，不单独采用射水沉桩，而是用射水—锤击的方式沉桩，即在锤击沉桩的过程中用射水配合，到距桩尖设计高程 1~2m 时，停止射水，单用锤击将桩沉入到设计高程。

高压水束对淤泥、砂、砂砾土、砂黏土、黏土都能起作用,以在砂性土中的效果最好。

2. 静力压桩法沉桩

压桩法是一种新的沉桩方法,它是借助桩架自重及压重,把桩压入土中。压桩法一般采用分段压入、逐段接长桩的方法。压桩法最大的优点是减少打桩振动和对周围土的扰动破坏。用水上压桩法下沉斜坡上的桩可以解决斜坡上打桩滑移问题,并且施工噪声小。压桩法较适用于均质的软土地基,砂土及其他硬土层由于阻力过大而不宜采用。陆上桩基施工中受到桩架高度限制,长桩需分节压入,在沉桩过程中需接桩,给施工带来不便。另外,港口工程中常采用的直桩和斜桩,因桩很长、承载力很大,加上斜桩压载施加困难,所以一般不用压桩法沉桩。

三、灌注桩的施工方法

在一些地质条件复杂的地区和需要大直径桩基的港口工程中,就地灌注桩发挥了预制桩不可替代的作用。如在岩层埋深浅、岩层为坚硬的花岗岩、岩面高低不平、岩面坡度陡等地质条件下建设桩基码头,基桩采用灌注桩。

灌注桩的施工方法有很多种,根据国内港口工程应用情况,灌注桩常用泥浆护壁成孔灌注桩。下面介绍泥浆护壁成孔灌注桩施工方法。

泥浆护壁成孔灌注桩主要施工步骤为钻孔、安放钢筋笼、水下灌注混凝土。由于码头桩基极大部分在水上,灌注桩施工必须搭设施工平台或筑岛,以便安放钻机,并需施打钢护筒,其一般施工工艺流程见图 7-2-14。

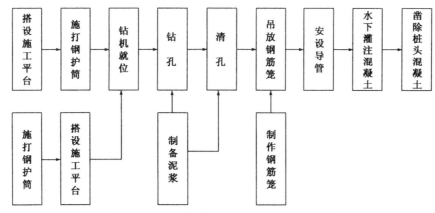

图 7-2-14 泥浆护壁成孔灌注桩施工工艺流程

泥浆护壁成孔是用泥浆保护孔壁、防止塌孔和排出土渣而成孔,对地下水位高或低的土层都适用。成孔机械有回转钻机、潜水钻机、冲击钻机等,其中以回转钻机、冲击钻机应用最多。

(一)施工准备

施工准备包括选择钻机、钻具,场地布置,挖设排水沟,设泥浆池制备泥浆,必要时设泥浆船,做试桩成孔;设置桩基轴线定位点和水准点,放线定桩及其复核等工作。

1. 回转钻机成孔工艺

回转钻机是由动力装置带动钻机回转装置转动,再由其带动带有钻头的钻杆转动,由钻头切削土。根据泥浆循环方式的不同,分为正循环回转钻机和反循环回转钻机。

(1)正循环回转钻机成孔的工艺原理,如图 7-2-15 所示。由空心钻杆内部输入泥浆或高压水,从钻杆底部喷出,携带钻下的土渣沿孔壁向上流动,由孔口将土渣带出流入泥浆池。

(2)反循环回转机成孔的工艺原理,如图 7-2-16 所示。泥浆带渣流动的方向与正循环回转机成孔的情形相反。反循环工艺的泥浆上流速度较高,能携带较大的土渣。

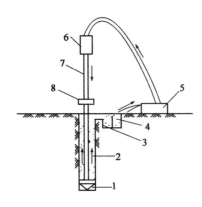 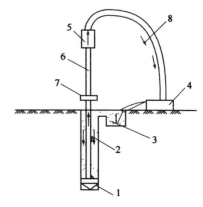

图 7-2-15　正循环回转钻机成孔工艺原理图　　　图 7-2-16　反循环回转钻机成孔工艺原理图
1-钻头;2-泥浆循环方向;3-沉淀池;4-泥浆池;5-泥浆泵;　　1-钻头;2-新泥浆流向;3-沉淀池;4-砂石泵;5-水龙头;
6-水龙头;7-钻杆;8-钻机回转装置　　　　　　　　　　　6-钻杆;7-钻机回转装置;8-混合液流向

(3)气举反循环回转机成孔工艺。泥浆带渣流动的方向与反循环回转机成孔的情形相同,但在钻头上方的钻杆上增加了与空压机相连的管道,空压机产生的气流从钻杆底端进入钻杆内,辅助混合液向上流动并排到泥浆池。

回转钻机适用于地下水位较高的碎石类土、砂土、黏性土、粉土、强风化岩、软质与硬质岩层等多种地质条件。该钻机最大的钻孔直径可达 2 500mm 以上,钻进深度可达 40~100m,主机功率 22~95kW。

2. 冲击钻机成孔工艺

冲击钻机主要用于岩土层中成孔,成孔时将冲锥式钻头提升到一定高度后以自由下落的冲击力来破碎岩层,然后用掏渣筒来换取孔内的渣浆。冲击钻机成孔亦需先埋设护筒。

冲击钻机适用于所有土层的钻孔,采用实心锥钻进时,在漂石、卵石层和基岩中钻进比其他钻机更为优越,其钻孔直径可达 2 000mm(实心锥),或 1 500mm(空心锥),钻孔深度一般为 50m 以内。

(二)搭设施工平台、沉放钢护筒和钻机就位

除在陆地施工外,场地为浅水时,宜采用筑岛法施工,岛的高度应高出最高施工水位0.5~1.0m。场地为深水时,搭设固定式钢平台。固定式钢平台用钢管桩支撑,钢梁或贝雷桁架搭设成平台,平台须稳固牢靠,能承受施工时的静载和动载。搭设的钢平台如果不稳定,钻孔机施工中易产生钻机倾斜、桩倾斜和桩偏心等现象,因此要求搭设的施工平台稳固。

钢护筒一般由钢板加工而成,其内径应根据护筒长度、埋设的垂直度和钻机的性能等因素决定,并不宜大于设计桩径300mm。护筒中心线竖直线应与桩中心重合,平面误差为50mm,倾斜不大于1%。陆地或筑岛施工时护筒可用挖坑埋设法,护筒底部和四周所填黏土须分层夯实。护筒宜高出地面0.3m 或水面 1.5~2.0m。埋设护筒应使钻孔内保持比地下水位或水

面高的水头,增加孔内静水压力,防止塌孔。在杂填土或松软土层中钻孔时,也应设护筒,起定位、保护孔口、存储泥浆的作用。水上钢护筒由打桩船或振动锤施打,根据施工条件,钢护筒可与支撑钢平台的桩一起施打,也可以先打钢平台支撑桩,搭设平台后沉放钢护筒。

钢平台搭设后,钻机吊装就位。

(三)泥浆制备

钻孔泥浆由水、黏土(膨润土)和添加剂组成,并根据需要掺入少量其他物质。钻孔时应在孔中注入泥浆。因孔内泥浆比水重,泥浆所产生的液柱压力可平衡地下水压力,并对孔壁有一定的侧压力,成为孔壁的一种液态支撑。同时,泥浆中胶质颗粒在泥浆压力下,渗入孔壁表层孔隙中,形成一层泥皮,从而可以防止塌孔,保护孔壁。泥浆除起护壁作用外,还具有携渣、润滑钻头、降低钻头发热、减少钻进阻力等作用。

应根据成孔所用的不同设施、工艺以及地质条件调整泥浆的配合比,以获得适用的泥浆。通常在陆地上建泥浆池和沉淀池,必要时在船上建泥浆池和沉淀池。

(四)钻孔

钻孔是一道关键工序,在施工中必须严格按照操作要求进行,才能保证成孔质量。首先要注意开孔质量,为此必须对好中线,保持垂直,并压好护筒。在施工中要注意不断添加泥浆和掏渣(冲击钻机用),还要随时检查成孔是否有偏斜现象。采用冲击钻机施工时,附近土层因受到振动而影响邻孔的稳固。所以钻好的孔应及时清理,下放钢筋笼和灌注混凝土。钻孔的顺序也应事先计划好,既要保证下一个桩孔的施工不影响上一个桩孔,又要使钻机的移动距离不要过远和相互干扰。

在河堤岸坡上冲击钻孔时,一定要间隔施工,并随时观测岸坡稳定和桩孔垂直度,钻进速度不宜太快,防止岸坡滑移和桩孔倾斜。

(五)清孔

钻孔的深度、直径、位置和孔形直接关系到成桩质量与桩身曲直。为此,除了钻孔过程中密切观测监督外,在钻孔达到设计要求深度后,应对孔深、孔位、孔形、孔径等进行检查。在终孔检查完全符合设计要求时,应立即进行孔底清理,清孔的目的是清除钻渣和沉淀层,同时也为水下浇筑混凝土创造良好的条件,确保浇筑质量。要避免隔时过长以致泥浆沉淀,引起钻孔坍塌。清孔方法有换浆、掏渣(冲击钻机用)等方法。

(六)吊放钢筋笼、灌注混凝土

桩成孔并清孔完毕后,应立即吊放钢筋笼和灌注水下混凝土。吊放钢筋笼前要检查钢筋笼加工是否符合设计要求;可设置定位钢筋环或混凝土垫块以保证有厚度为 60~80mm 的钢筋保护层。钢筋笼要垂直吊放到孔内,吊放时要细心轻放,切不可强行下插,以免击落孔壁土;吊放完毕并经检查符合设计高程后,将钢筋笼临时固定(如绑在护筒或桩架上),以防移动。

钢筋笼放入桩孔后 4h 内必须灌注混凝土。一般采用导管法灌注混凝土,见图 7-2-17。混凝土灌注应连续进行,不得中断,导管埋入混凝土中深度宜控制在 2~6m,并应常测探孔内混凝土面的位置,及时调整导管埋深。灌注混凝土时应防止钢筋笼上浮。灌注的桩顶高程应高出设计高程 1.0m,多余部分在下一道施工工序前凿除。

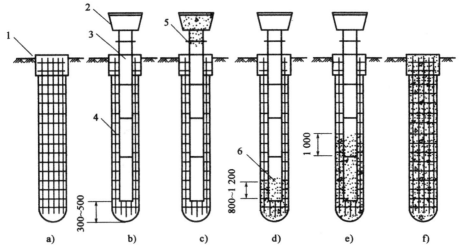

图 7-2-17 水下灌注混凝土示意图(尺寸单位:mm)
a)吊放钢筋笼;b)安放导管;c)漏斗满灌混凝土;d)除隔水栓混凝土下落;e)随灌随提管;f)拔出导管成桩
1-护筒;2-漏斗;3-导管;4-钢筋笼;5-隔水栓;6-混凝土

(七)施工中常遇问题及处理方法

泥浆护壁成孔灌注桩施工中,常会遇到护筒冒水、钻孔倾斜、孔壁坍陷和颈缩等问题,其原因和处理方法简述如下。

(1)护筒冒水。施工中发生护筒外壁冒水,如不及时采取防止措施,将会引起护筒倾斜、位移、桩孔偏斜,甚至产生地基下沉。护筒冒水的原因是由于埋设护筒时周围填土不密实,或者起落钻头时碰动护壁。处理方法是,若在成孔施工开始时就发现护筒冒水,可用黏土在护筒四周加固,若在护筒已严重下沉或位移时发现护筒冒水,则应返工重埋。

(2)孔壁缩颈。当在软土地区钻孔,尤其在地下水位高、软硬土层交界处,极易发生颈缩。施工过程中,如遇钻杆上提或钢筋笼下放受阻时,就表明存在局部颈缩。孔壁颈缩的原因是由于泥浆相对密度不当,桩的间距过密,成桩的施工时间相隔太短,钻头磨损过大等造成。处理方法是采取将泥浆相对密度控制在 1.15 左右,施工时要跳开 1~2 个桩位钻孔,成桩的施工间隔时间要超过 72h,钻头要定时更换等措施。

(3)孔壁塌陷。在钻孔过程中,如发现孔内冒细密水泡,或护筒内的水位忽然下降,这些都是孔壁塌陷的迹象。塌孔会导致孔底沉淀增加、混凝土灌注量超方和影响临桩施工。孔壁塌陷的原因是由于土质松散、泥浆护壁不良、泥浆吸出量过大、护筒内水位高度不够、钻杆刚度不足引起晃动而导致碰撞孔壁和吊放钢筋骨架时碰撞孔壁均会引起塌孔。处理方法是,如在钻进中出现塌孔,首先应保持孔内水位,并可加大泥浆相对密度,减少泥浆泵排出量,以稳定孔壁;如塌孔严重,或泥浆突然漏失时,应停钻并在判明塌孔位置和分析原因后,立即回填砂和黏土混合物到塌孔位置以上 1~2m,待回填沉积密实,孔壁稳定后再进行钻孔。

(4)钻孔倾斜。钻孔时由于钻杆不垂直或弯曲,土质松软不一,遇上孤石或旧基础等原因都会引起钻孔倾斜。处理方法是,如钻孔时发现钻杆有倾斜,应立即停钻,检查钻机是否稳定,或是否有地下障碍物,排除这些因素后,改用慢钻速,并提动钻头进行扫孔纠正,以便削去"台阶";如用上述方法纠正无效,应回填砂和黏土混合物至偏斜处以上 1~2m,待沉积密实后,重新进行钻孔施工。

(5)孔底沉渣、沉淤较多。这是钻孔后浇筑水下混凝土前的清孔工作未做好,将影响桩端阻力和使桩的沉降量加大。

(6)桩身混凝土浇筑质量不好,形成缩颈断桩。这是质量事故,因混凝土灌注工作不连续,中间间断时间过长,先浇混凝土已超过初凝,形成先后混凝土的分层现象;或者浇筑混凝土时泥浆渗入混凝土所致。采取的措施是完善水下浇筑混凝土工艺,保证混凝土不间断供应,保证混凝土的流动度,控制混凝土导管的提升速度,保证泥浆和水不与导管内的混凝土接触。

第三节 上部结构施工

高桩梁板式码头上部结构包括桩帽、靠船构件、横梁、纵梁、面板、钢引桥、接缝、码头面层等,通常采用预制安装和现浇相结合的施工方法,尽可能采用预制安装方法,对施工工期有利,但需要较多的船机设备。

高桩梁板式码头的桩帽一般采用现浇混凝土施工方法。码头设置桩帽时,横梁通常采用预制安装(预制安装梁段,在桩帽处现浇节点混凝土形成横梁)施工方法,当码头不设置桩帽时,横梁通常采用现浇施工方法。靠船构件通常也采用预制安装施工方法,安装后靠船构件的预留钢筋伸入现浇横梁(或靠船构件与横梁节点)内,横梁现浇后与横梁形成整体构件;只要施工水位低于靠船构件底高程,靠船构件也可以采用现浇施工方法。纵梁搁置在横梁上或直接搁在桩帽上,常采用预制安装(预制安装梁段,在横梁处现浇节点混凝土形成纵梁)施工方法;纵梁也可采用现浇的施工方法。面板通常呈四方形,两个长边支撑在纵梁上,两个短边支撑在横梁上,面板可分上下两部分,下部分预制安装,上部分现浇施工,也可整体现浇施工。工程上为提高码头结构的整体性和便于施工,常采用这样的施工方法:横梁截面为倒T形,分下横梁和上横梁,需要搁置纵梁的下横梁为预制安装,纵梁(面板底面高程以下部分)为预制安装,面板下部分预制安装,在纵梁、面板安装后,整体浇筑上横梁和纵梁与面板的上部分。

一、桩帽和梁的现浇施工

桩帽和梁的现浇施工流程为:设置模板支撑→安装底模→绑扎钢筋→安装侧模→浇筑混凝土→养护和拆模。本处主要叙述模板施工。

底模支撑一般利用桩基设置,常用夹桩木、钢抱箍、桩头反吊,或者这三种的联合使用。对于灌注桩,可在钢护筒上焊接钢牛腿作为底模支撑;某些情况下,在先行施工的构件中预埋预埋件作为后续施工构件模板支撑或预制安装件支撑。底模板通常由面板、次梁、主梁组成,侧模板通常由侧面板、竖梁、横梁、斜撑、对拉螺杆组成。侧模立放在底模上,底模放置在模板支撑上,底模主梁与模板支撑之间还需设置3~5cm厚的木楔,以利拆模。

(一)模板材料

用作模板的材料很多,常用的有以下几种。

(1)木板。用作模板的面板,但木板拼接成的面板表面粗糙,影响混凝土外观,成本也较高。

(2)胶合板。表面光滑,便于采购加工,用作模板的面板。

(3)木枋。便于与木板、胶合板用铁钉连接,用作模板的次梁、斜撑。

(4)光面钢筋。两端加工螺纹后用作模板的对拉杆。

(5)钢板。用作钢模板的面板。

(6)钢管、型钢。钢管、槽钢、工字钢等强度高、受力性能好,用作模板的次梁、主梁、斜撑,可与木模板混合使用,也可与钢板制作钢模板。

(二)模板施工

模板应能可靠地承受混凝土浇筑时的重量和其侧压力,以及浇筑施工过程中所产生的全部荷载。因此,必须事先设计,分析荷载组合和荷载传递过程,在模板支撑、板、梁、拉杆、斜撑等强度和刚度计算满足要求后再加工使用。图7-3-1为现浇横梁模板结构示意图。

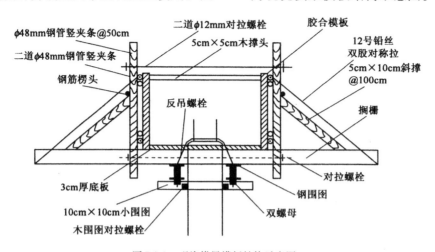

图7-3-1 现浇横梁模板结构示意图

1.底模支撑

(1)夹桩

一般采用对拉螺栓(选用M22)将10cm×15cm的木枋夹紧于桩体上,利用夹桩木与桩体的摩擦阻力来承受通过底模主梁传递来的重力,夹桩也称围囹。每道夹桩木随材质及现场的情况可承重20~30kN的力(图7-3-1)。在将夹桩木夹在桩体上时,要注意上紧对拉螺栓用的套筒扳手长度要大于600mm,另外,螺栓钢垫片(100mm×100mm×12mm)要嵌入夹桩木内1mm左右。夹桩木可交叉夹2~3道。夹桩摩擦力的计算参见《高桩码头设计与施工规范》(JTS 167-1—2010)。

(2)反吊

当由主梁传递来的重力较大,夹桩木无法承重时,即可采用钢筋加工的吊筋螺栓将主梁(一般由槽钢组成)与桩进行反吊(图7-3-2)。吊筋螺栓的规格与数量可根据所承受的外力大小,经吊筋强度计算、吊筋与主梁连接计算而选用,常用的吊筋螺栓≥M22。

(3)钢抱箍

当采用(钢、混凝土)管桩时,也可选用钢抱箍(图7-3-3)的形式来取代夹桩反吊的承重功能。钢抱箍是通过箍紧的抱箍与桩体的摩擦阻力来承受底模主梁传递给桩的重力,钢抱箍的承重能力一般都在300kN以上,它的承重能力主要由抱箍材料的材质、规格,箍紧螺栓的张紧程度等因素来决定,一般均要通过在现场试验实测取得。

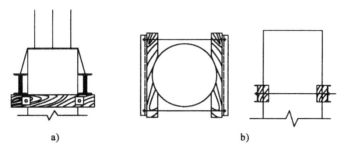

图 7-3-2 夹桩与反吊工艺示意图
a)方桩夹桩与反吊工艺；b)管桩夹桩

2. 底模

底模主要承受混凝土浇筑时的各种垂直力,如混凝土、钢筋、模板的自重及施工人员与机械设备所产生的重量等。底模主要由主梁、次梁、面板等组成。

(1) 面板

面板选用 2~3cm 厚的胶合板或 5cm 厚的木板,根据荷载及次梁的间距通过计算而定。

(2) 底模次梁

次梁直接铺设在主梁上,视主梁间距及荷载大小而决定。一般选用槽钢或木枋,间距一般为 50~80cm。具体可通过计算来决定。若次梁是槽钢时,还需在槽钢侧面绑上木枋,便于与面板用铁钉连接。

(3) 底模主梁

主梁一般采用槽钢、工字钢(荷载小时也可采用木枋),通过夹桩木、吊筋螺栓或钢抱箍将构件的荷载传递给桩基。主梁的材料、规格、长度需根据次梁传来荷载的大小、桩的间距等因素,通过计算而定。荷载及桩的间距越大,所选用的主梁规格也就越大。当荷载较大时,还经常会采用复拼槽钢的形式。

图 7-3-3 钢抱箍支撑

3. 侧模

侧模主要承受混凝土浇筑时的侧向压力。一般用钢模板,也可用木模板及钢木组合模板,效果都较好。侧模由侧面板、内(竖向)梁、外(横向)梁、对拉螺栓、斜撑等组成。根据混凝土浇筑形式、浇筑速度、混凝土的入模温度等选用侧模的规格及形式。

(1) 侧面板

侧面板要求表面平整,无孔洞,刚度好,规格齐整,便于拼接。

(2) 竖、横向梁

混凝土的侧压力通过侧面板传给竖、横向梁,竖、横向梁常采用热轧钢管或其他型钢(扁钢、矩形钢管、槽钢等),也可采用木枋,其材料、规格、间距及布置方法,需根据混凝土浇筑时混凝土对模板的侧压力大小进行计算,以确保有足够的强度与刚度来承受混凝土的侧压力。

(3) 对拉螺栓

对拉螺栓又称模板拉杆,用于连接构件两侧模板,承受混凝土侧压力和其他荷载,保持两侧模板的间距,保证模板有足够的强度与刚度。对拉螺栓的材料采用 Q235 钢制作,直径一般 ≥

12mm。对拉螺栓的规格及布置通过计算确定,一般间隔布置在外梁上。

(4)内撑

为了控制两侧模板之间的位置与间距,还需在模板内侧设有"限位",称内撑。分别安设在底部及顶部,对高大结构还需在中部位置增设。底部限位若采用"墙包底"工艺,底模面板就是限位。如采用"底包墙"工艺,可在底模面板上钉三角条(截面为三角形的木条)来作为限位。对于上横梁、防汛墙墙身等构件,也可在下部混凝土浇筑时留一"台口"供立侧模时作"限位"使用。

顶部内撑一般采用木撑。木撑的长度与模板内侧间距相同,一般布置的间距与对拉螺栓相同,混凝土浇筑到位并在初凝前需将顶部木撑去除。

中间内撑:高大构件一般要设中间内撑,可用细石混凝土制作"撑棍",预制撑棍时中间预留一孔供穿对拉螺栓。目前工程实践中也有采用塑料管的,效果较好。

(5)斜撑

侧模板建立后,为了调直侧模板的垂直度,可在模板外加设"斜撑"。一般选用截面10cm×10cm的木枋,间距约1m,顶部角度≥45°为好。

4.模板的拆除

拆除混凝土构件模板时应符合下述要求。

(1)不承重的侧面模板,应在混凝土强度能保证其表面和棱角不因拆除模板而受损坏时,方可拆除。

(2)承受构件重量的底模,需在混凝土强度达到表7-3-1所示设计等级百分率时方可拆除。

拆除底模时混凝土强度控制值 表7-3-1

构件类型	构件跨度(m)	达到设计混凝土立方体抗压强度标准值的百分率(%)
板	≤2	≥50
	2~8	≥75
	>8	≥100
梁、拱、壳	≤8	≥75
	>8	≥100
悬臂构件	—	≥100

(3)模板及配件拆下后,须及时清理灰浆,维修整理,分类存放,以便周转使用。

5.模板施工要点

(1)模板的装配要严格依据施工组织设计所指定的模板图进行。

(2)为确保脱模后混凝土外观质量,要求木模板板材直边,表面刨光压平,钢模板不得有孔洞与变形,拆模后必须铲净水泥浆,使用前必须涂刷脱模剂,模板板缝要有有效的止浆措施(根据不同的形式分别采用木三角条、塑料管、硬纸片、绒布条、海绵条等止浆材料嵌垫)。

二、构件预制安装

(一)构件预制

对于非预应力钢筋混凝土的上部结构(梁、板、框架),大部分在工地附近的预制场预制,预应力钢筋混凝土的梁、板,一般均在基地预制场预制。

根据设计图纸要求和结构的特点、各个过程的施工条件和机械能力(如预制和安装场地的大小、预制和安装的施工方案、运输工具的类型、容积和载重量、运输线路的条件、起重机械的能力等),划分预制、运输和安装单元,计划预制顺序。

预制场地应尽量靠近施工现场,并临近水域,以便构件能水运,最好能利用已有的码头面之类的地点作预制场,可以省去预制场地基的加固处理,预制场要不受或少受水位变化和风浪的影响。预制时要按图纸要求设置吊点,图纸上没有预制件的设计吊点,需经过计算确定吊点位置和进行吊点设计。

构件预制好后,要有足够的场地存放构件,不要使构件占用预制场地,存放场地要平整、坚实,以免因地基变形损坏构件。构件存放时的支垫点应通过计算确定,堆存的层数应视构件的强度、地基承载力、垫木强度和堆置时的稳定性等条件研究确定。

构件的预制应符合技术要求,对于其偏差超过规定的,经过处理达到原设计结构受力和使用要求,又不影响其他的施工作业时,方可使用。

(二)构件的起吊运输

在起吊、运输时,构件单元要有足够的刚度,不致在起吊运输过程中发生变形和损坏。若构件本身刚度不够,则要采取措施,临时加固,减小吊运时构件内产生的应力,如图 7-3-4 所示为片状框架在起吊运输时的措施。

在预制场,构件用龙门吊起吊,对吊具的要求是操作方便、迅速和起吊安全。常用的吊具有:用钢丝绳或链条做的吊索(千斤绳),横吊梁(钢扁担),专门的吊具(如吊钩、卡环、夹具等),如图 7-3-5 所示。

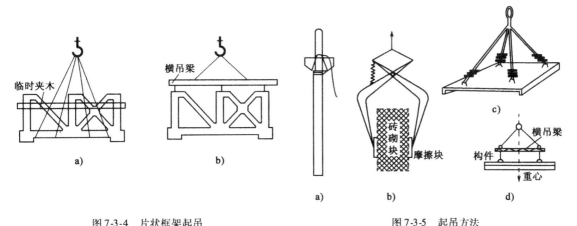

图 7-3-4 片状框架起吊
a)用夹木加强框架;b)用钢横吊梁

图 7-3-5 起吊方法
a)用吊索捆绑;b)摩擦式;c)预埋吊环;d)吊索及横吊梁

吊点的位置会影响构件起吊应力的性质及大小,必须很好选择,验算起吊应力。对高度较大的钢筋混凝土柱,为减少起吊时的弯曲应力,其吊点位置应低于顶点,高于重心。一般的钢筋混凝土梁采用两点起吊,板用四点起吊,其吊点位置由构件的受弯计算控制。

构件的运输有水路运输和陆路运输两种。水路运输通常将构件放置在方驳甲板上,由拖轮拖运至工地,注意构件装驳顺序和安装顺序,应使方驳处于平衡状态。陆路运输采用平板车运输。构件装驳或装车后,用斜撑、拉杆等加固,防止构件运输过程中翻侧。

(三)构件安装

将构件安放到设计位置是安装工程中最重要的工作。构件安装的方法与结构特点、起重船和起重机的性能有关,也与构件的运送和现场的摆置有关。大多数情况,预制构件由车辆或船舶运送到起重机或起重船的吊钩下面起吊安装。若构件由于运输的原因,或是构件极为纤弱,整体运送甚为困难,划分成比安装单元更小的单元运输时,在构件运送工地后,先要在安装地点集合装配,再起吊安装。

码头结构的水上安装都是用悬空吊装法,这能使构件作垂直和水平移动。这种方法要求起重机的起重量大于构件和吊具的全部重量,且有足够的安全系数。若构件重量超过起重能力时,可以在条件许可时用两台起重机组合起吊。但这时,对两台起重机的负荷分配,应按实际工作中可能出现的情况分别计算。

此外,在用悬空吊装法时还要考虑起重机的起重高度和外伸距,在水上安装时还要考虑起重船的吃水和施工水位。

现以高桩梁板式码头为例,对码头上部结构的安装作业考虑的问题作简要说明。

高桩板梁式码头上部结构的安装,可用陆上或水上起重机械来进行,究竟用什么安装方案合适,要在调查研究的基础上确定。

1. 吊装方案和安装顺序

如图7-3-6所示为某高桩梁板式码头断面图,除了横梁和面板的面层外,几乎全是预制构件。根据工程情况,大部分预应力构件在基地预制场生产,一部分非预应力混凝土构件在工地预制。因码头位于离岸一定距离,有一定的水深,可用驳船运输预制构件,起重船进行水上安装。由于所用起重船外伸距小,无法完成后方平台叠合板的安装工作,为此采用水上和陆上起重机联合作业的方式,起重船将叠合板吊放到已安好的平台面板上(图7-3-7),再用安置在抛石体上的吊车接力安装后平台的叠合板。码头的安装顺序为:靠船构件—前平台吊车梁、纵梁、边梁—前平台面板—后平台板。

为了顺利地进行安装工作,各项工作都要遵照此顺序安排好构件装运,后安装的构件应先吊装上运输工具,放在下层,先安装的构件放在上层,以免现场的倒装工作。

2. 构件的安装

安装前,应放出构件的安装位置及高程。安装就位后,检查构件的位置和校核高程。对于靠船构件、吊车梁和纵梁的位置和高程,都有严格要求;对于叠合板,位置要求严格,高程要求可低些。

在安装时,搁置面一般铺一层水泥砂浆,便于调整安装后的面部高程,以及使构件就位后落实放平。如搁置后的高程与设计相差较大,则不能用砂浆垫层来调整。因为砂浆的强度不高,易被压碎,需垫以铁板或混凝土垫块。

3. 构件的稳固

构件就位以后,要立即采取措施予以稳固。

靠船构件安装前,将用角钢焊成的小梁,穿过构件预留的安装孔。安装时,靠船构件就通过这两根小梁支承在围囹木或槽钢上,如图7-3-8所示。为了防止靠船构件下滑,构件上要加一顶撑。

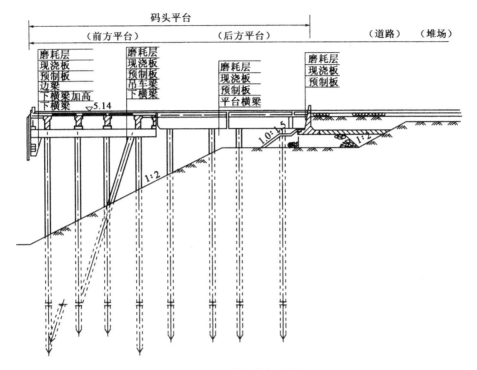

图 7-3-6 某码头断面图

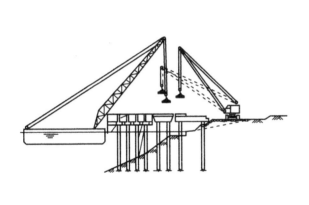

图 7-3-7 某码头平台面板安装图

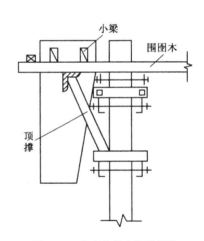

图 7-3-8 靠船构件安装示意图

纵梁及吊车梁,由于高度较大,安装就位搁在横梁上以后,立即在节点将两根相接的梁底部伸出的钢筋焊接起来。为了安装方便,在上横梁底部(和下横梁同时浇筑的部分)安装纵梁和吊车梁的位置留一缺口,以便纵梁或吊车梁伸出的钢筋穿过,如图 7-3-9 所示。叠合板在安装就位以后,要将接缝处伸出的钢筋焊接起来。

4. 节点混凝土浇筑

在预制构件安装就位稳固以后,进行节点混凝土浇筑,一般用陆上浇筑法施工。

以上所述是横梁为现浇的高桩梁板式码头上部结构构件安装施工,若为了提高预制装配程度,加快工程进度,横梁可以采用预制的方法。可将靠船构件另外预制,将整根横梁分段预制安装,然后以节点形式结成整体。

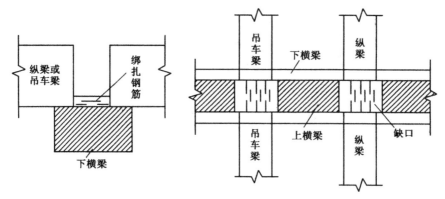

图 7-3-9 纵梁连接示意图

对于图 7-3-10 所示的靠船构件，安装时，重心向外，上部外倾，常用两根带张紧器(花篮螺栓)的临时拉条稳住，并加以调整，使之符合设计位置，保持其垂直度，然后将伸出的钢筋与横梁的钢筋焊接起来，在接缝处浇筑混凝土。

三、其他部位混凝土现浇施工

1. 现浇板缝

高桩码头的面板常采用预制叠合板，两块相邻的预制板之间总是留有一定宽度的缝，其现浇工艺如图 7-3-11 所示。

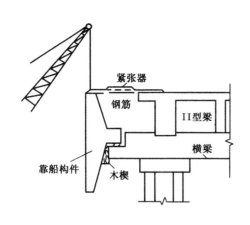

图 7-3-10 预制横梁、靠船构件安装示意图

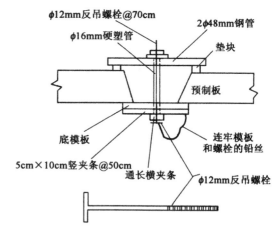

图 7-3-11 现浇板缝模板示意图

底模板厚度常为 30mm，长度应根据实际情况而定，一般为 3m 左右，若实际板缝还要长得多，可分成几段拼合。制作时必须把模板临混凝土面压光刨平。

板缝宽度在 20cm 以内，$\phi 12mm$ 反吊螺栓间距为 70mm，若宽度大于 20cm，就考虑布置双排反吊螺栓。

套在反吊螺栓外面的硬塑管，内直径应大于螺栓 4mm，并嵌进底模板 2mm，以便于拆模。

2. 现浇悬臂板

在高桩码头的边缘，一般总有部分悬臂板需要现浇。根据模板承受荷载的大小，其工艺也有所不同。可采用如图 7-3-12 所示的施工工艺，支架间距由计算确定。

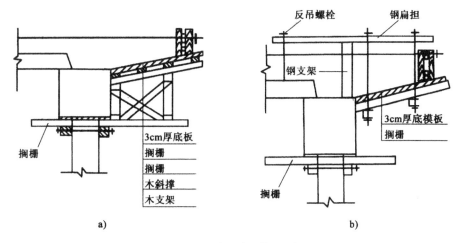

图 7-3-12 现浇悬臂板模板示意图

3. 现浇护轮坎

护轮坎和码头面层都是码头的形象工程,不仅要注意混凝土的内在及表面质量,而且要注意其外观整体形象。高程要整齐划一,轮廓线要通长笔直,模板立好以后应反复检查确保质量。其施工工艺和模板架立非常重要,现浇护轮坎模板如图 7-3-13 所示。其施工步骤如下:

(1) 预先在边梁中预埋螺栓,用于支撑和固定外侧模板;在面板中预埋钢筋条,用于固定内侧模板和对拉螺栓。

(2) 在测量工指挥下,对已浇(或预制)面板外沿口凸出部分弹线整平,并用胶通长贴好海绵条以防漏浆。

(3) 在护轮坎内模板位置的面层上弹线确定立模的位置,用胶粘海绵条,立模,内侧用带有钢筋的混凝土垫块支撑,将混凝土垫块电焊固定。

(4) 预埋件与模板适当调整后连接牢固。

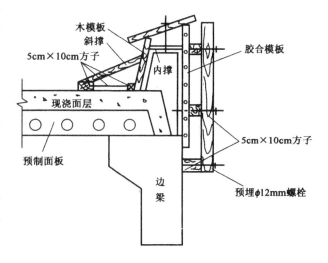

图 7-3-13 现浇护轮坎模板示意图

(5) 浇筑混凝土时必须用 2m 长直尺进行顶面找平,浇筑混凝土后应及时覆盖和养护,拆模后必须及时清理,如有表面缺陷,立即对表面进行修补。

4. 现浇码头面层

现浇码头面层混凝土,面广量大,通常按分块分段浇筑,浇筑前必须做好充分准备。

(1) 码头面层混凝土主要是预制叠合板的现浇部分,它先于护轮坎浇筑,也可与护轮坎一起浇筑。两侧模板常用木模板和槽钢。

(2) 把槽钢的顶高程调整到码头顶面高程,用埋入钢筋焊接固定槽钢模板以控制高程。

(3) 现浇面层混凝土先用插入式振捣棒振捣,再用平板振动器进行复振。槽钢定好高程,用滚动筒以槽钢为轨道来回找平。

(4)混凝土磨面要一粗磨二细磨,即要进行三次磨面。特别要掌握好最后一次磨面时的混凝土收水时间。

(5)浇筑完毕,及时覆盖和养护。

(6)面层混凝土终凝并到达一定强度后,要及时将面层分块锯缝,分块长度为5~6m,缝隙用沥青填充。

第四节 板桩码头施工

一、概述

板桩码头是一种轻型结构的码头,也是码头的一种主要结构形式。板桩码头正立面一般由板桩墙、导梁和帽梁组成,板桩墙一般采用钢筋混凝土板桩、钢板桩。钢筋混凝土板桩因抗弯能力较小,工程上使用较少,一般采用钢板桩。本节介绍比较典型的、带有锚碇系统板桩码头的施工。

由于施工时设计的板桩码头前沿线所处位置有的在水域,也有的在陆域,故板桩码头的施工特点也不尽相同。

1.施工时设计码头前沿线在水域中的施工特点

(1)板桩墙需用打桩船施打。

(2)根据水位情况,如水深大,能满足打桩船的吃水要求,应先施工码头主体(包括锚锭系统和陆域填土),后挖泥。如水深不够,而且挖泥厚度较大,宜选择适当的挖泥船分两次挖泥,第一次仅挖到水深能满足打桩船吃水要求为止,在码头主体施工完成并墙后填土已固结后,再进行第二次挖泥(板桩墙前挖到港池底部)。这样做,既可减少码头向水域的位移,又可减少挖泥和减少墙后填土的工程量。

(3)为使码头逐步形成整体,避免已打板桩墙因后打桩的振动和土坡滑动的共同作用而产生过大的前倾,应及时进行锚碇施工和墙后的分层回填。

(4)为妥善安排板桩墙、锚碇系统和墙后填土这三个分部工程的施工,应了解拉杆式锚碇系统锚碇板块位置的确定原则。以锚碇板为例(图7-4-1),板桩墙设计水底泥面以下第一反弯点以上土的主动破裂面与锚碇板前土的被动破裂面,从有利于板桩墙的稳定出发,最好在码头地面处相交,而不允许锚碇板前被动破裂面与板桩墙相交。

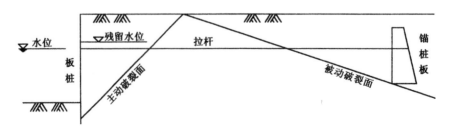

图7-4-1 锚碇板设置位置

2.施工时设计码头前沿线在陆域时施工特点

(1)先在陆上施工码头的主体(包括锚碇系统和陆域填土),主体施工结束后再进行港池挖泥。

(2)在陆上施工码头主体,施工简便,质量易于得到保证,挖泥前板桩墙不会前倾。

(3)如挖泥厚度较大,亦宜分两次挖泥,且在两次挖泥之间要有适当的间歇时间,使板桩墙前倾缓缓发展,以减少前倾量。

3.板桩码头总体施工特点

(1)码头主体完工之后的挖泥,应沿纵向均匀地进行,且要防止碰坏板桩墙和严格防止超深。如超深大于设计规定,应用适宜的材料(如砂)进行填补,以免降低墙前的被动土压力。

(2)帽梁的施工,应在墙前挖泥后,墙顶位移已趋于稳定时再进行,以便调整帽梁尺寸,使码头前沿线位置偏差符合质量标准,并可防止帽梁产生有害的裂缝。

(3)在挖泥过程中,应对板桩墙和锚碇的位移进行监测,发现危险迹象应立即停止挖泥,并采取其他有效措施减少位移,保持稳定。

二、板桩的打设

1.导向架

在施打板桩墙时,所用设备与打普通桩一样。插打钢板桩不同的是,为了控制板桩墙的轴线位置,保证桩的垂直度,减小桩的平面扭曲和提高打桩的效率,需设置导桩(也称定位桩),安装导向架。图7-4-2为施打钢筋混凝土板桩的导向架平面图。

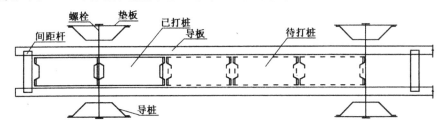

图7-4-2 施打钢筋混凝土板桩的导向架平面图

设置导向架时,要按导向架移设的难易程度、夹持已打桩的所需长度和打桩效率的高低,选择适宜的设置长度。为了使导向架具有足够的刚度,要适当地选择导向架的材料和断面,以及定位桩的材料、断面、间距和入土深度。

2.施打方式

板桩墙的施打可以单独插打和分段分组打。每组一般为4~6根,每段由若干组(一般为20根桩左右)组成。分组分段打时先把该段所有板桩都插好,再沉入土中1~2m,让其稳定,然后分组,台阶式施打,如图7-4-3所示。这种打板桩方法生产效率低,插立后的桩呈壁状而受风浪影响大,施工复杂;但最

图7-4-3 板桩分组打设

后打成板桩墙的质量好,紧密而垂直,锁口不易脱开和拉坏,桩不易扭曲,墙表面不易错牙。单独插打的优缺点恰好与分段分组打相反。因而质量要求高时宜采用分段分组打。

闭合式的格型板桩墙应在陆上一次拼装好或在水上通过圆形板桩结构导向架,要一次都插好,以保证板桩位置的准确,然后再分组下沉。

单独打钢筋混凝土板桩一次打一根。钢板桩、槽形板桩可一次打一根或三根,Z形板桩因断面为非对称形,为避免偏心锤击和防止板桩扭转,宜两根拼装在一起,一次打两根。两根桩的拼装方法如图7-4-4所示。

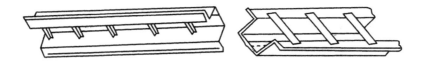

图7-4-4 Z形钢板桩的拼装方法

板桩施打过程中易发生倾斜,几乎都是板桩头部向前进方向斜倾。接合部分的摩擦、锤打偏、土压力作用等是产生偏斜的原因。若不及时予以防止和修正,其倾斜将会积累,倾斜大了很难再校正,必然会影响板桩墙的施工质量。其修正方法见表7-4-1。

板桩倾斜修正方法 表7-4-1

	示 意 图	说 明
1		以改变分组打板桩的方法,逐步校正倾斜。修正时,与前进方向相反进行打板桩。从施工和费用来说是个好的方法
2	楔形板桩	当倾斜1/400以上时,用打楔形板桩的方法进行校正。楔形板桩全长必须一次打下去。这个方法校正容易,其缺点是费用高

3. 施打要点

(1)不论采用单独打还是分段分组打的方式,一般用外龙口的打桩船(架),且打桩架高要满足插立板桩的要求。锤的外伸距离能够得着所打板桩的形心。

(2)钢板桩的施工要特别注意榫口。若榫口不直,在板桩下沉时会发生卡桩,使板桩下沉困难,或把已打好的桩带下去。榫口在沉桩前通常要用不短于2m的钢板桩作通过检查。为减少锁口阻力和填塞锁口缝隙,可在锁口内涂以润滑油。图7-4-5为几种钢板桩锁口类型。

(3)钢板桩的施工还要注意板桩墙转角桩的加工,转角桩一般均在现场根据需要拼制。为了避免焊接变形,最好采用铆接。如采用焊接,则必须从结构到焊接工艺等方面采取措施,以减小和避免焊接变形。

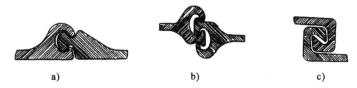

图 7-4-5 钢板桩锁口类型
a)阴阳连锁;b)环形连锁;c)套形连锁

(4)打桩方法一般采用锤击法,如遇砂土地基可改用振动法。为了提高打桩效率和避免打坏桩头,宜采用大锤"重锤轻打"。

(5)打钢筋混凝土板桩用的替打,在构造上与打一般的钢筋混凝土桩的替打相同,亦用铸钢或钢板焊成,其内、外壁的外伸长度以 10~20cm 为宜;间隙量一般为钢板壁厚的 2 倍(过大,替打不易安稳,且易产生偏击;过小,替打不易插入,如桩顶被打坏,还不易拔出)。

(6)当钢板桩的锁口为环型、套型,或为阴阳型,而且阴榫朝着打桩前进方向时,为防止泥沙进入阴榫内口,要用塞子堵塞榫口的下端部。

(7)板桩墙开始几根桩的施打质量很重要,施打时要特别谨慎,因为每根桩的正位情况对后续桩的正常施打有很大影响。

(8)当土层变化较大,且需分区确定桩长时,为避免在现场接桩,影响施工进度,钢筋混凝土板桩"宜长勿短",即宁可截桩,不要接桩。

4. 某钢板桩码头板桩墙施工实例

某钢板桩码头断面见图 7-4-6,钢板桩采用卢森堡生产的 AZ17 型钢板桩,两根合并为一组共 202 组,均为标准型。每组标准型钢板桩的型宽 1 260mm,高 379mm,厚 8.5mm,设计单桩长度为 25.6m 的 117 组,长度为 27.6m 的 85 组。设计桩顶高程为 +2.1m,桩尖高程分别为 -23.5m 和 -25.5m。根据该码头的结构设计、地质和水文条件,在钢板桩施打前先按设计断面进行基槽挖泥,经验收符合设计要求后才能进行钢板桩的施打。确定的、比较适合的板桩墙施工工艺流程如图 7-4-7 所示。

(1)钢板桩整修加固

钢板桩在出厂前已将两根 AZ 型板桩合为一组,加工好的板桩分层叠放。将钢板桩焊接在专门加工平台上,用 2m 长标准套锁通口检查调直。加工平台设在一坚固平整的场地上,设置 4 条加工平台,每条加工平台按 4.5m 间距设置胎架,胎架纵向长 800mm,每个胎架用 20mm 钢板按钢板桩标准尺寸加工制作,与预埋在胎架混凝土垫层的钢板牢固焊接,各个胎架必须确保在同一轴线、同一水平面上,图 7-4-8 为胎架断面图。

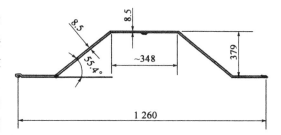

图 7-4-6 某钢板桩码头断面图(尺寸单位:mm)

钢板桩半成品进行调直加工以热纠正的方法为主,辅以自重、施加外力等方法。将钢板桩的平直度偏差控制在 10mm 以内,经调直后的钢板桩必须达到桩身平直、锁口通顺(特别是两

229

侧锁口必须平行)和断面规正。平直度的检查控制以目测为主,并用钢丝绳拉线进行检测监控和校核。

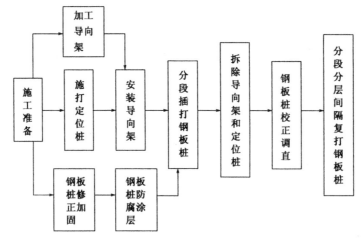

图 7-4-7 某钢板桩码头板桩墙施工工艺流程

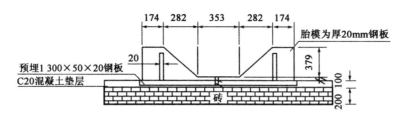

图 7-4-8 胎架断面图(尺寸单位:mm)

为了确保施工质量,增强钢板桩的整体刚度和桩尖的穿透能力以及桩顶的抗锤击能力,同时保证每组钢板桩的宽度、平直度以及沉桩过程防止带桩,桩顶、桩尖和中部用钢板条加固,增强抗纵曲能力,改善非对称截面特性,减少沉桩偏位。经调直合格的每组钢板桩在拼组加工时设置加劲钢板,桩顶加劲板为 870mm×400mm×14mm,桩尖加劲板为 870mm×300mm×14mm,中部等距约 4m 设置加劲板为 870mm×150mm×14mm。

(2)施工船机

施工船机有 50t 履带吊机,35t 吊高 38m 的旋转式起重船,400t 装桩驳船,桩架高 28m 的打桩船,90kW 振动锤。

(3)施打顺序

根据钢板桩平面布置的特点,为更好地控制钢板桩的施工质量,以两个作业段作为施工范围,每段长 12m,合计长 24m(插打 19 组,复打约 15 组),每作业段最后一根桩为下一施工单元段的自然起始点。

(4)安装导向架

采用在板桩墙两边施打 ϕ600mm、壁厚为 8mm 的钢管桩(定位桩)的方法来固定导向架。根据水深和地质情况,钢管桩的长度需大于 25m。钢管桩采用打桩船配 D50 锤施打,锤击时只能一锤一锤控制,以利于钢管桩高程的控制。钢管桩施打的位置必须准确,桩位偏差控制在 10cm 之内,垂直度偏差控制在 1‰ 之内,便于导向架的安装。钢管桩入土深度约 8m,钢管桩顶高程约为 +5.8m,钢管桩安排 6 组共 12 根,可满足两个作业段的施工范围。导向架必须有足够的强度和刚度,在陆地上制作好,图7-4-9为钢板桩码头板桩施工导向架。采用开口半圆钢箍,用M24螺栓箍紧钢管桩,一边用I20工字钢作为支承牛腿,支承高程可根据钢管桩施打情况作上、下调整,但需保持在同一水平面上。根据施打定位桩的偏位情况调整支承牛腿位置,测量放出支承牛腿上导向架位置线,在位置线上焊接导向架挡板,导向架搁置在支承牛腿上,再用小钢丝绳与钢管桩连接固定,以保证导向架的准确性。

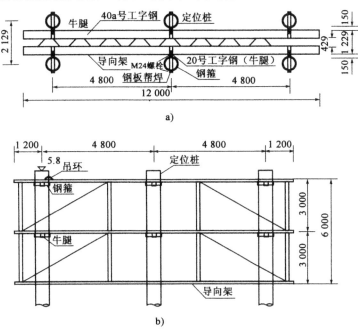

图7-4-9 某钢板桩码头板桩施工导向架(尺寸单位:mm)
a)导向架平面图;b)导向架立面图

(5)钢板桩插打施工

起重船抛锚定位,400t运桩驳船就位,在起始第一组桩边导向架上焊接起始定位槽钢,起重船用副钩吊起第一组桩垂直放入导向架内,施打时用两台经纬仪成90°角交汇将桩定准位置(桩平面位置和垂直度),桩入土后松副钩,再用起重船主钩吊起振动锤施打。打第二组桩时,吊船将桩吊直并起吊到桩尖底部超过已沉桩顶部后,用人工配合将桩尖的后锁口对准已打桩的前锁口,再将桩慢慢插入土中,然后用振动锤夹钳夹牢桩的顶端,经纬仪控制桩轴线位置至桩位偏差符合要求后起动振动锤开始插桩。如发现桩有偏位,测量员立即通知打桩指挥员,利用吊船吊臂进行前后、左右调整。插桩入土控制在8~10m,要求桩顶基本平齐,桩顶高程控制在约+6.0m,经检查锁口无损后再接着插下一组桩。插打桩的桩尖锁口应割成斜口,以利于插打套锁口,在板桩插打中应严格按标准控制桩偏位,超过标准时,应及时拔出重新插打。

(6)钢板桩复打施工

前面插好的桩,桩顶高程约为+6.0m,呈屏风形,待一个流水作业段的桩全部插完后,用起重船配合振动锤拆除导向架和定位桩,测量钢板桩偏位情况,打桩船就位,根据偏位情况适当调整打桩架后用D50柴油锤配合将桩打至设计高程。为了防止打桩时将旁边的桩带下去,采用阶梯形打桩方法,间隔跳打方式(相邻两桩高差按小于3m控制),如带桩立即停锤,用电焊将该桩与相邻的桩焊接固定牢固,确保桩顶高程符合设计要求。在板桩复打中,施工安排留出插打桩,保持前进方向3~5组的插打钢板桩。这样有利插打钢板桩的定位控制,同时有利复打钢板桩减少纵向扇形变位。

(7)沉桩过程控制

定位桩施打必须准确,桩顶平面位置偏差、垂直度偏差符合要求。导向架安装牢固,位置准确。

插桩采用斜插的方法。根据沉桩过程中桩身往板桩墙纵向倾斜的特性,插桩开始时桩顶往内提前量控制在20cm左右。插桩入土深度控制在8m左右,不允许纵向外倾,并需保持一定的内倾斜度。插桩完成后,在上部导架无约束状态下,逐根检查沉桩偏差,桩顶偏差控制在0~50mm。若不符合上述要求,则需拔出重新插打。

一个流水作业段插桩完成后,从插桩前进方向的末端开始向另一端间隔复打送桩。复打高度控制在3m以内,且相邻两根桩高差小于1m,然后将全部桩跳打送至设计高程。第一轮复打时,适当调整桩顶位置,使桩的倾斜度尽可能保持与相邻桩之间的倾斜度大概一致,使送桩时左右两侧相邻桩之间的锁口阻力大致平衡,以减少相邻桩间的相互影响,从而减少送桩过程的桩位变化和沉桩偏差。每轮复打高度应一致,保持两锁口阻力一致。相邻桩按3m阶梯过渡降低到1m高程。桩尖进入约-20m或-22m高程时加强对贯入度的观测,根据试验段的施工结果,摸索出10锤平均贯入度的控制指标。

在沉桩(插打、复打)全过程中,应保证桩锤、替打、钢板桩在同一垂直轴线上,以减少偏心沉桩,减少沉桩偏位。

沉桩前需了解基槽开挖的情况,必要时对水下进行探摸,保证水下没有障碍物。为减少沉桩阻力,锁口处应涂润滑油。沉桩后设立警示灯,严禁碰撞。

三、锚碇系统

在有拉杆式锚碇的板桩码头中,锚碇系统是最终承受板桩墙土压力的结构。锚碇系统包括锚碇体、拉杆、锚碇板前的抛石棱体。

1. 锚碇体

(1)锚碇板

锚碇板基础的灰土和碎石应夯实整平。连续板在现场就地支模,现浇混凝土;非连续板可预制埋入。板前构成被动土压力的灰土或块石棱体,以及板后的回填土,均应按相应的技术要求,切实保证其施工质量。

锚碇板及拉杆一般在板桩墙的顶部,位置较高。为了方便,锚碇施工往往要回填到接近拉杆的高度才进行。但是,若待回填到较高高度时方进行锚碇施工,没有锚碇板的锚碇作用,板桩墙会因土压力的增大而可能发生稳定问题。因此,要很好地考虑施工方法和顺序,既要考虑施工的方便,又要保证板桩结构的合理受力。

(2)板桩式锚碇

板桩式锚碇一般位于陆域内,其施工方法与板桩墙打设相同。锚碇板桩可利用板桩墙上截下来的短板桩。

(3)叉桩式和斜拉桩式锚碇

如果板桩墙后面没有足够长的距离供设置拉杆、锚碇板等,常采用叉桩式锚碇或斜拉桩式锚碇。斜拉桩式锚碇和叉桩式锚碇因距离板桩墙较近,如先打板桩再打锚碇叉桩(或斜拉桩),板桩会受到因打叉桩(或斜拉桩)引起的土的侧向挤压力而倾斜,因而为避免板桩墙因受土的侧向挤压力而倾斜,应先打叉桩和斜拉桩,然后打板桩墙。另外,叉桩或斜拉桩如位于斜坡上,会因受后续打桩振动和土坡滑动的影响而易倾斜、位移,施打后应及时夹桩和临时固定。

2. 拉杆

拉杆是板桩墙与锚碇体之间的传力构件。拉杆大多用 $\phi 40\sim\phi 80\mathrm{mm}$ 圆钢(3号钢或延伸率不低于18%的高强度钢)制成,两端为铰接,节间用张紧器相连,这样可调节初始应力,使应力符合设计要求。钢拉杆的外观和几何尺寸要进行目测和抽样检查,焊接接头的轴线偏差应不大于 $5d/100$(d 为拉杆直径),且不大于3mm;焊缝要饱满,严禁有裂纹、气泡、咬边和凹陷;张紧器丝杆的丝扣与螺母,以及垫板、阴阳榫和插销均要逐件逐套进行检查,必要时应编号配套,以方便使用。

在装卸运输和存放过程中,要妥善设置吊点、支垫,用麻布类材料包裹丝扣,以免钢拉杆出现残余变形和损伤丝扣。如设计对拉杆的安装支垫无具体规定时,可将拉杆搁置在垫平的垫块上,垫块的间距取5m左右。

钢拉杆一定要进行防腐处理。很多工程的失事是拉杆断裂造成的,防腐不善和产生过大的挠曲变形而裂开是其重要原因。钢拉杆的防腐处理,一般是除锈后涂防锈漆,外缠沥青玻璃纤维布片。为减少安装后防腐处理的工作量和方便操作,宜在存放场内预先将拉杆的杆身作好防腐处理。

拉杆安设应按一定间距(4～6m)沿各条拉杆轴线设木桩或钢筋混凝土短桩,作为拉杆的支承点,以消除或减少拉杆因自重而产生的附加应力。如不设支承桩而就地铺设时,拉杆上面应设防压罩,且罩内顶面应距拉杆顶面15～20cm。

安设两端有铰的拉杆时,要使铰的转动方向处于垂直平面内。拧拉杆的螺母时,一般以拧紧(控制在不要多也不要少,露出2～3道丝扣)即可,不要过于张紧。若需调整初始应力,可由调节张紧器来调整。未作防腐处理的部分和在安装过程中防腐受到损坏的部分,在安装好后要及时补作防腐处理。

四、墙后回填

板桩墙后的回填应在拉杆安装之后进行。如锚碇系统为板式锚碇,回填顺序应尽可能先填锚碇板前被动土压力区的土。填筑应按设计要求分层夯实。

水下部分的填料宜用砂、砾石、块石等透水性好的材料;水上部分可填砂、石和无腐蚀性、无膨胀性的黏性土。对地震基本烈度在6度及其以上的地区,不宜填易液化的粉砂、细砂及亚砂土。在钢板桩墙后及拉杆周围严禁用煤渣、矿渣等含腐蚀性成分的材料填筑。码头前沿线如在原陆域范围内,采用陆上回填;如在水域中,可由陆上运输工具运料,从内向板桩墙逐步推进填筑,也可以用船运料,采用皮带机或吊机上方驳进行抛填。另外,也可采用抽砂船从海底取砂,用砂泵及管道输送到填土区吹填。

在陆上回填时,铺土(用推土机或其他运土机械)和夯实(用柴油夯实锤或吊机吊夯锤)均应沿与拉杆平行方向进行,只有在拉杆上填土达一定厚度后,方可沿与拉杆垂直方向进行,以免使拉杆(拉杆下的填土必须夯实)压弯和挠曲下沉。在夯实过程中,考虑土对板桩墙有一定的挤压力,应经常观察板桩墙和锚碇体的变形与位移情况。夯实要分层进行,施工速度应控制,不能过快。

为防止墙后填土的流失,板桩接缝特别是钢筋混凝土板桩接缝,常需作必要的处理,钢筋混凝土板桩常为两侧带有凹凸榫槽的矩形板桩,一般一侧下端是凸榫,而上端是凹榫,而另一侧从上到下都带凹榫,且下端削角。带凹凸榫和削角,在打桩时可起导向和板桩间互相挤紧的作用。而上端两侧均为凹榫,在板桩打设完毕之后,应用高压水或压缩空气,清除槽内的泥沙,用塑料薄膜制成不透水的软管,其周长应适当大于空腔的周长,使管底适当配重,以沉入腔内,然后用漏斗从管口徐徐填入水泥砂浆,边填边捣实,以水泥砂浆充满空腔,并与腔壁良好地黏合,防止墙后填土流失。还有一种方法,是用玻璃丝布制成长约50cm的小袋,内盛灌筑材料,逐个投入凹槽形成的空腔内,并辅以捣实。

钢板桩的接缝处,由于有些锁口较紧,咬合较好,其缝隙在使用中会逐渐被砂、土所堵塞。有些锁口咬合不严,可用高压水喷射,使接缝部分的土、砂松动,通过送入压缩空气的作用,把土、砂带出来,然后将帆布之类做成的细长布袋塞进去,灌以水泥砂浆以堵漏。

钢筋混凝土板桩和钢板桩在打设过程中有时会严重脱锁,在水上部分脱锁能直接发现,在水下一般应由潜水员检查探摸。对少数严重脱锁、形成较大缝隙的,应在缝隙的墙后补打板桩以堵漏。

复 习 题

1. 以图 7-1-1 高桩码头为例,试画出施工流程图。
2. 桩吊点设置的依据是什么?桩堆存时注意事项有哪些?
3. 如何对一个高桩码头进行基桩施工方案的选择?
4. 锤击沉桩设备有哪些?
5. 选择桩锤型号主要考虑哪些因素?
6. 锤击沉桩前应做哪些准备工作?
7. 锤击沉桩控制包括哪些方面?何谓"双控"?
8. 如何选择振动桩锤?
9. 试述水上钻孔灌注桩一般施工工艺流程。
10. 钻孔灌注桩施工中有哪些常见问题?如何处理?
11. 简述高桩码头上部结构一般的施工方法。
12. 试分析图 7-3-8 安装靠船构件时围囹木、顶撑、夹桩木受力情况。
13. 试分析图 7-3-12 现浇悬臂板模板中底板、格栅、木斜撑、木支架的受力情况。
14. 讨论图 7-1-1 中,桩、桩帽、横梁、靠船构件、纵梁等构件的施工方法。
15. 试述施工时设计前沿线在水域中的板桩码头施工方法。
16. 试述施工时设计前沿线在陆域中的板桩码头施工方法。
17. 简述板桩码头板桩墙的施打方式。
18. 板桩码头锚碇体一般有哪几种形式?

第八章 防波堤施工

第一节 概 述

防波堤按结构形式主要可分为直立式和斜坡式(图 8-1-1 ~ 图 8-1-3)。从施工方法来看，直立式防波堤与重力式码头基本相同，只是施工组织与计划安排要重点考虑风浪的影响及防波堤在施工过程中的稳定问题。因此，有关直立式防波堤的施工可参阅第六章重力式码头施工。本章仅叙述斜坡式防波堤的施工。

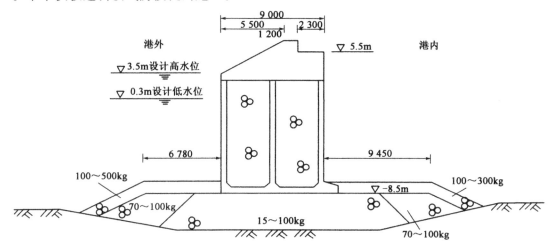

图 8-1-1 削角直立堤断面图(尺寸单位:mm)

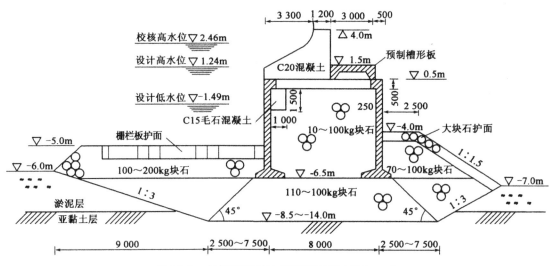

图 8-1-2 大直径圆筒直立堤断面图(尺寸单位:mm)

斜坡式防波堤一般用于水浅、地质条件差(如软土地基)、当地又盛产石料的地区。当用混凝土人工块体护面时,也可用于水较深和波浪较大的地区。

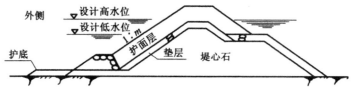

图 8-1-3 斜坡堤断面图

防波堤作为防浪建筑物,其施工条件恶劣,可作业天数少。斜坡式防波堤在未形成设计断面之前,其抗浪能力很差,更何况从堤心到护面是分段、分层逐步完成的,工序多,暴露范围大,遭受波浪袭击机率高,容易遭受波浪的袭击而破坏,破坏程度大。一旦遭受破坏,将直接影响到港池内建筑物的施工,后果严重。因此,应在尽可能增加和充分利用可作业天数的原则下,认真研究其施工方案。

一、斜坡式防波堤施工需注意的问题

(1)斜坡式防波堤虽然无须大型施工机械,但工程量一般都较大,施工条件较差。特别是对于建在浅水区域的斜坡堤,水上材料运输和抛填施工可能需要趁潮作业,有效工作时间短,易造成工期延迟。

(2)斜坡式防波堤多在外海开敞水面上施工,施工船机和防波堤本身都直接受波浪袭击,而斜坡堤在施工阶段对波浪的抵抗能力很弱。因此在确定施工方案和安排施工顺序时,必须充分考虑施工过程中堤身的安全和稳定,尽量减少和避免遭受波浪袭击而破坏。

二、施工方案比选

按堤的类型和断面形式,施工方案可分为两类:一类是以陆上作业为主、水上作业为辅的陆上推进法;另一类是全部水上作业的水上施工。在特殊条件下,也有全为陆上作业的陆上施工。

岛式防波堤,不论其断面为何种形式,一般只能用水上施工方案。突堤,堤心石高程在高潮位以上(确保堤顶通道不被淹没),且顶宽能满足陆上机械作业要求,此时如石料主要来源于陆上,又有大型陆上施工机械,宜用陆上推进的施工方案;有时为采用陆上推进施工方案,即便适当加宽、加高堤心石,也可能是经济合理的。

用陆上推进法施工有如下优点:

(1)陆上作业部分几乎不受波浪的影响,可极大地增加可作业天数,必要时还可昼夜作业。这样既可加快施工进度,缩短工期,如遇有大风浪,陆上作业还可抢做防浪加固处理,又可及时护面形成设计断面形式,减少波浪击毁施工中防波堤的概率和损失。

(2)采用陆上作业法成本低,机械利用率高,船机费用节省。

(3)大风来临前可提前停止水上作业,但陆上作业还可抢做防浪加固处理,可缩短防浪的停工时间和减少浪击损失。

三、施工安排

施工期间,应根据水文气象资料分析波浪和海况,按季节合理安排施工。

(1) 在大浪季节里,为避免浪击损失,又为大浪季节过去后能开创更多的工作面,应根据可能遇到的波浪要素,按经验或通过模型试验拟定某一水位以下的堤心施工断面。拟定的原则是施工断面要小于设计轮廓线,而且要小到即使受风浪袭击后,堤心石也不会滚落到设计轮廓线之外。

如波浪比较小,为既避免浪击损失,又争取多完成一些工程量,也可缩小流水分段长度,增加分层层数,"步步为营"地进行施工。

(2) 在大浪前、后的季节里,为多开工作面,以充分利用可作业天数,应加大流水分段长度,减小分层层数,配备足够的船机、劳力和储备充分石料、护面块体等。

(3) 根据海况变化,情况好(风、浪、流均较小)时,侧重安排防波堤迎浪侧的施工;情况差(风、浪、流均较大)时,侧重安排防波堤背浪侧的施工。

四、施工方法

在经济合理的总前提下,所拟定的施工方法应最大限度地增加可作业天数,并充分利用可作业天数和提高作业效率。例如水上吊安混凝土人工块体时,宜选用抗浪和起重能力大、吊臂能旋转的大型起重船;波浪较小时,起重船驻位于堤的迎浪侧;波浪大时,驻位于堤的背浪侧;起重能力大,可一钩吊安数块;吊臂长能旋转,作业范围大,移船次数少,可大幅度提高吊安效率。为抓住每一个可作业天,每天应收听天气和海况预报,结合施工现场情况作出合理的安排。

对于建在软基上的斜坡堤,必须分层按设计规定的速率加载,切不可盲目抢进度。其堤身部分的施工与一般斜坡堤基本相同,但其水下棱体的施工应与堤心底层抛石同步进行,而且最好先抛水下棱体,后抛堤心石,以防堤心石滑移。

第二节 施 工 顺 序

一、陆上推进施工的程序

当突堤的堤顶用作通道时,其堤顶通常设有胸墙,这种堤顶较宽,堤心石顶高程较高,一般具备陆上推进条件。下面以图 8-2-1 作为标准断面,叙述陆上推进施工的主要程序。

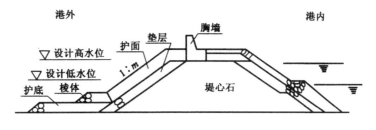

图 8-2-1 防波堤一般断面图

陆上推进施工从防波堤堤根开始。由于堤根部分水深较浅,堤心石可以一次到顶向前推进。在堤身推进到水深 -1.0 ~ -2.0m 以后,整个堤身已很高,为防止继续推进造成塌坡,此后堤心石的抛填,原则上需分为两步进行,第一步粗抛,在水中抛填至 ±0.00m(波高较大时,需适当降低);第二步由陆上继续推进,抛填到顶。堤心石成型后,即重点进行外坡工序,如垫层、护底、棱体以及护面等,以分段流水方式进行作业,其中护底和棱体基本上可与垫层同步进行。

安排胸墙施工时应考虑以下两点:

(1)若堤顶较宽,胸墙施工后不影响陆上机械及车辆通行,仍能继续从陆上向前推进,则施工较好安排,可多头展开;若堤顶较窄,胸墙施工后影响陆上推进,则应将胸墙的施工期适当后延。

(2)如工期允许,最好让堤身经过一个大浪季节,使之经过较大风浪打击沉实后再进行胸墙的施工。胸墙完成后方可将坡肩处的护面层补齐,内坡成型一般放在胸墙施工之后。

堤身施工应注意掌握施工季节。堤心石第一步抛至 ± 0.00 m 以下时,其稳定性较好,基本不受风浪的影响,全年均可进行,并可超前多抛。受台风影响的地区,抛石不出水面的高程应通过模型试验确定。堤心石第二步长、高、成型及抛垫层和护面等,应重点安排在非大浪季节进行,其分段流水的分段长度视工程量和运输安装能力的大小而定,但不宜太长,如需在大浪季节施工,其分段流水应尽量缩短,并要"步步为营",且在风浪来临前,在堤身长、高推进面及端部,用块石(必要时用护面块体)进行临时加固保护。

对于在软基上施工的防波堤,其堤心的分层及间歇时间等,均须按设计要求进行。为加快施工进度,确保堤身安全,在底层抛石时,应布设沉降观测点,定期进行观测,根据观测结果,分析地基固结情况,调整上层抛石的间歇时间。根据以往的经验,通过实际沉降观测分析后,其间歇时间通常比设计规定的时间要缩短不少。

二、水上施工的程序

凡不具备陆上推进施工条件的斜坡堤,一般均采用水上施工法。

对于采用抛填混凝土方块的斜坡堤,其底部堤心石的抛填方法,与抛石堤基本相同,而其上部混凝土方块的抛填,则视其重量大小,选择相应能力的起重设备,进行逐层吊抛。这种结构的有利之处在于堤身形成过程中其稳定性较好,便于施工。但全部混凝土方块的防波堤需用大量的混凝土,造价极高,因此目前国内很少采用。

下面以图 8-2-1 所示的岛式防波堤断面为例,叙述水上施工的主要程序。

岛式斜坡堤的施工从一端开始,先抛棱体下部基础,接着抛护底和棱体,然后抛堤心石。堤心石原则上也可分两步进行:第一步先粗抛,高程控制在 ± 0.00 m(波高较大时,需适当降低);第二步抛填到顶。内坡堤心的戗台,可作为第二步抛石中的一个分层。

堤心石抛至 ± 0.00 m 以下,其稳定性好,基本不受风浪影响,可超前多抛。堤心石 ± 0.00 m 以上部分的长、高和成型抛填,应重点安排在非大浪季节进行,并及时进行垫层和护面施工,其中尤应抓紧垫层抛石施工,使之先将堤心石包住,以提高抗浪能力。如需在大浪季节施工时,则应以水下抛石为主,在此期间进行堤心石长、高及护面的施工时,应尽量缩短分段流水的分段长度,并应根据风浪预报情况,在大浪来临之前对堤身长、高推进面及堤头进行保护。

堤身和护面施工,在海况条件好时,应以外坡为主,但内坡也不应忽视,也要及时护上。因为这种斜坡堤的堤顶低、堤身窄,在护面没有全部完成时,往往波浪越顶会把内坡打坏。

第三节 防波堤堤身施工

一、测量定位

防波堤施工前应进行海床测量,以准确掌握海底地形变化情况,并据此计算、复核工程数量和施工过程中控制抛填高程。

斜坡式防波堤施工控制导标主要有断面标和里程标(图8-3-1)。断面标沿堤轴线每隔一定距离设一组,在堤头、断面变化处和堤身转折处也必须分别设一组,每组断面标应在断面的堤轴线、堤边线及断面特征变化线方向上设立定位标志,用以控制防波堤的平面位置。里程标可沿堤轴线设置,用以标志施工区段。

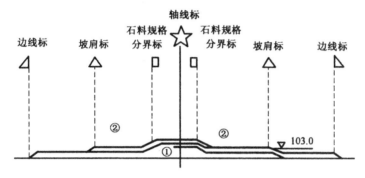

图8-3-1 防波堤断面控制标

目前,斜坡式防波堤施工普遍采用GPS进行定位测量,在岸上设立基准站,施工区海床原始地形及防波堤填筑期水下断面测量采用双频RTK-GPS与数字化自动测深系统,以及其他终端设备相结合,组成一套完整的水下测量系统。利用双频RTK实时动态地给出厘米级的三维坐标,数字化测深仪同时给出该位置的水深,计算出该点的水下高程,无须验潮,即可得到实际水下高程,也可得到实时水位。

二、基础处理

在软土地基上修建的防波堤,需进行基础处理。根据软土厚度不同,处理的方法有抛石挤淤法、砂井排水固结法、置换法、铺砂垫层或土工布法、爆破挤淤法和分层加载预压法等。有关地基处理施工方法见第三章和《爆炸法处理水下地基和基础技术规程》(JTJ/T 258—98)等技术规程。

三、抛填堤心石

抛填堤心石,不论是岛堤还是突堤,都从一端开始;突堤如采用陆上施工,则必须从堤根端开始。因水上、陆上施工条件不同,其抛填方法也不尽相同。

1. 水上施工

水上施工按前述施工程序进行。先粗抛、后细抛,抛至施工高程(设计高程加预留沉降量)成型。

(1)民船运抛是目前常用的抛填方法。它适用于浅水防波堤的抛填和深水防波堤的补抛及细抛。

(2)方驳运抛日抛量较大,也是目前较常用的抛填方法。它特别适用于深水防波堤的粗抛,也可用于补抛、细抛。

(3)开底泥驳运抛常用于深水防波堤的粗抛填施工,一次抛填量较大。

(4)自动翻石船运抛也用于深水防波堤的粗抛填施工,但因其抛填费用较高,一般只在无开底泥驳时才采用。

(5)吊机—方驳运抛,这是一种辅助性补抛方法。它的抛填效率低,只有在用民船或方驳补抛不到施工高程时,才采用此法补抛。

抛填时应定期测量抛填断面图,初期可粗些,每20m 一个断面,之后应细些,每5~10m 一个断面。根据测量结果,按里程或区段控制需多抛或少抛的位置和再抛量。抛填时还应勤对标,勤测水深,控制坡脚位置和边坡坡度,使其不超过允许误差。

2. 陆上推进施工

陆上推进施工抛填堤心石,按第二节陆上推进施工的程序进行。

(1)拖拉机运抛。堤顶为一般宽度时,常用此法。从石场直接运料,自卸、自抛。拖拉机的车速中等,转弯半径小,对道路条件要求不高,堤上无须局部加宽而设掉头区,因此抛填费用低,管理方便。

(2)汽车运抛。用汽车或翻斗车运抛,因轮压较大,行车道路距坡肩应有一定的距离,此时若堤顶宽度仅能满足单行线,则需隔一定距离增设错车和掉头区。

有关水上的抛填和补抛,参见上述"水上施工"。

四、抛填垫层石

堤心石抛填完验收后,特别是外坡,要尽快抛填垫层石,以提高斜坡堤的抗浪能力。抛填垫层石与抛填堤心石一样,按水上、陆上施工条件的不同,其抛填方法也不尽相同。垫层石抛填后,尚须作理坡处理。

(一)抛填

1. 水上施工

水上施工抛填垫层石的方法,有民船、方驳和方驳—吊机运抛三种,其具体抛法与抛填堤心石相同。块石质量在200kg 以下时,水上部分用方驳—吊机吊盛石网兜,定点吊抛;水下部分用民船或方驳运抛,并尽可能乘潮多抛,其中以用民船运抛较为经济、方便。块石质量在200kg 以上时,水上、水下部分一般都用方驳—吊机运抛。

2. 陆上推进施工

(1)水上部分抛填

①拖拉机运抛块石,运抛至坡肩后,用人力往坡面掀(或用撬棍撬)抛,块石质量在100~200kg 时,用此法较为方便、经济。

②翻斗汽车运抛,当石场有装载机装车、道路条件较好,又无拖拉机时,或堤顶很宽、石料

卸在坡肩上能用人力往坡面掀抛时,用此法较为经济合理。

③吊机吊抛,用拖拉机或翻斗汽车运石料,直接卸入网兜内,或卸下后用人力装入网兜,再用吊机吊盛石网兜,定点吊抛。

(2)水下部分抛填

民船运抛、方驳运抛、方驳—吊机吊抛的施工,均与堤心石水上施工相同。吊机吊抛时,施工方法亦同水上部分,但所用的吊机须有足够的起重能力和吊臂长度。

垫层块石一般都比较大而且重,抛填时应特别注意"宁低勿高",局部低凹处可在理坡时边理边补抛。

(二)理坡

垫层石质量常设计为护面块体质量的1/40~1/20。垫层的理坡要求与垫层石质量、护面块体类型有关,质量为10~100kg、100~200kg的垫层块石,其理坡后的允许高差分别为±20cm、±30cm。四脚空心方块的垫层石宜铺砌,其水上、水下部分的允许高差分别为±10cm、±15cm。垫层块石理坡的方法有滑轨法和滑线法两种。

五、抛填压脚棱体和护底

压脚棱体有用块石的,也有用干砌块石或用与坡面相同的护面块体的。用块石时,块石质量一般设计为护面块体质量的1/10~1/5,比垫层块石还大。因质量大,抛、理均比较困难,如护面为四脚空心方块或栅栏板,应注意常因块石压脚棱体表面凹凸不平,而易于向坡脚滑移。不论压脚棱体为块石或块体,均用水上施工或陆上推进施工,其抛填或吊安的方法,与垫层或护面块体的施工基本相同。

护底离堤中心较远,且较薄,一般只能于水上用民船或方驳抛填,其具体抛法与水上抛填堤心石相同,但应勤测水深,控制其抛填厚度。

六、护面层施工

斜坡式防波堤的护面层形式有(抛填、安放或干砌)块石、浆砌块石、抛填方块和安放人工块体。其中,前三种护面层与一般类似项目的施工基本相同,下面仅叙述安放人工块体护面层的施工。

1.混凝土护面块体的预制

目前常用作护面层人工块体的有四脚空心方块、栅栏板、扭王字形块体、扭工字形块体和四脚锥体。

工程附近无固定预制场时,应尽可能选择在拟建工程附近布置临时预制场,以减小从预制场至现场的出运距离。场地面积要求比较大,除应有足够的预制台座外,还应有相应的堆存养护场所。

混凝土护面块体的种类较多,必须根据块体的形状特征,选择其预制成型方式和制作方式。图8-3-2为几种块体的预制工艺,同一种块体,不同的成型和制作方式,决定了模板的形式和结构,混凝土入仓、振捣和保护外形的难易,混凝土运输和构件的起吊方式,预制和存放所占用场地面积的大小(图8-3-3、图8-3-4)。

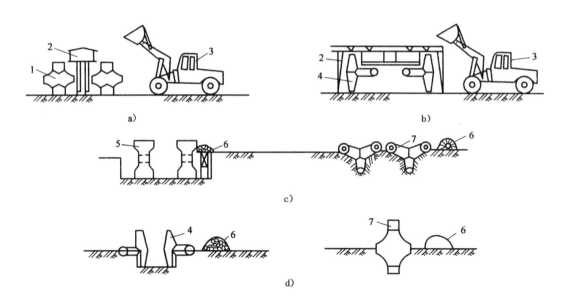

图 8-3-2 几种块体的预制工艺示意图
1-扭王字形块;2-高架车;3-装载机;4-扭工字形块;5-栅栏板、四脚空心方块;6-混凝土;7-四脚锥体

图 8-3-3 扭工字块四片式模板及卧式浇筑图　　图 8-3-4 扭工字块三片式模板及立式浇筑图

混凝土护面块体的外形较复杂,模板的制作和加工通常较困难,块体的底模可根据制作方式分别采用混凝土地坪和混凝土胎模或钢模(固定在混凝土地坪或钢支架上),侧模一般用钢模。某些块体的预制可能需设上模和芯模,上模可采用钢模或木模板,在混凝土初凝后可拆除,芯模可用充气胶囊或钢木芯模。

2. 安放混凝土护面块体

目前,护面层人工块体四脚空心方块、栅栏板、扭王字形块体、扭工字形块体和四脚锥体的设计层数通常为:前三种为单层,后两种为双层。

一般扭王字形块定点随机安放,扭工字块形可以规则安放也可以定点随机安放,但要按设计要求满足安放密度。安放人工块体护面层的施工,首先要按设计安放图案(图 8-3-5),选定安放方法。在抛填垫层石过程中,为避免因风浪而遭受破坏,应及时覆盖垫层石,分段由下而上安放人工块体。其安放根据施工条件的不同,亦分为水上施工和陆上推进施工。不论如何施工,为充分利用可作业天数、提高安放效率和降低成本,除选用适宜的施工设备外,尚需选择块体自预制场至安放现场的运输方式和吊安方式。

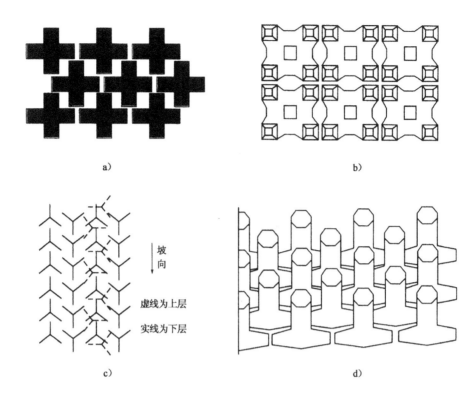

图 8-3-5 几种人工块体的安放图案
a)扭王字形块;b)四脚空心方块;c)四脚锥体;d)扭工字形块

在决定规则安放或随机抛填后,尚需选定安放方式。一般来说,吊安设备起重能力小时,一钩吊一块;起重能力大时,根据情况可考虑一钩吊数块。

块体的安放采用水上施工,可用吊机—方驳或起重船安放块体。采用陆上推进施工,用吊机安放块体,如所用吊机起重能力小,坡脚部分块体可辅以水上施工。不论水上还是陆上施工,规则安放块体时须用人力(水下用潜水员)扶正定向,但一定要注意安全。如安放扭工字形块体,为避免因偶尔碰及已安块体,自动脱钩后突然下落而砸伤人,应禁止直接用人力扶正,宜用带钩的长棍支顶块体或用插销系扣方法扶正定向。

图 8-3-6 为扭王字形块护面斜坡堤,图 8-3-7 为四脚空心方块护面斜坡堤。

图 8-3-6 扭王字形块护面斜坡堤

图 8-3-7 四脚空心方块护面斜坡堤

复 习 题

1. 试述斜坡式防波堤的适用条件。
2. 简述斜坡堤陆上推进施工总体施工程序。
3. 简述斜坡提水上推进施工总体施工程序。
4. 水上抛填斜坡堤堤心石时如何进行施工控制?
5. 试述斜坡堤的施工步骤。
6. 斜坡堤护面块体一般有哪几种形式? 如何安放护面块体?

第九章 水运工程施工组织

第一节 工程项目施工作业组织方式

一、工程施工基本作业组织方式

根据施工队(班组)安排的各施工对象的施工顺序,一般可分为三种基本作业方法:顺序作业法、平行作业法、流水作业法。

1. 顺序作业法

顺序作业法是指当有若干个施工任务(段)时,由一个施工队按照工程的施工先后顺序,在同一个施工任务(段)中一道工序接一道工序顺序地施工,完成一个施工任务(段)后进入下一个施工任务(段)施工,顺序地完成全部施工任务的作业方法。

【例9-1-1】 某工程有3个扩大基础需进行施工安排。将这3个扩大基础划分为3个施工段,完成每个施工段(每个扩大基础)必须经过下述4道工序:准备工作、挖基、砌基础、回填。3个施工段共安排1个专业工作队施工,1个施工队中完成这4道工序共安排4个专业组,每道工序按2d时间完成来配备人工数和机械设备数量。其施工进度横道图见图9-1-1。

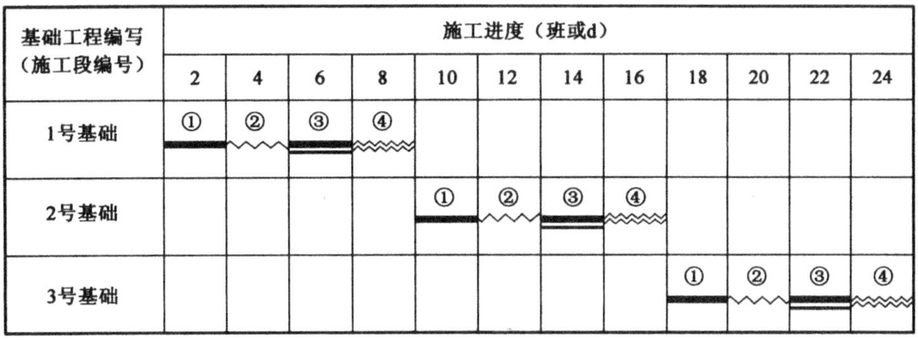

基础工程编写 (施工段编号)	施工进度(班或d)											
	2	4	6	8	10	12	14	16	18	20	22	24
1号基础	①	②	③	④								
2号基础					①	②	③	④				
3号基础									①	②	③	④

图9-1-1 顺序作业法施工进度横道图
①-准备工作;②-挖基;③-砌基础;④-回填

从图9-1-1中可看出,共投入1个施工队4个专业组,施工周期为24d。

顺序作业法的特点是:劳动力需要量少(所有任务只需一个施工队来完成,当然在一个施工队内部按工艺专业化原则可建立若干工序班组),对劳动力和机械设备的调配管理及节省临时性设施不利,会导致间歇作业和窝工,施工周期长。

2. 平行作业法

平行作业法指当工程的作业面很大,根据工程或技术需要,可将工程划分成几个施工段,各施工段划分为若干道工序。每个施工段配 1 个施工队(每个施工队中配置与工序数量相等的专业组),几个施工队分别在不同的施工段上同时按顺序作业法进行施工。

【例 9-1-2】 接[例 9-1-1]中的 3 个扩大基础工程,如用平行作业法,需 3 个施工队,每个施工队需 4 个专业组,则其施工进度横道图见图 9-1-2。

由图 9-1-2 可以看出,共投入 3 个施工队 12 个专业组,施工周期为 8d。

平行作业法需几个施工队同时施工,每个施工队均需投入相应数量的专业组。投入的人力、设备多,工期短,会出现一时人工机械设备需求量很多、一时人工设备需求量很少的现象,窝工现象严重,极大地浪费人工和机械设备等资源。平行作业法一般用在工期很紧需要赶工的情况下。

3. 流水作业法

流水作业法是较先进的一种作业方法。它将工程划分为若干施工段,每个施工段划分为若干道工序,不同施工段的相同工序让同一个专业组施工,不同工序由不同专业组施工,如有 n 道工序共需 n 个专业组。各专业组按工艺的先后,依次进入每个施工段施工,一个专业组在本施工段施工结束后转移至下一施工段相同工序施工,下一个专业组则进入本施工段施工,各专业组依次在各个作业面上完成指定的工序。各施工对象按一定的时间间隔,陆续开工和陆续完工。

【例 9-1-3】 接[例 9-1-1],3 个扩大基础采用流水施工法施工,需 1 个施工队 4 个专业组,其施工进度横道图见图 9-1-3。

图 9-1-2 平行作业法施工进度横道图　　图 9-1-3 平行作业法施工进度横道图

由图 9-1-3 可看出,共投入 1 个施工队 4 个专业组,施工周期为 12d。

流水作业法是一个专业组按一定顺序连续在不同空间完成同性质的项目或操作过程。它有利于专业化分工,施工投入人力少,工期较短,劳动力得到充分合理利用,机具材料的供应较均衡。在进行生产过程时间组织时,主要采用流水作业法。

二、流水作业法

由前所述,流水作业是均衡、连续而有节奏地进行的(图 9-1-4),所以它是一种先进的生产组织形式,在水运工程施工中普遍采用。

(一)流水作业方式必须具备的条件:

(1)能将拟建的建筑物或结构物划分成若干个工作量相等或大致相等的工作区段(简称施工段),其相差幅度不宜超过 10%～15%。

(2)将施工段上全部需要完成的工作内容,划分成能够独立进行的施工过程(工序、工作过程或综合过程)。

(3)组织能完成各施工过程的工作队(专业工作队或混合工作队),各队配备固定的工人、机具设备和劳动工具。各工作队在每一施工段上,采用相同的施工方法,完成同样的施工过程。

(4)使这些工作队按规定的顺序依次连续地从一个施工段转移到另一个施工段,任一工作队在各施工段上的工作延续时间,可以相等也可不相等。

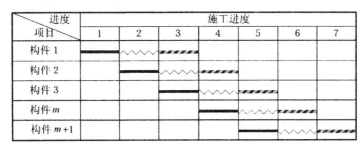

图 9-1-4 流水作业进度横道图

(二)流水作业的作用

由于流水作业方式能使整个施工项目的生产活动有节奏、连续、均衡地进行,给相应的项目带来以下的技术经济效果。

(1)由于流水作业的连续性,减少了各施工过程之间的停、窝工时间,达到了缩短工期的目的,可使拟建工程项目尽早竣工,交付使用,早日发挥投资效益。

(2)便于改善劳动组织,改进操作方法和施工机具,有利于提高劳动生产率。

(3)专业化的生产可提高工人的技术水平,发挥其技术优势,使工程质量相应提高。

(4)工人技术优势的发挥和劳动生产率的提高,可以减少用工量和工地临时设施的建造量,从而降低工程成本,提高利润水平。

(5)保证施工船机和劳动力得到充分、合理的利用。

(6)由于工期缩短,效率提高,用人减少,资源消耗均衡,可以减少现场管理费和物资消耗,实现合理储存与供应,有利于提高项目经理部的综合经济效益。

(三)流水作业的表达方式

流水作业通常以水平指示图表或垂直指示图表表示(图 9-1-5、图 9-1-6)。

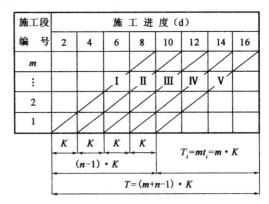

图 9-1-5 流水作业指示图表(水平图表)　　图 9-1-6 流水作业指示图表(垂直图表)

图中:T——流水作业工期;

T_i——一个工作队完成全部施工段的延续时间;

n——施工过程(工序)数或工作队组数;

m——施工段数;

K——流水步距,为相邻两个工作队相继投入同一施工段开始工作的时间间隔,在施工段不变的条件下,流水步距大,工期长;

t_i——流水节拍,为一个专业工作队(或一个施工过程)在一个施工段上工作的持续时间;

Ⅰ、Ⅱ……——专业工作作业或施工过程的编号;

①②③④——施工段的编号。

(四)流水作业参数

在组织拟建工程项目流水作业时,用以表达流水作业在工艺流程、空间布置和时间排列等方面开展状态的参数,主要包括空间参数、工艺参数和时间参数三类。

1.空间参数

(1)工作面 a

某专业工种工人在从事建筑产品施工生产过程中所必须具备的活动空间。工作面确定的合理与否,直接影响专业工种工人的劳动生产效率。

(2)施工段数 m

拟建工程平面上划分成若干个劳动量大致相等的施工段,每一施工段在同一时间内,供一个专业工作队开展施工。

在划分施工段时,必须考虑下列因素:

①为了组织有节奏的流水,要求每一个施工段的工作内容相同,工作量相等或大致相等。

②必须考虑建筑物或结构物的结构特点。施工段的范围最好与温度缝、沉降缝、伸缩缝等结构段的划分结合起来。

③满足施工技术上的某些要求。例如船闸底板划分施工段,则每段大小应与混凝土拌和、运输、浇筑的能力相适应,基坑开挖的分段,要考虑开挖、运输等机械的运转方便等技术因素。

在组织流水施工时,最好使施工段数 m 与参加流水的施工过程数 n 相同,因为施工段数少于施工过程数时,施工班组无工作面而产生窝工;若施工段数超过施工过程数,则施工段产生停歇(非技术停歇),会延长工期。所以施工段的大小和数目的确定,受到多方面因素的影响,必须全面综合考虑。其中起决定性作用的因素是工期,如果忽视施工期限的限制而去满足其他方面的要求,则是不合理的。

若建筑物或结构物高度大,亦可沿高度方向划分施工层。分层的尺寸一般应根据结构特点、施工条件和技术条件而定。如船闸闸首墙的分层,可考虑输水廊道的布置、施工机械的起重高度、模板高度、散热条件等因素而定。

2.工艺参数

(1)施工过程数 n

根据施工段工作内容的复杂程度,在工艺上将全部工作内容划分成若干个施工过程,再根据施工过程的数目来配备相应的工作队。工作内容分得越细,施工过程就越多,工作队数目也相应增加,总工期随之延长;若工作内容划分得越宽,则施工过程越少,全队工人的工作效率不能充分发挥。因此,施工过程的划分,其最终目的是要充分发挥工人和机械的工作效率。

在建设项目施工中,施工过程所包括的范围可大可小,工程项目较大,工期较长,其整个项目的施工进度计划属宏观控制性的,通常以单位工程或单项工程作为施工过程;中小型项目(或大项目中的单项工程与单位工程)的施工组织,因其施工进度计划属实施指导性的,要求编制得细致具体,切实可行,则通常以分部分项工程作为施工过程。

(2)流水强度

某一施工过程在单位时间内所完成的工程量,称为该施工过程的流水强度。一般可分为机械操作流水强度和人工操作流水强度。

3. 时间参数

(1)流水节拍 t_i

某一个专业工作队(或一个施工过程)在一个施工段上工作的延续时间。

流水节拍 t_i 的计算方法可以用定额计算法或经验估算法计算。

定额计算法:根据各施工段的工程量、能够投入的资源量(工人数、机械台数和材料量)按下式计算:

$$t_i = \frac{Q_i}{S_i R_i N_i} = \frac{Q_i H_i}{R_i N_i} = \frac{P_i}{R_i N_i} \tag{9-1-1}$$

式中:t_i——某专业工作队在第 i 施工段的流水节拍;

Q_i——某一施工过程(工序)在第 i 施工段上要完成的工程量;

S_i——每工(或每台机械)的计划定额产量;

R_i——某专业工作队人数(或机械台数);

H_i——某专业工作队的计划时间定额;

P_i——某专业工作队在第 i 施工段需要的劳动量或机械台班数量;

$$P_i = \frac{Q_i}{S_i} = Q_i H_i$$

N_i——某专业工作队的工作班次。

施工段数确定后,流水节拍 t_i 的长短对总工期 T 起着一定的影响,t_i 长,工期相应增长。因此,希望流水节拍 t_i 越短越好。但实际上 t_i 却受到工作前线大小的限制,即:

$$t_i = \frac{aq}{Q} \tag{9-1-2}$$

式中:a——工人或每台机械所占的工作前线(面)大小;

q——单位工作前线中所含的工作量;

Q——工人或机械的产量定额。

因此,只有确定了工人或机械所占工作前线的大小以后,才能正确地确定流水节拍。若工作前线过长、过大,势必使工期延长;如果工作前线过于狭窄,则会降低劳动生产率或机械利用率。合理的工作前线,与采用的施工方法、工人和机械设备的条件,以及施工组织情况有关,可参考实际施工经验决定。

应该指出,计算所得的 t_i 不一定是整数,使用时须选择一适当的整数,如一天或一班的整倍数,至少应为半班的整倍数。

(2)流水步距 K

为相邻两个工作队相继投入同一施工段开始工作的时间间隔,在施工段不变的条件下,流水步距大,工期长。

流水步距 K 是流水施工中的一个重要时间参数,其大小对工期的影响特别明显。K 定得太大,不但拖长工期,而且工作队完成前一施工段的工作后,不能立即转入下一施工段工作,发生窝工现象;K 过小,工期虽然缩短,但同一时间需投入大量的工人和机具,也就不能充分体现流水施工的优越性。

流水步距与流水节拍应保持一定的关系,在有节奏的流水作业中,流水步距应该是各个流水节拍的最大公约数。

(3)流水施工工期

是指从第一个专业工作队投入流水施工开始,到最后一个专业工作队完成流水作业为止的整个持续时间。

从图 9-1-5 及图 9-1-6 中可以看出,流水施工工期 T 与上述数值有着以下关系:

$$T = T_1 + (n-1)K \tag{9-1-3}$$

当流水步距 K 与流水节拍 t_i 相等时,则 $T_i = mt_i = mK$,代入式(9-1-3)得:

$$T = mK + (n-1)K = (m+n-1)K \tag{9-1-4}$$

因为一个施工段上完成几个施工过程所需的时间 $nK = nt_i$,以 W 表示,故上式又可改写成:

$$T = W + (m-1)K \tag{9-1-5}$$

以上三式为流水作业中的基本公式。在组织流水作业时,流水节拍要根据工期要求和能投入的资源来确定。流水节拍越小,所需劳动力或机械越多。当流水节拍确定后,则在一个施工段上完成某施工过程所需的劳动人数,可用式(9-1-1)求得。

流水作业工期 T 与流水参数即施工过程数或工作队数 n、施工段数 m、流水节拍 t_i 和流水步距 K 互为函数,只要决定了其中任意三个参数后,便可利用流水作业计算公式求出其余的一个参数。

流水作业组织得好坏,在于合理地选择这些参数。

(五)流水作业的分类

由于拟建工程项目结构的复杂程度不同,平面布置的变化,以及施工过程的性质和复杂程度的不同,组织流水的方法有以下几种分类。

1.按流水作业的组织范围分类

(1)专业流水

专业流水是涉及工程对象范围较小的一种流水,它是以各个施工班组共同围绕完成一个分部工程的作业流水。例如现浇码头下横梁的流水作业,桥梁基础工程的流水作业等。图 9-1-7表示的是对现浇码头下横梁工程组织的一个专业流水的进度计划。

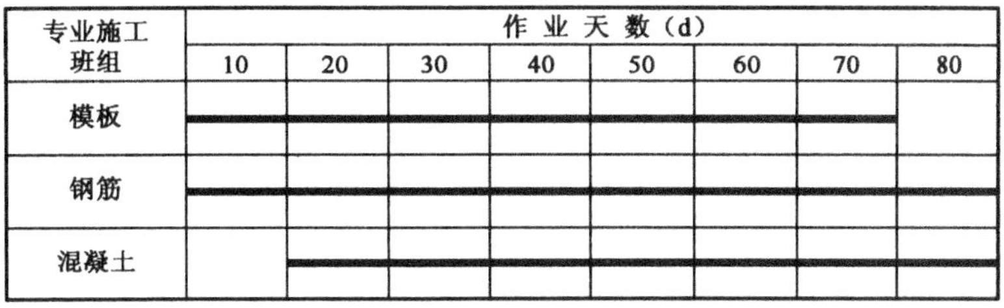

专业施工班组	作业天数（d）							
	10	20	30	40	50	60	70	80
模板								
钢筋								
混凝土								

图 9-1-7　某码头下横梁现浇专业流水进度图

（2）工程项目流水

以有关专业流水施工为基础，按分部工程组织的流水称为工程项目流水作业。图9-1-8 表示的是某桥梁工程项目流水作业进度计划。

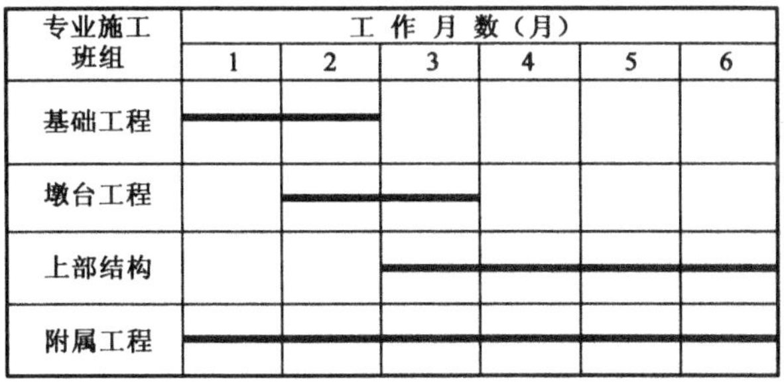

专业施工班组	工作月数（月）					
	1	2	3	4	5	6
基础工程						
墩台工程						
上部结构						
附属工程						

图 9-1-8　某桥梁工程项目流水作业进度图

（3）综合流水

由拟建对象中所有的工程项目组成的流水称为综合流水。例如，港口工程项目，船闸工程项目，桥梁工程项目，工业厂区等。对这些项目所组织的流水都属于综合流水。图9-1-9为一港口工程项目的综合流水作业进度计划。

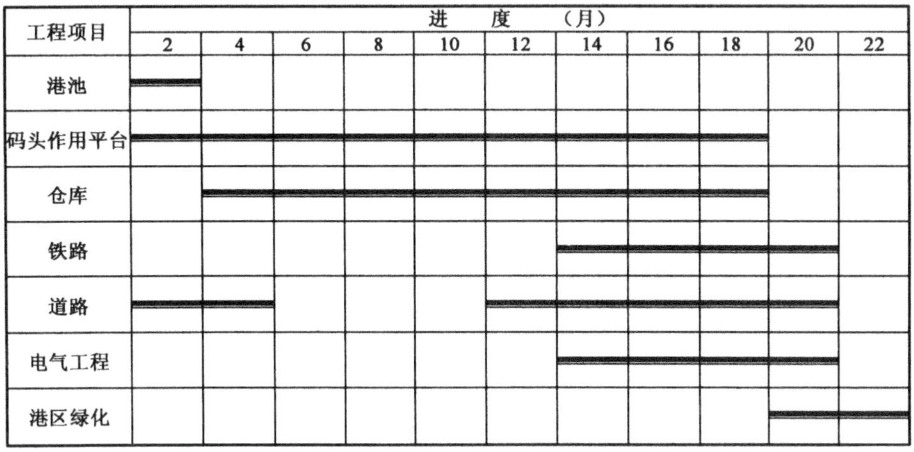

工程项目	进度（月）										
	2	4	6	8	10	12	14	16	18	20	22
港池											
码头作用平台											
仓库											
铁路											
道路											
电气工程											
港区绿化											

图 9-1-9　某港口工程综合流水作业进度图

上述三种类型的流水组织，专业流水是最基本的一种流水组织形式，其他两种流水一般都是以专业流水为基础，而且最终又是通过专业流水去实现的。专业流水的组织必须受工程项目或综合流水的控制和指导，而后者又是以专业流水的组织经验和初步估计为基础进行组织安排的。

2. 按施工过程分解的深度分类

(1) 彻底分解流水

其特点是经过分解后的所有施工过程都是属于单一工种完成的施工过程。例如图 9-1-7 所示对现浇码头下横梁的 3 个施工过程的分解,就属于彻底分解,据此组织的流水作业,即为彻底分解流水作业。

(2) 局部分解流水

在组织流水作业中,有时根据流水作业合理组织的需要或劳动组织的具体条件,在进行作业过程的分解时,将一部分工序适当地合并在一起,形成多工种协作的综合作业过程。这种既包括综合作业过程又包括单一工序作业过程的流水组织方式就是局部分解流水作业。图 9-1-10 为码头前方栈桥部分的上部结构工程流水作业的进度安排,共分解为四个施工过程,分四个施工段施工。

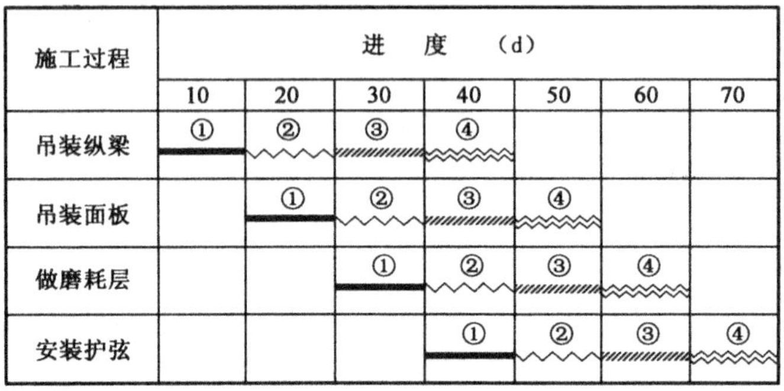

施工过程	进 度 （d）						
	10	20	30	40	50	60	70
吊装纵梁	①	②	③	④			
吊装面板		①	②	③	④		
做磨耗层			①	②	③	④	
安装护弦				①	②	③	④

图 9-1-10 码头前方栈桥上部结构流水作业进度图

图中"做磨耗层"施工过程中便包括了支模板、扎钢筋和浇筑混凝土几道工序。这一施工过程是由一个含有多工种的专业工作队负责的。因此这个流水组织方式是一个局部分解流水。

3. 按流水的节奏性分类

(1) 有节奏的流水作业

各工作队在各施工段上的工作延续时间彼此相等或为某一时间单元的整倍数。前者称为等节拍流水作业(亦称固定节拍流流水作业),后者称为成倍节拍流水作业。

①等节拍流水作业

等节拍流水作业是一种最有规律的流水作业组织形式,其所有施工过程(或工作队)流水的节拍都彼此相等,而且等于流水步距,即 $t_i = K =$ 常数。图 9-1-5、图 9-1-6 即为标准的等节拍流水作业形式。

②成倍节拍流水作业

在实际工作中,由于各施工过程的性质不同,复杂程度也不一,要采用同一流水节拍组织流水,就会遇到困难。因此,各施工过程的流水节拍不一定相等。根据流水作业施工的基本原则,要能保持工作队不窝工,施工段不停歇,各工序按一定的顺序进展,就应该使各工作队在整个流水中所消耗的时间相等。但是,现在各施工过程的时间不相等,如果仍以一个工作队来完成一个施工过程,就会出现窝工或延长施工时间的现象。

因此，为了将这种工程组织成有节奏的流水，对流水节拍长的施工过程就必须增加工作队数，如图9-1-11中施工过程Ⅱ由Ⅱa、Ⅱb两个工作队来完成。按成倍节拍原则组织流水施工。

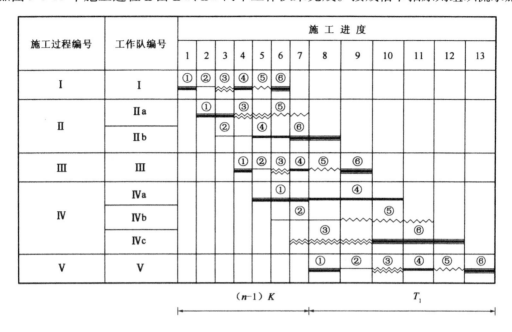

图9-1-11 成倍节拍作业指示图表（水平图表）
①~⑥-施工段编号

各施工过程中，同一工种工作队数的确定，与流水步距K有关，可用下式求得：

$$b_i = \frac{t_i}{K} \tag{9-1-6}$$

式中：b_i——某施工过程中同工种的工作队数目；

t_i、K——流水节拍、流水步距。

由式(9-1-6)看出，成倍节拍流水施工，必须使流水节拍为流水步距的整倍数。

对成倍节拍流水施工，式(9-1-2)~式(9-1-4)仍然适用，唯n仅表示工作队数目，T表示一个工作队应完成的施工段的全部工作时间。

(2)无节奏的流水作业

无节奏流水也称为分别流水作业。在实际工作中，尤其是水运工程，由于结构物种类繁多，轮廓复杂，往往不易划分成工作量相等的施工段，或者由于各个专业工作队的生产效率相差悬殊，造成多数流水节拍彼此不相等，无法组织等节拍及成倍节拍的施工过程，在这种情况下，只能组织无节奏的流水作业。它是流水作业的最普遍形式。

无节奏流水本身无多大规律性，只是在保持工作均匀和连续的基础上，按照施工顺序的要求，使相邻两个专业工作队，在开工时间上最大限度地搭接起来，并组织成每个专业工作队都能连续作业的非节奏流水作业。

因此，组织无节奏流水的关键就是正确计算流水步距。在实践中通常采用累加数列错位相减取大差法（潘特考夫斯基法），其具体步骤如下：

①对每一个施工过程在各施工段上的流水节拍依次累加，求得各施工过程流水节拍的累加数列；

②将相邻施工过程流水节拍累加数列中的后者错后一位,相减后求得一个差数列;
③在差数列中取最大值,即为这两相邻施工过程的流水步距。

【例 9-1-4】 某工程由三个施工过程组成,分为 4 个施工段进行流水施工,其流水节拍见表 9-1-1,试确定流水步距。

某工程施工流水节拍数　　　　表 9-1-1

施工过程	流水节拍(d)			
	①	②	③	④
Ⅰ	2	3	2	1
Ⅱ	3	2	4	2
Ⅲ	3	4	2	2

解 (1)求各施工过程流水节拍的累加数列。
施工过程Ⅰ:　2,　5,　7,　8
施工过程Ⅱ:　3,　5,　9,　11
施工过程Ⅲ:　3,　7,　9,　11

(2)错位相减求得差数列。

$$
\begin{array}{rrrrrr}
\text{Ⅰ 与 Ⅱ :} & 2, & 5, & 7, & 8 & \\
-) & & 3, & 5, & 9, & 11 \\
\hline
K_{\text{Ⅰ,Ⅱ}} = \max [& 2, & 2, & 2, & -1, & -11] = 2
\end{array}
$$

$$
\begin{array}{rrrrrr}
\text{Ⅱ 与 Ⅲ :} & 3, & 5, & 9, & 11 & \\
-) & & 3, & 7, & 9, & 11 \\
\hline
K_{\text{Ⅱ,Ⅲ}} = \max [& 3, & 2, & 2, & 2, & -11] = 3
\end{array}
$$

(3)在差数列中取最大值求得流水步距。
施工过程Ⅰ与Ⅱ之间的流水步距:$K_{\text{Ⅰ,Ⅱ}} = \max[2,2,2,-1,-11] = 2d$。
施工过程Ⅱ与Ⅲ之间的流水步距:$K_{\text{Ⅱ,Ⅲ}} = \max[3,2,2,2,-11] = 3d$。

对于无节奏的流水施工,流水参数的确定无一定规律,主要取决于工程情况和要求。施工段的停歇、工作队的窝工现象虽然难免,但应以力争使工人不发生"窝工"为原则。

最后应强调指出,流水施工各种参数的确定,不能机械地应用公式计算,还必须根据上述原则,结合具体情况最后决定。

(六)含流水作业的总工期 $T_\text{总}$ 的确定

含流水作业的总工期可按下式计算:

$$T_\text{总} = \sum K + \sum t_n + \sum Z + \sum G - \sum C \tag{9-1-7}$$

式中:$T_\text{总}$——含流水作业的总工期;
$\sum K$——各施工过程(或专业工作队)之间流水步距之和;
$\sum t_n$——最后一个施工过程(或专业工作队)在各施工段的流水节拍之和;
$\sum Z$——组织间歇时间之和;
$\sum G$——工艺间歇时间之和;

ΣC——提前插入时间之和。

三、工程施工组织作业方法的综合运用

顺序作业法、平行作业法、流水作业法在生产过程中不仅可以单独运用,而且可以根据具体情况,将此三种基本作业方法加以综合运用,这是生产过程时间组织的高度综合形式,一般能取得较好的经济效益。

(1)平行流水作业作业法。它是指在平行作业法的基础上,按照流水作业法的原则组织施工,以达到适当缩短工期而又使劳动力、材料、机具需要量保持均衡的目的,从而既可以发挥平行作业法和流水作业法的长处,又可克服两者的不足,这种方法叫平行流水作业法。

(2)平行顺序作业法。这种方法的实质是用增加施工力量的方法来达到缩短工期的目的。它未能消除平行作业法和顺序作业法的缺点,故仅适用于突击性施工。

(3)立体交叉平行流水作业法。它是在平行流水作业法的原则上,利用上、下、左、右一切可利用空间的工作面,开展立体、交叉作业的施工方法。它可以充分利用工作面并有效地缩短工期,一般适用于工序繁多、工程特别集中的大型构造物的施工,如工作量大、工作面狭窄、工期短的工程项目施工。

第二节　网络法编制施工进度计划

绘制进度计划有横道图法和网络法两种。横道图法(第一节中的施工进度计划均为横道图)具有直观易懂的优点,但它不能清晰、准确地反映出各项目之间互相依存与制约的逻辑关系。因此,它存在关键工程项目不突出、薄弱环节不明显、矛盾主次不分明的缺陷。因而,这种方法不便于对计划进行很好的控制与调整。

网络法是一种计划管理的科学方法。它是将构成工程任务的所有施工项目,按其相互间技术上和组织上的各种时序联系和逻辑联系组成一个完整的计划实施流程图——计划网络图,然后运用数学方法,并可利用计算机软件(如 Microsoft Project 软件、P3 软件、PKPM 软件等),对计划网络图中各环节进行分析、预测,分清主次,明确关键,寻求工时与资源利用的最优方案,并可在计划实施过程中随时对工程计划进行调整与更新的一种计划管理技术。实践证明,网络计划法在缩短工期、提高工效、降低施工成本、提高计划管理工作的预见性与主动性等方面要比横道图法优越得多。

网络计划技术的缺点是在计算劳动力、资源消耗量时,与横道图相比较为困难。

在此仅对网络计划的编制原理进行介绍,相关的软件应用,可参考相关的书籍资料。

一、网络计划的分类

网络计划可根据不同的分类标准,按以下形式分类。

(1)按代号的不同区分,可分为双代号网络计划和单代号网络计划。

①双代号网络计划,即用双代号网络图表示的网络计划。双代号网络图是以箭线及其两端节点的编号表示工作的网络图。

②单代号网络计划,即用单代号网络图表示的网络计划。单代号网络图是以节点及其编号表示工作,以箭线表示工作之间逻辑关系的网络图。

(2)按目标的多少区分,可分为单目标网络计划和多目标网络计划。

单目标网络计划所用的网络图只有一个终点节点(即网络图最后一个节点),多目标网络计划有多个终点节点。

(3)时标网络计划,是以时间坐标为尺度编制的网络计划,其特点是箭线长度根据时间的多少绘制。

(4)搭接网络计划,即前后工作之间有多种逻辑关系的网络计划。

(5)按肯定型与非肯定型进行区分,可分为肯定型与非肯定型网络计划。

肯定型网络计划又称"关键线路法(CPM)"。关键线路法的特点是,网络中除各项工作之间相互联系的逻辑关系是明确、肯定的之外,完成各项工作所需延续时间也是可以确切估计出来的,故称肯定型网络计划。这种方法在土建工程计划管理中用得比较普遍,在此也限于介绍此法。

非肯定型网络计划又称"计划协调技术(PERT)"。这种计划技术对那些缺乏充分资料和足够的经验,无法精确确定工程项目历时的开发性研制工程,是很适用的方法。它并不追求精确的工程工期,而是用于预测在一定的工期内工程完成的概率,进行工程完成可能性的研究。

二、双代号网络计划

(一)双代号网络图

1. 双代号网络图中工作的表示方法

为完成一项工程计划而需要完成许多工作。这些工作可以指一个施工工序、一个施工过程或分部工程等。在网络图中把一项工作用一箭杆表示(图9-2-1),在箭杆上面写上工作的名称,箭杆下面写上完成该项工作所需时间(小时、班、天或周等),箭尾表示工作的开始,箭头表示工作的结束,箭尾与箭头处分别画上圆圈,圈内编上号码,前后圈中的号码代表这个工作的名称。

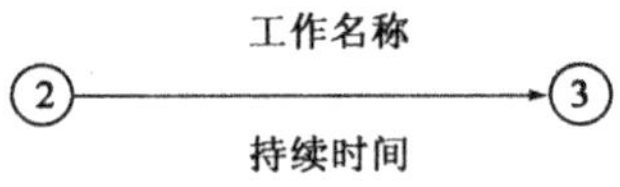

图9-2-1 双代号网络图工作的表示方法

2. 双代号网络图的表示方法

把计划所要完成的全部工作,按先后时间顺序和相互之间的逻辑关系,从左向右,绘制成计划网络图(图9-2-2)。可见一个计划网络图是一个有向网络。它由箭杆和以圆圈表示的节点组成。

3. 虚工作

完成一项工作,通常需要消耗时间和资源(人力、物力、设备等),如立模、混凝土浇筑等就属这类工作;但有的工作只消耗时间,而不消耗资源,如预制钢筋混凝土桩,在打设之前,为获得强度所需要的养护时间等由于技术原因而引起工作项目之间的时间间歇,均属此类工作;有的工作既不消耗时间,也不消耗资源,这类工作称为"虚工作"。虚工作用一虚线箭杆表示,杆下标以"0"(图9-2-3),通常用来表示一项工作与另外几项工作之间逻辑顺序上的约束关系。如图9-2-2中的⑤→⑥工作就是一虚工作,它表明I工作不单要等G、H工作完成以后,还要等待E工作完成以后才能开始。

逻辑关系包括工艺关系和组织关系。工艺关系是指生产工艺上客观存在的先后顺序;组织关系是指在不违反工艺关系的前提下,人为安排的工作先后顺序关系。

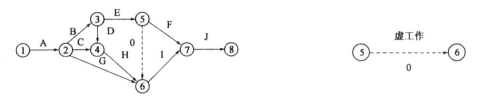

图9-2-2　计划网络图　　　　　　　图9-2-3　虚工作

4.节点

在网络图中圆圈用以标志前面(一个或数个)工作的结束和后面工作的允许开始,网络图上的这些圆圈叫做节点。节点与工作不同之处是节点仅指工作的开始或完成的瞬间,具有承上启下把工作衔接起来的作用,它不需消耗时间,当然也不消耗资源。

整个网络图中有三类节点,表示整个计划开始的节点,称为网络的"开始节点",整个计划最终完成节点称为"结束节点",其余为"中间节点"。

5.线路及关键线路

从图9-2-2可以看出,从开始节点工作的箭头方向到结束节点之间有很多线路,这些线路是由若干工作构成的。如图9-2-2中的①→②→③→⑤→⑥→⑦→⑧,①→②→⑥→⑦→⑧等,其线路的长度,取决于该线路上各项工作延续时间的总和。通过对网络时间参数计算,在很多工作线路中找到一条(也可能同时出现几条)工期最长的线路,这就是关键线路。位于关键线路上的工作,称为关键工作,这些工作的延续时间直接影响整个工程计划工期。通常在图上用双实线箭杆或粗实线箭杆表示,以区别其他非关键工作。

由上述可知,节点、工作(或称工序)和线路是构成双代号网络计划图的三个关键要素。

(二)网络图逻辑

任何一个复杂的网络计划图,实质是由表示不同逻辑的局部网络图组成的。这些局部网络图可以表达一项工作与其他有关工作之间在工艺上、技术上所要求的顺序关系。这些关系一般有顺序作业、平行作业、平行交叉(搭接)作业关系及其组合(表9-2-1)。

(三)双代号网络图的绘制

(1)双代号网络图的绘制规则如下:

①双代号网络图必须正确表达已定的逻辑关系;

②双代号网络图中,严禁出现循环回路;

③双代号网络图中,在节点之间严禁出现带双向箭头或无箭头的连线;

④双代号网络图中,严禁出现没有箭头节点或箭尾节点的箭线;

⑤当双代号网络图的某些节点有多条外向箭线或多条内向箭线时,在保证一项工作有唯一的一条箭线和对应有一对节点编号的前提下,允许使用母线法绘图(图9-2-4)。

网络图中各种工作逻辑关系表示方法 表9-2-1

序号	工作之间的逻辑关系	网络图中表示方法	说　明
1	有A、B两项工作按照依次施工方式	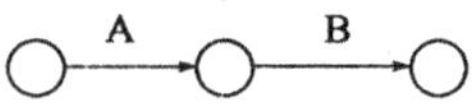	B工作依赖A工作，A工作约束着B工作的开始
2	有A、B、C三项工作同时开始工作	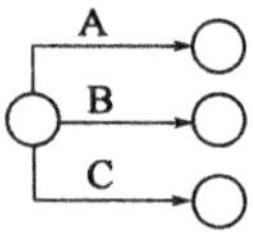	A、B、C三项工作称为平行工作
3	有A、B、C三项工作同时结束	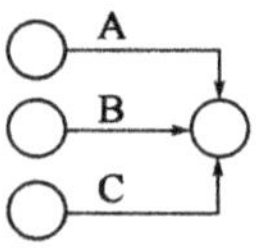	A、B、C三项工作称为平行工作
4	有A、B、C三项工作，只有A工作完成后，B、C才能开始	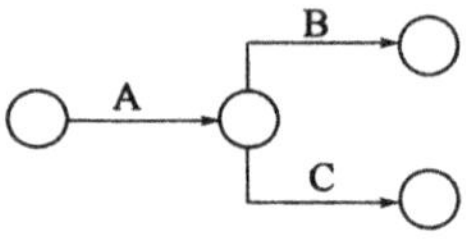	A工作制约着B、C工作的开始，B、C为平行工作
5	有A、B、C三项工作，C工作只有在A、B完成后才能开始	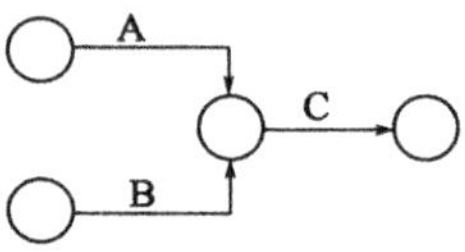	C工作依赖着A、B工作，A、B为平行工作
6	有A、B、C、D四项工作，只有当A、B完成后C、D才能开始	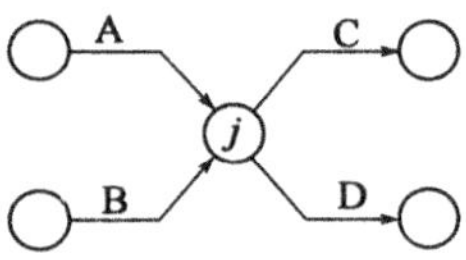	通过中间节点 j 正确地表达了A、B、C、D之间的关系
7	有A、B、C、D四项工作，A完成后C才能开始工作；A、B完成后D才能开始	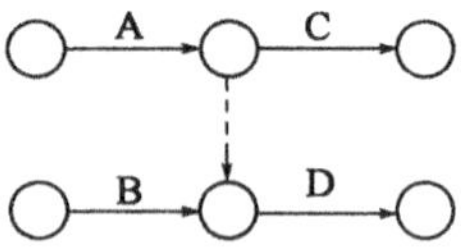	D与A之间引入了逻辑连接(虚工作)，只有这样才能正确表达它们之间的约束关系
8	有A、B、C、D、E五项工作，A、B完成后C开始，B、D完成后E开始	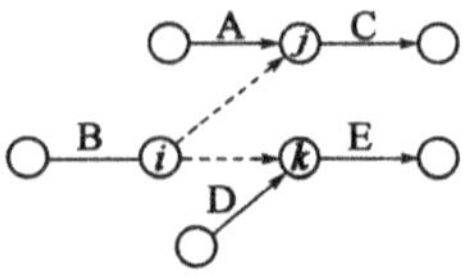	虚工作 $i-j$ 反映出C工作受到B工作的约束；虚工作 $i-k$ 反映出E工作受到B工作的约束
9	有A、B、C、D、E五项工作，A、B、C完成后D才能开始，B、C完成后E才能开始	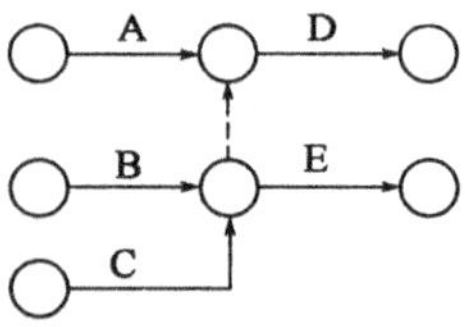	这是前面序号1、5情况通过虚工作连接起来，虚工作表示D工作受到B、C工作约束
10	A、B两项工作分三个施工段，平行施工	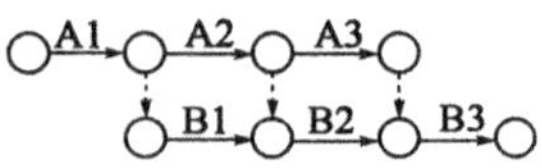	每个工种工程建立专业工作队，在每个施工段上进行流水作业，不同工种之间用逻辑搭接关系表示

⑥绘制网络图时,箭线不宜交叉,当交叉不可避免时,可用过桥法或指向法(图9-2-5)。

⑦一个双代号网络图只允许有一个起始节点、一个终点节点,其他所有节点均是中间节点。

⑧箭尾节点序号小于箭头节点的序号。

图9-2-4　母线法绘图　　　　　　　　图9-2-5　过桥法或指向线法

在绘制计划网络图之前,要对工程的施工方法、施工程序详尽地加以研究,使绘制出来的计划网络图能充分反映工程施工的实际情况。这是能否把计划网络图用于工程实践,指导工程实践的关键所在。

大多数工程是由若干施工工作所组成,一项施工工作系指由一个工种的劳动力、一个工作队或一种类型的施工设备所完成的工程或分部分项工程。各项施工工作之间存在着特定的逻辑关系,一个完整的计划网络图是由反映这些施工工作之间逻辑关系的子图组合而成的。所以,我们绘制一个计划网络图,首先要正确地确定这些子图(部分图),把这些部分图加以仔细地组合,然后汇总成一个反映工程施工全貌的计划网络图。在网络图绘制以后,还要进行仔细地分析、研究、修改,使计划更符合实际,也使它更能充分地反映出施工管理人员的意图和要求。对于一个计划网络图能否发挥它在施工计划管理上应有的效用,在很大程度上取决于这个阶段工作的好坏。

在绘制好施工计划网络图以后,工程计划人员应对网络图中每一项工作所要完成的工作量加以计算,然后根据该项施工工作所投入的施工力量及由于坏天气和其他原因损失的时间,估计其施工延续时间。施工工作的历时,可以以天、周、旬或月为单位,但在整个施工计划网络中,各项工作延续时间的单位必须一致。完成上述工作,为以后的有关运算做好准备。

(2)现以一小型混凝土墙为例,说明其网络图绘制的步骤与方法。

①把整个工程划分为若干项施工工作,并编以相应的代号(见表9-2-2中施工工作名称与代号)。

②计算各项施工工作的工作量,估计施工工作的延续时间。当与日历日程配合后,还要考虑由于坏天气(雨天或高温天等)及其他原因造成的时间损失。

③将各项施工工作与其他有关联的施工工作的逻辑关系在相应行上列出,见表9-2-2中局部逻辑图一列。做好上述工作以后,应用表9-2-2绘制工程图施工计划网络,其步骤如下。

步骤一:先绘A及以A为紧前工作的有关工作。因为A是工程的开始施工工作,直到将以A为紧前工作的所有工作全部绘出。如表9-2-2中,把已绘出的工作在其代号栏内记以某种记号如"X",一旦该栏作出安排,则此项在以后就不再考虑用它。这样可绘出局部计划网络图(图9-2-6)。

一小型混凝土墙各项施工工作逻辑关系表　　　　　　表 9-2-2

施工工作名称	代号	局部逻辑图	该工作的紧前工作	备　　注
计划审批	A^X	○—A→○	—	开始工作
定线放样	B^X	○—A→○—B→	A	
木料准备	C^X	○—A→○—C→	A	
模板制作	D^O	○—C→○—D→	C	
墙基开挖	E^O	○—B→○—E→	B	
立模	F	D、E→○—F→	D、E	
水泥、集料准备	G^X	○—A→○—G→	A	
搅拌机入场和安装	H^X	○—A→○—H→	A	
混凝土浇筑	I^O	F、G、H→○—I→	F、G、H	
养护	J	○—I→○—J→	I	
拆模	K	○—I→○—K→	J	
回填与清理	L	○—K→○—L→	K	结束工作

步骤二: 在表 9-2-2 中,在没有"X"号的栏内找出图 9-2-6 上的 B、C、G、H 工作为紧前工作的有关栏,现找到的是 D、E、I 三个工作。将这些工作的局部逻辑图拼装进图 9-2-6,得图 9-2-7。在图 9-2-7 中出现 D、E 工作无结束节点,F 工作无开始节点的情况。这时,必须找出以 D、E 工作为紧前工作的有关工作,现找到的是 F 工作,或者由 F 工作找其对应的紧前工作,现找到的是 D、E 工作。这样可把图 9-2-7 补充成图 9-2-8。把步骤二中绘过的工作,在其代号栏内记以另外任意的记号,现在表 9-2-2 中用"O"记之。

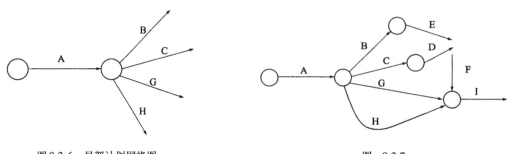

图 9-2-6　局部计划网络图　　　　　　　　　图 9-2-7

步骤三：以步骤二类推，逐步把表中各栏内的逻辑图全部绘出，一个包含全部施工工作的计划网络图即可绘成（图9-2-9）。

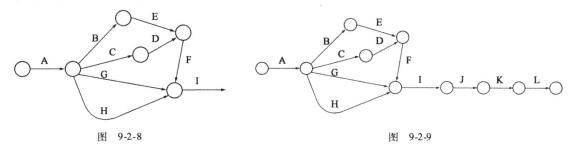

图 9-2-8　　　　　　　　　　　　　　图 9-2-9

注意：表中有些图逻辑可能是多余的，只要它们彼此并不矛盾就可，如有矛盾，必须重新检查逻辑关系，直至消除为止。

步骤四：检查施工计划网络图是否存在表达不合理的地方。

网络图的几何形状和式样是无关紧要的。因为如何绘制计划网络图并没有一个统一的规定，但必须正确无误地表达清楚。比如有否在两节点间出现多于一项工作的情况，若有，则必须予以修改。如图9-2-9中，在两节点间就出现了G、H两个施工工作，其改正的办法是在G、H工作中任一工作的始端或末端增加一个节点和一个虚工作（以虚箭杆表示），如图9-2-10所示。

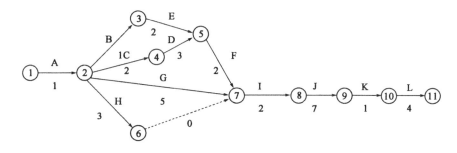

图 9-2-10

除了整个网络的结束节点外，不允许在网络图中出现没有后续工作，即没有箭杆向外发出的"尽头节点"（如图9-2-11中的⑤）。如出现，设法找出在"尽头节点"处结束工作的后续工作加以消除；如找不到它的后续工作，即可用虚工作与结束节点相连加以消除。除了整个网络图的开始节点外，在网络图中不允许出现没有前导工作，即没有箭杆指圆圈的"多头节点"（如图9-2-11中的⑦）。

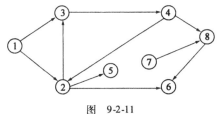

图 9-2-11

此外，还要检查网络中是否存在回路（如图9-2-11中②③④的所构成的局部网络就是回路）。回路在逻辑上意味着永远完不成的循环工作，因此是错误的，必须重新研究它们之间的逻辑关系予以消除。

步骤五：给节点编号，并给工作注上延续时间。**节点编号的原则是箭头端节点序号要大于箭尾端节点序号**。编完后，一个完整的网络计划图即绘制完成（图9-2-10）。这种网络图叫任意方向直线网络图。

上述对节点的编号方法称为连续编号方法。有时考虑计划编制后，可能增添工作，或一个

261

网络计划需要分别由不同部门编制各自的子网络计划加以组合时,可分别给予各子网络一个编号范围,这时就要采用不连续编号方法。当采用计算机程序,其具有自动调整节点编号的功能时,也可采用任意的编号方法。

(四)工作延续时间的确定

在绘制网络计划图后,接着要对网络中各工作的执行作出时间安排。一个工作的延续时间,系指完成该项工作所需的时间,其数值的大小由工程施工负责人员和具体工作人员经协商和计算后确定。确定网络计划各工作延续时间的主要依据是:各项工作所应完成的工程量、现行定额、所能提供的机械设备、劳动力数量,以及工作面的大小、工作前线的长短等。

如果该项工作是以劳动力为主完成的,可由下式求得:

$$D(i,j) = \frac{Q(i,j)}{q(i,j)n} \tag{9-2-1}$$

式中:$D(i,j)$——(i—j)工作延续时间(d);

$Q(i,j)$——(i—j)工作需完成的工程量;

$q(i,j)$——参加完成工作(i—j)的工作队每班完成的产量定额(查定额求得);

n——一天工作班数。

如果该项工作是以机械为主完成的可由下式求得:

$$D(i,j) = \frac{Q(i,j)}{Npn} \tag{9-2-2}$$

式中:p——每台机械的每班实际生产能力(查定额得);

n——参加该项工作的机械台数。

(五)网络计划时间参数计算

网络计划时间参数计算的目的是:确定工程的工期及进度;确定哪些工作是控制工期的关键工作和关键线路;确定非关键工作允许延迟的机动时间等。

1. 计算项目及采用的符号

(1)对节点的两个时间参数

$ET(i)$——节点的最早可能开始时间(earliest event time),指在双代号网络计划中,以该节点为开始节点的各项工作的最早开始时间。

$LT(i)$——节点的最迟必须开始时间(latest event time),指在双代号网络计划中,以该节点为完成节点的各项工作的最迟开始时间。

(2)对工作的六个时间参数

$ES(i,j)$——i—j 工作最早可能开始时间(earliest start time),是指在其所有紧前工作全部完成后,本工作有可能开始的最早时刻。

$EF(i,j)$——i—j 工作最早可能完成时间(earliest finish time),是指在其所有紧前工作全部完成后,本工作有可能完成的最早时刻。

$LS(i,j)$——i—j 工作最迟必须开始时间(latest start time),指在不影响整个任务按期完成的前提下,本工作必须开始的最迟时刻。

LF(i,j)——i—j 工作最迟必须完成时间(latest finish time),指在不影响整个任务按期完成的前提下,本工作必须完成的最迟时刻。

TF(i,j)——总时差(total float),指在不影响总工期的前提下,本工作可以利用的机动时间。

FF(i,j)——自由时差(free float),指在不影响其紧后工作最早开始的前提下,本工作可利用的机动时间。

从总时差与自由时差的定义可知,对于同一项工作而言,自由时差不会超过总时差,当工作的总时差为零时,自由时差必然为零。

2. 图算法和分析计算法

下面以图9-2-12为例对双代号网络参数进行计算。

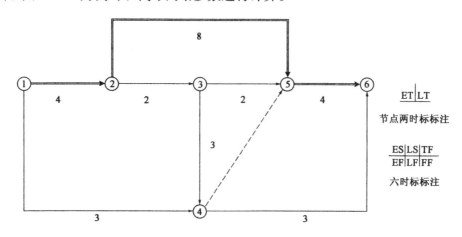

图9-2-12 双代号网络时间参数计算例题

(1)计算各节点最早可能开始时间 ET(i)

计算时,从开始节点开始,按照节点的编号顺序,从小到大依次进行。由于计划从相对时间零天开始,因此,开始节点的最早可能开始时间为零,即:

$$ET(1) = 0$$

式中:ET(1)——开始节点①的最早可能开始时间。

网络图中除开始节点外的其他所有节点的最早可能开始时间,为从该节点的各紧前节点算起,顺各线路段到达该节点的工作持续时间和的最大值,即将各紧前节点的最早时间分别加上用紧前节点的编号和该节点的编号所共同表示的那项工作的持续时间,取其和的最大值。由此可得其最早时间的计算公式:

$$ET(j) = \max\{ET(i) + D(i,j)\} \quad (1 < i < j < n) \quad (9\text{-}2\text{-}3)$$

式中:ET(j)——节点 j 的最早可能开始时间;

ET(i)——节点 i 的最早可能开始时间;

D(i,j)——工作 i—j 的持续时间。

应用式(9-2-3)计算节点最早可能开始时间,从开始节点开始,定 ET(1)=0,然后顺箭线方向逐一算至结束节点。由图9-2-12计算如下:

ET(1) = 0
ET(2) = 0 + 4 = 4
ET(3) = 4 + 2 = 6
ET(4) = max{6 + 3 = 9, 0 + 3 = 3} = 9
ET(5) = max{6 + 2 = 8, 9 + 0 = 9, 4 + 8 = 12} = 12
ET(6) = max{12 + 4 = 16, 9 + 3 = 12} = 16

按式(9-2-3)原理用图算法计算时，先将开始节点最早时间定为0。再按节点编号由小到大顺次计算各中间节点（网络图中除开始节点外的其他所有节点，在计算节点的最早时间时，均作为中间节点）的最早可能开始时间。计算某中间节点的最早可能开始时间时，先在图上找出该节点的所有紧前节点，将这些紧前节点各自的最早可能开始时间分别加上相应的工作（即用紧前节点编号和该节点编号所表示的那项工作）持续时间，取其和的最大值即可。对图9-2-12所示的网络进行计算，其结果标于图9-2-13中相应位置。

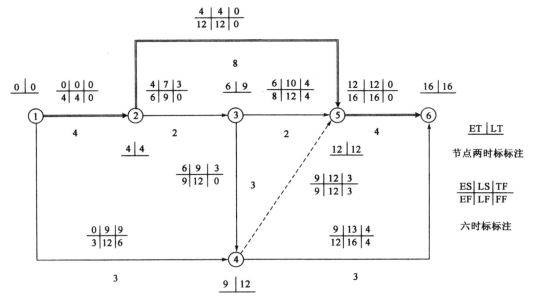

图 9-2-13　双代号网络时间参数计算例题

用图算法计算节点最早可能开始时间可归结为八个字："顺线累加，逢圈取大"。"顺线累加"是指从网络的开始节点开始，沿着能到达所计算节点的每条线路将各工作的持续时间累加起来；"逢圈取大"是指在每一圆圈（节点）处取到达该圆圈的各条线路累计时间的最大值。

（2）计算各节点最迟必须开始时间 LT(i)

计算时，从结束节点起，按照节点编号由大到小逆向进行。当工期有规定时，结束节点最迟时间等于规定工期；如工期无规定时，结束节点最迟时间就等于计算工期（即结束节点的最早可能开始时间）。

因此：
$$LT_n = \begin{cases} PT（有规定工期 PT 时） \\ ET_n（无规定工期时） \end{cases}$$
(9-2-4)

式中：LT_n——网络图结束节点最迟必须开始时间；

　　　PT——要求工期。

　　　ET_n——网络图结束节点的最早可能开始时间。

其他节点的最迟必须开始时间的算法,则从该节点的紧后节点算起,逆线路段到达该节点,将各紧后节点的最迟必须开始时间分别减去各线路段上工作的持续时间,取其差的最小值,其计算公式为:

$$LT(i) = \min\{LT(j) - D(i,j)\} \quad (1 < i < j < n) \quad (9\text{-}2\text{-}5)$$

式中:$LT(i)$——i 节点最迟必须开始时间;

$LT(j)$——j 节点最迟必须开始时间。

应用式(9-2-5)计算时,应按式(9-2-4)确定出 LT_n,然后按节点编号从大到小逐一算至开始节点为止。每次计算时,从网络逻辑关系中搜索其紧后各节点,将紧后各节点的最迟必须开始时间分别减去相应工作(即用所求节点的编号和其紧后节点的编号共同表示的那项工作)持续时间,各个差中的最小值,即为所计算节点的最迟必须开始时间。对图 9-2-12 计算如下:

$LT(6) = 16$

$LT(5) = 16 - 4 = 12$

$LT(4) = \min\{16 - 3 = 13, 12 - 0 = 12\} = 12$

$LT(3) = \min\{12 - 3 = 9, 12 - 2 = 10\} = 9$

$LT(2) = \min\{9 - 2 = 7, 12 - 8 = 4\} = 4$

$LT(1) = \min\{4 - 4 = 0, 12 - 3 = 9\} = 0$

按式(9-2-5)原理用图算法计算时,先根据是否有规定工期定出结束节点的 LT_n,然后由结束节点的紧前节点开始,逆箭线方向逐一算至开始节点为止。每个节点计算时,取其紧后各节点的最迟必须开始时间分别减去相应工作持续时间之差的最小值,填入网络图中对应于该节点最迟必须开始时间的位置,如图 9-2-13 所示。

用图算法计算节点最迟必须开始时间也可归结为八个字:"逆线累减,逢圈取小"。"逆线累减"是指从网络图的结束节点起逆着每条线路将计划工期依次减去各工作的持续时间;"逢圈取小"是要求在每一圆圈处取其后续线路累减时间差的最小值。

这里还应说明,用图算法计算网络图的节点时间时,一般用符号来记录其计算结果,标在该节点的上方(或下方)。同时,还应在网络图的一侧注明 ET | LT 以方便别人对号识记,见图 9-2-13。

(3)计算各工作的最早可能开始时间 $ES(i,j)$ 和最早可能完成时间 $EF(i,j)$

工作的最早可能开始时间是在领先于它的紧前工作创造出一定的条件之后,该工作有可能开始的最早时间,而该工作的紧前节点的最早可能开始时间正好说明开工条件已经具备,因此:

$$ES(i,j) = ET(i) = \max\{EF(h,i)\} = \max\{ES(h,i) + D(h,i)\} \quad (9\text{-}2\text{-}6)$$

式中:$ES(i,j)$——i—j 工作的最早可能开始时间,$h < i < j$。

若一项工作以其"最早可能开始时间"开始,经过完成该项工作所需的持续时间以后完成,这个完成的时刻就叫做它的"最早可能完成时间",由此可得:

$$EF(i,j) = \max\{ES(i,j) + D(i,j)\} \quad (9\text{-}2\text{-}7)$$

式中:$EF(i,j)$——i—j 工作的最早可能完成时间。

对图 9-2-12 网络图计算如下:

$ES(1,2) = ET(1) = 0$

$ES(1,4) = ET(1) = 0$

$ES(2,3) = ET(2) = 4$

$ES(2,5) = ET(2) = 4$

$ES(3,4) = ET(3) = 6$

$ES(3,5) = ET(3) = 6$

$ES(4,5) = ET(4) = 9$

$ES(4,6) = ET(4) = 9$

$ES(5,6) = ET(5) = 12$

$EF(1,2) = ES(1,2) + D(1,2) = 0 + 4 = 4$

$EF(1,4) = ES(1,4) + D(1,4) = 0 + 3 = 3$

$EF(2,3) = ES(2,3) + D(2,3) = 4 + 2 = 6$

$EF(2,5) = ES(2,5) + D(2,5) = 4 + 8 = 12$

$EF(3,4) = ES(3,4) + D(3,4) = 6 + 3 = 9$

$EF(3,5) = ES(3,5) + D(3,5) = 6 + 2 = 8$

$EF(4,5) = ES(4,5) + D(4,5) = 9 + 0 = 9$

$EF(4,6) = ES(4,6) + D(4,6) = 9 + 3 = 12$

$EF(5,6) = ES(5,6) + D(5,6) = 12 + 4 = 16$

采用图算法计算时,首先应在各项工作的上侧设符号;——同时在网络图的一侧注明 $\frac{ES}{EF}\left|\frac{LS}{LF}\right|\frac{TF}{FF}$。

以方便别人对号识记,详见图9-2-13所示。然后,在具体计算某项工作的最早可能开始时间时,只要将该项工作开始节点的最早可能开始时间照抄到所设符号的相应位置上去即可。计算该项工作的最早可能完成时间时,便用该项工作的最早开始时间加上其工作的持续时间,将所得的和填到所设符号的相应位置内。计算结果如图9-2-13所示。

(4)计算各工作的最迟必须完成时间 $LF(i,j)$ 和最迟必须开始时间 $LS(i,j)$

在项目工期已定的情况下,任何一项工作必有一个受到这个工期限制的、必须完工的最迟时间。如果该项工作的完成时间不超过这个时间,就不会使后续工作及工程工期受到它的影响而推迟。这个时间就是该项工作的"最迟必须完成时间"。而按照节点最迟时间的定义,这样一个最迟必须完成时间应该等于该项工作紧后节点的最迟时间,即:

$$LF(i,j) = LT(j) \tag{9-2-8}$$

式中:$LF(i,j)$——i—j工作的最迟必须完成时间。

对应于一项工作的"最迟必须完成时间"的开工时间,就是该项工作的"最迟必须开始时间",即:

$$LS(i,j) = \min\{LF(i,j) - D(i,j)\} \tag{9-2-9}$$

对图9-2-12所示的网络计划计算如下:

$LF(5,6) = LT(6) = 16$

$LF(4,6) = LT(6) = 16$

$LF(4,5) = LT(5) = 12$

$LF(3,5) = LT(5) = 12$

$LF(3,4) = LT(4) = 12$

$LF(2,3) = LT(3) = 9$

LF(1,4) = LT(4) = 12
LF(1,2) = LT(2) = 4
LF(2,5) = LT(5) = 12
LS(5,6) = LF(5,6) − D(5,6) = 16 − 4 = 12
LS(4,6) = LF(4,6) − D(4,6) = 16 − 3 = 13
LS(4,5) = LF(4,5) − D(4,5) = 12 − 0 = 12
LS(3,5) = LF(3,5) − D(3,5) = 12 − 2 = 10
LS(3,4) = LF(3,4) − D(3,4) = 12 − 3 = 9
LS(2,5) = LF(2,5) − D(2,5) = 12 − 8 = 4
LS(2,3) = LF(2,3) − D(2,3) = 9 − 2 = 7
LS(1,4) = LF(1,4) − D(1,4) = 12 − 3 = 9
LS(1,2) = LF(1,2) − D(1,2) = 4 − 4 = 0

采用图算法时，因为根据定义某项工作的最迟必须完成时间，也就是该项工作的结束节点的最迟时间，所以，计算中只要将该项工作结束节点的最迟时间照抄到前述所设符号的对应位置内即可。该项工作的最迟必须开始时间为该项工作的最迟必须完成时间减去该项工作的持续时间的差。将其填到所设符号的对应位置处。计算结果如图9-2-13所示。

(5) 计算各工作的总时差 TF(i,j) 和自由时差 FF(i,j)

①计算总时差 TF(i,j)

工作的总时差是在不影响工期的前提下，一项工作可以利用的机动时间。从图9-2-13已计算出的时间参数中可以看出，在计划总工期不变的条件下，有些工作的 ES(i,j)［或 EF(i,j)］与 LS(i,j)［或 LF(i,j)］之间存在一定差值，只要工作 i—j 的开始时间在此范围内变动，则对总工期没有影响；而工作开始时间的变动超过此范围，则肯定会影响总工期，因此，这个差值就是工作的总时差 TF(i,j)，即：

$$TF(i,j) = LS(i,j) - ES(i,j) = LF(i,j) - EF(i,j) \qquad (9\text{-}2\text{-}10)$$

从式(9-2-10)可看出，一项工作的总时差实际上也是在不影响其紧后工作按最迟必须开始时间开工的前提下，该工作可以利用的机动时间。

图9-2-12中各工作的 TF(i,j) 计算如下：
TF(1,2) = LS(1,2) − ES(1,2) = 0 − 0 = 0
TF(1,4) = LS(1,4) − ES(1,4) = 9 − 0 = 9
TF(2,3) = LS(2,3) − ES(2,3) = 7 − 4 = 3
TF(2,5) = LS(2,5) − ES(2,5) = 4 − 4 = 0
TF(3,4) = LS(3,4) − ES(3,4) = 9 − 6 = 3
TF(3,5) = LS(3,5) − ES(3,5) = 10 − 6 = 4
TF(4,5) = LS(4,5) − ES(4,5) = 12 − 9 = 3
TF(4,6) = LS(4,6) − ES(4,6) = 13 − 9 = 4
TF(5,6) = LS(5,6) − ES(5,6) = 12 − 12 = 0

图算法结果见图9-2-13。

②计算自由时差 FF(i,j)

自由时差 FF(i,j) 是指一项工作完成后，在不影响其紧后工作按最早开始时间开始的前提下,该项工作可以利用的机动时间的最大值。而一项工作只要能保证其结束节点按最早时间 ET(j)发生,就肯定能保证其紧后工作按最早开始时间开始。从而有:

$$\begin{aligned} FF(i,j) &= \min\{ET(j) - EF(i,j)\} \\ &= \min\{ES(j,k) - EF(i,j)\} \\ &= \min\{ES(j,k) - ES(i,j) - D(i,j)\} \end{aligned}$$ (9-2-11)

式中:$i<j<k$。

图 9-2-11 中各工作的 FF(i,j)计算如下:
FF(1,2) = ET(2) − EF(1,2) = 4 − 4 = 0
FF(1,4) = ET(4) − EF(1,4) = 9 − 3 = 6
FF(2,3) = ET(3) − EF(2,3) = 6 − 6 = 0
FF(2,5) = ET(5) − EF(2,5) = 12 − 12 = 0
FF(3,4) = ET(4) − EF(3,4) = 9 − 9 = 0
FF(3,5) = ET(5) − EF(3,5) = 12 − 8 = 4
FF(4,5) = ET(5) − EF(4,5) = 12 − 9 = 3
FF(4,6) = ET(6) − EF(4,6) = 16 − 12 = 4
FF(5,6) = ET(6) − EF(5,6) = 16 − 16 = 0

图算法结果标于图 9-2-13。

(6)确定关键工作和关键线路

①关键工作

网络计划中总时差最小的工作为关键工作。如果没有工期规定,则关键工作的 TF(i,j) = 0。图 9-2-13 中,工作①→②、②→⑤、⑤→⑥的总时差 TF = 0,它们都是关键工作,其余工作则为非关键工作。

②关键线路

网络计划中,自开始节点至结束节点全由关键工作组成的线路为关键线路。一个网络计划中,可能存在一条或多条关键线路。关键线路是网络计划实施中的控制重点。图 9-2-13 中,自开始节点①将 TF(i,j) = 0 的工作依次连接起来直至结束节点⑥所形成的线路①—②—⑤—⑥(图中用双线表示的线路)即为一条关键线路。

关键线路上各工作的总时差和局部时差均为零,所以它没有可以利用的机动时间,一旦关键工作延续时间延误,就会引时工程工期的延长。显然,要缩短工期,也必须缩短关键线路上工作的延续时间。非关键线路中有一定可以利用的机动时间。

网络计划中,除关键线路外的其他线路都是非关键线路,非关键线路的重要程度各有不同。实施中,由于环境或计划自身的变化,二者是可以转化的。

三、单代号网络计划

(一)单代号网络计划的表示方法

单代号网络图由节点和箭线等构成。

1. 节点

单代号网络图中节点代表工作,用圆圈或方框表示,如图 9-2-14 所示。

2. 编号

单代号网络图中的节点必须编号,编号标注在节点内,其号码可间断,但严禁重复。一项工作必须有唯一的一个节点及相应的一个编号。

3. 箭线

单代号网络图中,箭线表示紧邻工作之间的逻辑关系,箭线应画成水平直线、折线或斜线。箭线水平投影的方向应自左向右,表示工作的进行方向,如图 9-2-15 所示。一项工程或计划由许多工作(节点)组成,根据其相互间的逻辑关系,用箭线将它们连接起来,就形成了单代号网络图。

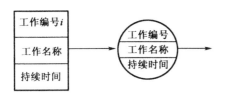

图 9-2-14 单代号网络图中节点的表示方法

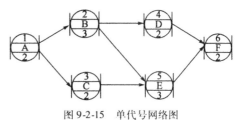

图 9-2-15 单代号网络图

(二)单代号网络图的绘制

1. 单代号网络图的绘图规则

(1)单代号网络图必须正确表述已定的逻辑关系。
(2)单代号网络图中严禁出现循环回路。
(3)单代号网络图中严禁出现双向箭头或无箭头的连线。
(4)单代号网络图中,严禁出现没有箭尾节点的箭线和没有箭头节点的箭线。
(5)绘制网络图时,箭线不宜交叉。当有交叉不可避免时,可采用过桥法或指向法绘制。
(6)单代号网络图中,只应有一个起点节点和一个终点节点。当网络图中出现多项无内向箭线的工作或多项无外向箭线的工作时,应在网络图的左端或右端分设一项虚工作,作为该网络图的起点节点(St)与终点节点(Fin)。

2. 绘制方法

与双代号网络图的绘制方法基本一致。

3. 时间参数的计算及标注形式

(1)时间参数的计算与双代号网络图基本一致。
(2)时间参数的标注形式:用圆圈表示时,一般将节点编号、工作名称和工作持续时间一起标注在圆圈内,工作的时间参数则标在圆圈外边,如图 9-2-16a)所示。如果用方框表示,则将工作名称、节点编号、工作持续时间和工作的时间参数一并标注在方框内,如图 9-2-16b)所示。

四、双代号时标网络计划

双代号时标网络计划是一种"带时间坐标的水平式网络计划图"。它是在时间坐标内,用一带时间比例尺的箭杆反映工作的延续时间长短及其起讫日期的网络计划图。用这种表达形式,不但能反映工作间的逻辑顺序关系,而且也反映了网络图中各工作的时间安排情况。图 9-2-17 是用"带时间坐标的水平式"表示的双代号时标网络计划图。

a)

b)

图 9-2-16 单代号网络图节点表示方式

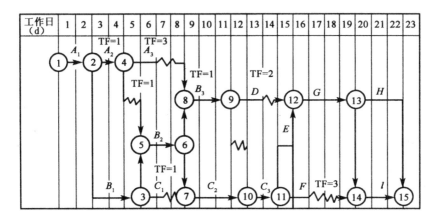

图 9-2-17 带时间坐标的时标网络计划图

此处只介绍按最早时间绘制的双代号时标网络计划。

1. 双代号时标网络计划的特点和适用范围

(1) 双代号时标网络计划的特点

①兼有网络计划与横道图的优点,能够清楚地表明计划的时间进程。

②时标网络计划能在图上直接显示各项工作的开始与完成时间、工作自由时间及关键线路。

③时标网络计划在绘制中受到时间坐标的限制,因此不易产生循环回路之类的逻辑错误。

④可以利用时标网络计划图直接统计资源的需要量,以便进行资源优化和调整。

⑤因为受箭线时标的约束,故绘图不易,修改也较困难,往往要重新绘图。

(2) 双代号时标网络计划的适用范围

①工作项目较少,工艺过程比较简单的工程。

②局部网络计划。

③作业性网络计划。

④使用实际进度前锋线进行进度控制的网络计划。

2. 双代号时标网络计划的编制方法

具体有如下两种方法。

（1）先计算网络时间参数，再绘制时标网络计划。具体步骤如下：
①按已给定的逻辑关系绘制双代号网络计划草图。
②计算工作最早时间。
③绘制时标表，该表的时标既可标注在顶部，也可标注在底部或上下标注，时标的长度单位必须注明，必要时可以顶部时标之上或底部时标之下加注日历的对应时间。
④在时标表上，按最早开始时间确定每项工作的开始节点位置。
⑤按各工作的时间长度绘制相应工作的实线部分，使其在时间坐标上的水平投影长度等于工作时间；虚工作因不占用时间，故只以垂直虚线表示。
⑥用波形线把实线部分与其紧后工作的开始节点连接起来，以表示自由时差。

（2）直接按草图绘制双代号时标网络计划。具体步骤如下：
①按已给定的逻辑关系绘制双代号网络计划草图。
②绘制空白时标表。
③将起始节点定位在时标表的起始刻度线上。
④按工作的持续时间绘制节点的外向箭线；当有部分工作持续时间的长度不足以达到节点的长度时，用波形线补足。

3. 双代号时标网络计划关键线路和时间参数的确定

（1）关键线路的判定。自终点节点向起点节点观察，凡自始至终不出现自由时差（波形线）的通路，就是关键线路。

（2）最早开始时间和计算工期的判定。每条箭线箭尾和箭头所对应的时标值，就是该工作的最早开始时间和最早完成时间。时标网络计划的计算工期，是其终点节点与起点节点所在位置之差。

（3）时差的判定与计算：
①工作自由时差的判定与计算。工作的自由时差表示在该工作的箭线中，是波形线部分在坐标轴上的水平投影长度。
②总时差不能从图上直接识别，需要进行计算，计算应自右向左进行。总时差等于其诸紧后工作总时差的最小值与本工作的自由时差之和。

复 习 题

1. 施工组织有哪几种方式？各有哪些特点？
2. 组织流水施工的要点和条件有哪些？
3. 流水施工中，主要参数有哪些？试分别叙述它们的含义。
4. 施工段划分的基本要求是什么？如何正确划分施工段？
5. 流水施工的参数如何确定？
6. 流水节拍的确定应考虑哪些因素？
7. 流水施工的基本方式有哪几种？各有什么特点？
8. 如何组织全等节拍流水作业？如何组织成倍节拍流水作业？
9. 什么是无节奏施工？如何确定其流水步距？

10. 什么是网络图？什么是网络计划？
11. 什么叫双代号网络图？什么叫单代号网络图？
12. 工作和虚工作有何不同？虚工作的作用有哪些？
13. 什么叫逻辑关系？
14. 简述网络图的绘制原则。
15. 试述总时差和自由时差的含义及其区别。
16. 什么叫节点最早时间、节点最迟时间。
17. 什么叫线路，关键工作、关键线路？
18. 时标网络计划有何特点？如何进行编制？

第十章 水运工程施工阶段的施工组织设计

第一节 水运工程施工组织概述

为了保证工程施工的顺利进行,并按期完成施工任务,在设计和施工实施前,必须对拟建工程项目编制相应的施工组织设计。施工组织设计结合工程的具体条件,采用先进的施工技术,有效地使用人力、物力,合理安排施工过程的时间顺序和空间布置,以期达到工期短、质量高和造价合理的最优效果。它是整个工程的必要组成部分,经审查批准后的施工组织设计是指导工程投标、签订承包合同、施工准备和施工全过程的全局性技术经济文件。

施工组织设计未经审查批准的工程,原则上不得开工。

一、施工组织设计的分类及作用

(一)施工组织设计的分类

1.按工程不同阶段分类

在水运工程设计和施工的各个阶段,必须编制相应的施工组织设计文件,并且从设计到施工阶段,施工组织设计的内容和深度应随各阶段的要求而异,一般由粗到细。

(1)施工组织规划设计

在初步设计(扩大初步设计)阶段编制,其任务是从施工导流、对外交通、建筑材料、场地布置、主体工程的施工方法等方面进行比较和论证,提出工期、造价、技术工人和主要材料的需用量等估算指标,研究整个工程中建筑物的施工方案,经技术经济比较后,提出推荐方案。其主要由设计单位编制。

(2)施工组织总设计

在技术设计阶段应编制,其任务是根据批准的初步设计文件和补充的勘测、试验、调查资料及相应阶段的设计图纸,对初步设计阶段的施工组织规划设计作进一步补充和落实。对于工期较长的大型工程,应分阶段作施工组织设计,其内容包括前一阶段工程完成情况的总结,下一阶段施工任务的安排和相应的施工组织设计。

(3)标前施工组织设计

在招投标阶段,施工组织设计是投标文件中不可缺少的一部分。因此投标单位必须编制施工组织设计,用来获得施工任务。投标期间的施工组织设计是工程投标单位根据设计图纸、相关施工规范、现场初步踏勘情况等资料对工程施工的理解阐述,这一阶段的施工组织设计可称为指导性施工组织设计。

(4)标后施工组织设计

在施工任务正式开工前,为了保证工程顺利进行,并按期完成施工任务,施工单位在施工准备阶段必须对拟建工程项目编制实施性施工组织设计。其任务是根据国家的有关规范和规定,以及该工程项目的招、投标文件和施工合同,设计图纸,结合工程的具体条件,采用合理的施工技术,有效地使用人力、物力和机械,合理安排施工进度和空间布置,使工程保质保量如期完成。施工组织设计未经批准的工程,原则上不得开工,经审查批准后的施工组织设计应作为施工的依据。

施工阶段的施工组织设计,是对投标期间施工组织设计更具有针对性的补充和完善,对工程项目的实施更具有指导意义。施工阶段的施工组织设计更侧重于工程施工的组织、人机料的合理配置、进度计划编制、质量目标措施的落实。施工阶段施工组织设计的编制者应为参与工程施工的技术人员;审批者为施工项目的主管部门和监理部门。施工阶段施工组织设计的内容更具有操作性、针对性,是指导项目施工的专用技术资料。

2.按编制对象范围不同的分类

施工组织设计按编制对象范围的不同可分为施工组织总设计、单位工程施工组织设计和分部分项工程施工组织设计三种。

(1)施工组织总设计

施工组织总设计是以一个工程建设项目为编制对象,用以指导整个工程建设项目施工全过程的各项施工活动的技术、经济和组织的综合性文件,在整个工程开工前,由业主或总承包企业的总工程师领导下进行编制。

(2)单位工程施工组织设计

单位工程施工组织设计是以一个单位工程为编制对象,用以指导其施工全过程各项施工活动的技术、经济和组织的综合性文件。一般在施工合同签订后,拟建单位工程开工之前,由工程项目经理部的技术负责人领导下进行编制。

(3)分部分项工程施工组织设计

分部分项工程施工组织设计是以分部分项工程为编制对象,用以具体指导其施工全过程的各项施工活动的综合性文件。一般与单位工程施工组织设计的编制同时进行。由负责单位工程施工的技术人员负责编制。

施工组织总设计、单位工程施工组织设计和分部分项工程施工组织设计之间有以下关系:施工组织总设计是对整个建设项目的全局性战略部署,其内容和范围比较概括;单位工程施工组织设计是在施工组织总设计的控制下,以施工组织总设计和企业施工计划为依据编制的,针对具体的单位工程,把施工组织总设计的内容具体化;分部分项工程施工组织设计是以施工组织总设计、单位工程施工组织设计和企业施工计划为依据编制的,针对具体的分部分项工程,把单位工程施工组织设计进一步具体化,它是专业工程具体的组织施工的设计。

(二)施工组织设计的作用

(1)在经济上为确定拟建工程的设计方案提供依据。从拟建工程施工全过程中的人力、物力和空间三个要素着手,在人力与物力、主体与辅助、供应与消耗、生产与储存、专业与协作、使用与维修、空间布置与时间排列等方面,进行科学、合理地部署,为建筑产品生产的节奏性、均衡性和连续性提供最优方案,从而以最少的资源消耗去获取最大的经济效果。使建筑产品的生产最终在时间上达到速度快和工期短,在质量上达到精度高和功能好,在经济上达到消耗少、成本低和利润高的目的。

(2)指导工程投标与签订工程承包合同,作为投标书的内容和合同文件的一部分。

(3)指导施工前的一次性准备和工程施工全局的全过程,是对拟建工程施工的全过程实行科学管理的重要手段;提出工程施工过程中进度控制、质量控制、成本控制、安全控制、现场管理、各项生产要素管理的目标及技术组织措施,提高综合效益。

通过施工组织设计的编制,可以全面考虑拟建工程的各种具体施工条件,扬长避短地拟定合理的施工方案,确定施工顺序、施工方法、劳动组织和技术经济的组织措施,合理安排拟定施工进度计划,保证拟建工程按期完工或交付使用。根据实践经验,对于一个拟建工程来说,如果施工组织设计编制得合理,能正确反映客观实际,符合设计和合同文件的要求,并且在施工过程中认真贯彻执行,就可以保证拟建工程施工的顺利进行,取得好、快、省和安全的效果,早日发挥工程建设项目的经济效益和社会效益。

二、施工组织设计的内容

在此主要介绍施工组织总设计及单位工程施工组织设计。

施工组织总设计是在单位工程施工组织设计之前编制完成的,由于它们编制的阶段有先后的关系,因此它们之间既有联系又有区别,主要表现在以下两个方面。

1. 联系

(1)单位工程施工组织设计的内容比较细致具体,在编制时,它应以施工组织总设计为依据,针对具体的单位工程,把施工组织总设计中有关该单位工程的内容,根据相应的合同条款具体化。

(2)施工组织总设计是对整个建设项目的全局性战略部署,其内容和范围比较概括,在指导工程的施工时,它依靠各个单位工程施工组织设计来实施。

2. 区别

(1)编制对象不同。施工组织总设计是以整个建设项目为对象而编制的;而单位工程施工组织设计是以单位工程为对象编制的。

(2)两者的编制阶段不同。施工组织总设计是依据初步设计(或扩大初步设计)图纸编制的;而单位工程施工组织设计是在施工图设计完成之后编制的。

(一)施工组织总设计的内容

1. 编制依据

编制依据包括招标文件、工程承包合同、设计文件、施工规范和验收标准等有关文件、会议纪要等。

2. 工程概况说明(包括主要工程数量)

(1)建设项目主要情况:工程地点、工程性质、建设总规模、总期限及分期分批投入使用的规模和期限;总投资、建安工作量、建筑结构类型特征、新技术的复杂程度等。

工程项目、主要建筑物和构筑物的工程数量可用一览表(表 10-1-1)的形式说明,以便使用起来简单明了。

工程项目一览表　　　　　　　　　　　　　　　　　　　　　　　表 10-1-1

工程分类	工程项目名称	概算投资	主要实物工程量					
			场地整平	土方工程	钢筋混凝土工程	钢结构	设备安装	铁路铺设
		万元	1 000 m²	1 000 m³	1 000 m³	t	万元	km
临时工程								
主体工程								
护岸工程								
堆场道路								
附属设施								
合计								

(2)建设地区主要特征:包括地形地貌、工程地质和水文地质情况、气象资料、水文资料等;当地劳动力和生活设施情况;地方有关建筑施工企业的情况;地方资源情况;交通运输和水、电供应及其他动力条件等。

(3)施工条件:其中包括主要船机设备、材料和特殊物资的供应情况,要求参加施工的各单位的生产能力。

(4)其他:包括有关本建设项目的决议和协议,土地征用范围、数量,施工水域情况及工程船舶的避风锚地等。

3. 施工部署及主要建筑物的施工方案

施工部署是依据对工程概况中所列的各种技术资料的分析,对整个建设项目全局作出的统筹规划和全面安排。其主要解决影响建设项目全局的重大战略问题。

(1)确定分期分批建设施工程序,统筹安排各类项目施工,保重点(先期投产项目、起主导作用的项目,工程量大、工期长、施工难度大的项目,为工程建设服务的项目),兼次要,确保工程按期完工;所在工程项目均应按照先地下、后地上,先深后浅,先干线后支线的原则进行安排。要考虑季节对施工的影响。

(2)划分单位工程,列出分部分项工程项目一览表并计算工程量。水运工程单位工程的划分方法见《水运工程质量检验标准》(JTS 257—2008)。

(3)拟定主体工程的施工方案,应尽可能提高机械化和工厂化程度。

(4)施工任务划分与组织安排。明确总包与分包的关系,建立施工现场统一的组织领导机构及职能部门,确定综合的和专业化的施工单位,明确各单位之间的分工与协作关系,划分施工段,确定各单位分期分批的主攻项目和穿插项目。

4. 施工准备工作计划(表 10-1-2)

施工准备工作计划表　　　　　　　　　　　　　　　　　　　　　　表 10-1-2

序号	项目	施工准备工作内容	开始及结束时间	责任单位	协助单位	执行情况	备注
1							
2							

(1)组建建设单位施工管理机构,落实进场筹备人员计划,组织首批人员进场。
(2)安排场地平整工作,清除现场障碍物,落实好全场性排水、防洪措施。
(3)接通场内外运输道路,铺设场内施工用主干道,接通水、电、通信管线。
(4)按建筑总平面图测设现场测量控制网。
(5)根据施工总平面布置,组织大型工程的施工,将一些可为施工利用的永久性建筑物、构筑物纳入临时工程计划一并组建。
(6)组织材料、半成品的加工、订货及供应,确定施工力量等,落实各项生产要素。
(7)了解施工图出图计划、设计意图和拟采用的新材料、新结构、新技术情况,并组织进行试制和试验。
(8)根据工程特点,开展技术培训工作。
(9)季节性施工所需的特殊准备工作。

5. 施工总进度计划

对全项目的所有工程项目作出时间上的安排,从而确定各个施工项目及其主要工种、各项准备工作和整个工程的施工期限以及它们相应的开、竣工日期,从而确定施工现场各种资源的需要量和调配情况,以及现场临时设施的数量,水电供应情况和能源、交通的需要量等。

6. 合同标段任务划分与总、分包单位的关系,各单位工程衔接

在明确施工项目管理体制、机构的条件下,划分各合同标段参与施工的各单位工作任务,明确总包与分包的关系,建立施工现场统一的组织领导机构、职能部门,确定综合的和专业化的施工组织,明确各单位之间分工与协作的关系,划分施工阶段,确定各单位分期分批的主攻项目和穿插项目。

7. 材料、构件、成品、半成品及船机设备、劳动力使用计划

在施工总进度计划编好以后,就可以编制各种主要资源的需要量计划。

8. 施工总平面布置图

根据拟建工程的特点和施工条件,按照施工部署和施工进度计划的要求,对施工期间所需的大型临时工程在施工区域作出的统筹规划和合理安排。

9. 大型临时工程

主要包括混凝土、模板、钢筋等加工系统生产能力及布置的设计,仓库、临时房屋的设计,交通运输、动力给排水管线以及其他施工设施的数量、布置的设计。

10. 施工技术措施计划

主要包括技术组织措施、质量保证措施、安全施工措施、环境保护措施、文明施工措施及应急预案的编制等计划。

11. 技术经济指标

主要包括项目工期、劳动生产率、项目工程质量、项目施工成本、项目施工安全、机械化程度、预制化程度、暂设工程等指标内容。

(二)单位工程施工组织设计的内容

由于建设单位(业主)通常采用工程招标投标的方式择优选择施工单位(承包人),施工企

业中标后才能获得施工合同。故施工组织设计包括两种形式：一种是投标之前编制施工组织设计，用以编制投标书的依据（标前施工组织设计）；另一种是签订合同后的施工组织设计，用以指导施工准备、开工、施工、直到交工验收的全过程（标后施工组织设计）（图10-1-1）。

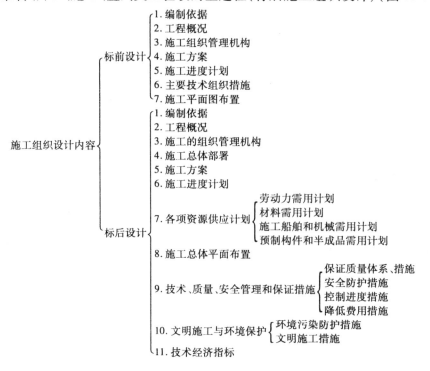

图10-1-1 标前、标后施工组织设计的内容系统图

现就以单位工程施工组织设计为主，对标后施工组织设计的内容进行一般性说明。

单位工程施工组织设计内容主要包括：编制依据、工程概况、施工管理组织管理机构、施工总体部署及施工方案设计、施工进度计划、各种资源需要量计划、施工总体布置（含临时工程及临时加工厂）、技术质量安全管理和保证措施、文明施工与环境保护等几部分。

1. 编制依据

包括招标文件、工程承包合同、设计文件、施工规范和验收标准等有关文件、会议纪要等。

2. 工程概况

（1）工程建设概况

主要说明：拟建工程的地点、建设单位、设计单位、监理单位、施工单位；工程名称、性质、用途、作用和建设目的，资金来源及工程投资额、开工竣工日期；施工图纸情况、施工合同、主管部门的有关文件或要求，以及组织施工的指导思想等。

（2）工程施工概况

这部分内容主要是根据施工图纸，结合调查资料，简练地概括拟建工程的全貌，综合分析其施工条件，并进行突出重点的问题介绍。对新结构、新材料、新技术、新工艺及施工的难点应重点说明，具体内容如下。

①建筑结构的特点

主要说明主体结构的类型、特征，一般辅以拟建工程的平、立、侧面图，让人了解结构的轮廓尺寸。有的还附主要工程量一览表,以说明主要工程的任务量。

②建设地点的特征

主要说明施工地区的地形、地质、气象、水文,工程用地,障碍物、环境问题,有关的其他工程等情况,以作为制订施工方案,编制施工进度计划,设计施工平面图的依据。

③施工条件

主要说明:施工现场的"三通一平"情况,工地周围环境情况;当地的交通运输条件,预制构件生产及供应情况;项目经理部(或施工企业)的船机设备,劳动力的落实情况;内部承包方式,劳动组织形式及施工管理水平;现场临时设施、供水供电问题的解决途径等。

3. 施工的组织管理机构

项目部组织机构及主要成员、管理网络图。

4. 施工总体部署及施工方案设计

(1) 施工总体部署

叙述整个工程施工的总体设想和安排,各单位工程和重要建筑物的施工顺序及相互之间的前后和连接关系;主要施工任务的组织分工和施工队伍的安排;劳动力的配备;施工船机的配备;预制构件的加工和运输;分期分批交工项目的安排;单位工程和分部分项工程的划分;临时设施的安排。画出施工总流程图。

(2) 施工方案的拟定

①确定施工顺序、划分施工段:根据拟建工程的结构类型、特点、施工方法和自然条件、施工条件等,对拟建工程各工序间的相互衔接和开竣工时间作统筹安排,并将拟建对象在平面上划分成几个劳动量大致相等的施工段落。

②施工方法和施工机械的选择:针对工程中所遇到的不同情况,采取不同的对策。具体的施工方法见相关水运工程施工技术的参考书籍。对主体工程,需经过技术经济比较,择优选定施工方案。一个先进而切实可行的施工方案,对加快工程进度、降低工程成本及提高工程质量有着重要作用,只有确定了施工方案后,才能确定出施工机械的形式及其需要量、劳动力需要量等。

5. 施工进度计划

施工进度计划是在既定施工方案的基础上,根据规定工期和各种资源供应条件,按照施工过程的合理顺序及施工组织原则,用横道图或网络图,对一个工程从开始施工到工程全部竣工,确定其全部施工过程及分阶段进度节点要求,在时间上和空间上的安排和相互配合关系。合理的施工进度计划,对保证工程按期或提前完成,合理使用资金,消除施工中的混乱和浪费现象,降低工程成本和节省劳力、材料、机械设备等都起着重要作用。

6. 各种资源需要量计划

为了确保施工的顺利进行,在施工组织设计中,必须提出专门的技术供应与生活供应计划。

(1) 技术供应计划包括:劳动力需要量,主要建筑材料及零配件需要量,施工主要船舶机械具体使用计划及运输机械、设备与工具等需要量,成品、半成品加工及使用计划(包括混凝土预制构件及其他加工件)。

(2) 生活供应计划包括:粮食及燃料需要量,其他生活必需品及劳保用品需要量等。

以上的需要量是根据施工进度计划及定额指标编制的。生活供应主要按照人数、供应天数及供应标准而定。

7.施工总体布置及总体布置图

其主要任务是合理解决施工场地的布置问题:按照施工方案和施工进度的要求,对施工现场的生产生活设施、道路交通、临时码头、避风锚地、临时水电管线等作出合理的规划布置,从而正确处理各临时设施和永久建筑、拟建工程之间的空间关系。

将施工总体布置的成果标示在一定比例尺的施工地区地形图上,称为施工总体平面布置图。它是施工组织设计的主要成果之一。

在施工现场,有不少为施工而设立的临时工程设施和附属企业,如大型临时工程中的导流建筑物(围堰)、临时码头、出运构件滑道、测量平台、水上标志、仓库、各类附属企业,临时设施计划如行政管理与生活用房、运输组织及风、水、电供应及施工结构计划(包括重要模板设计)等。在施工组织设计中,必须对主要的临时设施进行专门的规划设计。

8.技术、质量、安全管理和保证措施

(1)建立技术质量安全管理体系。

(2)为确保工程质量,必须根据工程实际情况,有针对性地提出相应的质量保证措施。

(3)安全技术措施要从具体工程的结构特征、施工条件、技术要求和安全生产的需要出发,如水上作业、高空作业、夜间作业、潜水作业、立体交叉作业等,编写安全措施。

(4)冬期、夏期和雨期施工,应根据实际天气情况,按规范、设计要求制订技术措施。

9.文明施工与环境保护

文明施工与环境保护按有关规定结合现场施工情况制订。

10.主要技术经济指标

主要技术经济指标有质量技术指标、安全事故指标、成本控制指标、利润指标等。

三、施工组织设计的编制原则和编制程序

(一)施工组织设计的编制原则

施工组织设计的编制一般要遵循以下原则:

(1)认真执行基本建设程序,满足施工管理全过程的需要。

(2)必须按照合同规定的施工期限,在保证满足设计要求的工程质量和安全施工的前提下,以尽可能快的速度完成或提前完成工程施工任务,并交付使用。

(3)遵循施工工艺及技术规律,按照各个分项工程规定的合理施工顺序和期限,依次将人力、物力集中使用,保证重点,统筹安排,特别要注意集中力量进行主体工程和对工程进度起控制作用的项目的施工;要综合组织不同工种之间的平行施工和流水施工,以加快施工进度。

(4)根据季节特点科学地安排施工项目,保证全年施工的均衡性和连续性。要注意冬季、夏季和雨季工程施工的组织,尽量减少在这些季节里进行施工的附加费用。

(5)采用流水施工方法和网络计划技术,组织有节奏、均衡、连续的施工。

(6)在选择施工方案时,尽量采用国内外先进的施工技术和机械化施工,减轻劳动强度,提高施工效率。

(7)做好人力、物力的综合平衡,尽量压缩施工高峰,力争均衡施工。

(8)尽量减少临时建筑工程量,合理储备物资,减少物资运输量;科学布置施工平面图,保证水、电、交通道路的畅通,方便生产和生活。可提前修建永久性结构物(如仓库、道路、供电、供水系统等)和房屋,特别对施工临时加工厂与生活用房,应与以后该地区建设事业的发展和工程管理的要求统一考虑,以便工程竣工后,仍能继续使用。

(二)施工组织设计编制的程序

编制正确的施工组织设计必须从调查研究入手,掌握施工的具体条件和施工对象的情况,掌握国家有关的规范、定额、规程、规定,有关技术革新成果、各地施工的先进经验以及"类似工程"的经验资料等,在此基础上着手编制施工组织设计。各类施工组织设计的编制程序大体相同,只是繁简程度有所差异。

图 10-1-2、图 10-1-3 分别是施工组织总设计和单位工程施工组织设计的编制程序框图。

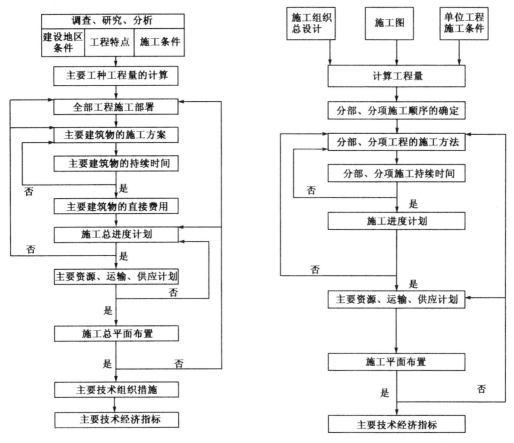

图 10-1-2 施工组织总设计编制程序　　图 10-1-3 单位工程施工组织设计编制程序

一般编制程序如下:

(1)分析设计资料,计算工程量。

编制施工组织总体设计时,不要求精确而全面地计算,通常根据概算指标或类似工程计算即可。编制单位工程施工组织设计时,则必须根据图纸和较为准确的定额资料进行精确地计算,以保证劳动力和资源需要量计算得正确和合理组织分段分层流水施工。

(2)确定施工方案和施工方法。

编制施工组织总设计时,拟定施工总方案,对重大问题作出原则规定,如主体工程施工方案等。编制单位工程施工组织设计时,则需要进一步具体化:施工顺序的安排和流水段的划分,主要分部分项工程的施工方法和施工机械的选择;保证质量和安全等各种技术组织措施进行研究和确定。

(3)编制施工进度计划。

编制施工组织总设计时,要确定施工顺序并根据有关资料编制施工进度计划。编制单位工程施工组织设计时,按工期要求、工程量、企业定额指标、施工方法,确定劳动力和机械的具体需要量以及各施工项目的施工时间,排出施工进度计划。

(4)根据施工进度计划,计算劳动力和各项资源的需要量及确定供应计划。

(5)设计施工现场的各项业务和搞好各项平衡。

编制施工组织总设计时,要设计施工现场的水电、道路、仓库、附属生产企业和临时建筑业务。编制单位工程施工组织设计时,要平衡劳动力、材料物资和施工机械的需要量并修正进度计划,以使劳动力的利用和物资的供应更为合理。

(6)设计施工总平面图。

(7)制订工期、质量、安全、环保、文明施工措施计划,确定施工组织设计的技术经济指标。

(8)编制说明书。

(三)施工组织设计编制期限及审批

1. 施工组织设计编制期限

施工组织设计,必须按照有关规定在一定期限内编制完成。

(1)标前施工组织设计:购买招标文件后开始编制,在递送标书前完成。

(2)标后施工组织设计的完成时间,工程施工承包合同有规定的按合同规定;一般情况下,一般工程在收齐施工图纸后40d内完成,重大工程在收齐施工图纸后3个月内编制完成。

2. 施工组织设计的审批

施工组织设计编制完成后,必须按照有关规定经主管部门审批。各施工标段的实施性施工组织设计经项目经理审查后,须报施工企业技术负责人审定、业主或业主委托监理单位审批。一经批准,即成为指导施工活动的技术经济文件,必须认真贯彻执行;同时,还应及时检查,发现问题及时对施工组织设计加以调整、修改,重新予以平衡。

第二节 施工进度计划

一、施工进度计划的任务和种类

(一)施工进度计划的任务

施工进度计划是施工组织设计的重要组成部分。编制施工进度计划的目的是:结合工程的具体情况,在规定的建设期限内,确定工程项目的施工顺序及各项工程(工序)的开工竣工日期,完成合同要求的工程内容。在施工管理期间,施工进度计划就是指导和组织整个工地进行施工的依据,可以将各项施工工作组织成一个有机的统一体,使整个工程有计划、有组织、有节奏和均衡地进行。

施工中所需要的各项资金,各种劳动力、机具设备、材料和各项临时设施以及工地应配备的附属企业等的数量、生产规模,都要根据施工进度计划来决定。而且通过施工进度计划的执行,可以消除施工中的混乱、脱节现象,使人力、物力和财力得到合理使用,达到保证工程质量、按期完工、降低工程成本的目的。

(二)施工进度计划的种类

施工进度计划有总进度计划和单项(位)工程进度计划两种。

1.总进度计划

总进度计划是以整个建设项目为施工对象,以项目整体交付使用时间为目标的施工进度计划。

总进度计划根据工程合同规定的建设期限,确定整个建设工程中各单项工程(包括准备工程和收尾工程)的施工顺序、开工竣工日期、计算并总的平衡施工方面的一些主要指标,如工程量、劳动力、机具设备的需要量,水电消耗及投资分配等。总进度计划力求执行的合理性、可能性,以供业主或监理单位审批。

总进度计划在初步设计阶段编制,拟定轮廓总进度计划,分析整个工程的主次,确定关键工程的施工程序,合理安排施工分期,协调各单项工程的施工进度,提出各施工阶段的中心任务,以便使各单项工程进度前后兼顾、互相衔接、均衡施工。在技术设计阶段,施工总进度计划是根据单项工程进度计划进行调整和修正的,其内容和深度更细、更深。

2.单项(位)工程施工进度计划

它是对主要单项工程(如码头、船闸、船坞、防波堤等)编制施工进度计划。它是根据批准的初步设计、施工总进度计划规定的单项(位)工程的施工期限,具体安排该工程的各分部工程(结构部位)和工种的施工顺序及起止日期(包括准备工作),组织流水施工,要求进一步从施工方法和技术供应等方面论证施工进度的合理性、可能性,并研究加快施工进度、降低工程成本的具体方法,根据单项工程进度计划对总进度计划进行调整和修正,并编制各种物资、劳动力的技术供应计划。

单项(位)工程进度计划一般是在技术设计和施工图阶段编制的。对工程项目少的单个建筑物或任务紧迫的工程,亦可提前编制。

由于施工进度计划是施工组织设计文件的重要组成部分,不同阶段所编制的施工组织设计有其不同的具体任务和要求,因此总进度计划与单项(位)工程进度计划应和它们所处的设计、施工阶段相适应。

3.施工进度计划的表示方法

施工进度计划有横道图和网络图两种表示方法。

横道图法(表10-2-1),即用日程表的形式反映工程进度的安排,表中反映了每一个必须完成的工程项目、工程量、工期和它的施工顺序。线条反映了工程的开工、竣工日期以及在线条所表示的工期内应完成的工程量。按照这个日程表,各项施工工作即可以较严密地组织成一个有机的统一体,为顺利完成各项施工任务创造了条件。用横道图法编制的进度计划,其优点是十分直观,一看就懂,便于检查,便于计算(计算每天的人力、物力资源需要量),缺点是看不清各工序的前后联系和互相制约的关系。

某高桩码头单位工程施工进度计划　　　　表 10-2-1

序号	工程项目	单位	工程量	施工进度 20××年 8-12月	20××年 1-12月	20××年 1-7月
1	码头下挖泥	m³	14 000	■(8-9)		
2	制钢管桩	根	575	■■■(9-12)		
3	打设钢管桩	根	575	■■■(10-12)	■(1-2)	
4	混凝土构件预制	m³	14 547	■■(11-12)	■■■■■■■■■(1-9)	
5	现浇下节点混凝土	只/m³	289/6 579		■■■■■■■■(1-8)	
6	安装预制梁	根/m³	443/9 666		■■■■■■■■(2-9)	
7	安装面板	块/m³	859/4 881		■ ■ ■ ■ ■ ■(2-12,间断)	■(1)
8	现浇上节点混凝土	只/m³	289/10 507		■ ■ ■ ■ ■(3-12,间断)	■(1-2)
9	现浇面板	块/m³	51/1 284		■ ■ ■(4-10,间断)	
10	现浇梁顶及面层混凝土	m³	1 657		■ ■ ■ ■(4-12,间断)	■(1-3)
11	安装护弦	组	109		■ ■ ■ ■(5-12,间断)	■ ■(1-5)
12	安装系船柱	只	164		■ ■ ■(7-12,间断)	■ ■(1-5)
13	安装铁梯栏杆	t	35		■ ■ ■ ■(5-12,间断)	■ ■(1-5)
14	码头岸坡抛石	m³	1 350		■■■■■■■■■■■■(1-12)	
15	装修					■■(5-7)

网络法来安排进度计划,是把整个计划表达为一个网状模型,以此表达工序之间的逻辑关系,使工序安排得更严密,同时能抓住关键性问题,挖掘潜力,按期完工。而且能根据实际情况,选择最优的计划方案。图 10-2-1 为采用网络法表示的进度计划。

二、施工进度计划的编制

(一)施工进度计划的编制依据和基本要求

1.编制依据

编制施工进度计划之前,需要收集下列基本资料:

(1)建设单位或业主以及工程发包合同规定的建设进度要求,各项技术经济指标及对该工程的有关指示文件。

(2)设计文件及经济技术文件,包括工程的规划设计成果,主要建筑物的设计图纸,概预算文件和各项工程定额、规范、资料。

(3)工程勘测和技术经济调查资料,包括水文、气象、地形、地质、水文地质等自然条件,以及工程所在地区的经济调查资料。

(4)交通运输和技术供应的基本条件,主要包括对外交通方式,运输能力及发展情况,劳动力,材料、机械设备等的供应情况,以及施工用水、用电供应等有关资料。

(5)已经确定的主要分部(分项)工程的施工方案,包括施工顺序、施工段划分、施工方法。

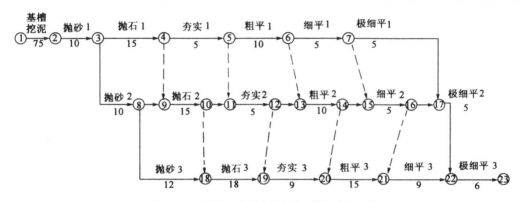

图 10-2-1　某重力式码头基床施工网络进度计划

2.编制基本要求

编制施工进度计划时,需考虑并满足以下各项要求:

(1)保证工程如期完工,按期移交投产。

(2)最大限度地组织平行流水施工,加快施工进度。

(3)合理安排,尽量使各项工程在最有利的条件下进行施工(例如尽量减少混凝土工程的冬季施工,尽量利用枯水季节进行基坑工作等)。

(4)工地所拥有的员工总人数和主要工种工人数尽可能保持固定或均衡变动,避免出现高峰;所使用的机械设备、材料和水电等的数量亦应当保持均衡。

(5)减少临时工程费用和资金的积压。在安排进度时,应尽可能提前修建可以为施工服务的永久性建筑物;应集中使用资金,使资金能在短期内发挥效益。

(6)满足安全施工的要求,如高空作业或复杂的起重安装工作,不宜安排在夜间施工等。

(二)编制施工进度计划的步骤

1.研究设计资料,分析施工条件

(1)气温和降雨条件

根据以往资料,对实测的气温、降雨等资料,分别统计不同的日平均气温和不同的降雨量(即每天的降雨强度)出现天数(表10-2-2)。对各种要求不同的工程分别进行分析,根据分析,可合理选择有效施工天数和采用特殊的施工措施(如混凝土工程的冬、雨、夏季施工措施等)。最后,将施工有效天数的分析统计列入表10-2-3。

各月不同日平均气温和各月不同降雨出现天数统计表（d）　　表 10-2-2

工程项目名称	施工方案	施工条件	月份	1	2	3	4	5	6	7	8	9	10	11	12	全年总计	月平均天数
××工程			原有天数	31	28	31	30	31	30	31	31	30	31	30	31	365	30.4
			除去节假日后净天数	22	19	21	22	20	22	21	23	22	19	22	21	254	21.17
	自然施工	1. 日平均温度低于5℃或气温低于−5℃时停工；2. 日平均温度高于30℃时停工；3. 降雨强度大于10mm/h时停工	施工有效天数														
	采取冬季施工措施	日平均温度低于−20℃时停工	施工有效天数														
	采取冬雨季和夏季作业措施	可以全年连续施工	施工有效天数	22	19	21	22	20	22	21	23	22	19	22	21	254	21.17

施工有效天数统计表（d）　　表 10-2-3

顺序	项目 月份	1	2	3	4	5	6	7	8	9	10	11	12	全年
1	每月实有天数	31	28	31	30	31	30	31	31	30	31	30	31	365
2	法定节假日	9	9	10	8	11	8	10	8	8	12	8	10	111
3	平均温度≤0℃													
4	平均温度≤5℃													
5	平均温度≥30℃													
6	平均降雨量≤5mm													
7	平均降雨量≤5mm													
8	平均降雨量≤5mm													
9	平均降雨量≤5mm													
10	平均降雨量≤5mm													

（2）水文及径流条件

包括水位、流量、潮汐和波浪的过程线与频率资料，以便统计有效施工时间。

此外，流速、风等资料对海上施工影响也较大，在分析资料过程中，也应当予以考虑。

尤其是内河施工时，水位过程线是确定一些分部（分项）工程开、竣工日期的关键。如桩式码头的引桥紧靠岸的一排桩必须趁高水位施工；而其栈桥桩帽（或下横梁）浇筑又必须趁低水位进行。

2. 分列工程项目，计算工程量

（1）分列工程项目

在编制工程总施工进度计划时，除列出整个工程中的各单项工程外，还应列出准备工程项目、各项辅助设施和结束工作,以及工程建设所必需的其他项目等。

对于单项(位)工程进度计划,应根据施工图纸和施工工艺顺序,把拟建工程的各个分部(分项)工程分别列出(也称划分施工过程),并填入施工进度计划表的工程项目名称栏内。分列工程项目主要依据建筑物的性质及特点和既定的施工方案来进行。如桩式码头施工,可按表 10-2-1 工程项目栏中所列内容来分列工程项目。

在分列工程项目时,应突出主导工程项目,对一些次要项目,也可作必要的归并,重要的是不能漏列、重列和错列项目。直接在拟建工程工作面上施工的项目,必须列入计划内,而在拟建工程工作面之外完成施工的项目(如预制构件的生产),则可不列入施工进度计划之内,但应注明在使用前运入施工现场。

另外,项目划分的详细程度,应与预算定额中的工程项目名称和单位相适应。

(2)计算工程量,编制施工项目工程量一览表

列出工程项目后,即可根据设计图纸及有关工程量的计算规则,逐项计算工程量。

对于总进度计划,在未作出各种建筑物的详细设计时,只能根据类似的工程或概算指标,大略估算工程量。

当编制施工进度计划时已有编制好的预算文件,并且两者基本一致时,则可直接利用预算中的工程量;若有些出入,则需调整、重算。计算工程量时,应注意以下几个问题:

①各分部分项工程的计量单位应与采用的定额计量单位一致,以便计算劳动力、材料、船机数量时直接套用定额,尽量减少换算。

②结合各分部分项工程的施工方法和技术要求计算工程量。

③结合施工组织的要求,分层、分段地计算工程量。

计算工程量通常采用列表的方式进行,如表 10-2-4 所示。

××高桩式码头混凝土工程量表　　　　　　　　　　表 10-2-4

序号	预制构件						序号	现浇部分				
	构件名称	单位	数量	混凝土总方量(m^3)	混凝土强度等级	使用日期		现浇部位名称	单位	数量	混凝土总方量(m^3)	混凝土强度等级
1	码头纵梁	根	120	240.48	C25		1	平台上横梁	根	266	2 266.83	C25
2	码头边梁	根	120	221.44	C25		2	平台下横梁	根	266	144.28	C25
3	平台后边梁	根	132	129.86	C25		3	码头下横梁	根	92	1 310.15	C30
4	码头边梁	根	232	154.04	C25		4	码头上横梁	根	92	798.61	C30
5	简支板	块	332	520.16	C25		5	平台后边梁			29.81	C25
6	简支板	块	264	201.41	C25		6	面板			3 928.70	C25
7	预制合计			1 467.40			7	磨耗层			818.53	C25
8	委托城建局水泥制品厂			561.7	C25		8	护轮坎			38.50	C25
9	电缆槽盖板	块	2 378	445.22	C25		9	码头现浇合计			9 335.41	
							10	挡土墙	m	253	1 487.75	C20
							11	道路堆场	m^2	43 242	7 648	C25
							12	电缆槽垫层	m	2 240	136.55	C10
							13	电缆沟身	m	2 240	918.02	C20

3.确定劳动工日数和船机台(艘)班数

其目的是计算出完成各分部分项工程各自所需要的工日数和台(艘)班数。

列出工程项目,并计算出相应的工程量后,便根据既定的施工方案、现行的水运工程施工定额,并考虑当地实际施工水平,分别对工程项目的劳动量和船机台班需要量进行计算。其计算公式为:

$$P = Q/S \quad (\text{工日或台班}) \tag{10-2-1}$$

或

$$P = QE \quad (\text{工日或台班}) \tag{10-2-2}$$

式中:P——劳动量或船机台班需要量(工日或台班);

S——产量定额(工人或船机)(m^3/工日,t/艘班);

E——时间定额(工日/t,台班/m^3);

Q——工程数量(m^3,t)。

【例10-2-1】 船闸闸室基坑开挖的土方工程量为 56 000m^3,用 1.0m^3 正向铲挖土机开挖Ⅱ类土,其工作内容为:挖土机就位、开挖工作面、挖土、沿工作面移位及清理工作面等。查《沿海港口建设工程概预算定额》为 0.17 台班/100m^3,则采用机械开挖时所需的机械台班量为:

$$56\,000 \times (0.17/100) = 95.2(\text{台班})$$

若采用人工开挖,工作内容为将土挖松、装入盛土器、修整边底,挖运土方尚包括运土、卸土、空回等,用双轮车运卸,运距在50m以内,查定额为0.233工日/m^3,则所需劳动工日数为:

$$56\,000 \times 0.233 = 13\,048(\text{工日})$$

4.确定各分部分项工程的施工持续天数、每天的船机需要量和需要的工人人数

首先,要进行工作班制的选择。根据建筑施工的特点,通常多采用一班(即1d工作8小时)制。采用大型船机施工的一些分部分项工程,为了充分发挥船机效能,可选择二班制。一般情况都应尽量避免采用三班制,以便为船机的保养和检修留有必要的时间,当某些分部分项工程为保证施工质量或在施工技术操作规程中明确规定必须连续施工时(如基础混凝土浇筑等工作),或重点工程要求迅速建成投产时,需安排三班制。此时要切实做好施工准备,组织好劳力和物资供应,并制订保证工程质量和施工安全的技术措施。

其次,是按照工期的不同要求和施工条件的差异,分以下两种方法进行计算。

方法1:根据施工单位现有的人力、船机能力以及工作面的大小,安排各分部分项工程的持续天数。其计算公式为:

$$D = \frac{P}{RN} \tag{10-2-3}$$

式中:D——完成某分部分项工程的施工天数(d);

P——该工程的劳动工日数(工日)或船机台班数(台班);

R——每班安排在某分部分项工程上的劳动力人数和船机台数;

N——每天的工作班数。

仍以上述船闸闸室基坑土方开挖为例。施工单位有1m^3的正向铲挖土机2台,采用两班制工作,已知完成土方开挖的机械台班数为95.2(台班),则施工持续天数为:

$$\frac{95.2}{2\times 2}=23.8(\mathrm{d})$$

若以人工挖土,每班有土工 100 人,采用二班制,则施工持续天数为:

$$\frac{13\,048}{2\times 100}=65.24(\mathrm{d})$$

方法 2:根据工期要求,倒排进度,确定作业人数和船机台(艘)数。

首先,根据合同规定的工期,初步确定各分部分项工程的施工持续天数,再按各分部分项工程所需的劳动工日数和船机台(艘)班数,确定每个分部分项工程和每个班所需的工人人数和船机台(艘)数。其计算公式为:

$$R=\frac{P}{DN} \tag{10-2-4}$$

式中,各符号意义同式(10-2-3)中符号意义。

两种计算方法中,一般可按方法 2 计算,再按方法 1 进行调整。

如前例,按工期要求,土方开挖必须在 15d 内完成,仍采用二班制,则每天需要的机械台数(取整)为:

$$\frac{95.2}{15\times 2}=3(台)$$

5. 安排施工顺序,草拟轮廓进度计划

安排施工顺序时,应本着"先主体、后辅助,先重点、后一般,先基础、后上部,先水下、后水上,先土建、后设备安装,保质量、保竣工、保投产"的原则进行。

(1)编制总进度计划时,首先应根据总工期的要求,安排各单项工程(包括准备与结束工作)的施工顺序。在安排中,要抓住关键,分清主次,合理安排。主要建筑物应尽早施工,并照顾到辅助工程的配套工作,以保证各建筑物分批投入使用。

施工顺序安排后,参照现有的施工经验和施工强度指标,草拟轮廓进度计划。在草拟轮廓进度计划中应先安排主要的控制性项目,构成整个进度的骨干,再将其他工程项目配合安排,即可拟成施工总进度计划。

(2)编制单项工程进度计划时,首先应对工程设计和施工条件进行分析,从而确定各控制性项目的施工顺序,然后根据类似工程的经验,组织它们的平行流水施工,草拟控制性项目进度计划。

6. 改进施工方法,修改控制进度,编制进度计划的初步方案

各分部分项工程施工持续时间确定后,即可按照草拟轮廓施工进度计划中确定的各分部分项工程的施工顺序,开始编制施工进度计划的初始方案。在编制时应注意以下两点:

(1)先考虑主导分部分项工程的施工进度,使其尽可能连续施工,其余分部分项工程应配合主导分部分项工程进行。

工程工期的计算按照主导分部分项工程工作持续天数计算,并考虑工作的重叠。另外,同一时期开工的项目不应过多,以免人力物力过分集中或分散。

(2)应充分估计出材料、设备等到货情况,务使每个分部分项工程的施工(施工准备、水下施工、水上工程、主体和辅助工程等)能相互配合、合理衔接;应力求做到连续、均衡地流水施工。同时应考虑内河的水位变化,海洋潮汐、台风、波浪等因素的影响。既使主要分部分项工

程实行流水施工,又注意整个施工过程是连续均衡地进行,并使各种资源在各个施工阶段的消耗量也大体上是均衡的。

7.通过平衡计算,确定最后的进度计划

进度计划初步方案编成后,要根据工程的施工条件、施工方法、机具设备、劳动力和材料供应以及技术质量要求等有关因素,分析论证所拟定的进度计划是否切实可行,各项进度之间是否协调。然后对主要项目的工程量、主要施工机械、施工动力和劳动力指标进行调整平衡,消除因计划不协调而出现的施工"高峰",使各项人力、物力能够得到合理的使用和安排。

检查与调整的内容主要有:

(1)总工期和各分部分项工程的施工时间是否符合合同工期,施工顺序是否与施工方案中确定的相一致,是否合理。

(2)安排的劳动力(主要工种的工人)是否满足连续、均衡施工。

(3)施工船舶机械需要量是否满足连续、均衡施工;

(4)各种材料需要量是符合供应情况,是否均衡等。

劳动力消耗的均衡情况,一般可用劳动力动态图来表示。劳动力动态图是把每个施工阶段各分部分项工程的出勤人数叠加,用一定比例表示其数量,然后逐月(或旬、周、天)连成线条即成。某工程的劳动力需要量是否均衡,可用劳动力不均衡系数 K 表示,按下式计算:

$$K = \frac{R_{max}}{R} \tag{10-2-5}$$

式中:R_{max}——劳动力动态图中单位时间内所需的最大工人数;

R——平均工人人数。

表 10-2-5 为某船闸工程施工进度计划表与相应的劳动力平衡图示意。

某船闸工程施工进度计划表 表 10-2-5

序次	项目	工程量		每天人数(人)	工期(d)	施工进度 20××年											
		单位	数量			1	2	3	4	5	6	7	8	9	10	11	12
1	准备工程			86	45	—	—										
2	船闸基坑开挖	m³	118 700	114	40		—	—									
3	引航道开挖	m³	435 760	114	125			—	—	—	—	—	—				
4	闸墙浇筑	m³	28 000	456	50				—	—							
5	回填工程	m³	511 600	144	84						—	—	—				
6	安装工程			52	42									—	—		
7	收尾工程			45	45											—	—

劳动力平衡图

人数
714
700
570
600
500
400 340
288
300 196
200 97
114 45
100 86
时间
1 2 3 4 5 6 7 8 9 10 11 12

船机利用程度的调整除了在编制进度计划时尽可能使其连续、均衡地工作外,重要的还应在施工中加强调度,实行动态管理。对用于本工程中某些利用率不高的船机而言,让其在为本工程施工服务的同时,能兼顾同工地(或附近工地)其他项目的施工需要,以提高其利用率。

由于建筑施工是一个复杂的生产过程,其施工进度计划在实施过程中将受到众多因素的影响,应随时掌握施工动态,经常检查,不断调整计划。

(三)各项资源需要量计划的编制

在单位工程施工进度计划编制完成以后,接下来依据单位工程进度计划着手编制各项资源需要量计划。各项资源需要量计划是单位工程施工进度计划的物质基础和确定建筑工地临时设施的重要依据。

1. 劳动力需要量计划

它主要用于调配劳动力,安排生活福利设施。其编制方法系将施工进度计划表内所列各分部分项工程每天(或每旬、每月)所需工人人数按工种进行汇总。计划表格式如表 10-2-6 所示。

劳动力需要量计划表　　　　　表 10-2-6

序号	工程名称	施工高峰需用人数	20××年										
			×月	×月	×月	×月	×月	×月	×月	×月	×月	×月	×月
1													
2													

2. 主要材料需要量计划

它主要为组织备料、掌握备料情况、确定仓库和堆场面积、组织运输之用。它是根据施工进度计划每天(月、旬)完成的各项目的工程量,按定额计算后,逐天(月、旬)统计填列。其格式如表 10-2-7 所示。

主要材料需要量计划表　　　　　表 10-2-7

序号	材料名称及规格	单位	数量	来源	运输方式	20××年					
						×月	×月	×月	×月	×月	×月
1											
2											

3. 主要施工船舶和机械需要量计划

根据拟用的施工方案和施工进度计划,确定施工船舶和机械的类型、数量、进退场时间,编制船机需要量计划。一般是把施工进度计划表中每一分部分项工程、每天(月、旬)所需的船机类型、数量和施工时间进行汇总填列。其格式如表 10-2-8 所示。

主要船机需要量计划表　　　　　表 10-2-8

序号	船舶或机具名称及规格	数量		使用期限		月份需要量					
		台班	台量	开始日期	完成日期	×月	×月	×月	×月	×月	×月
1											
2											

各种资源的需要量计划亦可采用横道图表示。

第三节 施工方案的设计

施工方案是施工单位针对拟建工程的施工特点,根据当时施工技术水平和具体施工条件及过去的施工经验,对该工程所确定的施工方法及相应的技术组织措施。施工方案设计是单位工程施工组织设计的核心问题。施工方案合理与否将直接影响工程的施工效率、质量、工期和技术经济效果,因此,必须引起足够重视。

由于施工方案在设计中必然牵涉不同的施工技术,每一项工程的施工特点也有所不同,因此每一项工程施工方案的设计所采用的施工技术、工艺流程没有完全相同的,对于水运工程来说尤甚,故本章着重介绍施工方案设计中的一般工作流程及相应内容,至于施工技术方面,可以参考水运工程施工技术等参考书籍。

施工方案的设计一般包括施工顺序的安排和流水段的划分、主要分部分项工程的施工方法和施工船机的选择、保证质量和安全的技术组织措施等。

一、确定施工顺序,划分施工段

(一)确定施工顺序

施工顺序是项目经理部根据拟建工程的结构类型、特点、自然条件、施工方法和施工条件等,对拟建工程各工序间的相互衔接和开竣工时间作出的统筹安排。

在安排施工顺序时,一般应遵循"先基础、后上部,先水下、后陆上,先土建、后设备安装,先主体、后辅助工程"的原则。同时,由于建筑施工是一个复杂的过程,拟建工程的结构形式、自然条件、施工条件和施工方法等均会对施工顺序的安排产生一定的影响。因此,确定每一个单位工程的施工顺序时,除遵循上述原则外,还应综合考虑下列因素的影响。

(1)必须符合施工工艺的要求。如在桩式码头施工中,只有当沉桩完毕,才能进行桩帽(或下横梁)浇筑。

(2)须与拟定的施工方法一致。如码头下面的抛填若采用水上抛填法施工,则必须在上部结构施工之前完成,若用陆上抛填施工,可在上部结构施工中穿插进行。

(3)必须考虑工程质量和施工安全的要求。如码头施工中的水下挖泥,一般情况下水下挖泥应在桩基施工之前进行,但有时为了岸坡稳定问题,需分期挖泥。留下一部分在桩基施工完了之后进行。又如,在板桩码头施工中,为了保证回填物压实和拉杆受力均匀,回填和拉杆安装都不能一步到位,回填要分三个阶段进行,而拉杆安装需分两步到位。

(4)必须符合施工组织的要求。如安排码头面层浇筑与码头后方场地面层浇筑,其先后顺序应按照项目部的施工组织要求进行。

(5)必须考虑自然条件的影响。如在内河修建桩式码头时,引桥靠岸的桩必须考虑打桩船的吃水深度,一般是趁高水位施打;而栈桥桩帽(或下横梁)浇筑又必须趁最低水位进行;码头后方防汛墙施工要考虑汛期防洪的要求;码头后方的土方回填应避开雨季进行等。在确定施工顺序时必须考虑这些因素。

(二)划分施工段

当施工顺序确定之后,为组织流水施工,还应将拟建对象在平面上划分成几个劳动量大致相等的施工段落,也就是划分施工段。然而,对于大多数中小型水运工程施工项目来说,划分施工段还应按以下方法及步骤进行。

(1)根据拟建项目的主要工程量、企业施工定额和总工期,计算出月平均劳动工日数和月平均施工船机台班数。

(2)明确主要工序的时间控制点,以确定同期并行施工的主要工序。如在内河码头施工中,栈桥桩帽(或下横梁)施工必须趁枯水位进行;而防汛墙施工也应在汛期到来之前结束,这二者便是同期并行施工的工序。

(3)将同期并行施工主要工序中的应消耗劳动工日数(或施工船机台班数)进行叠加,并将其与已求出的这两种资源消耗的月平均值进行比较,尽可能使其与月平均值接近。当所求出的某一阶段所消耗的劳动工日数(或施工船机台班数)大大高出(或低于)月平均值时,可应用网络计划技术中工期固定—资源优化的原理对其进行优化,以消除峰值。在此基础上,最后明确同期并行施工的主要工序。

(4)在已确定的同期并行施工的主要工序中,根据劳动力和施工船机在这些工序中的消耗状况,按照前述划分施工段的基本原则来分别对这些同期并行施工的主要工序划分施工段,组织流水施工。

其中,中小型水运工程的施工,因其工序多而杂,参加施工的工种和船机相应较多,加上其受自然条件及社会环境制约的因素多,关键工序的时间性强,故一般以整个工地参与施工的主要工种和船机设备构成的专业工作队来组织综合性流水。因而,施工段划分得比较粗略,实施中,能使整个施工过程和主要资源的消耗大致连续、均衡即可。特别是桩式码头工程施工中的桩基施工、梁板安装等工序,因其施工时间连续集中,独立性强,而通常不必划分施工段。

二、选择施工方法和施工船机

(一)主要分部(分项)工程的施工方法选择

选择施工方法是施工方案设计中的关键问题。它直接影响施工进度、施工质量和安全、成本等项目管理目标的实现。因此,在编制单位工程施工组织设计时,必须对此十分重视。

选择施工方法时,应着重考虑影响整个单位工程施工的主要分部(分项)工程。包括:①工程量大且在单位工程中占重要地位的分部(分项)工程;②施工技术复杂或采用新技术、新工艺、新材料、新结构的分部(分项)工程;③对工程质量起关键作用的分部(分项)工程;④本施工单位不熟悉的特殊结构的分部(分项)工程或由一些专业施工单位施工的特殊专业工程等。而对于按照常规做法和工人熟悉的分部(分项)工程,则不必详细拟定,只要提出应注意的特殊问题即可。

随着建筑施工技术的进步,介绍各类建筑工程施工方法和施工经验的书刊已很多,这为编制施工组织设计时选择合理的施工方法创造了十分有利的条件。但是,由于建筑产品及其生产的特点所致,任何拟建工程项目的施工都不可能照搬过去的经验。已有的施工方法对待定的施工方案来说,都只能起借鉴参考作用。因此,在选择施工方法时,技术人员应该注意搜集各种技术信息,尽可能借鉴别人的成功经验。同时,也要做到一切从实际出发,实事求是,因地制宜地解决施工方法选择中的各种问题。下面将水运工程施工中一些基本作业的工作内容及施工要点提示如下,以供在选择施工方法时参考。

1. 施工测量

主要包括：平面、高程控制点（线）的测量，使用仪器要求达到的精度；地形测量方法及使用的仪器；水深测量方法及使用的仪器；建筑物变形的测量要求；水平位移和沉降观测方法及要求达到的精度和使用的仪器等。其中，桩式码头桩基施工中的基线测量和桩位控制，重力式码头施工中的基槽开挖、基床整平的测量控制为水运工程施工测量中最为常见、最为复杂、最有代表性的测量方法。

2. 土石方工程

土石方工程包括开挖（爆破）、运输和填筑三个最基本的施工过程。在组织土石方工程施工时应按综合机械化原理组织施工，要特别注意三者的关系，并进行全面合理的调配平衡，以实现高工效、低运量、降低工程造价的目的。

在水运工程施工中的土石方工程有场地平整、基坑（槽）的开挖、码头（或闸墙）后的填土、基坑回填等。其施工方法选择主要包括：

(1) 根据设计图纸，用横断面法或方格网法计算土石方的工程量。

(2) 根据工程特点确定是机械施工，还是人工施工，并算出施工工期，再根据气象资料明确其开工竣工时间。

(3) 确定基坑（槽）的施工方法及放坡要求；同时明确其排除地下水和地表面水的方法，以及排水沟、集水井和井点的布置及所需设备。

(4) 石方爆破方法及所需机具和材料。

(5) 开挖、运输、回填整平、压实土石方所需机械设备的型号和数量的确定；水下挖方、抛填砂石的定位方法。

(6) 大量土石方的平衡调配，需以图表表示其分区开挖（爆破）、回填、运输的数量，并汇总编制土石方平衡调配表。

3. 地基加固工程

地基加固工程的施工方法选择主要包括：

(1) 采用排水固结法加固软基，砂垫层铺设，打设砂井或排水板，加固效果的检验。

(2) 振冲法加固地基的参数选择，施工方法及其效果检验。

(3) 强夯法加固地基，有关参数的选择，施工方法及其效果检验。

4. 水下工程

这里所指的水下工程多见于重力式码头施工中，其主要包括如下内容。

(1) 基床抛石：抛石的顺序和分层、抛石方式、抛石船驻位和导标的设立、抛石要点等。

(2) 基床夯实：夯实的有关技术参数选择、夯实船的选择、夯实船驻位和导标的设立、夯实方法及要点。现在水下夯实技术发展较快，在选择夯实方法时，应当注意水下深层爆夯技术、水下深层振冲技术等均已应用于水运工程施工中，可根据工程的具体情况选用。

(3) 基床整平：粗平、细平、极细平的方法及质量标准。

5. 桩基工程

桩基础作为深基础的一种，被常用作码头、船坞、海上平台、船闸、桥梁和房屋等工程结构的基础，因而，在水运工程中占有相当重要的地位。桩基础的种类很多，根据其制作方法不同，分为预制桩基础和现场浇制桩基础。这里将分别介绍其施工方法选择的要点。

（1）现场钻孔灌注桩基础施工

其施工要点主要包括：选择成孔方法及相应的成孔设备，根据土层分布情况明确是否需要泥浆护壁，选择混凝土拌制设备及浇灌水下混凝土的设备，明确其施工方法及质量要求。

（2）预制桩桩基础施工

其施工要点主要包括：钢筋混凝土桩及各种钢桩的制作、起吊、堆存和运输，吊点设计及吊运设备的选择，根据地质情况选择沉桩方式，根据桩径、桩长和沉桩设备的性能选择合适的沉桩设备，确定沉桩顺序，测设沉桩定位的施工基线，选择沉桩定位方法，钢筋混凝土桩吊立时桩内力复核，夹桩方法等。

其中，桩式码头施工中，水上沉桩时，根据桩长、桩径选定打桩船、打桩锤，并制作桩替打；根据打桩船的轮廓尺寸及吃水性能、沉桩区施工水位情况来确定沉桩前是否要挖泥；根据打桩船驻位图和打桩船的平面尺寸来确定沉桩顺序及如何留荐口的问题；根据码头岸线情况合理布置施工基线，以及进行有效的沉桩定位和高程控制等，是桩基施工中的重要环节。

6. 混凝土和钢筋混凝土工程

在水运工程中，混凝土和钢筋混凝土结构得到广泛应用，因而混凝土和钢筋混凝土工程施工在整个工程施工中占有十分重要的地位。同时，由于在水运工程中，混凝土或钢筋混凝土的构件、构筑物所处环境比较严酷，与一般的混凝土和钢筋混凝土相比，除对强度要求高外，尚需根据环境情况具有相应的抗冻性、抗渗性或抗蚀性的要求，以及防止钢筋锈蚀和抵抗冰凌撞击摩擦的能力。因此，对水工混凝土和钢筋混凝土的施工，要加强控制，并注意提高其整体质量。

混凝土和钢筋混凝土工程施工，主要由钢筋工程、模板工程和混凝土工程等工种组成，施工方法选择时主要包括如下内容。

（1）钢筋加工、运输和安装方法

即明确在加工厂或现场加工的成品或半成品的成型程度（如加工成单根、网片或骨架），确定除锈、调直、切断、弯曲、成型方法，确定钢筋冷拉、预加应力的方法，钢筋的焊接方法（如对焊、电弧焊、点焊）以及其运输和安装方法。在此基础上，提出加工申请计划和所需机具设备计划，并明确相应加工车间的规模。

（2）模板的设计、制作和安装

根据不同的结构类型、现场条件，来设计、制作（或选定）现浇和预制用的各种模板（如工具式钢模、木模、翻转模板，土、砖、混凝土胎模等）；进行模板的各种支承方法（如钢、木立柱、钢制托具和桁架等）和各种安装、拆除方法（如分节脱模，重叠支模，滑模、压模、拉模等）的设计；模板设计完毕后，分别列出采用的项目、部位和数量，以明确采购或加工制作的分工，并在此基础上，明确模板加工车间的规模。

模板的安装需考虑脱模剂的选用，如采用废机油、皂脚等，模板拼缝的特殊处理；挡水建筑物中模板紧固件（如对拉螺杆）的止水处理，整体吊装模板的起重机具的选用等。

（3）混凝土的拌制、运输和浇捣方法

根据工程特点确定混凝土是集中搅拌还是分散搅拌，混凝土的配合比设计，其砂石筛选、计量和后场上料方法；根据拟建项目的混凝土工程量和浇筑强度选定搅拌机的型号；根据结构类型和施工现场条件确定混凝土的输送方法；选定所需的掺和料、外加剂的品种数量；制订冬雨季、高温季节浇筑混凝土的技术措施；明确混凝土的浇筑顺序、施工缝位置、分层高度、工作班次、振捣方法和养护制度等。在此基础上，提出所需材料、机具设备计划，明确混凝土加工厂的规模。

总而言之，混凝土和钢筋混凝土工程施工应着重于模板工程的工具化和钢筋、混凝土施工的机械化。

7. 结构吊装工程

随着建筑施工机械化程度的提高，水运工程施工中构件预制装配化程度也在日益提高，结构吊装工程在水运工程施工中的地位日益重要。其施工方法选择主要包括：

(1) 按构件的外形尺寸、重量和安装高度，建筑物外形和周围环境（如施工道路、水域水深情况等），选定所需起重船机的型号和数量。

(2) 确定吊装方法，安排吊装顺序，选用相应的钩索具。

(3) 构件运输、装卸、堆放方法，以及所需的船机设备型号、数量和对运输道路、航道的要求。

(4) 采用自制设备（俗称"土法"吊装）时，应考虑自制吊装机具的规格，所需材料、配件和设备，并应进行施工结构受力计算。

最后还要强调的是，有些施工方法的选定还应以必要的设计计算为依据（如土石方工程中基坑开挖的边坡设计、石方爆破的安全距离与装药量控制计算，桩的吊点设计、沉斜桩时的桩位控制测量计算，特殊模板的设计，结构吊装中的索具计算，临时工程中的施工围堰设计等），故在施工方案的设计中，往往掺杂着大量的计算工作。计算工作量不大时，可把计算书编在正文内；如计算工作量较大，为突出重点，在施工方案正文内只附上主要计算结果，计算书可作为附录，附在正文后面备查。

(二) 选择施工船机

选择施工船机与选择施工方法是施工方案设计中一个问题的两个方面。选择施工方法必然涉及船机的选择问题，而选定了施工船机也就确定了一些项目的相应施工方法。通常，施工船机是施工企业（或项目经理部）已有的施工条件。一般情况下是先有了施工船机，后确定施工方法的。所以，这里再从如何选择施工船机的角度来讨论施工方案的设计问题。选择施工船机，应着重考虑以下几个问题。

(1) 选择施工船机时，应首先根据工程特点选择适宜的、主导工程的施工船机。如桩式码头施工中，当上部结构梁板安装任务重，而且构件单件重量大，构件又都是用船运来的，这时，便应分别选择打桩船和起重船，以利发挥两种施工船舶的生产效率；而当该工程上部结构梁板安装量不大，而且构件都是现场就地陆上预制，单件重量较轻，可用载货汽车直接运到现场安装的，这时，便选择打桩船和陆上吊车，照样可分别提高其生产效率。又如某滑道工程，桩帽及轨道梁均为预制安装，则主导工程多为起重安装，其相应的施工船机应选择起重船（或可兼作安装用的打桩船）；而某泵房工程，其主导工程为现浇钢筋混凝土工程，则相应施工机械为钢筋混凝土工程施工机械，以实现物尽其用。

(2) 各种辅助船机或运输工具应与主导船机的生产能力协调配套，以充分发挥主导船机的效率。如从构件预制厂运送桩及梁板到工地现场的运输船舶的运输能力，应与打桩船和起重船的生产能力协调配套，不致让打桩船或起重船等待预制构件施工。又如土方工程中采用汽车运土时,汽车的载重量应为挖土机斗容量的整数倍,汽车的数量应保证挖土机连续工作。

(3)在同一工地上,应力求施工船机的种类和型号尽可能少一些,以利于船机管理。为此,工程量大且分散时,宜采用多用途船机施工,如打桩船又可用于起重安装,挖土机又可用于装卸和起重。

(4)船机选择应考虑充分发挥施工单位(或项目经理部)现有船机的能力。当本单位的船机能力不能满足工程需要时,则应购置或租赁所需船机或多用船机。

综上所述,选择施工方法和施工船机,既要遵循建筑工程施工中已有的一些客观规律,严格按照各种技术规范、规程办事,又要勇于探索,在总结前人经验的基础上勇于创新,在创新中求生存,求发展;向新技术、新工艺、新结构、新材料要质量,要效益。在实际工作中尽可能做到:选择的施工方法实现其技术先进性和经济合理性的统一;选择的施工船机实现其适用性和多用性兼顾,以尽可能充分发挥施工船机的效率和提高其利用率;充分考虑施工单位的技术特点、施工习惯以及现有船机的可能利用情况。

第四节 施工总体布置

一、施工总体布置的内容

施工总体布置,就是根据拟建工程的特点和施工条件,研究解决施工期间所需的临时加工厂、交通运输、仓库堆场、动力、给排水管线以及其他施工设施等的平面和立面布置问题。因此,施工总体布置正确与否将直接影响工程成本、施工进度、施工安全和施工组织等问题。

施工总体布置的成果,需要标示在一定比例尺的施工地区地形图上,构成施工总体布置图(或称施工总平面图),它是施工组织设计的主要组成部分。

根据工程规模和复杂程度,有时除整个工地的施工总平面图以外,还有单项工程的施工现场布置图。对于工期较长的大型工程,一般还需分期绘制施工布置图以适应各期施工的需要。

通常,施工总平面图应包括以下内容:

(1)一切原有的建筑物及房屋、上下水道、道路、桥涵等设施。

(2)一切拟建的工程建筑物和永久性设施。

(3)为主体工程施工服务的一切临时性建筑物和临时性设施,其中主要有:①导流建筑物;②运输系统及其设施;③各种库场;④各种加工(生产)设施;⑤水、电和动力供应系统;⑥机械修配设施;⑦生产及生活所需的临时房屋;⑧安全防火设施等。

在进行施工总平面图设计之前,应对上述各临时设施的规模、结构形式、占地面积、平面位置等拟出具体方案,并在总体布置上统筹安排。

二、交通运输

水运工程建设施工运输量大,强度高,受自然条件和施工条件等因素影响大。因此,正确解决施工运输问题,对保证工程顺利施工和降低工程成本具有重要的意义。

(一)交通运输的形式

施工运输分外部运输(将物资器材等从外地运到工地的运输)和内部运输(在工地范围内将材料、构件和器材设备等运到建筑安装地点的运输)两部分。

1. 外部运输

外部运输方式基本上取决于施工地区原有的交通运输条件、建筑器材的运输量和运输强度、大重型器材的情况等因素,最常见的运输方式有公路运输和水路运输。

(1)当货运量不太大的情况下,多采用公路运输。

(2)水运工程多处沿海或河道两岸,在有良好的水运条件下,采用运费低、运输量大的水运方式是适宜的。有些预制构件(如钢筋混凝土预制桩,大中型方块、沉箱、扶壁等)由于尺寸大、重量大,若采用铁路或公路往往无法运输,只有靠水路才能运往施工现场。如果工程中所用的砂石料均通过水运到工地,且工地原来没有卸料码头时,临时工程中应考虑砂、石料卸货码头。码头的形式视卸货量而定,一般采用民船,配抓斗、皮带机的装卸工艺,该码头的平面位置既要避开施工水域,又尽可能与混凝土集料堆场相接。

2. 内部运输

也是施工总体布置的主要组成部分,工地的内部运输线路常见的有:①弃土及石渣运输线路;②混凝土集料运送线路;③水泥及混凝土运送线路;④钢筋、模板、混凝土构件、机械设备等运输线路;⑤施工人员的交通道路;⑥其他线路。

内部运输的方式也是多种多样,常见的有公路运输、皮带机运输等。

(二)在确定运输业务时,应解决的问题

1. 货运量的确定

货运量的计算:

$$q_i = \frac{\sum Q_i L_i}{T} K \tag{10-4-1}$$

式中:q_i——日货运量(t·km/d);

Q_i——整个单位工程的各类材料用量(t);

L_i——各类材料由发货地点到储存地点的距离(km);

T——货物所需的运输天数(d);

K——运输工作不均衡系数,铁路运输采用1.5,汽车运输采用1.2。

2. 运输方式的选择和运输工具数量的确定

运输方式的选择,取决于货运量大小、要求的运输能力、运距、货物性质及地形条件等因素。在进行充分分析研究的基础上,最后选定技术经济指标最合理并符合当地具体情况的一种或几种运输方式来完成运输任务。

运输工具需用量的计算:

$$m = \frac{QK_1}{qTnK_2} \tag{10-4-2}$$

式中：m——运输工具数量；
Q——全年度（或全季度）最大运输量（t）；
K_1——货物运输不均衡系数；
q——运输工具台班产量（t/台班）；
T——全年（或全季）的工作天数（d）；
n——日工作班数；
K_2——运输工具供应系数，一般采用0.9。

在布置内部运输线路时应注意下列问题：

(1)尽可能利用现有的运输线路或将来要建设的永久性道路，不仅使临时道路的修建费用最小，而且使物料的转运次数最少。

(2)布置的线路能较长期使用，但考虑工地布置将随工程进度而变化，所以线路的布置应有一定的灵活性，以适应工程的变化。

(3)工地内部运输线路的布置，应使工地总运输量（t·km）为最小。

(4)工地内部的、属临时性的运输道路，亦应保证运输安全。

(5)在水运工程中，应充分注意连通沿岸的交通问题。

为了使运输作业正常进行，对为运输服务的设施，如汽车库、调车场、燃料库、加油站和修理厂等，均应给予足够的重视。

三、主要临时工程的设计

这里的主要临时工程是指用于施工企业职工生活和构成施工企业必备的施工条件的那部分临时工程，主要内容如下。

(一)主要加工(生产)系统

根据水运工程的特点，施工现场主要加工（生产）系统包括：混凝土搅拌站系统、模板加工系统、钢筋加工系统、混凝土构件预制场、金属结构加工系统等。

主要加工（生产）系统的设计内容：通过施工部署和施工总进度计划的统筹规划，提出所需上述设施的具体项目、生产规模；确定生产工艺过程和所需设备、动力及生产人员数量；为所需设备选址，进行这些设施的平面布置和建筑物设计；规定建设期限和投产要求等。

在具体设计时，要认真研究工程的施工条件，落实增产节约的方针。它们的生产规模在满足工程施工需要的前提下，应尽量减少其占地面积，布置紧凑，以减少材料和产品的运输量。在规划混凝土构件预制场时，应考虑建立永久性施工基地的可能性，或在工程完工后，能够转让给工程所在地的其他单位使用。

1. 主要加工（生产）系统生产能力的确定

(1)混凝土搅拌站的生产能力

$$P_c = \frac{Q}{mn}K_u \tag{10-4-3}$$

式中：P_c——混凝土搅拌站的生产能力（m³/h）；
Q——最大月浇筑量（从施工总进度计划中求得）（m³/月）；

n——每月工作天数;
m——每日工作小时数;
K_u——生产的不均匀系数,为 1.3~1.5。

(2) 模板加工系统的生产能力

$$P_f = \frac{1.5QS}{nf_f}K_u \tag{10-4-4}$$

式中:P_f——模板加工系统的生产能力(m^2/d);
f_f——模板周转次数;
Q——最大月浇筑量($m^3/$月);
1.5——模板周转不均匀系数;
S——每方混凝土平均模板需用量(m^2/m^3);
n——每月工作天数;
K_u——生产的不均匀系数,取 1.25。

(3) 钢筋加工系统的生产能力

$$P_s = \frac{QR}{n}K_u \tag{10-4-5}$$

式中:P_s——钢筋加工系统的生产能力(t/d);
Q——最大月浇筑量($m^3/$月);
R——每方混凝土含钢量(t/m^3);
n——每月工作天数;
K_u——生产不均匀系数,取 1.25。

2. 主要加工(生产)系统设备、占地面积的选择

上述加工系统的生产能力求出后,即可拟定其生产工艺过程并选择设备,根据设备尺寸、工艺过程、建筑设计以及安全与防火等要求,确定这些加工系统的占地面积。也可参考一些统计数字或面积参考指标,初步估算所需面积。有关设施的面积参考指标见表 10-4-1、表 10-4-2。

主要加工系统面积参考指标 表 10-4-1

设施名称	生产规模	建筑面积(m^2)	占地面积(m^2)	备 注
露天式混凝土构件预制厂	5 000(m^3/年) 10 000(m^3/年) 20 000(m^3/年) 30 000(m^3/年)	200 320 620 800	6 200 10 000 18 000 22 000	
木材加工厂	20(m^3/班) 30(m^3/班) 50(m^3/班) 80(m^3/班)	372 484 1 031 1 626	5 500 7 390 12 200 19 500	推广定型组合钢模板后,木模在水运工程中的应用日渐减少,木材加工厂规模应以小控制
钢筋加工厂	5(t/班) 10(t/班) 25(t/班) 50(t/班)	178 224 736 1 900	800 1 200 4 100 11 200	

现场设备站所需面积参考指标 表10-4-2

施工机械名称	所需场地(m²/台)	施工机械名称	所需场地(m²/台)
(一)起重机、土方机械类		(二)运输机械类	
1.塔式起重机	200~300	1.汽车(室内)(室外)	20~30 40~60
2.履带式起重机	100~125	2.平板拖车	100~150
3.履带式正向铲、反向铲、拖式铲运机、轮胎式起重机	75~100	(三)其他机械类	
4.推土机、拖拉机、压路机	25~35	搅拌机、卷扬机、电焊机、电动机、水泵、空压机、油泵、少先吊等	4~6
5.汽车式起重机	20~30		

3. 主要加工(生产)系统的布置

主要加工(生产)系统的面积确定后,即可进行平面及立面的布置。要根据工地情况、运输量的大小、加工系统的作用等因素进行其平面及立面的布置,通常可作如下考虑。

(1)混凝土搅拌站:应该距浇筑地点越近越好,以缩短混凝土的运输距离。对于大型混凝土搅拌站,现在一般都有混凝土运输车配合施工,过近还会妨碍进出料的线路布置,引起运输干扰,一般在300~800m之间为宜;对小型的搅拌站,因运输量小,可以离浇筑地点近些。集料堆场、水泥仓库应靠近混凝土搅拌站布置。

若利用城市的商品混凝土搅拌站,则只需考虑其供应能力和运输设备能否满足,及时做好订货联系即可,工地则可不考虑布置搅拌站。

(2)钢筋加工系统:可视工地情况采用集中或分散布置。对于需冷加工、对焊、点焊钢筋骨架和大片钢筋网时,宜采用集中布置加工;对于小型加工、小批量生产和利用简单机具就能成型的钢筋加工,采用就近钢筋加工棚加工。

(3)模板加工系统:随着定型组合钢模的推广应用,施工现场模板加工系统的工作量相对减少。一般情况下,可不自行设木材加工厂,此时,模板加工系统应尽可能向使用地点靠近,为满足防火要求,这类加工系统应设在其他建筑物群的下风向。

(4)混凝土预制构件场:随着水运工程建筑物装配程度的提高,如重力式沉箱、方块、扶壁及桩、梁、板等构件日趋大型化,对运输能力的要求越来越高。因此,在工地设置混凝土预制构件场的情况越来越多。通常水运工程建设的混凝土预制构件场都布置在靠近施工现场的沿岸地段,并有足够的面积和一定的高程(洪水期不会被淹没)。如果现场预制构件的品种多、数量大,并且在较长时期内对附近地区有一定辐射作用时,则还应建造配套的预制构件出运码头。

出运码头的结构形式及其规模(出运能力)应通过专门的设计确定。如果将来作为永久性设施或有较长的使用期时,还应考虑留有一定的发展余地。

(5)金属结构、锻工、电焊及机修厂(站),其作用是负担施工构件、机械的维修及金属结构配件的制作和拼装工作。布置时应考虑笨重机械运入、运出的方便,最好布置在交通干线的侧旁。

(二) 仓库及临时房屋

1. 仓库业务

(1) 仓库的类型

为了保存和调剂供应工程施工所需的各种物资、器材和设备,必须正确地组织仓库业务。

按照存放物资的不同,仓库的形式有露天式(堆场)、敞棚式和库房式几种。凡不怕风吹雨淋的材料(如砂石、砖瓦、原木等),均可置于露天式仓库(即露天堆场);钢筋、钢材、模板、木材、机械等宜放入敞棚式仓库;水泥、五金、电气器材等应放在库房内;易燃品、危险品(如汽油、炸药等)应设专门仓库,根据专门的规定作特殊保管。

(2) 仓库内物资储存量

确定仓库内物资储存量要做到一方面能保证施工的正常需要,另一方面又不宜储存过多,以免加大仓库面积,造成积压浪费。通常仓库内物资储存量应根据现场情况、供应情况和运输条件来确定。

单位工程材料储存量,按下式估算:

$$q = \frac{Qt}{T}K \qquad (10\text{-}4\text{-}6)$$

式中:q——材料储存量(t/m^3);

Q——计划期间内材料需用量(t/m^3);

t——材料的储存天数指标,估算时参考表10-4-3;

T——计划期间的工作天数;

K——材料使用的不均衡系数,可采用1.5~2.0。

材料储存天数的估算指标 表10-4-3

材料名称	储存天数(d)		
	铁路运输	公路运输	
		运距50km以内	运距50km以外
钢材、钢管、五金、木材、沥青、电工器材…	25~30	12~15	15~20
水泥、石灰、油漆、金属构件、油毛毡、玻璃…	20~25	8~12	10~15
砂、石、砖、混凝土预制构件…	15~20	5~10	7~12

注:若各方面配合良好,则储存天数适当减少。

(3) 仓库面积计算:

$$F = \frac{q}{pK} \qquad (10\text{-}4\text{-}7)$$

式中:F——仓库面积(包括通道及管理用房所占的面积)(m^2);

q——材料储存量(t/m^3);

K——仓库有效面积利用系数(表10-4-4);

p——仓库每m^2有效面积的存放量(表10-4-5)。

仓库面积利用系数 表10-4-4

仓库面积	利用系数 K	仓库面积	利用系数 K
室内库房、有货架与通道	0.35~0.4	棚式仓库	0.5~0.6
仓楼	0.6~0.9	露天堆场（堆放木料） （堆放砂、石料）	0.4~0.5 0.6~0.7
堆置袋装物料的库房	0.4~0.6		

仓库每 m² 有效面积的材料存放量 表10-4-5

材料名称	单位	每 m² 面积上的材料存放量 p	材料堆高(m)	存放方式	仓库类型
型钢	t	0.8~1.8	0.5~1.2	叠放	露天
钢筋（直筋）	t	1.8~2.4	2	叠放	棚
钢筋（盘筋）	t	0.8~1.2	1.0	叠放	棚
钢板	t	2.4~2.7	1.0	叠放	棚
钢管 $\phi 200mm$ 以上	t	0.5~0.6	1.2	叠放	露天
钢管 $\phi 200mm$ 以下	t	0.7~1.0	2.0	叠放	露天
五金	t	1.0	2.2	台架	露天
原木	m³	0.9	2.0	叠放	露天
成材	m³	0.7	3.0	叠放	露天
水泥（袋装）	t	1.3	1.5	堆放	库房
水泥（散装）	t	2.2	—	水泥筒仓	库房
砂、石（人工堆放）	m³	1.2	1.5	堆放	露天
砂、石（机械堆放）	m³	2.4	3.0	堆放	露天
砖	千块	0.5	1.5	堆放	露天
块石	m³	1.0	1.2	堆放	露天
炸药、雷管	t	0.7	1.0	箱装、堆放	专用库房
玻璃	箱	6~10	0.8	箱装	棚或库

为了保证物资器材能够及时顺利地卸入仓库和发放使用,设计的仓库必须有足够长度的装卸前线。仓库的装卸前线长度不应小于：

$$L = nl + (n-1) \cdot l_1 \tag{10-4-8}$$

式中：L——装卸前线的最小长度(m)；

n——同时装卸的车辆数；

l——运输车辆装卸时的计算长度(m)；

l_1——运输车辆之间的净距,对火车车厢采用 1.0~1.5m；对汽车采用 1.0（横停尾卸）或 2.0（顺停侧卸）。

（4）仓库的布置

仓库布置时应尽量靠近物资需用地点,同时也应考虑通向仓库的运输线路、仓库型式、装卸方式等因素,尤其是笨重的构件和大宗消耗的材料应减少转运。布置仓库时还应满足安全防火的要求。

2. 行政与生活福利临时用房

如何合理安排施工工地的行政、文化、生活设施等临时用房,是施工准备工作的主要任务之一。工地的临时用房大致可以分为:

(1)行政办公用房,如项目经理部办公室、会议室等。
(2)居住用房,如职工宿舍等。
(3)文化教育用房,如职工之家、幼儿园、图书室等。
(4)生活福利用房,如医务室、商店、食堂、浴室、理发室、厕所等。

修建这些临时用房,在满足上述各方面实际需要的前提下,还必须尽可能地减少修建费用。为此应考虑:尽量利用施工地区附近的民房和文化福利设施;尽量利用拟建的永久性房屋(如提前修建工程管理用房),供施工期间使用;临时房屋宜采用装配式或移动式结构,以便拆移另用;对不能拆移的临时房屋,应尽可能地利用当地材料修建,并按使用年限合理选用建筑标准。

工地临时用房的需要量,取决于工程规模、工期长短以及地区条件等因素。可根据工地的员工人数、国家规定的房屋面积指标,算出各类房屋的建筑面积,并按工程所在地区的具体条件予以确定。初步估算时,参考表10-4-6。

行政、生活福利临时设施建筑面积参考指标　　表10-4-6

房屋名称	参考指标(m²/人)	备注	房屋名称	参考指标(m²/人)	备注
办公室(包括会议室)	3~4	按管理人员人数	其他合计	0.5~0.6	按高峰年平均职工人数
宿舍 单层通铺 双层床 单层床	2.5~3.5 2.0~2.5 3.5~4.0	按高峰年平均职工人数	医务室	0.06~0.07	
			浴室兼理发室	0.08~0.1	
			俱乐部	0.1	
			小卖部	0.03	
			招待所	0.06	
			托儿所	0.03~0.06	
			其他公用	0.05~0.10	
家属宿舍	16~25m²/户	应以施工期长短和离基地情况而定,一般可按高峰年平均职工人数的10%~30%考虑	现场小型设施 开水房 厕所 工人休息室	10~40m² 0.02~0.07 0.15	一个工地共有
食堂	0.5~0.8	按职工总数计算			
食堂兼礼堂	0.6~0.9	按职工总数计算			

注:高峰年平均职工人数由施工进度计划中劳动力需要计划求得。

四、水、电的供应

(一)供水

工地临时供水的任务在于保证生产、生活和消防三部分用水。设计临时供水时要解决几个主要问题:确定用水量和用水地点,确定水的质量要求,选择水源,设计取水、净水建筑物和配水管网。

1. 用水量

用水量包括现场施工用水量、施工机械用水量、施工现场生活用水量、生活区生活用水量及消防用水量。经过计算汇总的总用水量,还应增加10%,以补偿不可避免的水管漏水损失。

2. 水质和水源

生活用水,特别是饮用水质量要求较高,需要经过化验,必要时,要作净化处理,水质必须符合《生活饮用水的卫生标准》(GB 5749—2006)的规定。生产及消防用水对水质要求较低,但对水质也有一定的要求。

施工用水的水源可用符合要求的天然水源如河水、地下水等,也可直接用城镇公用供水设施。

选择水源时,应考虑下列因素:水量充沛可靠,水质应符合规定,与农业、水利综合利用,取水、输水、净水设施要安全经济,施工、运输、管理、维护方便等。

3. 供水系统设计

供水系统设计中应解决的问题:水塔或蓄水池的容积和高程,抽水设备的能力,首部取水净水建筑物的设计和管网布置等。

布置供水系统时,水池尽量靠近用水中心,并利用有利地形(如在高地上)建造水池。网路布置应尽量减少管道长度,干管应沿主要道路布置,每隔100m左右设置一个消防栓。

(二)供电

工地临时供电包括动力用电与照明用电两种。主要内容为:确定电站或变电站的容量,选择电源,输电网路的布置。

1. 用电量计算

供电设备总需要容量,按下式求得:

$$P = 1.05 \sim 1.10 \left(\frac{\sum P_\mathrm{P}}{\eta \cos\varphi} K_1 \cdot K_2 + \sum P_\mathrm{i} K_1 + \sum P_\mathrm{o} \right) \quad (10\text{-}4\text{-}9)$$

式中: P——供电设备总需要容量($kV \cdot A$);

P_P——动力设备用电额定功率(W),根据机械性能表或各种工种工作耗电指标计算;

P_i、P_o——室内与室外照明用电量,可参考表10-4-7;

η——电动机及其他用户的效率,对建筑机械可采用0.83~0.88;

$\cos\varphi$——动力用电功率因素,平均采用0.75;

K_1——同时用电系数,视电动机台数而定(1台为1.0,3台为0.75,5台为0.6,10台为0.4~0.5);

K_2——动力用户负荷系数或容量利用系数,采用0.75~1.0;

1.05～1.10——考虑在线路上的电能损失系数。

照明用电容量指标　　　　　　　　　　表10-4-7

	项　目	指标单位	容量指标		项　目	指标单位	容量指标
室内	1.宿舍照明	W/m²	4～6	室外	5.用机械浇筑混凝土的工作面	W/m²	2.0～2.5
	2.行政、福利用房照明	W/m²	10～15				
	3.仓库照明	W/m²	3～4		6.金属结构的焊接与安装工场	W/m²	2.0～2.5
	4.车间及工厂照明	W/m²	8～15				
室外	1.土石方工程施工	W/m²	0.6～0.8		7.主要道路及通道照明	kW/km	5.0
	2.混凝土及钢筋混凝土工程施工	W/m²	1.0～1.2		8.其他道路及通道照明	kW/km	3.0
	3.露天材料仓库照明	W/m²	0.6～1.2				
	4.用机械开挖土石方的工作面	W/m²	2.0～2.5		9.保卫区内的警卫照明	kW/km	2.0

2. 电源选择

选择电源时,须考虑以下因素:

(1)建筑工程及设备安装工程的工程量和施工进度。

(2)各施工阶段的电力需要量。

(3)施工现场的大小。

(4)用电设备在施工工地上的分布情况和距离电源的远近情况。

(5)现有电气设备的容量情况。

施工工地供电的电源主要有:

(1)施工地区已有的国家电力系统供电,这是最可靠、最经济的供电方式。如果采用电网的高压电,则需在工地附近设置变电所(站),由变电所(站)将380V/220V的低压电送到用电户。

(2)自设临时电站供电。只有当不可能从电力系统供电时,才自行发电。

柴油发电机供电是工地常见的供电方式,它具有安装容易、起动迅速、燃料消耗较少等优点,但机组容量小,发电成本较高。

3. 供电线路布置

供电线路的布置形式有枝状、网状、混合状三种。采用何种形式,取决于工地的大小、用户的位置和性质。

电线一般采用电杆架空方式,电杆间距为25～40m。在380V/220V电压时,变电站的服务半径为300～700m。

工地用电电压,一般动力用380V,照明用220V;隧洞内照明及动力用电,只允许用24～36V的安全电压。

五、施工总平面图设计

施工总平面图设计是将各种临时工程的设计成果按照一定的规律在整个施工区域科学合理地展开。这是解决施工区域的平面和空间组织问题的关键所在。如前所述,要解决这个问题,将受到诸多因素的综合影响,如拟建工程项目的组成和布置,施工区域的地形、地质、水文、水文地质及气象等自然条件,交通运输条件及当地的社会经济状况,施工程序和施工进度安排,施工方法及施工工艺要求,保安防火和环境卫生要求等。因此,在施工总平面图设计时,要从全局出发,协调上述因素的综合影响,根据因地制宜的基本原则来进行。

(一)施工总平面设计的基本原则

(1)为主体工程施工服务的一切临时设施的布置,必须与工程施工程序和施工方法相适应,不因工程进展而造成相互干扰而阻碍工程施工的顺利进行。

(2)保证施工现场的内部运输量与运输费用最小。尽量减少场内运输、物资倒流、多次转运和各种运输线路的干扰。在布置运输线路及进行各项业务组织时,应充分利用施工现场的有利地形。

(3)尽量减少临时性建筑物的工程量。充分利用已有或拟建的永久性建筑物为施工服务。对于那些必须修建的临时性建筑物,应尽量采用当地材料,因陋就简,或尽量采用装配式结构,以便多次周转使用。

(4)确保施工安全防火。布置各种临时建筑物,应符合安全技术要求和防火规程。各临时建筑物应布置在洪水位、高潮位以上;主要临时建筑物应建在可靠的地基基础上,危险品仓库应布置在偏僻地点并符合有关规定;道路交叉点及危险地带应设置必要的防护措施,房屋间距应符合消防规定。

(5)尽量减少占地面积、少占用农田或损害青苗。

(6)为了便于管理,有利于生产,减少开支,在进行临时建筑物布置时,以分区布置为宜,如生产(加工)区、仓库区、行政管理与生活福利区等。

(二)施工总平面图的设计步骤

具体布置时,首先要掌握并分析研究有关资料,拟定要布置的临时建筑物项目和它的主要任务,直接服务对象。具体布置可以大体按照下列步骤进行。

1. 收集和分析基本资料

基本资料包括:施工地区的地形图,拟建枢纽的布置图,施工地区的建设规划,工地对外交通运输设施(如铁路、公路、航运资料),施工现场附近居民点及工业企业的资料(如有无可供利用的住房、当地建筑材料、建筑标准、水电供应、机械修理能力等),施工地区的自然条件(如工程地质、水文地质、气象、海象资料等)、施工方法、进度安排等资料。

对于这些资料不仅靠收集文件图纸,而且必须实事求是地进行调查核对,甚至作必要的补充,然后对收集到的上述资料作详细的分析研究。

2. 编制临时建筑物的项目单

在掌握基本资料的基础上,根据工程的施工条件,结合类似工程的施工经验,编制临时建筑物的项目单,并大致定出它们的占地面积、建筑面积和布置要求。

3. 对现场布置作出总规划

这是施工总平面图设计中关键的一步,着重解决总体布置中的一些重大原则问题。如施工场地是一岸布置还是两岸布置,临时建筑物和临时设施是集中布置还是分散布置,施工现场内的主要交通干线如何布置,场内外交通如何均衡等。

4. 具体布置各项临时建筑物

在对现场布置作出总规划以后,即可根据对外交通方式,依次布置各项临时建筑物。如对外交通采用水路或标准铁路时,先确定码头或车站位置,布置场内交通线路,然后再沿线布置主要加工(生产)系统、仓库等有关设施(如车库、加油站等),最后布置行政、文化、生活福利设施及水、电和动力供应系统等;如对外交通采用公路时,则可与场内交通联成一个系统,由此再确定主要加工(生产)系统及仓库位置,最后布置行政、文化、生活福利设施及水、电和动力供应系统等。

5. 调整、修正、选定合理的布置方案

在完成各项临时建筑物和施工设施布置后,应对整个施工总体布置进行协调修正,最后提出几个可能的布置方案进行比较,选定合理的布置方案。所谓合理的布置方案,一般从各种物资的运输工作量(t·km)或总运费、临时建筑物的工程量或工程造价、占地面积、有利生产管理和生活的程度等几项主要指标来衡量。

6. 绘制施工总平面图

根据选定的布置方案,在施工区域地形图上绘制施工总平面图,参见图10-4-1。

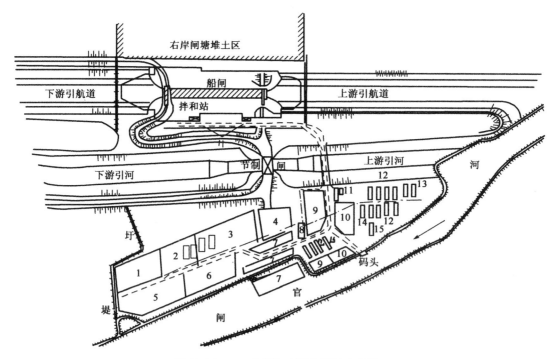

图10-4-1 ××船闸施工总平面图(示意图)

1-常备工人驻地;2-钢筋加工场;3-木工加工场及木料成品堆场;4-备用场地;5-钢筋堆场及钢筋冷拉场;6-木料堆场;7-块石堆场;8-电厂;9-黄砂堆场;10-石子堆场;11-修配所;12-宿舍;13-饭堂;14-办公室;15-医务所

复 习 题

1. 施工组织设计有哪几类?各有何作用?有何联系?

2. 施工组织总设计的内容和编制程序有哪些?
3. 试述单位工程施工组织设计的编制依据和编制程序。
4. 什么叫单位工程施工组织设计?单位工程施工组织设计包括哪些内容?
5. 试述施工总进度计划的编制原则和内容。
6. 如何编制施工总进度计划?
7. 如何编制单位工程施工进度计划?
8. 如何确定施工过程的劳动量或机械台班量?
9. 如何确定施工过程的持续时间?
10. 施工方案包括哪些内容?
11. 确定施工顺序应遵循的基本原则和基本要求是什么?
12. 选择施工方法和施工船机应满足哪些基本要求?
13. 资源需要量计划有哪些?试述施工总平面图的内容和设计方法。
14. 设计施工总平面图应遵循什么原则?

附录　港口工程施工组织设计参考格式文本

　　虽然《建筑施工组织设计规范》(GB/T 50502—2009)明确了建筑工程施工组织设计的分类、编写的基本内容和方法,但由于建设工程产品的固定性、单件性和种类的复杂性,各个地区的具体要求和施工企业的历史传承,以及构建和谐社会和以人为本的社会文明进步发展,对安全、环保、文明施工等方面的管理不断提高,水运工程方面的施工组织设计编写内容及格式方面在水运工程施工行业中目前没有建立一个统一、完整的格式。

　　在水运工程施工组织设计内容格式的省级管理方面,江苏省交通运输厅质监局于2011年7月在江苏省重点水运工程中试行《港口工程施工组织设计》(通用文本)(交质水〔2011〕21号)。故本教材在《港口工程施工组织设计》(通用文本)江苏版的基础上,针对施工组织设计作为施工单位的施工组织管理文件的属性,以及从增大通用文本覆盖面的角度出发,进行了局部修改,作为港口工程施工组织设计参考格式文本,以供港口航道与治河工程专业学员和从业人员编写施工组织设计时参考。

　　该港口工程施工组织设计参考格式文本分为两大部分,第一部分为封面格式及编写文本的主要内容(见目录部分),第二部分为针对主要内容的填写要求及部分样板。

封　　面

××××× 港口工程
施工组织设计

编 制 单 位：×××工程公司（盖章）　　×××项目部（盖章）
审　核　人：×××（公司技术负责人、技术职称）＿＿＿＿＿（签字）
项目负责人：×××（项目经理、技术职称）＿＿＿＿＿（签字）
主　　　编：×××（注明行政职务、技术职称）＿＿＿＿＿（签字）
参 编 人 员：×××（注明行政职务、技术职称）
　　　　　　×××（注明行政职务、技术职称）
　　　　　　×××（注明行政职务、技术职称）
编 制 日 期：××××××　　　　　　　审核日期：××××××

目 录

- 0 编制说明* ····· 314
- 1 编制依据 ····· 314
  - 1.1 招投标文件 ····· 314
  - 1.2 工程承包合同 ····· 314
  - 1.3 设计文件 ····· 314
  - 1.4 施工规范和验收标准 ····· 314
  - 1.5 其他文件 ····· 314
  - 1.6 现行法律、法规 ····· 314
- 2 工程综述 ····· 314
  - 2.1 工程概况 ····· 314
  - 2.2 工程承包合同的主要内容 ····· 315
  - 2.3 自然条件 ····· 315
  - 2.4 外部施工条件 ····· 316
  - 2.5 工程特点分析与对策 ····· 317
- 3 项目管理目标 ····· 317
  - 3.1 进度目标 ····· 317
  - 3.2 质量目标 ····· 317
  - 3.3 安全管理目标 ····· 317
  - 3.4 环境目标 ····· 317
  - 3.5 职业健康管理目标 ····· 317
  - 3.6 文明施工目标 ····· 317
- 4 施工总体部署 ····· 317
  - 4.1 施工组织和管理机构 ····· 317
  - 4.2 总(分)包单位的施工组织机构* ····· 317
  - 4.3 施工部署和总的施工安排 ····· 317
  - 4.4 施工总平面布置 ····· 319
  - 4.5 典型施工管理* ····· 319
  - 4.6 进度安排 ····· 319
- 5 主要施工方案 ····· 322
  - 5.1 测量工程 ····· 322
  - 5.2 施工准备 ····· 323
  - 5.3 高桩码头桩基施工* ····· 323
  - 5.4 重力式码头基础施工* ····· 326
  - 5.5 钢筋工程 ····· 338

5.6	模板工程	338
5.7	混凝土工程	339
5.8	安装工程	343
5.9	试验与检验	346
5.10	专项方案的编制计划	346
6	**施工进度保证措施**	**346**
6.1	进度计划的实施	346
6.2	进度计划的检查与调整	346
6.3	进度保证措施	346
7	**质量管理**	**347**
7.1	质量管理保证体系与人员职责	347
7.2	保证质量的措施	347
7.3	质量管理计划	347
7.4	信息与档案管理	347
7.5	质量回访与工程验收的计划*	347
7.6	新工艺、新技术、新材料、新设备的应用*	347
7.7	重大技术措施*	347
8	**安全、职业健康、环境管理与文明施工**	**347**
8.1	安全管理	347
8.2	职业健康管理	348
8.3	环境管理	348
8.4	文明施工管理	348
8.5	应急预案编制计划*	348
9	**有关问题的说明**	**348**
10	**附图**	**348**
10.1	工程总平面布置图	348
10.2	临时设施布置图	348
10.3	测量控制点和基线布置图	348
10.4	施工主要工艺图*	348
11	**附表**	**349**
11.1	施工进度表	349
11.2	船机设备使用计划表	349
11.3	劳动力使用计划表	352
12	**施工组织设计（附件）**	**353**
12.1	单位、分部、分项工程划分表	353
12.2	有关计算书	353

（注：带 * 号为根据工程实际编写，如无此内容可不写，下同）

0 编 制 说 明*

1 编 制 依 据

1.1 招投标文件

写出招投标文件名称,文件号。

1.2 工程承包合同

写出合同名称,合同号,签订日期。

1.3 设计文件

写出设计单位名称,施工图纸名称。

1.4 施工规范和验收标准

写出所采用的施工规范和验收标准名称、代号、年份。

1.5 其他文件

列出与本文有关的文件、会议纪要等。

1.6 现行法律、法规

列出与本文有关的现行法律、法规名称等。

2 工 程 综 述

2.1 工程概况

2.1.1 工程名称。

2.1.2 工程地点:说明工程地点,与附近中、大城市的距离。

2.1.3 工程规模:主要阐述表示工程特征的代表值。以码头为例:码头的吞吐能力,停靠船型和等级,码头及引桥的数量,码头主要尺度、高程和主要结构形式,码头前沿水深。

例:本工程建设2个50 000DWT集装箱泊位,水工结构按100 000DWT设计。码头总长645m,宽50m;引桥3座,宽度均为20m,长度均为167.474m。

本工程码头采用高桩梁板结构。码头全长664m,总宽50m(一、二分段宽55m),码头排架间距7m。码头前平台上纵向布置2条装卸桥轨道,轨距30m,前轨道距码头前沿3m。每榀排架布置9根ϕ1 000mm的PHC(C+B型)混凝土管桩,桩长为59~60m。其中,装卸桥轨道梁下部各布置2根基桩;码头后平台每榀排架布置3根ϕ800mm的PHC(AB型)混凝土管桩,桩长52m。码头前平台上部结构采用现浇横梁、预制安装叠合式轨道梁、纵向梁及叠合式面板,其中,预制轨道梁为预应力混凝土结构;码头后平台上部结构采用现浇横梁、预制安装预应力混凝土面板并通过现浇面层连成整体。

2.1.4 工程造价。

2.1.5 投资来源：指国家和地方政府投资，外商投资，合资，集资等。

2.1.6 工程性质：是否属国家、省(市)部级重点工程。

2.1.7 业主。

2.1.8 勘察单位。

2.1.9 设计单位。

2.1.10 监理单位。

2.1.11 施工单位。

(1)总承包单位＊。

(2)主要分包单位＊：应写明分包单位资质、分包的业务内容及分包工作量。

2.1.12 质量监督部门：指国家和地方质量监督部门。

2.1.13 安全监督部门：指国家和地方安全监督部门。

2.2 工程承包合同的主要内容

2.2.1 合同总价。

2.2.2 合同工期：

(1)整个工程开工和交工日期。

(2)工程的重要节点工期。

2.2.3 合同质量等级：指合同中明确的质量等级要求，创优目标。

2.2.4 合同条款：说明合同中与项目施工有关的重要条款。

2.3 自然条件

2.3.1 岸线和水深：

(1)描述拟建工程位置、岸线长度与水深情况，必要时提供水下地形图。

(2)分析现有岸线和水深，对工程有何影响和采取的对策，如进行施工挖泥、船舶赶潮水作业等。

2.3.2 陆上地形：应有地形图。

2.3.3 水位资料：

(1)描述设计水位有关情况，应包括设计高水位、平均高水位、中水位、平均低水位、设计低水位、实用低水位等；施工用的高水位、低水位、平均水位和枯水位；高潮和低潮出现的时间和历时。

(2)根据实测资料和结构施工的高程，分析施工作业历时；防汛水位和地方政府对防汛的要求等。

2.3.4 潮流资料：

(1)描述工程潮流基本情况，包括水流、潮流的流速流向；涨落潮的历时和水位。

(2)分析潮流对施工船舶的影响和应采取的对策等。

2.3.5 风：

(1)描述风的方向、天数、风力和出现频率；台风出现的季节、级别、风向；地形风的情况。

(2)分析风力和风向对工程施工的影响和采取的对策。

2.3.6 气温：

(1)描述气温资料,高温和低温出现的时间和历时,必须考虑夏季高温及冬期施工的历时时间。

(2)分析气温对施工的影响。

2.3.7 降雨：年降雨量和雨天数量,月最大和日最大降雨量的频率和雨量,暴雨和大暴雨出现的频率和雨量。

2.3.8 工程地质条件：

(1)描述工程地质、地形、地貌、工程区域地质分层分布特征、地下水等。按建设单位(设计勘察单位)提供的地质报告,将对与施工有关的资料列入,并应列表表示,表中包括土层名称、厚度,土层层顶及层底高程、重度、天然含水率、内摩擦角、黏聚力、压缩系数、标准贯入击数值、静力触探值;附钻孔位置图和地质柱状图。

(2)针对工程地质条件,分析对工程施工的影响与采取的对策。

2.4 外部施工条件

2.4.1 施工现场的特点：与周边建筑物和地下管线的关系,与拟建建筑物的关系,三通一平等。

2.4.2 当地建筑材料供应情况：主要是钢材、木材、水泥、黄砂、石子等大宗建筑材料的供应情况,包括货源、运输条件、装卸条件、质量和价格及储存条件。

2.4.3 建设设备供应情况：设备供货方式,运输方法和手段；必要的设备装运图或列表表示。

2.4.4 预制构件加工条件：工厂化加工和现场预制条件,运输条件,预制构件现场储存条件。

2.4.5 劳动力市场情况。

2.4.6 供电：变电站(所)的位置和供电能力,施工用临时变电所的设置。

例：业主提供的施工用电变电站接口在3号引桥端部大堤下,供电量为400kW,由于考虑道路、堆场施工,业主承诺增容至1 200kW。施工营地内用电用180mm^2电缆从变电站接口接入,安表计量使用,打桩船、起重船和混凝土搅拌船等施工船舶用电由船上自备发电机组供给。

2.4.7 供水：生活用水和施工用水的水源、水质、供水量及管理情况。

2.4.8 通信条件：有线和无线通信。

2.4.9 施工动力及船机设备条件：压缩空气,氧气等；公司内或外借设备的分布情况；租赁市场的情况。

2.4.10 外部交通：场外道路能否通行大型施工运输车辆；场内临时施工道路的修筑；航道等级和通航情况,航道水深,桥下、高压线净空,航道宽度和弯度等。

例：运输可借助地方公路及长江防汛通道作为进场道路,长江防汛通道宽6m,可通行大型运输车辆。使用之前,须征得当地相关管理部门的同意,并在施工期间加强对地方公路、长江防汛通道的养护与维修。

另外,由于新大堤与旧大堤间相距1 000m,本工程施工期间,于拟建道路堆场区外侧修建一条7.00m宽主施工便道,以方便材料和混凝土的运输。

码头位于长江主航道北侧,通航情况良好,航道宽度和弯度均满足要求。

2.5 工程特点分析与对策

2.5.1 工程重点与难点：反映本工程的特点、施工管理的重点与技术难点。
2.5.2 施工对策：针对上述重点与难点，说明相应的对策。

3 项目管理目标

3.1 进度目标

说明本工程的总工期、开工与竣工日期，若有节点目标，应予以说明。

3.2 质量目标

说明质量目标评定等级，若需创市、省、部级质量奖项，应予以说明。

3.3 安全管理目标

说明安全管理目标。

3.4 环境目标

说明环境管理目标。

3.5 职业健康管理目标

说明职业健康管理目标。

3.6 文明施工目标

说明文明施工管理目标。

4 施工总体部署

4.1 施工组织和管理机构

4.1.1 项目组织机构。包括：项目经理、项目副经理、项目总工、工程计划部、技术质量部、经营财务部、安全部、设备材料部、后勤保障部等，项目组织机构应以方框图（附图1）的形式表示。
4.1.2 承包人成立领导小组与现场施工协调小组*。

4.2 总（分）包单位的施工组织机构*

分包单位的施工组织机构应与总承包人的施工组织机构相对应。

4.3 施工部署和总的施工安排

介绍整个工程施工的总设想和安排，各单项（单位）工程和重要建筑物的施工顺序及相互之间的前后和连接关系。

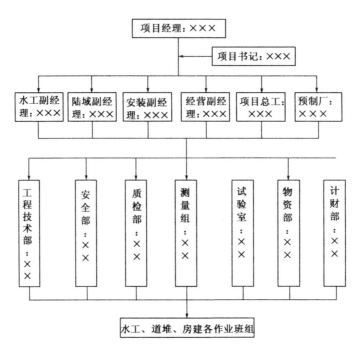

附图1　项目组织机构图

4.3.1　主要工作量:列表表示(附表1)。

主要工程量一览表　　　　　　　　　　　　　　　　　　　　　　　附表1

项目	编号	单项名称	规格	单位	数量	备注
码头部分	1	φ1 000mmPHC管桩	C、B型	m	55 146	
	2	打混凝土管桩		根	927	
	3	打钢管桩		根	1	
	4	制、安靠船构件	C40	m³/只	427/99	
	5	制、安水平撑	C35	m³/根	142/89	
	6	现浇混凝土横梁	C35	m³/根	21 332/99	
	7	制、安混凝土纵梁	C35	m³/根	4 139/616	
	8	制、安混凝土轨道梁	C50	m³/根	3 006/176	
	9	现浇预制梁梁顶混凝土	C35	m³	1 662	
	10	现浇悬臂梁混凝土	C35	m³	358	
	11	制、安混凝土板	C35	m³/块	5 341/1 392	
	12	现浇混凝土悬臂板和面层	C35	m³	4 400	
	13	现浇护轮坎	C35	m³	63	
	14	安系船柱		只	33	2 000kN
	15	混凝土防腐		m²	71 712	
	16	QU100型钢轨安装		延米	1 316	

318

续上表

项目	编号	单项名称	规格	单位	数量	备注
平台部分	1	φ800mmPHC 管桩	AB 型	m	17 212	
	2	打混凝土管桩		根	331	
	3	现浇混凝土横梁	C35	m³/根	3 812/99	
	4	制、安预应力混凝土板	C50	m³/块	2 555/462	
	5	现浇混凝土悬臂板和面层	C35	m³	1 956	
	6	现浇护轮坎	C35	m³	61	
引桥	1	φ800mmPHC 管桩	AB 型	m	6 909	
	2	打混凝土管桩		根	147	
	3	φ1200mm 钻孔灌注桩	C30	m³/根	4 324/92	
	4	现浇混凝土横梁	C35	m³	2 751/48	
	5	预安混凝土空心板	C50	块	782	
	6	现浇混凝土面层	C35	m³	1 496	
	7	现浇护轮坎	C35	m³	91	

4.3.2 主要施工任务的组织分工和施工队伍的安排。

4.3.3 施工船机的配备。

4.3.4 预制构件的加工和运输。

例：本工程混凝土预制构件(如：靠船构件、梁、板等)安排在××分公司混凝土构件预制厂进行预制。PHC 混凝土管桩安排在××分公司及××分公司混凝土构件预制厂预制；本工程1根钢管桩安排在××分公司混凝土构件预制厂生产,所有构件均采用水运方法运至施工现场。

4.4 施工总平面布置

4.4.1 施工总平面布置图。可采用附图来表示。

4.4.2 生产生活和辅助生产用房,临时水电、库场、道路等。

4.4.3 临时码头、现场预制场等。

4.4.4 锚地、避风锚地等。

4.5 典型施工管理*

根据工程的具体情况,某些分部分项工程应先进行典型施工,以取得经验指导施工。

4.6 进度安排

4.6.1 施工进度计划表：施工进度计划表用网络图或横道图表示,优先采用网络图；根据工程的具体情况,可将整个工程和各个单位工程的施工进度计划分列。安排施工进度时,应注意可作业天数、雨季、高温季节或低温天气、台风、强潮流、洪水或枯水季节进行分析,合理安排。

例：本工程于 2008 年 11 月 12 日开始进行引桥水上沉桩施工,2008 年 11 月 23 日开始进行平台、码头水上沉桩施工,确保码头下横梁于 2009 年 7 月 10 日现浇结束；确保最终于 2010

年 2 月 18 日本工程全部完工,施工总日历天数为 475d,具体详见附表"××××工程××标段施工进度计划表"。

1)引桥部分主要节点计划安排
(1)引桥水上沉桩:2008 年 11 月 12 日~2009 年 1 月 5 日。
(2)引桥横梁现浇:2009 年 1 月 8 日~2009 年 1 月 15 日。
(3)引桥面板安装:2009 年 1 月 16 日~2009 年 1 月 25 日。
(4)引桥面层现浇:2009 年 2 月 10 日~2009 年 3 月 10 日。

2)码头部分主要节点计划安排
(1)码头水上沉桩:2008 年 11 月 25 日~2009 年 4 月 20 日。
(2)码头靠船构件安装:2008 年 12 月 30 日~2009 年 6 月 18 日。
(3)码头下横梁现浇:2009 年 1 月 4 日~2009 年 7 月 7 日。
(4)码头纵向梁系安装:2009 年 1 月 19 日~2009 年 8 月 1 日。
(5)码头上横梁现浇:2009 年 2 月 15 日~2009 年 8 月 25 日。
(6)码头面板安装:2009 年 3 月 1 日~2009 年 9 月 30 日。
(7)码头面层现浇:2009 年 3 月 20 日~2009 年 11 月 20 日。
(8)码头轨道安装:2009 年 5 月 1 日~2010 年 1 月 20 日。

同时确保于 2009 年 6 月 30 日前提供 4 个分段码头面,以满足业主设备安装的需要。

4.6.2 劳动力使用计划。

4.6.3 主要施工船舶施工机械使用计划:应说明船舶机械的数量、规格、来源等明细情况。

4.6.4 主要材料计划,构件加工计划,成品半成品构件计划*。

4.6.5 机械设备供应计划*。

4.6.6 资金使用计划*。

4.6.7 保证进度计划的措施。

例:施工计划执行和保证流程。

1. 施工计划执行和保证流程(附图 2)

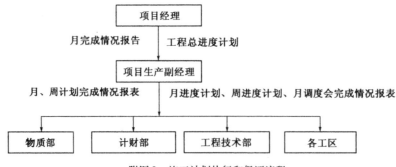

附图 2　施工计划执行和保证流程

(1)年度计划、季度计划根据总进度计划先由项目部编制,报公司和业主(监理)审批后下达。

(2)月、旬、日作业计划由生产计划部门制订,并落实到各班组及各分部。

(3)对月、旬、日计划完成情况,定期进行检查,每天进度由各分部控制和掌握,每天的调度会议由分部负责人召开,每月由项目经理召开定期调度会调整资源,采取措施确保旬、月计划完成,并将计划完成情况报业主和监理。

(4)公司每季度召开一次计划会议,检查计划完成情况,分析存在的问题,提出解决办法,重新调整计划和资源。

(5)项目部每周召开一次生产调度会,检查上周计划完成情况,分析解决存在的问题,安排下周生产计划,并根据现场情况适时调整生产资源。

2. 工期保证措施体系(附图3)

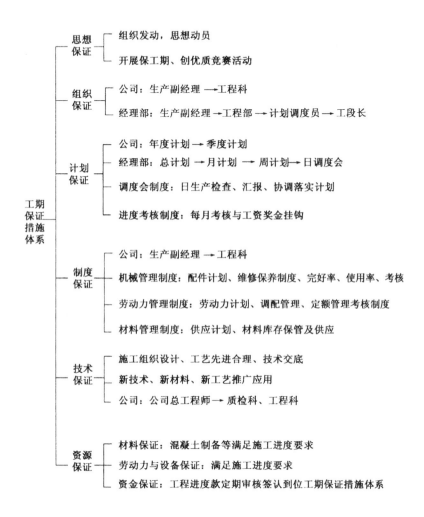

附图3 工期保证措施体系

3. 组织保证措施

(1)积极推动技术进步,改进完善施工工艺,提高劳动生产率,精心组织,严格施工,确保工程顺利按期保质保量完成。

(2)派遣经验丰富、精于管理的一级项目经理担任本项目的项目经理,同时配备经验和技术水平较高的其他施工管理和技术管理人员到现场担任项目部副经理、项目总工及其他主要职务,组建一个精明能干的项目部领导班子。

(3)我公司是技术过硬的专业施工队伍,配备有充足的技术工人与劳动力,在本工程中将抽调有经验的技术员到各关键岗位把关、带队,确保工期目标。

(4)配备充足的机械,满足工程需要,加强设备维修力量,使设备发挥正常的工作效率。

(5)根据本工程的工程总体计划,组织合理的施工流程,各工序应形成流水作业,并采取多班、连续作业,以满足工程需要。

(6)坚持每日生产调度会制度,检查当日各工序完成情况,研究解决施工存在的问题,布置落实次日的生产任务,做到当日任务当日完。

(7)做好施工前的各项施工准备。中标后合同一签订,立即组织施工队伍进场,筹建现场临时设施,及时按照监理工程师批准的施工组织设计组织开展各项工作。同时,科学、合理地安排生产顺序、机械设备的调遣及物质供应。

(8)建立形象进度考核制度,把形象进度完成情况与奖金挂钩。

(9)项目部建立局域网,运用项目管理软件对工程实行联网管理。

5 主要施工方案

5.1 测量工程

5.1.1 施工坐标和水准点

(1)坐标系统:应注明设计所采用的坐标系统,设计坐标系统及与国家坐标系统的关系,施工坐标系统与设计坐标系统及国家坐标系统的关系和换算。将所用的控制坐标点列入附表2中,并应画出施工控制点位置图。

施工控制坐标点一览表　　　　　　　　　　　　　　　　　　　附表2

编号	X坐标	Y坐标	埋设情况	高程(m)	控制点来源

注:在控制点来源中说明:设计提供,建设单位提供,自设。

例: 设计采用的为北京54坐标系统,为便于施工测量,以拟建码头泊位上游江侧角点为坐标原点,以码头前沿线上游向下游为坐标A方向,以码头上游边线江侧向岸侧为B方向,建立施工坐标系统(附表3)。施工坐标与设计坐标系统的换算公式如下:

$$A = (X - X_0) \times \cos\alpha + (Y - Y_0) \times \sin\alpha$$
$$B = -(X - X_0) \times \sin\alpha + (Y - Y_0) \times \cos\alpha$$

式中:X_0、Y_0——码头上游江侧角点设计坐标值;

α——码头前沿线的设计坐标系方位角。

其中,X_0为上述原点的X坐标,Y_0为原点的Y坐标,α为X轴与A轴的方位角夹角。$X_0 = 3\,501\,868.210$,$Y_0 = 521\,646.330$,$\alpha = 137.120\,830\,6°$

码头施工控制点坐标一览表　　　　　　　　　　　　　　　　　　附表3

编号	X坐标	Y坐标	埋设情况	高程(m)	控制点来源
SHK118	3 501 222.145	521 948.873	新大堤顶	6.124	业主提供
SHK120	3 500 875.124	520 993.447	新大堤顶	7.019	业主提供

(2)水准点布置。

5.1.2 首级控制网和加密点的设置,施工测量控制网的测设方案和校核周期;测量控制点的等级精度;结构测设(定位方法)和测量控制方案。

例:工程开工前,对业主所提供的测量控制网点及水准点进行复测,并报请监理工程师验收认可,在此基础上利用全站仪引点,建立本工程的施工测量控制坐标系统。

根据业主提供的原始控制点,采用拓普康全站仪(TOPCON-GTS-332W)按一级导线要求在长江大堤上按100m左右的间距布设测量控制点。按三等水准测量要求布设高程控制点。控制点布设完成在报请监理复核批准后方可使用。控制点使用期间需进行复测和校核,拟每3个月复测一次。根据沉降观测的测量结果,对控制点坐标进行调整,以确保测量精度。每次复侧结果必须报请监理进行复测和审核。

5.1.3 测量平台的数量,坐标的计算;GPS参考站的设置。

5.1.4 建筑物和岸坡沉降和位移观测方案。

5.2 施工准备

5.2.1 施工挖泥。

5.2.2 场地平整和障碍物的清除。

5.2.3 扫海,设标*。

5.3 高桩码头桩基施工*

5.3.1 根据地质资料对桩的可沉入性进行分析。

例:本工程共有ϕ800PHC桩478根,为引桥和平台桩,其中,引桥桩长47m、平台桩长52m。ϕ1000PHC桩927根,为码头桩,桩长59m、60m。根据地质资料分析,平台和引桥桩尖进入Ⅵ层灰绿色粉质黏土,能打到设计高程;码头桩桩尖进入Ⅶ层灰色粉砂层,该层中密—密实,标贯击数为31~48击,个别≥50击,根据以往经验,可能有较多桩较难打至设计高程,到时根据现场实际情况,与设计单位联系。

5.3.2 沉桩桩位平面控制、扭角控制、高程控制;测量仪器的选用和校核的周期。

5.3.3 沉桩工艺:

(1)船机设备选型。

(2)沉桩施工水位的确定;超长桩吊点的设置和计算;分析确定沉桩顺序和复核设计桩位。

(3)船机的平面布置。

(4)停锤标准。

(5)岸坡稳定措施。

(6)钢桩外防腐涂层的保护措施。

(7)桩基试验检测。

例:沉桩工艺如下。

1. 沉桩设备选用

本工程我们选用我公司桩架高为80m、型长为56m、型宽为26.00m、型深为4.50m的××××号打桩船,桩架高为70.00m、型长为53.10m、型宽为23.00m、型深为4.40m的"奔腾桩2

号"打桩船配DELMAG-100型柴油锤或DELMAG-128型柴油锤进行施工,能满足本工程的需要。

DELMAG-100及DELMAG-128型柴油锤的性能比较见附表4。

柴油锤性能一览表 附表4

项目 性能 锤型		DELMAG-100型柴油锤	DELMAG-128型柴油锤
上活塞质量(kg)		10 000	12 800
打击次数(次/min)		36~45	36~45
作用于桩上的最大爆炸力(10^4N)		260	260
最大行程(m)		3.4	3.4
油泵四级油量相应的打击能量(N·m)	1挡	213 860	273 400
	2挡	257 650	329 300
	3挡	299 200	382 600
	4挡	333 540	426 500

2. 沉桩工艺

本工程设计采用打桩工艺进行沉桩。沉桩施工时,PHC高强预应力钢筋混凝土管桩采用四点吊进行吊桩,钢管桩采用两点吊进行吊桩。

本工程停锤标准为:

(1)引桥以高程控制为主,贯入度作为校核。

(2)码头和平台暂以贯入度控制为主,原则上以贯入度控制,当贯入度小于3mm/击,桩顶高于设计高程小于1m时,可以停锤;当桩顶高于设计高程1m时,当贯入度小于3mm/击,再打50击,此时当贯入度仍小于3mm/击,可以停锤。

(3)当出现桩顶高出设计高程较多,贯入度较小,或桩顶达到设计高程,贯入度较大等不正常情况,及时与设计联系,协商解决。

(4)由于平台桩的持力层在Ⅵ层,故一般情况下贯入度达不到3mm/击,待平台桩打一定数量后及时与设计联系,确定平台桩的停锤标准。

3. 打桩船锚缆布置

在引桥靠岸端进行水上沉桩施工时,由于是直桩,打桩船船艏向岸布置;打到斜桩位置时,考虑桩身扭角,桩船船艏向上游或下游布置;码头和平台桩进行水上沉桩施工时,桩船船艏向岸布置。在岸侧陆域每座引桥位置、每座引桥间和1号、3号引桥上下游均布设地笼,以满足桩船带缆需要。码头沉桩时为防止憋桩,前抽芯带缆地笼,平台面板边用角钢护边。

4. 沉桩顺序

根据现场的施工条件及工程特点,本工程水上沉桩的施工顺序如下。

第一艘打桩船:自99号排架开始朝上游方向打4个分段平台桩(约128根)→从第一分段与起步工程连接处开始往下游打平台桩3个分段(约97根)→自99号排架开始朝上游方向打4个分段码头桩(剩余6列桩,约256根)→自平台第五分段开始往上游方向把平台桩打完(102根)→从第一分段与起步工程连接处开始往下游打码头桩3个分段(剩余6列桩,约192根)。

第二艘打桩船:1号引桥(65根,海事码头已经拆除后)→自99号排架开始朝上游方向打4个分段码头桩(G、H、J三列桩,约120根)→从第一分段与起步工程连接处开始往下游打码头桩3个分段(G、H、J三列桩,约101根)→自第五分段开始往上游方向打码头桩(G、H、J三列桩,76根)→自第五分段开始往上游方向打码头桩3个分段(剩余6列桩,约186根)。

需要主意的是,每个施工交界处要预留"阶梯",以便后面打桩的顺利完成。由于工期较紧,1号引桥空心板的安装全部采用导梁法安装,打桩不留缺口;码头江侧6列桩待平台面板安装后再施打。

5. 沉桩质量控制

(1)沉桩作业前,必须对沉桩水域水下地形进行探摸,对妨碍沉桩的障碍物必须清除。

(2)桩运至现场应及时根据制作方提供的检验评定资料进行复检,做好复检记录,并报请监理工程师验收。

(3)按设计要求,合理选择沉桩停锤标准,以此指导和规范沉桩施工。

(4)为减小打桩的压应力峰值,防止桩顶破碎,对于混凝土高强管桩,在其桩顶垫20~30cm包装箱纸垫。锤垫采用钢丝绳,每沉桩80根后必须更换锤垫钢丝绳。

(5)起吊每根桩时必须清理锤帽,保持锤帽底面平滑无杂物。

(6)沉桩过程中,应根据沉桩贯入度的实际情况调整锤击能量,并保持桩、桩锤、替打在一条直线上,以防偏心锤击。

(7)下桩前测量人员必须观察桩架的垂直度,打桩船根据测量人员的观测结果及时调整桩架。

(8)下桩时采用抱桩器抱桩,防止水流影响桩身垂直度。稳桩后打开抱桩器,测量人员观测桩身与桩架的轴线,如有夹角可适当调整桩架,保持桩身与桩架平行,严防出现偏心锤击。

(9)$\phi 800mm$PHC管桩采用D-100锤二挡沉桩,$\phi 1\,000mm$PHC管桩采用D-128锤二挡沉桩;锤击过程中严禁强行纠偏。

(10)锤击过程中,打桩船上有关人员必须全过程观察锤帽是否有啃桩现象。如有此现象必须立即停止锤击,适当调整桩船再进行施打。

(11)锤击过程中必须派人观察过往船只。如过往船只航速较快有涌浪现象时,应停止锤击,待涌浪消失后再继续沉桩。

(12)锤击沉桩当贯入度出现异常时,应立即停止施工,经与监理、设计、业主共同研究处理后方可正常施工。

(13)打桩船移船时,应密切注意锚缆状态,安排抛锚艇在现场值班监督,避免抽心锚缆等刮碰已打好的桩。

(14)沉桩控制应严格遵照设计及有关规范要求,沉桩过程中若发现异常现象,应立即停锤,及时会同设计和监理分析研究,当采取有效措施后方可继续沉桩。

(15)当有其他船只通过施工区域,产生船行波,影响打桩船的稳定时,应暂停沉桩作业。

(16)沉桩结束应及时夹设联系围图,设立航标警示灯,以防过往行船及施工船舶碰撞。

(17)沉桩期间,按设计要求及时进行高应变动力检测。

(18)为确保打桩期间的岸坡稳定,需注意控制沉桩速率,采用间隔跳打及停停打打等方法,来控制沉桩施工对岸坡稳定的影响,并加强位移、沉降观测。

(19)当沉桩偏位超过标准规定时,必须暂停施工,及时报请监理、设计,当解决方案确定后方可正常施工。

(20)沉桩工程完成后,应立即向业主提供完整的沉桩记录。

6.沉桩的检测

根据设计要求,本工程引桥6根桩进行高应变测试,20根桩进行低应变测试;平台7根桩进行高应变测试,32根桩进行低应变测试;码头19根桩进行高应变测试,93根桩进行低应变测试。在进行沉桩时尽量安排边桩进行高应变测试,以便进行复打测试;低应变尽量在底板铺好后进行,具体桩位与业主、监理协商。

5.4 重力式码头基础施工*

5.4.1 码头基槽开挖。

例:码头基槽开挖。

1.施工顺序安排

(1)基槽挖泥开挖顺序由南向北推进,先开挖与C段交界处的横头部分,再开挖顺岸基槽部分。

(2)确定科学合理的分层开挖高程和船舶平面布置,不同基底高程按设计坡度平缓过渡,严格控制基槽超宽和不必要的超深。

(3)基槽挖泥原则上采用分层分段开挖,考虑以100m为一施工段分层进行开挖,第一层挖至-17.3m,第二层挖至-18.8m,第三层挖至-20.3m,第四层挖至-21.8m,第五层挖至-23.0m,第六层挖至-24.5m,第七层挖至最深设计底高程。

(4)选择一艘13m³抓斗式挖泥船配备2艘1 200m³开体泥驳、1艘294kW拖轮承担基槽挖泥施工任务,二次转吹采用1艘1 450m³/h绞吸船进行。

2.施工工艺流程(附图4)

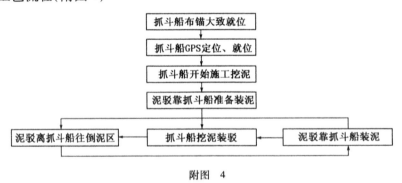

附图 4

3.施工船舶配置和作业效率

(1)拟选用的挖泥船主要技术性能见附表5。

附表5

船　名	船舶种类	主要尺度描述	设计效率 (m³/h)	建造时间	设备状况	备　注
交抓101	13m³抓斗	总长45m,型宽19m,平均吃水1.9m,最大挖深50m	400～660	1973	良好	用于基槽挖泥

(2)辅助船舶配置见附表6。

附表6

设备名称	型号或功率	单 位	自 有	租 赁	数 量	技术状态
泥驳	舱容1 200m³	艘	√		2	良好
起锚艇	99kW×2	艘	√		1	良好
拖轮	294kW	艘	√		1	良好

(3)本工程使用的现场测量与检测主要设备见附表7。

附表7

设备名称	型 号	精 度	备 注
DGPS基准台	NDS200-LR	1~3m	法国SERCEL公司制造
DGPS接收台	NR103	1~3m	法国SERCEL公司制造
测深仪	IT-449	<0.1m	美国IT公司制造
潮位遥报仪	VYNER	<0.05m	英国制造
电子计算机	586		

(4)施工强度分析。

基槽开挖总工程量335 852m³,计划工期3.4个月,月均强度只有98 780m³,一艘13m³抓斗船月施工能力为530m³/h×6h/班×3班/天×20天/月=190 800m³。因此,安排一艘13m³抓斗船承担基槽任务能满足施工要求。

4. 测量控制及施工船舶上GPS的配置

(1)测量控制

①建立GPS基准站和GPS测量系统相对坐标系,对挖泥施工进行总体测量控制,选用GPS测量系统挖泥控制软件。

②建立挖泥平面网格

按挖泥平面分区,并依据船舶的工作性能(每一船地)在每一挖泥施工区纵横向分条形成大网格并标明里程,之后在每个大网格里,依据抓斗的张口尺寸再进行纵横向分条形成小网格,每个小网格就代表抓斗张口尺寸。

把已经分好网格的全部挖泥区位置图连同基槽设计轮廓线一起输入电脑,用于挖泥施工。在具体挖泥施工时准确控制抓斗对准相应的小网格依次施工。

(2)船舶上GPS的配置

在每个抓斗式挖泥船上各配置2套GPS,GPS接收机天线设置在船艏、船艉及抓斗扒杆顶部,用以控制船的姿态及抓斗准确位置,电脑显示器设置在操作室内,以便随时和直观的监控抓泥位置并方便指挥船舶的移位。

5. 施工方法

(1)系缆浮鼓的设置

在码头轴线两侧设置两列系缆浮鼓,浮鼓间距为80m,浮鼓下设10t锚块。系缆浮鼓专门用于海上施工作业船舶的系缆,并随挖泥施工的进程布置。

(2)挖泥船的粗定位

挖泥船由锚地驶入施工现场水域,利用事先设置的导标进行粗定位。在挖泥船操作室里的电脑显示屏上看到挖泥船进入拟施工区后,立即抛船艏及船艉八字缆系在已经设置的合适的系缆浮鼓上。

(3)挖泥船准确定位

挖泥船粗定位完成后,通过电脑显示屏,由操作手指挥,对挖泥船进行准确定位,把挖泥船准确定位在拟施工区的具体挖泥地点,并系紧各条缆绳,方可进行挖泥作业。

(4)挖泥施工定位

挖泥船驻位完成后,根据建立好的施工区域小网格,对挖泥进行定位,每一抓的位置对应于每一小网格,按分区、按船地(即挖泥船的一次驻位)依次施工。一抓挖泥完成后,由船舶操作室内的操作手根据电脑屏幕显示对下一抓挖泥进行定位施工;每一船地挖泥完成后,由船舶操作室内的操作手根据电脑屏幕显示指挥移船,进行下一船地施工,依此类推。

(5)挖深控制

基槽挖泥采用分区分层开挖,根据不同的地质条件确定分层厚度。每区段的挖泥底高程不同,挖泥前做好各区域挖泥高程表格,交给各挖泥操作手,以便挖泥施工时的核对和控制。

(6)施工记录

挖泥施工前把建立好的总挖泥施工区域网格图和各区段挖泥网格图交给挖泥操作手,挖泥操作手必须随时在网格图上标明完成区域的位置等挖泥情况,在网格图上做好详细的施工记录,以便于每作业班交接作业和防止漏挖及重复施工。

6. 施工测量

(1)水深测量采用DGPS平面定位,回声测深仪结合测深水砣测水深,计算机处理数据,绘图机联机绘图。

(2)陆域测量使用全站仪定位,高程测量采用水准仪。

(3)抓斗船挖基槽时按规范和标准进行测量验收。采用的测量船由双频GPS与数字化自动回声测深系统结合测深水砣进行测量,并采用软件实现高精度的数据同步,取5m一个断面2m一个点电脑自动绘制测量图。

7. 质量检验标准(附表8)

非岩石地基水下基槽开挖允许偏差、检验数量和方法 附表8

序号	项目		允许偏差(mm)	检验数量	单元测点	检验方法
1	平均超深	Ⅰ、Ⅱ类土	1 000	每5~10m一个断面,且不少于三个断面	1	用测深仪或测深水砣测量,2~5m一个点,每断面取平均值
		Ⅲ、Ⅳ类土	800			
2	每边平均超宽	Ⅰ、Ⅱ类土	2 500		2	在全部断面图上量测,取各边平均值
		Ⅲ、Ⅳ类土	2 200			

5.4.2 基床抛石/基床前回填砂。

例:基床抛石。

1. 施工工艺流程(附图5)

附图5 基床抛石施工工艺流程

2.施工工艺及方法

(1)抛填测量控制

抛填工程测量主要是水下测量,根据施工控制网完成平面控制和高程控制,水上测量定位均采用 GPS。

(2)主要施工工艺

基床抛石及基床前抛填块石主要采用两种施工工艺,根据石料规格、水深部位不同确定相应的施工工艺,基床粗抛采用开体驳;基床补抛、基床前抛填块石采用 $300\sim500m^3$ 的自航抛石铁驳配合反铲进行抛填。基床前抛填砂采用 $1\,000\sim2\,000m^3$ 抛砂船+皮带机水上抛填。

①开体驳抛填(施工工艺Ⅰ—基床粗抛)

本工程选用 $1\,000m^3$ 自航开体驳,开体驳适用断面工程量大,施工强度高的抛石工程,抛石精度较低,船舶吃水大,施工时对抛石位置水深有一定要求。本方法主要用于基床粗抛。考虑采用该工艺抛填基床块石约 $122\,267m^3$。

具体船型:长 67.8m,宽 14m,型深 4.6m,满载吃水 3.7m,空载吃水 1.5m,石仓尺寸 $31.2m\times10.4m$,石仓容积 $1\,000m^3$。

② $300\sim500m^3$ 自航铁驳配合反铲抛填(施工工艺Ⅱ—基床细抛、补抛)

本工程选用 $300\sim500m^3$ 自航铁驳,考虑采用该工艺补抛基床块石约 $61\,134m^3$。

本方法用于基床细抛、补抛。

(3)主要施工方法

①施工工艺Ⅰ的施工方法

a.基床抛填石料主要采用 $1\,000m^3$ 自航开体驳抛填工艺。

b. $1\,000m^3$ 开体驳舱口为 $31.2m\times10.4m$,抛填后有效长宽可达到 $35m\times12m$,平均石层厚 2.5m 左右。

c.基床块石抛填使用定位船定位,开体驳停靠定位船舷侧。

d.定位方驳顺轴线布置,采用 GPS 定位。从中部开始,两侧依次靠船对称抛填,断面全部抛填完成后移至下一个船位继续施工。

e.实际抛填前要通过试抛测出抛填后实际断面情况、海流对抛填影响等因素。

f.用 GPS 结合测深仪对断面抛填前后进行测量,输入计算机,与设计断面进行校核,以指导补抛和校正。

②施工工艺Ⅱ的施工方法

a.抛石船在石料场上料,运输至现场方驳定位后采用反铲进行抛填。

b.因反铲抛填效率低,施工过程中应尽量减少补抛工作量。

c.坡面抛理后,由 GPS 结合测深仪进行测量,与设计断面比较,不符合设计要求部位重新补抛或挖除。

(4)基床前抛填砂

基床前抛填砂采用 $1\,000\sim2\,000m^3$ 抛砂船+皮带机水上抛填,基床抛石完成后及时进行基床前抛填砂,避免前沿三角区造成回淤。

3.抛填注意事项

(1)基床抛石前,应由潜水员对基槽进行检查,如表面淤积物厚度超过 300mm,含水率小于 150%,应进行清理,采用绞吸式挖泥船清除淤泥。

(2)正式施工前应选择典型部位进行试抛作业(典型施工),确定水流对块石作用产生的偏移量数据,根据实际抛填料位置的测量数据进行分析总结,用于正式施工参考。

(3)需要采用锤夯的部位(与管桩、板交界处及 CX1、CX2 沉箱高差过渡段),应根据现场基床厚度进行分层抛填及夯实,分层厚度不大于2m。

(4)在抛石过程中应及时用测绳测量所抛基床的顶面高程,防止抛高,基床顶面的施工高程应根据码头基床的设计高程及基床的预留沉降量确定。

(5)每一个施工作业段抛石完成之后应做好标记,防止进行下一个相临施工作业段抛填时在两作业段的相接部位超抛或漏抛。

(6)在抛石过程中应勤对标志、勤看水位、勤测水深,防止抛高或漏抛,在进行基床抛石细抛时,距基床顶500mm 以内时,采用小型反铲选用小块石进行细抛。

(7)根据规范要求及以往的施工经验,第一层抛填完成后应由潜水员进行粗平,基床抛石完成后应及时组织验收,合格后及时组织下一道工序施工,防止基床回淤。

4. 施工进度安排及施工强度

计划施工时间:3.5 个月。

施工强度:抛石 $183\,401\text{m}^3/3.5$ 月 $= 52\,400\text{m}^3/$月

基床前回填砂 $16\,493\text{m}^3/3.5$ 月 $= 4\,712\text{m}^3/$月

5. 工效分析及船机配备

(1)工效分析

石料来源为中山市南朗镇石场,海上运距18km,$1\,000\text{m}^3$ 开体驳每天1航次,每艘日抛填 $1\,000\text{m}^3$,共配备3艘。每月按22日计算,开体驳月抛填能力为 $66\,000\text{m}^3/$月。300~500m^3 的自航铁驳,台班工作效率为 300m^3,每艘日抛石量为 300m^3,共配备3艘,每月按20日计算,月抛石能力为 $18\,000\text{m}^3/$月。$1\,000\sim 2\,000\text{m}^3$ 皮带砂船每天1航次,每艘日抛填 $2\,000\text{m}^3$,共配备2艘。每月按22日计算,皮带砂船抛填能力为 $88\,000\text{m}^3/$月。实际能力大于计划量,满足施工船机配备要求。

(2)船机配备

施工中配备3艘 $1\,000\text{m}^3$ 开体驳、1艘721kW 拖轮、1条600t 定位方驳、1条400t 定位方驳、3艘 300~500m^3 的自航抛石铁船、1台 1m^3 反铲、2艘 $1\,000\sim 2\,000\text{m}^3$ 的皮带砂船。

6. 施工质量控制

(1)严把石料进场关,石料必须是不风化、不成片状、无严重裂纹的岩石,不带泥土,在水中饱和状态下的抗压强度不低于50MPa。

(2)抛填完成后迅速进行下道工序施工,避免基床回淤。

(3)抛填过程中及时进行测量验收检查,发现超高部位,立即清理,低凹处及时补抛。

(4)现场监测控制制度化,利用GPS、测深仪、全站仪、经纬仪和水准仪等常规测量控制手段,对抛石工程做全面、精确的监控。

(5)抛填施工试抛措施:

①正式施工前选择典型部位进行试抛作业(典型施工),确定水流对块石作用产生的偏移量数据,根据实际抛填料位置的测量数据进行分析总结,用于正式施工参考。

②施工过程中经常分析石体落位偏差情况,及时作出调整。严格控制抛石偏差,基床块石抛填外坡线预留宽度大约1.0m。

7. 质量验收

(1)验收方法

①水下部分利用测量船及水铊相配合的方法,GPS 定位系统与回声测深仪测量验收。
②完成设计断面的抛石段,及时请监理工程师验收,填报隐蔽工程验收单。
(2)工程质量验收标准(附表9)

水下基床抛石允许偏差、检验数量和方法　　　　附表9

序号	项目	允许偏差(mm)	检验数量	单元测点	检验方法
1	顶面高程	+0 -500	每 5~10m 一个断面,且不少于三个断面	1~2m 一个点	用回声测深仪或测深水砣检查
2	边线	+400 -0		2	

5.4.3 基床夯实(基床爆夯/基床锤夯)。
例:基床爆夯。
1.爆夯工艺流程(附图6)

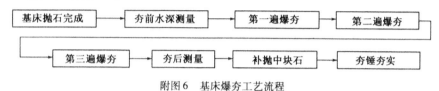

附图6　基床爆夯工艺流程

2.施工方法
(1)爆夯参数的设计与计算
根据《爆炸法处理水下地基和基础技术规程》,结合我单位的爆夯经验应用公式:
$$q_2 = q_0 abH\eta/n;\ h_2 = 0.4q_2^{1/3};\ h_1 \geq 2.32q_2^{1/3}$$
式中:q_2——爆破的单药包质量(kg);
q_0——爆破夯实单耗,规范要求:4.0~5.5kg/m³,这里取 5.0kg/m³;
a、b——药包间距、排距(m);
H——爆破夯实前石层平均厚度(m);
η——夯实率(%),取 15%;
n——爆夯遍数,取 3 遍;
h_1——起爆水深(m);
h_2——药包悬高(m)。
爆夯计算参数见附表10。

爆夯参数表　　　　附表10

药包间距(m)	3×3		
夯实遍数	3	3	3
抛石层厚度 H(m)	4.0	7.9	10.9
单药包药量 q_2(kg)	9.0	17.775	24.525
药包悬高 h_2(m)	0.832	1.044	1.162
计算最小起爆水深 h_1(m)	4.826	6.055	6.740
实际水深 h(m)	25.0	25.0	28.0
药包配重 G(kg)	13.5	26	35

(2)爆夯工作面划分及船机设备、人员配备

根据各种厚度的爆夯面积、布药船(方驳)长度和最大起爆药量小于1t,爆夯区段划分如附表11所示。

附表11

泊位	基床高程(m)	基床厚度(m)	段长(m)	爆夯段长(m×段)	各段Q值(kg/遍)	ΣQ(kg)
B段	$-26 \sim -15.1$	10.9	264.84	14.71×18	981	$17\,658 \times 3$
	$-23 \sim -15.1$	7.9	197.94	19.79×10	995	$9\,950 \times 3$
	$-23 \sim -19.0$	4.0	141.79	35.45×4	864	$3\,456 \times 3$
小计	共分32个段,96次爆破,用药共计 31 064 × 3kg					

由上可知:本工程共分32个段,96次爆破,共计用炸药93 192kg,计划每日2次爆破。工程采用的船机设备如附表12所示。爆破夯实基床所需劳动力配备见附表13。

爆夯拟采用船机设备表 附表12

序 号	设备名称	数 量
1	100t铁驳船	1艘
2	50t运输船	1艘
3	交通艇	2艘
4	潜水船	1艘
5	5t货车	1辆

爆破夯实基床所需劳动力配备表 附表13

序 号	工种名称	人 数
1	工长	1人
2	测工	3人
3	炮工	3人
4	力工	20人
5	潜水	3人
6	驾驶员	1人
7	小计	31人

(3)抛石要求

基床抛石应达到设计要求的断面和高程(高程按基床厚度的15%预留夯沉量),顶面基本平整,局部高差不大于50cm。

(4)夯前水深测量

在爆破前对抛石基床进行全断面测量,测深采用水铊测量,测量间距为2.0m一个断面,2.0m一个点。

(5)药包的加工

药包使用2号乳化炸药制作,要求药量偏差不大于5%,乳化炸药内插2发塑料导爆管毫秒雷管做起爆体。

(6)药包布置方式

药包按方格式布置,后两遍爆夯药包与上一次错开布置,相临段要至少搭接一排药包。详见药包搭接布置平面图。

(7)药包布置范围

药包线布设应平行于抛石前缘,位于前缘外 1~2m,详见药包布置平面图。

(8)药包投放

采用 100t 平板方驳垂直或顺轴线方向纵向驻位,GPS 进行测量定位,在作业平台边缘按要求位置向下依次投放药包。在投放过程中,由于受海浪、水流影响会使药包漂移,因此,要提前做投放试验,找出各状态下药包的漂移量,然后确定投放位置进行投放。药包在水中采用上边浮漂悬挂,水底重物(砂石袋)下坠的方法固定,详见药包布设立面图,具体配重见参数表。

(9)联线起爆

采用双根导爆索将各药包的导爆管串联,起爆电雷管绑在导爆索的端部(详见药包联线示意图)。在四周设警戒船只警戒,将布药船撤至安全地点,发出起爆信号,起爆。

(10)夯后水深测量

第三遍爆夯完成后,按要求进行全部爆夯部位的水深测量,测点间距为 2.0m 一个断面,2.0m 一个点,采用水铊进行水深测量,把测量结果绘制成水深图。

(11)基床补抛、锤夯

爆炸夯实后根据测量结果采用方驳定位,300~500m³ 铁驳配合反铲进行补抛。补抛后,基床顶面 2m 厚范围按技术规格书要求,全部进行锤夯处理。

(12)爆夯需要的主要材料(附表 14)

爆夯主要材料表　　　　　　　　　　　　　　　　　　附表 14

序　号	材　料　名　称	数　　量
1	乳化炸药	93.2t
2	非电雷管	11 661 发
3	塑料导爆索	6 761m
4	电雷管	245 发

3.爆破夯实施工过程质量控制

(1)施工技术要求

①基床爆夯正式施工前,先进行爆夯试验,爆夯试验段选在具有代表性的部位进行。

②爆夯试验结束后,根据试验段爆夯后所检测的基床密实度、基床表面平整度、爆夯对未布药区基床及边坡的作用和爆夯对周围环境影响等实际情况,选取确定适当的爆夯参数、夯沉量、爆夯安全距离等爆夯技术指标,并制定合理的《基床爆夯施工方案》,报送监理工程师批准后,进行正式基床爆夯。

③《基床爆夯施工方案》中明确爆夯的分段长度和厚度、爆夯的有关技术参数、布药的方式、起爆的方式、沉降观测的方法等。

④爆夯施工结束后,向监理工程师提交如下资料:

a.抛填石料质量、方量记录;

b.爆前、爆后断面测量,计算夯沉量;

c.布药、起爆记录,药包位置的记录;

d. 基床爆夯的沉降观测记录。

（2）质量标准

①夯前抛石顶面局部高差不大于50cm。

②根据前后两次高程测量结果计算出夯沉率（体积法校核），其值满足设计要求。

③单药包药量允许偏差不大于5%。

④药包平面位置偏差不大于药包间距的10%。

⑤药包悬高偏差不大于悬高的5%。

⑥每炮准爆率应不低于90%，小于60%应补爆一次，60%～90%之间应局部补爆。

（3）质量保证措施

①爆夯第一次典型施工以后，立即测量爆夯后石体分布范围，石体底部高程、顶面高程和四面边坡情况及石体体积的变化情况。以数据分析的方法，检查爆夯石料密实的质量效果。若满足质量要求，便可进入正式施工，若未能满足质量要求，则需调整试验参数，再次进行典型施工，直到满足质量要求为止。

②使用合格的爆破器材。

③药包按标准制作，防止外包装破、漏。

④每次爆夯使用雷管的段数必须一致。

⑤起爆导爆索的雷管的方向不许接反。

⑥抛石基床顶面保持平整，相对高差小于50cm。

⑦相临区段布药搭接一排药包。

⑧三次爆夯后夯沉率不满足设计和规范标准要求，需增加爆夯遍数，直到达到要求为止。

4. 爆破夯实施工安全与措施

（1）安全距离

根据现场周边情况，为确保附近区域人员及设施的安全，保证水中冲击波对航行船舶的安全，经海图测算离航道区约1.5km，由此确定一次最大起爆药量为1 000kg内，根据国家爆破安全操作规程，对人员和施工船舶及航行船舶的安全距离见附表15。

爆夯安全距离表　　　　　　　　　　　　　　　　　　附表15

类　　别		距　离（m）
水中人员	游泳	2 000
	潜水	2 600
施工船舶	木船	500
	铁船	250
航行船舶	上游	1 000
	下游	1 500

（2）安全措施

①严格遵守中华人民共和国《爆破安全规程》进行作业。

②爆破前向公安部门申请，办理《爆破许可证》并向当地水上安全监督部门申请发布爆破施工通告。

③建立爆破作业指挥机构和爆破人员的组织机构，制订岗位责任制。

④爆破作业船上的人员，作业时必须穿好救生衣及其他劳保用品，船上必须备有相应数量

的救生设备,严禁无关人员上船作业。

⑤爆破布药船及其锚泊设备必须具备适应施工要求的抗风抗浪能力,防止走锚移位。

⑥爆破作业船经测量锚泊定位后,在布药施工期还需经常校核,发现偏位及时纠正。

⑦每次放炮时实行"三次信号"制度,使全体施工人员和附近居民事先知道警戒、警戒标志和声响信号的意义、发出信号的方法和时间。

第一次信号——预告信号。所有与爆破无关人员应立即撤到危险区以外或指定的安全地点。向危险区边界派出警戒船只和警戒人员。

第二次信号——起爆信号。确认人员、设备全部撤离危险区,具备安全起爆条件时,方准发出起爆信号。根据这个信号准许起爆员起爆。

第三次信号——解除警戒信号。未发出解除警戒信号前,岗哨应坚守岗位。经检查确认安全后,方准发出解除警戒信号。

⑧夜间或大雾时不得进行爆破,雷雨时必须停止爆破。

⑨风力超过6级或浪高大于0.8m时,不得进行水上爆破作业。

⑩严禁穿戴化纤衣物、铁钉鞋从事爆破作业和进入爆破器材的库房、加工房、堆场和其他爆破场所。

⑪导爆索、炸药与起爆雷管必须分开运输与保管。

⑫爆破作业船工作仓及外表不得有尖锐的突出物。

⑬作业船离开布药地点时,应仔细检查船底、船舵,如发现有爆破网路或药包扯拉缠绕应及时处理。

⑭已放置于水下的药包及爆破网路不得拖曳,发现药包漂浮、网路损坏等异常现象,经排除后方可起爆。

⑮爆破后,爆破员必须按规定认真检查爆区有无盲炮。发现盲炮或怀疑盲炮时,应立即报告并及时处理。不能及时处理的盲炮,应在附近设立明显标志,并采取相应的安全措施。

⑯处理盲炮时,应做好安全警戒工作,无关人员不得进入现场。

⑰每次放炮前均在四周设警戒船,按要求范围警戒。

5.4.4 基床整平。

例: 基床整平实例如下。

1. 施工流程(附图7)

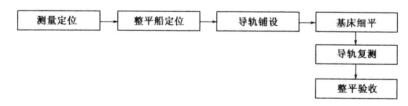

附图7 基床整平施工流程

2. 施工方法

(1)施工顺序

基床整平施工顺序为:基床夯实情况检查验收,分段进行整平,为防止基床回淤,在整平完一个半沉箱基础后即进行沉箱安装。

(2)船机组合及测量仪器配备

船机组合:整平方驳、供料船、0.5m³ 小反铲、小型手推车。

测量仪器:GPS、测深导尺(钢管变径加工制作)、钢丝绳配水铊软尺(验收用)。

(3)基床整平方法

①基床整平工艺

a. 基床整平顶高程确定:基床夯实后,基床整平高程根据要求预留沉降量及倒坡进行控制。

b. 测深导尺加工制作:测深导尺采用 ϕ100mm、ϕ80mm、ϕ40mm 三种不同规格型号的镀锌钢管变径焊接而成,顶面焊接接头螺栓与 GPS 卫星接收盘连接。测深导尺根据基床顶不同高程分类型进行加工制作,共需加工两种不同高程的测深导尺,即 -19.0m 高程,测深导尺加工长度 24m; -15.1m 高程,测深导尺加工长度 20.1m。

c. 导轨布设:整平导轨沿基床轴线方向布设,共布设 3 条,导轨间距为 6.5m。首先利用 GPS 测量卫星定位系统确定整平用垫墩位置,再利用 GPS 和测深导尺测定需布设垫墩处基础高程,根据此高程布设好垫墩,再搭设导轨,重新测定高程,当导轨高程差在 ±10mm 之内时,即认为满足要求,否则重新布设。导轨铺设且复测合格后应在端头位置四周安放袋装碎石围护,以保证导轨接头稳定。

导轨采用 ϕ100mm 镀锌钢管,每根 9m 长,一个沉箱基础需占用 6 根导轨,预备 20 根导轨,即能满足现场的下放轨道整平的数量要求。

d. 整平刮道设计:整平刮道采用两根槽钢([12mm)对扣密封而成,考虑基床整平时,潜水人员作业不同步,刮道与导轨并非垂直,两侧需预留的富余量较大,整平刮道设计长度按 17.0m 考虑,基本保证两边各有 1m 的富余量;同时考虑到刮道较长,产生的挠度较大,刮道加工时设置吊浮拉环,施工时在刮道中间利用小浮鼓吊浮,以减小刮道挠度,同时起到标志作用。

e. 整平船下料:整平船要采用方驳进行改造,上面配有 0.5m³ 小型反铲及小型手推车。整平船由拖轮拖运至现场并 GPS 辅助定位驻位完毕后,根据潜水员水下要求,人工或小型反铲下料,下料时根据涨落潮及水流方向考虑下料预留距离,以确保下料位置准确。供料由供料船通过皮带机进行。

f. 潜水员按轨道顶面高程,用刮道进行整平。刮道整平完毕后,进行整平导轨的复测工作,然后再进行一遍刮平工作,以避免漏平或整平过程中由于刮道发生变化而引起高程偏差。

②基床整平方法

a. 基床整平采用方驳定位、供料,潜水员辅以简单手工工具,在水下下钢轨、拉刮道、手工摆铺石料、进行基床整平的方法。

b. 钢轨采用 ϕ100mm 密封钢管轨、刮道采用双[12mm 槽钢密封刮道,垫块采用混凝土预制块,垫块尺寸为 300mm × 300mm × 100mm。为进行标面微调,需配备一部分平面尺寸为 200mm × 200mm,厚度为 5~20mm 不等的钢垫板。

c. 基床整平细平范围为:沉箱前趾及后墙外 0.5m。整平顺序由南向北推进。

d. 基床整平下放轨道时,采用双 GPS 进行定位,要求误差不大于 100mm;下钢轨时,先测出原基床高程,计算出轨顶及垫块顶面应提高或下沉量,由潜水员在水下安置垫块,GPS 高程观测指挥,直到垫块顶高程符合要求为止,然后将钢轨一端置于垫块上,另一端也用同样的方法处理。以此方法依次下完方驳范围内全部钢轨,再移动方驳。在两根钢轨接头处可共用一块垫块,两钢轨接头表面高差不大于 10mm,钢轨测量合格后,要求潜水员用石块或袋装碎石将垫块和钢轨垫牢,以防整平过程中钢轨倾倒或下沉。当钢轨中间有高点时,需认真清理,以防跷动。

e. 整平上料由 300~500m³ 自航铁驳运料,由皮带机直接给整平方驳上料。下放轨道时,方驳平行于码头前沿线,基床整平时,方驳采用横向驻位。

f. 整平前要对钢轨顶高程进行一次复核,钢轨顶高程允许误差 ±10mm。误差较大,可采用不同厚度的钢板调整,合格后方可进行下道工序。当进行细平时,对于大块石间不平整部分用二片石填充;对二片石间不平整部分用碎石填充,碎石厚度不大于 50mm。方驳下料人员要听从潜水员指挥,在指定位置下料。

为使潜水员不扰动已整平的基床,整平船和潜水员均位于整平的前进方向,潜水员在水下用小手耙扒平,使碎石饱满而不高出。几组潜水员同时作业时,注意交接段不得出现漏平。

g. 由于基床整平刮道较长,为避免刮道中部挠度超出规定要求(不大于 10mm),需在刮道中部加设两个小浮鼓。

h. 基床整平的范围不得小于规范规定(按前趾及后墙各加 50cm),基床顶面的坡度应符合设计规定(0.5% 内向倒坡),整平允许偏差:细平 ±50mm。验收合格后将刮道钢轨收起。

i. 潜水用具应经常检修,施工船舶不得在潜水作业区抛锚、带缆,并应绕行,防止碰撞造成危险。

(4) 基床整平施工记录

基床整平施工前把建立好的总整平施工区域分段、导轨位置图交给基床整平操作手,基床整平操作手必须随时在分段、导轨位置图上标明完成区域的位置等整平情况,在分段、导轨位置图上做好详细的施工记录,以便于每作业班交接作业和防止漏整平及多整平施工。

3. 施工进度安排及施工强度

施工时间:3.6 个月。

施工强度:$9\,975 m^2/3.6$ 月 $= 2\,771 m^2/$月。

4. 工效分析及船机配备

(1) 工效分析

配备潜水员 8 组,每天可整平 $175m^2$,每月施工按 22d 计算,可整平 $3\,850m^2/$月,计划要求整平 $2\,771m^2/$月,实际能力大于计划量,满足施工船机及人员配备要求。

(2) 船机配备

1 艘 600t 整平方驳、1 台 $0.5m^3$ 反铲及供料船组(原抛石船)。

5. 基床整平验收质量标准

(1) 验收范围

每 2m 一个断面,2m 一个点,按四方形间距布置进行验收,在宽度方向沿沉箱两侧各加宽 0.5m。

(2) 沉箱基床顶面的坡度

从前肩至沉箱后墙预留 0.5% 的倒坡,需通过基床确定高程。

(3) 基床整平的允许偏差、检验数量和方法

水下基床整平允许偏差、检验数量和方法见附表 16。

水下基床整平允许偏差、检验数量和方法　　　　附表 16

序号	项目	允许偏差(mm)	检验数量	单元测点	检验方法
1	顶面高程	±50	每 2m 一个断面	2~3	经纬仪或 GPS 定位,用水准仪、水深测杆测量钢轨内侧 1m 和中线处。基床顶宽小于 6m 时,可只测钢轨内侧 1m 处
2	整平边线	+500 0		2	经纬仪或 GPS 定位,用水准仪、水深测杆测量

6. 基床整平施工过程质量控制

(1)控制好整平导轨的轴向位置,其允许偏差应在 ±10cm 以内,避免发生漏整平和多整平现象。

(2)严格控制整平导轨的高程,在进行整平之前或在整平施工中,对导轨施放准确性有怀疑时,及时进行校验以确保整平导轨高差控制在 ±1cm 内。

(3)基床整平验收及验收后沉箱安装等工序,都要及时进行,避免发生基床回淤现象。

(4)整平中发现有高点必须及时清除(特别是大石头尖),避免对沉箱安装后稳定造成影响。

(5)严格控制整平石料质量,对石料含泥量、级配等各项指标不符合要求的,坚决不使用。

5.5 钢筋工程

5.5.1 钢筋加工场地的安排。
5.5.2 大型钢筋笼的运输、吊装、拼接方法。
5.5.3 预应力钢筋的张拉和锚固。
5.5.4 钢筋试验。
5.5.5 涂层钢筋的使用事项*。
5.5.6 钢筋接头特殊形式等*。

5.6 模板工程

5.6.1 模板加工和拼装场地。
5.6.2 模板施工工艺。
5.6.3 现浇构件模板设计计算(放在附件内)。

例:现浇构件模板设计。

1. 承重围图设计计算与验算的相关参数

横梁断面:高 $h \times$ 宽 $b(m)$。

[25a 槽钢: $W_x = 269.597 \times 10^{-6} m^3$, $I_x = 3369.62 \times 10^{-8} m^4$;截面面积:$A = 34.91 \times 10^{-4} m^2$。

[30a 槽钢: $W_x = 403.2 \times 10^{-6} m^3$, $I_x = 6047.9 \times 10^{-8} m^4$;截面面积:$A = 40.47 \times 10^{-4} m^2$。

[32a 槽钢: $W_x = 474.9 \times 10^{-6} m^3$, $I_x = 7598.1 \times 10^{-8} m^4$;截面面积:$A = 48.7 \times 10^{-4} m^2$。

[24 和[30 槽钢上下层叠加组合时对 x 轴的惯性矩和截面抵抗矩:

$$I_x = 3052 + 32.89 \times 13.5 \times 13.5 + 6047.9 + 40.47 \times 13.5 \times 13.5 = 22470 \times 10^{-8} (m^4)$$

$$W_x = I_x/27.1 = 22470/27.1 = 829.2 \times 10^{-6} (m^3)$$

槽钢弹性模量 $E = 2.1 \times 10^5 MPa$,Q235 型钢容许强度 $N = 170MPa$。

施工均布荷载取 $q = 3 \times 10^3 N/m^2$。

为简化计算,将现浇横梁桩间各段简化为在最不利荷载作用下的简支结构进行设计与验算。

2. 引桥横梁承重结构计算

(1)引桥全直桩排架横梁(PHC 桩基础)承重结构内计算,其图式见附图 8。

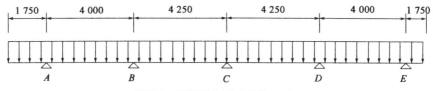

附图8 计算图式(尺寸单位:mm)

引桥下横梁高1.3m,宽1.6m

均布荷载Q:$Q = 1.3 \times 1.6 \times 2.5 \times 10 \text{kN/m} + 3 \text{kN/m}^2 \times 1.6 = 56.8 \text{kN} \cdot \text{m}$

最大弯矩M_{max}:$M_{max} = 56.8 \times 4.25^2/8 = 128 \text{kN} \cdot \text{m}$

支座反力:

$R_A = RE = 56.8 \times 3.75 = 213 \text{kN}$

$R_B = RD = 56.8 \times 4.125 = 234.3 \text{kN}$

$R_C = 56.8 \times 4.25 = 241.4 \text{kN}$

(2)钢抱箍选择:每桩选用一对ϕ800A的型钢抱箍,高度0.3m,承载力250kN,满足要求。

(3)强度验算:选用4[25a,$\delta = M_{max}/W_x = 128 \times 10^6/269.597/10^3/4 = 118.7 \text{MPa} < 170 \text{MPa}$(容许强度),抗弯强度满足要求。

(4)挠度验算

$$f = \frac{5ql^4}{384 \times 4EI} = \frac{5 \times 56.8 \times 425^4}{384 \times 4 \times 2 \times 10^6 \times 3369.6} = 0.89 \text{cm} < L/400 = 1.06 \text{cm}$$

刚度满足要求。

(5)搁栅选用:

搁栅选用10cm×10cm木方,其间距为20cm(附图9)。

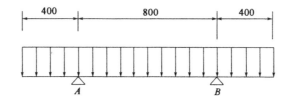

附图9 (尺寸单位:mm)

①荷载计算:

自重:$q_1 = 0.20 \times 1.3 \times 25 = 6.5 \text{kN/m}$

$q_2 = 3 \times 0.2 = 0.6 \text{kN/m}$

$q = q_1 + q_2 = 7.1 \text{kN/m}$

②强度验算:

$M_{max} = 1/8 \, ql^2 = 1/(8 \times 7.1 \times 0.8 \times 0.8) = 0.568 \text{kN} \cdot \text{m}$

10cm×10cm木方的抗弯模量W:

$W = 167 \text{cm}^3$

$\sigma = M_{max}/W = \dfrac{0.568 \times 10^6}{167 \times 10^3} = 3.4 \text{MPa} < [\sigma] = 10 \text{MPa}$,满足要求。

5.7 混凝土工程

5.7.1 预制构件工程。

(1)桩、梁、板、靠船构件、方块、沉箱现场预制加工场设计和施工方案,运输条件和运输方式。

(2)工厂预制的安排,运输方式。

例:预应力轨道梁预制。

1. 施工工艺流程(附图10)

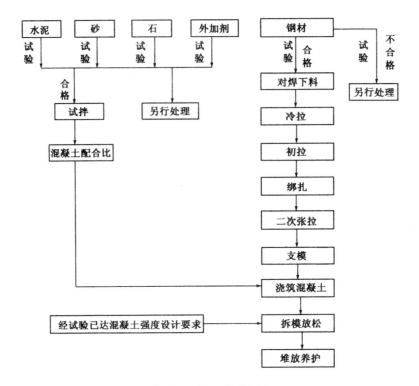

附图10 施工工艺流程图

2. 主要施工方法

主筋原材料(HRB400钢)进厂后,先按炉批号取样进行力学性能试验,符合要求后,再测定其冷拉率,即应力为530MPa时的延伸率,如冷拉率在正常范围之内,则可以使用。

根据测定的冷拉率和每根梁主筋的设计长度以及台座线的长度,计算每根预应力筋的下料总长度。

以计算的下料长度为控制依据进行钢筋对焊配料。

将对焊好的主筋放入冷拉槽内以冷拉千斤顶进行冷拉,冷拉以冷拉率控制,到位后持荷10s后放松,若对焊接头及母材一切正常,则移送至台座区。

将配好的主筋就位,筋间用专用连接器逐根连接,然后将其中一端固定在台座的放松器上,另一端固定在台座锚板上。

根据张拉千斤顶—压力表配套标定曲线及设计图纸确定的张拉控制力计算出相应的控制应力所对应的油压表控制读数。

根据预应力施工规范进行初次张拉,张拉控制应力为设计值的40%,张拉以应力控制,以伸长值校核,全程做好施工记录。如一切正常即在台座上进行锚固。

将制备好的各类箍筋、加强筋、网格筋等穿入主筋绑扎成型。

绑扎结束后进行二次张拉,即张拉至设计控制应力,张拉过程严格按施工规范进行。

核对钢筋无误以后,支设模板,垫放混凝土保护层。

经认真检查验收后,开出混凝土浇筑令并浇筑混凝土,混凝土由搅拌楼电子秤量测,电脑控制制备,由电动行车、运灰斗运送到浇筑地点。浇筑必须分层均匀下灰、分层振捣,全梁一次浇筑完成,在混凝土初凝前收面成型。

混凝土浇筑过程中,每个台班随机在生产流水线上截取混凝土料制作强度试块,将其中一组作同条件养护,其余进行标养。

混凝土初凝后即覆盖土工布,根据季节的不同,采取或保温或洒水保湿等法对构件混凝土进行养护。

混凝土强度达到能维持构件形状且表面不粘皮时即可拆除并移走侧模板。

当同条件养护的混凝土试块强度经试验确定达到设计或规范要求的放松强度时,即可进行主筋放松,即对混凝土施加预应力。放松时先松弛放松器,消除钢筋张力,然后以氧炔割枪切割各桩之间的钢筋。

根据质量检验评定标准对成品梁进行质量检验及评定,同时在梁身上喷涂标识。

门吊起吊脱模,移送入堆放场,打点平稳后放置。

梁到堆场后继续进行混凝土养护直到养护期结束。

3. 质量控制及保证措施

对焊配料必须以炉批号相对应的冷拉率为依据,严格禁止不同冷拉率的钢筋混杂使用。

钢筋冷拉速率不宜过快,确保材质结构充分调整。

对焊接头允许误差必须符合规范,且必须按比例抽样做抗拉试验。

同一根梁各筋间对焊接头必须错开布置,符合规范要求。

张拉设备必须专人保管,定期维护,使用前应进行配套标定并确定标定方程式,施工中遇有特殊情况应重新标定。

张拉中,实际伸长值与理论伸长值误差超过规范时,应暂时停止,查明原因并排除后,方可继续。

模板施工重点确保封头板的垂直,且严格控制预应力区的漏浆,隐蔽验收重点检查。

混凝土浇筑必须分层下灰、分层振捣,并一次性连续完成,不得中途停顿。

梁端混凝土必须振捣充分密实,严禁出现漏振、不实、空鼓等现象。

梁上口振捣后在混凝土初凝前需进行二次振捣,以消除泌水、松顶等现象。

充分重视养护工作,特别是冬、夏季节,必须把养护工作作为关键工序以确保梁的质量。

如以吊孔为吊点进行脱模或吊运,则必须在牛腿及吊孔边缘设置保护垫以防止混凝土棱角损坏。

严格执行设计图纸、施工规范及技术标准,做好自身的施工监督检查工作,设专职质量检查员,建立严格的质检制度。

自觉接受业主代表、监理工程师的检查和监督。

5.7.2 现浇构件。

(1)现场搅拌混凝土、商品混凝土和水上搅拌船供应混凝土方式的选用。

例:横梁混凝土浇筑。

①混凝土工程施工流程(附图11)。

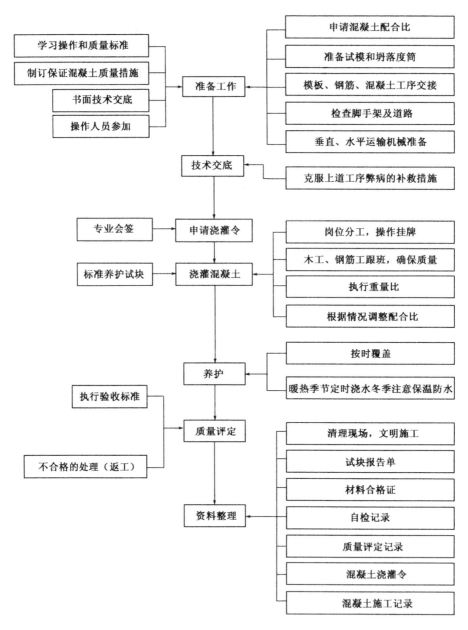

附图11 混凝土施工流程图

②混凝土工程施工要点。

混凝土原材料：水泥必须有出厂质量证明书，砂、石料及水泥等必须进行检验和试验，检验和试验合格并经监理审核批准后方可使用。

根据构件混凝土设计强度等级、混凝土运输及浇筑方式和规范的有关规定先进行试配，在确保构件混凝土设计强度等级的前提下，试验出施工配合比。

根据混凝土浇筑部位、运输工艺、浇筑方式、工期要求及施工环境等因素，确定混凝土外加剂。泵送混凝土时，掺入适量泵送剂。夏季气温较高时掺入适量缓凝剂，冬季气温较低时掺入适量早强剂及防冻剂。混凝土掺入外加剂时，必须先做产品与水泥适应性和改变混凝土性能等试验，并通过试拌的试验结果确定外加剂最佳掺量。

当遇有暴风和大雨时,严禁浇筑混凝土;当需夜间进行混凝土浇筑时,需提供足够的照明。

当浇筑时的环境温度超过32℃时,须对集料、搅拌水进行遮盖,避免阳光直接照射,或对集料、拌和机具、钢筋和模板喷水冷却和减少输送混凝土的时间等,确保混凝土的入模温度不超过32℃;当环境气温低于0℃时停止浇筑混凝土;当平均气温低于+5℃浇筑混凝土时,须采取措施,确保混凝土的入模温度不低于10℃。

本工程施工期间考虑采用"××××"水上搅拌船和陆上搅拌楼、商品混凝土进行引桥、平台桩芯、下横梁和上横梁混凝土的浇筑施工。

混凝土拌制时间一般不得少于60s,在添加外加剂时,拌制时间不得少于90s,现场根据气候、集料、添加剂等因素确定实际拌制时间。

横梁等构件混凝土浇筑时,根据浇筑厚度分层下料,分层厚度控制在30~40cm,同时控制好上、下层浇筑间隔时间,防止出现冷缝现象。混凝土振捣须均匀,不得漏振或过振;根据混凝土坍落度,控制好每处的振捣时间。现浇构件顶部必须进行二次振捣和二次抹面,防止出现松顶现象。"××××"搅拌船的主要性能详见附表17。

"××××"水上搅拌船技术性能一览表　　　附表17

名　　称	水上搅拌船
型　　号	××××
产　　地	南京
型长×型宽×型深(m)	49.8×18.0×3.5
一次装载连续浇筑混凝土量(m³)	300.0
混凝土浇筑能力(m³/h)	80.0
混凝土搅拌能力(m³/h)	80.0
混凝土泵送能力(m³/h)	100.0
混凝土泵送半径(m)	36.0
作业抗风能力	6级
总功率(kW)	441
总载重量(t)	2 142

(2)大体积混凝土施工工艺(浇筑工艺、防裂措施、降温措施等)。

5.8 安装工程

5.8.1 预制混凝土构件安装工程:

(1)船机设备选型。

(2)安装注意事项。

例:混凝土预制构件安装。

靠船构件采用"××××"80t起重船水上安装(附表18)。靠船构件预制时预埋2对[14mm槽钢或14mm工字钢,槽钢和工字钢必须垂直与靠件侧面。

"××××"80t 起重船 附表 18

总长/型长(m)		50/34.60
型宽(m)		11.60
型深(m)		2.4
主　钩	吊高(m)	20.15
	吊距(m)	11.0
	吊重(t)	80.0
副　钩	吊高(m)	15.0
	吊距(m)	21.9
	吊重(t)	25.0

施工期间,分别选用120t(附表19)和250t(附表20)起重船,在码头前沿进行码头梁板的安装施工,对于1号和4号引桥,则选用120t起重船分别位于引桥的上游和下游侧进行安装施工。

"××××"120t 起重船 附表 19

总长/型长(m)		40/39.2
型宽(m)		14.30
型深(m)		2.5
主　钩	吊高(m)	37.5
	吊距(m)	11.36
	吊重(t)	120.0
副　钩	吊高(m)	27.10
	吊距(m)	35.58
	吊重(t)	30.0

"××××"250t 起重船 附表 20

总长/型长(m)		50.30/50.0
型宽(m)		18.00
型深(m)		3.6
主　钩	吊高(m)	41.29
	吊距(m)	11.81
	吊重(t)	250.0
副　钩	吊高(m)	23.86
	吊距(m)	38.88
	吊重(t)	45.0

由于本工程工期较紧,可能无法待引桥面板安装结束后再进行码头区的打桩"封口",为此,有部分引桥预制板无法进行水上安装,将其倒在已安装完的面板上,采用陆上导梁安装。导梁法的安装工艺参见附图12。

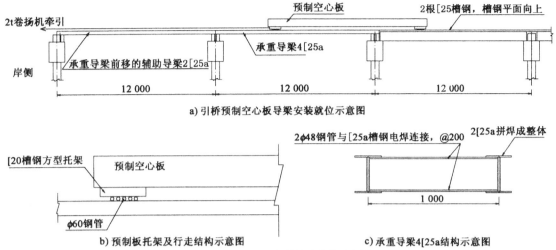

附图12　引桥空心板导梁法安装示意图

注:1.图中尺寸单位以毫米计。
　2.承重导梁2[25与2[25槽钢之间间隔2m,采用2根钢管焊接。
　3.辅助导梁仅作承重导梁前移时使用,安装面板时不承受荷载。

安装施工须注意如下事项:

(1)安装前,将各种构件做好标志,根据梁板安装图要求,对号入座,尤其须注意梁板上预埋件、预留孔等的位置、方向。

(2)当预制构件采用绳扣吊运时,其实际吊点位置不得超过设计吊点位置+20cm,为防止钢丝绳损坏构件棱角,吊运时应用麻袋或木块衬垫。预制构件吊运时,应使各点同时受力,以防止构件产生扭曲,吊绳与构件水平所成的夹角不得小于45°,吊运时应徐徐起落,以免损坏构件。

(3)各构件运至现场,须进行复检,并做好检查记录。

(4)各构件安装前,放好纵横安装线,为便于安装人员安装定位,应在下横梁顶面纵梁两侧放置安装线,以确保安装精度;搁置点处标明高程控制值,以便安装作业人员操作铺浆。

(5)坐浆时,应随铺随安,不得在砂浆硬化后安装构件;水泥砂浆不宜太厚,本工程要求采用10mm;为保证预制构件与搁置面间的接触严密,安装铺浆应均匀、饱满、搁置长度满足设计要求,在砂浆硬化前,应在接缝处用砂浆嵌塞及勾缝。

(6)预制梁安装时,搁置面处横梁混凝土强度不低于设计强度的70%。

5.8.2　工程设备安装*。

(1)给排水管道和工业管道安装工程:管道施工与土建的配合及要求,管道安装平面位置的测量与验收,典型管道的连接方法与施工顺序及保证质量的措施,典型管道补偿装置、报警、计量、控制等装置的安装方法及工艺要求,专用的消防系统管道和安装,各种类型管道保温及附属设备的安装、涂装与防腐,管道的吹洗、试压、试验的介质确定及试验顺序和方法。

(2)电气安装工程:电气施工与土建施工的配合要求,大型成套及特殊规格的电气设备的施工顺序、方法、质量保证措施,特殊规格的滑接线、硬母线的连接方法和质量保证措施,各种接地装置的安装方法和工艺措施,有特殊要求的防爆和防火场所电气设备装置的安装方法和工艺要求,电气元件的交接试验的方法和手段,电气试运行(单动,系统联动)。

(3)设备安装工程:对施工场地、道路的要求,设备安装现场平面布置、构件堆放布置,起重设备的选用及数量、吊装方案的确定,构件吊装顺序、方法、质量保证措施,大型设备必须进行起重专业计算,计算书放在附件内。

5.8.3 附属设施安装工程。护舷、防冲装置、门机轨道、系船柱等的安装工艺和施工方法。

5.9 试验与检验

试验室设备和条件,试验人员的配备,试验项目和手段,试验计划,试验报告的确认和台账的建立。

5.10 专项方案的编制计划

列出本工程所需编制的专项方案的名称。

6 施工进度保证措施

6.1 进度计划的实施

6.1.1 计划保证系统建立:

(1)编制各层次施工进度计划。围绕总工期目标编制施工总进度计划、单位工程施工进度计划、分部分项工程施工进度计划。

(2)层层下达施工任务。通过月例会、旬(周)例会布置月、旬(周)进度计划,使施工队必须保证按计划时间完成规定的任务。

6.1.2 施工任务落实:

(1)编制月(旬)进度计划。

(2)下达施工任务。

(3)做好施工进度记录,填好施工进度统计表。

(4)做好施工中的调度工作。

6.2 进度计划的检查与调整

6.2.1 计划检查措施:

(1)跟踪检查施工实际进度。

(2)整理统计检查数据。

(3)对比实际进度与计划进度。

(4)施工项目进度检查结果的处理。

6.2.2 计划调整措施:

(1)改变某些工作间的逻辑关系。

(2)缩短某些工作的持续时间。

6.3 进度保证措施

主要包括拟采取的组织措施、技术措施、合同措施和经济措施。

7 质量管理

7.1 质量管理保证体系与人员职责

含分包单位的质量管理保证体系。

7.2 保证质量的措施

保证质量措施应有针对性,结合工程的实际情况编写。

7.3 质量管理计划

7.3.1 创优计划*。注:创市、省、部优工程的项目必须有,且增加精细化管理措施,创优计划应另行上报上级主管部门。

7.3.2 质量通病防治计划。

7.3.3 QC 小组活动计划*(注:活动计划应另行上报上级主管部门)。

7.4 信息与档案管理

7.5 质量回访与工程验收的计划*

7.5.1 质量回访计划。

根据承包人的回访计划,编制项目回访计划。

7.5.2 工程验收计划。

单位工程和分部工程分阶段验收计划,中间验收计划,重要节点验收计划,全部工程的验收计划。

7.6 新工艺、新技术、新材料、新设备的应用*

含科技研发课题和船机设备研制方案。

7.7 重大技术措施*

含重大船机设备改造方案。

8 安全、职业健康、环境管理与文明施工

8.1 安全管理

8.1.1 安全管理组织保证体系:含分包单位的职业健康安全管理组织保证体系。

8.1.2 安全经费使用计划。

8.1.3 重要危险源的控制。

(1)列出本工程重要危险源,并对每个重要危险源加以控制,可以采用管理制度措施和管理方案。

(2)管理方案。

8.1.4 现场安全管理措施。
8.1.5 安全保证措施制度。
8.1.6 施工用电安全措施。
8.1.7 防台、防汛、安全拖航措施。
8.1.8 高温、雨、夜间施工保证措施。

8.2 职业健康管理

8.2.1 职业健康管理组织保证体系:含分包单位的职业健康安全管理组织保证体系。
8.2.2 职业健康管理措施。

8.3 环境管理

8.3.1 环境管理组织体系。
8.3.2 重要环境因素的控制。
(1)重要环境因素:列出本工程重要环境因素,并对每个重要环境因素加以控制,可采用管理制度措施或管理方案。
(2)环境管理方案:
①明确环境管理方案的目标。制定目标要具体、明确,并尽可能量化。
②明确环境指标,对指标进行分解的量化,使其具有可测量性。
③明确相关环境管理方案的职能部门和责任人。
④环境因素的识别评价和规定完成的进度、技术措施、所需的资源,并明确环境检测单位和环境检测方法。
8.3.3 环境应急预案*:本节仅对重大应急预案进行分类罗列,具体方案放在附件内。

8.4 文明施工管理

8.4.1 加强对文明施工的组织领导:根据上级部门对文明施工的要求,建立文明施工领导小组。
8.4.2 根据项目部实际情况和上级部门明工地标准,制订文明施工规划。
8.4.3 落实文明施工规划的具体保证措施。

8.5 应急预案编制计划*

包括安全、环境等应急预案。

9 有关问题的说明

(略)

10 附 图

10.1 工程总平面布置图

10.2 临时设施布置图

10.3 测量控制点和基线布置图

10.4 施工主要工艺图*

10.4.1 沉桩桩位图。
10.4.2 主要模板图和围令图。
10.4.3 沉桩施工顺序图。
10.4.4 临时结构设计图。

11 附　　表

11.1 施工进度表

11.2 船机设备使用计划表

例：某工程某标段投入的主要船机设备使用计划见附表21,相应的材料检测、量测、质检仪器设备见附表22。

×××工程×××标段投入的主要船机设备使用计划表　　　附表21

序号	机械或设备名称	型号规格	数量	国别产地	制造年份（年）	额定功率（kW）	生产能力	用于施工部位	备注（计划进场时间）
1	打桩船	×××桩12号	1艘	日本函馆	1979	798	架高80m,配GPS全球卫星定位系统	上游水上沉桩	20××年11月
2	打桩船	×××桩7号	1艘	日本吉水	1978	622	架高71m,配GPS全球卫星定位系统	下游沉桩	20××年11月
3	柴油锤	D-125	2只	上海	2006		最大锤能417kN·m	水上沉桩	20××年11月
4	混凝土搅拌船	×××混凝土8号	1艘	南京	2003	675	80m³/h	水上混凝土浇注	20××年12月
5	抓斗式挖泥船		4艘	江都	2002		3m³	水上挖泥	20××年6月
6	开底泥驳		8艘	江都	2004		300m³	水上挖泥	20××年6月
7	起重船	×××11号	1艘	南京	2002		80t	水上安装	20××年1月
8	起重船	×××209号	1艘	盐城	2004		120t	水上安装	20××年12月
9	起重船	×××118号	1艘	南京	2005		250t	水上安装	20××年3月
10	拖轮		4艘	上海	2001		1 000匹	水上运输	20××年11月

续上表

序号	机械或设备名称	型号规格	数量	国别产地	制造年份（年）	额定功率（kW）	生产能力	用于施工部位	备注（计划进场时间）
11	拖轮		4艘	上海	2000		900匹	水上运输	20××年11月
12	拖轮		4艘	上海	1999		400匹	水上运输	20××年11月
13	构件驳		8艘	靖江	1992		400t	水上运输	20××年11月
14	构件驳		6艘	扬州	1995		1000t	水上运输	20××年11月
15	抛锚艇		2艘	南京	2003		30t	水上施工配合	20××年11月
16	运输船		16艘		2001		100t	水上施工配合	20××年11月
17	交通艇		2艘		2004		15t	水上施工配合	20××年11月
18	发电船		4艘	江都	2003		120kW	水上施工配合	20××年11月
19	发电机		2台	江都	1995		120kW	施工营地备用	20××年11月
20	钻孔灌注桩机	GPS-15	6台	上海	1998	31.5	钻径φ1.5m	引桥钻孔桩施工	20××年11月
21	发电机		3台	江都	1989		120kW	引桥钻孔桩施工	20××年11月
22	振动锤	DZ-45	2台	秦皇岛	1994	45	激振力342kN	引桥钻孔桩施工	20××年11月
23	导梁		4副	南京	2001		50t/20m	引桥面板安装	20××年1月
24	汽车吊	TR-160	2台	沈阳	1995		16t	施工配合	20××年11月
25	混凝土搅拌楼	1m³	2台	济南	2004			施工配合	20××年11月
26	混凝土拖式泵车	PN1-80	1台	徐州	2006		80m³/h	施工配合	20××年11月
27	切缝机		8台	上海	2006			施工配合	20××年11月
28	刻纹机		6台	靖江	2007			施工配合	20××年11月

续上表

序号	机械或设备名称	型号规格	数量	国别产地	制造年份（年）	额定功率（kW）	生产能力	用于施工部位	备注（计划进场时间）
29	货车		2辆	南京	2007		6座/1.25t	施工配合	20××年11月
30	交通车	轿车	4辆	南京	2006			施工配合	20××年11月
31	对焊机	UN1-100	8台	成都	1994	100		施工配合	20××年11月
32	电焊机	AX-30	60台	上海	2001	30		施工配合	20××年11月
33	弯曲机	GW6-40	9台	靖江	2002	15		施工配合	20××年11月
34	切断机	GQ-40A	9台	靖江	2003	7.5		施工配合	20××年11月
35	空压机	3WC-0.9	12台	上海	2003		0.9m³	施工配合	20××年11月
36	混凝土振动棒		120套		1995		5cm、7cm	施工配合	20××年11月
37	压刨机	NB106D	8台	四川	1998	30		施工配合	20××年11月
38	电锯	DJ90L	12台	四川	1989	11.5		施工配合	20××年11月
39	钻床		4台		1994		10~30mm	施工配合	20××年11月
40	套丝机		4台		2001		10~30mm	施工配合	20××年11月
41	汽车吊	25t	2台	徐州	2005			施工配合	20××年4月
42	汽车吊	16t	1台	徐州	2006			施工配合	20××年4月
43	混凝土搅拌楼	2m³	2台	济南	2004		—	施工配合	20××年11月
44	混凝土拖式泵车	PN1-80	1台	徐州	2006		80m³/h	施工配合	20××年4月
45	混凝土汽车泵	—	2台	徐州	2006			施工配合	20××年12月
46	砂浆搅拌机	0.2m³	4台	济南	2004			施工配合	20××年4月

配备本合同工程主要的材料试验、测量、质检仪器设备表　　　附表22

设备名称	规格型号	额定功率(kW)或容量(m³)或吨位(t)	数量(台) 小计	其中 已有	新购	自制	租赁
压力试验机	NYL-300						
万能材料试验机	WE-1000		1	1			
胶砂搅拌机	JJ-5		1	1			
压力机		300kN	1	1			
振实台	ZP-96		1	1			
量水器			1	1			
自动烘考箱		15kW	1	1			
量杯			2	2			
砂、石标准振动筛			1	1			
坍落度仪			3	3			
台秤	0～100kg		1	1			
天平	1kg		1	1			
天平	0～5 000kg		1	1			
泥浆比重仪	0～500kg		3	3			
泥浆含砂率测定仪			3	3			
混凝土标准试模			90	90			
砂浆试模			10	10			
感应式温控仪			2	2			
各类容器			1	1			
标准养护池			2	1			
振动台		1m²	1	1			
THALES 泰雷兹 GPS 全球卫星定位系统	6502MK, 双频 RTK		2	2			
莱卡全站仪	Laica-TC 1610		1	1			
经纬仪(带测距仪)	T2		2	2			
经纬仪	J2		4	4			
水准仪	S3		2	2			
自动安平水准仪			2	2			
标准灌砂筒	φ150mm		8	8			
3m 靠尺			6	6			
厚薄尺			6	6			
橡胶锤			10	10			

11.3 劳动力使用计划表

例：某工程某标段劳动力使用计划见附表23。

×××× 工程×××× 标段劳动力使用计划　　（单位：人）　　附表23

序号	工种	按工程施工阶段投入劳动力情况															
		20××.12	20××.1	20××.2	20××.3	20××.4	20××.5	20××.6	20××.7	20××.8	20××.9	20××.10	20××.11	20××.12	20××.1	20××.2	20××.3
1	钢筋工	60	100	120	140	160	180	180	180	180	150	130	120	100	100	80	60
2	木工	60	100	120	150	150	170	170	170	170	140	120	120	100	100	80	60
3	混凝土工	60	80	100	120	120	140	140	140	140	140	140	140	120	120	80	80
4	电焊工	30	40	50	50	60	70	70	70	70	60	50	50	50	50	40	40
5	起重工	20	30	30	40	40	40	40	40	40	30	20	20	20	20	20	20
6	机械操作工	22	32	32	32	42	42	42	42	42	32	22	22	22	22	22	22
7	电工	8	12	12	12	12	15	15	15	15	10	10	10	10	10	10	10
8	普工	80	130	180	200	200	220	220	220	220	200	180	180	150	150	120	120
9	机修工	5	6	12	16	16	12	12	12	12	12	6	6	6	6	5	5
10	月度总人数	345	530	656	760	800	889	889	889	889	774	678	668	578	578	457	417

注：本表按每班（工日）8h编排，主要为现场施工人员，不含打桩船、起重船、搅拌船等水上施工船舶人员。

12 施工组织设计（附件）

12.1 单位、分部、分项工程划分表

12.2 有关计算书

重大结构的计算和验算。

参考文献

[1] 中华人民共和国行业标准. JTJ 147-1—2010 港口工程地基规范[S]. 北京:人民交通出版社,2010.

[2] 中华人民共和国行业标准. JTJ 254—98 港口工程桩基规范[S]. 北京:人民交通出版社,1998.

[3] 中华人民共和国行业标准. JTJ 248—2001 港口工程灌注桩设计与施工规程[S]. 北京:人民交通出版社,2001.

[4] 中华人民共和国行业标准. JTJ 203—2001 水运工程测量规范[S]. 北京:人民交通出版社,2001.

[5] 中华人民共和国行业标准. JTS 167-2—2009 重力式码头设计与施工规范[S]. 北京:人民交通出版社,2009.

[6] 中华人民共和国行业标准. JTS 167-3—2009 板桩码头设计与施工规范[S]. 北京:人民交通出版社,2009.

[7] 中华人民共和国行业标准. JTS 167-1—2010 高桩码头设计与施工规范[S]. 北京:人民交通出版社,2010.

[8] 中华人民共和国行业标准. JTJ 298—98 防波堤设计与施工规范[S]. 北京:人民交通出版社,1998.

[9] 中华人民共和国行业标准. JTS 202—2011 水运工程混凝土施工规范[S]. 北京:人民交通出版社,2011.

[10] 中华人民共和国行业标准. JTS 151—2011 水运工程混凝土结构设计规范[S]. 北京:人民交通出版社,2011.

[11] 中华人民共和国行业标准. JTJ 319—99 疏浚工程技术规范[S]. 北京:人民交通出版社,1999.

[12] 中华人民共和国行业标准. JTS 257—2008 水运工程质量检验标准[S]. 北京:人民交通出版社,2008.

[13] 交通部第一航务工程局. 港口工程施工手册[M]. 北京:人民交通出版社,1994.

[14] 周福田,张贤明. 水运工程施工[M]. 北京:人民交通出版社,2007.

[15] 包昆. 建筑工程施工机械实例教程[M]. 北京:机械工业出版社,2012.

[16] 中国水运建设60年建设技术编写组. 中国水运建设60年建设技术卷[M]. 北京:人民交通出版社,2011.

[17] 黎棠兴. 水上AZ型钢板桩施工[J]. 华南港工,2006(1):1~6.

[18] 古建波,郭生强. 南沙港HZ和AZ型组合钢板桩陆上施工技术[J]. 广州航海高等专科

学校学报,2011(4):24~26.

[19] 全国一级建造师执业资格考试用书编写委员会.港口与航道工程管理与实务[M].北京:中国建筑出版社,2012.

[20] 交通部水运工程定额站.沿海港口水工建筑物工程定额[M].北京:人民交通出版社,2004.

[21] 龚晓南.复合地基设计和施工指南[M].北京:人民交通出版社,2003.

[22] 沈秋池.水运工程项目管理[M].北京:人民交通出版社,2012.